应用创新型营销学系列精品教材　丛书主编：吴健安

市场营销学

SHICHANG YINGXIAOXUE

（第二版）

秦陇一◎主　编

曾凡海　姜彩芬　徐科一◎副主编

清华大学出版社

北　京

内 容 简 介

本书以提高顾客满意度，培养顾客忠诚度，推进企业（或组织）协调可持续发展为主线，系统地阐述了现代市场营销的基本理论和方法。内容包括市场营销导论，顾客满意与顾客忠诚，营销环境与营销战略，营销信息系统与市场调研，顾客购买行为分析，市场细分、目标市场选择与市场定位，产品策略，品牌战略，价格策略，营销渠道设计与管理，设计与管理整合营销传播，营销策划、组织、控制与审计 12 章内容。本书在系统阐述传统经典营销理论的基础上，参考了近几年国内外新出版的权威营销著作和论文中有代表性的理论及方法，精选了大量的具有本土化、国际化特征的典型营销案例，内容具有较强的科学性、规范性、实用性、系统性和先进性。

本书可作为应用型本科院校工商管理类、经济类各专业的学习教材，也可以作为各类企业或组织及相关行业的培训教材，同时也适合 MBA 及有兴趣了解市场营销的人士作为参考教材。

图书在版编目（CIP）数据

市场营销学 / 秦陇一主编. —2 版. —北京：清华大学出版社，2017（2021. 8重印）
（应用创新型营销学系列精品教材）
ISBN 978-7-302-46424-2

Ⅰ. ①市…　Ⅱ. ①秦…　Ⅲ. ①市场营销学-教材　Ⅳ. ①F713.50

中国版本图书馆 CIP 数据核字（2017）第 023665 号

责任编辑：杜　星
封面设计：汉风唐韵
责任校对：宋玉莲
责任印制：刘海龙

出版发行：清华大学出版社
网　　址：http://www.tup.com.cn, http://www.wqbook.com
地　　址：北京清华大学学研大厦 A 座　　邮　　编：100084
社 总 机：010-62770175　　邮　　购：010-62786544
投稿与读者服务：010-62776969，c-service@tup.tsinghua.edu.cn
质量反馈：010-62772015，zhiliang@tup.tsinghua.edu.cn
印 装 者：三河市科茂嘉荣印务有限公司
经　　销：全国新华书店
开　　本：185mm×260mm　　印　张：22.5　　字　数：516 千字
版　　次：2014 年 1 月第 1 版　　2017 年 2 月第 2 版　　印　次：2021 年 9 月第 2 次印刷
定　　价：49.80 元

产品编号：069940-02

第二版前言

本书第一版自2014年1月出版后，得到了广大读者的认可与鼓励，但仍然存在许多不足之处。首先，内容偏多，部分章节的表述过于细致、专业，不利于读者把握营销学的重点难点。其次，部分数据不够新颖，亟待更新。最后，案例及阅读资料的代表性、针对性有待优化，案例资料尚不能体现现代电子信息技术对营销活动的影响特点。为此，我们在保留和延续第一版内容精华的基础上，组织了第一版写作的部分作者，并新增了几位青年博士对本书内容作了修订。广州白云山和记黄埔中药有限公司总经理徐科一对本书的修订提出了宝贵的意见，并参与了部分章节的修订。

第二版修订所做的主要工作是：第一，压缩篇幅、删改内容，使教材内容表述更为精练、准确，以突出营销学原理中的核心内容，便于读者更好地把握营销学的精髓。第二，更新了相关章节的数据资料，使教材内容更好地体现时代特征。第三，对第一版的案例分析及阅读材料做了大量的更新，让读者更生动、形象地了解在“互联网+”背景下，大数据、数字化、智能化及 VR 技术对营销活动的影响特点。新增案例及阅读资料既包括苹果、麦当劳、沃尔玛、百威、百事可乐、香奈儿、杜蕾斯、盖璞（Gap）及大众等国外知名企业的成功经验与教训，又力图展示广州白云山、华为、海尔、沃尔玛山姆会员店（中国）、中兴、《中国新歌声》、茅台、海底捞、广州恒大、百度、比亚迪、五洋纺织、红领集团、猴姑饼干、方太、蓝月亮、娃哈哈、达芙妮等本土企业在营销实践中的创新成果与困惑。

第二版编写分工是：第一章，秦陇一；第二章，秦陇一、徐科一；第三章，费明胜、余中东；第四章，姜彩芬；第五章，孟丁；第六章，郝渊晓、杨华；第七章，肖风桢；第八章，曾凡海；第九章，肖旦、潘春兰；第十章，路媛媛；第十一章，曾凡海；第十二章，邓桂枝。秦陇一负责组织第二版修订方案的讨论与定稿，秦陇一、曾凡海、姜彩芬、徐科一对全书各个章节进行了审阅、修改，并对部分章节做了删改和补充。恳请各位专家、广大读者批评指正。

秦陇一

2016年11月于广州

前言

市场营销学于 20 世纪初期产生于美国,是一门系统地研究市场营销活动规律性的科学。自 20 世纪 80 年代以来，随着国外市场营销理论的引入和中国营销实践的发展，涌现出一批有理论深度和实用价值的本土营销教材，这些教材为推动市场营销理论在中国的发展和传播作出了重要贡献。目前，我国高等教育已从精英教育转向大众教育，高等学校人才培养的主体是应用型人才并非学术型人才，因而迫切需要推出能适应应用型本科生学习的本土化教材。

为了能够更好地满足我国高校应用型本科学生学习市场营销学的需要，本书借鉴了国内外经典教材成熟的、程序化的教材编写模式；在系统阐释传统经典营销理论的基础上，参考了近几年国内外新出版的权威营销著作和论文中有代表性的理论和方法，精选了大量的具有本土化、国际化特征的典型营销案例，使教材内容既体现和反映国内外市场营销理论研究的最新成果和基本趋势，保证书中内容具有较强的科学性、规范性、系统性和先进性，又力求通俗易懂，深入浅出，言简意赅，便于自学。

本书的主要特色如下。

1．定位明确

本书是为了适应和满足应用型本科学生学习市场营销学而编写，为此，本书在内容选择上重点关注对市场营销实践有较强指导作用的理论和方法，减少了理论性较强及较抽象的叙述性内容；其次，本书每章都有精选的引例、案例讨论，每节甚至每一个主要问题都配有生动、有趣的小案例，以提高读者对所学理论和方法的理解和应用能力，增进学习兴趣。

2．思路清晰

本书以提高顾客满意度，培养顾客忠诚度，推进企业（或组织）协调可持续发展为主线，系统地阐述了现代市场营销的基本理论和方法。本书认为，要有效开展营销，必须树立现代营销理念；关注提高顾客满意度和忠诚度的主要因素及有效途径；在全面、深入分析营销环境的基础上制定营销战略；建立和完善营销信息系统，掌握市场调研、预测的基本程序和方法；准确把握消费者市场和组织市场顾客消费行为的特点及变动规律；以市场研究数据为基础，进行市场细分、选择目标市场、实施定位战略；

在明确企业发展目标的前提下有效地实施市场营销组合策略，尤其要关注营销沟通策略的运用与创新；了解跨文化营销的差异与障碍，寻求有效的跨文化营销策略；提高营销组织设计的科学性和营销控制的有效性；探索营销效果测评的有效途径，优化组织资源配置。

3．内容新颖

本书参考借鉴了菲利普·科特勒（Philip Kotler）、凯文·莱恩·凯勒（Kevin Lane Keller）等国外知名学者及数十位国内学者的研究成果。在系统阐述市场营销基本原理和方法的基础上，补充了许多新的或有实用价值的营销理论和方法。例如，中国古代营销思想萌芽、中国近代企业营销实践、全方位营销、新 4P、SIVA 理论、合作营销、自有品牌、微博营销、社会化媒体传播及营销效果测评等内容，这在国内已出版的同类教材中并不多见。

4．重点突出

本书围绕现代市场营销发展的最新特点和趋势，在兼顾全书内容的系统性、整体性的同时，对一些在近几年变化较大且实用性、可操作性较强的内容做了重点的阐释。包括 21 世纪市场营销理论与实践的发展、数据库营销、营销信息系统、品牌战略、现代整合营销传播原理与方式等现代市场营销的重点、难点问题。同时，剔除了一些实用性不够强的描述性内容。

5．案例丰富

本书精选了百余个国内外有代表性的经典案例作为导入案例、案例分析或阅读材料，所选案例有相当比例的是近几年发生、出版的本土化案例，或国际知名企业在中国的营销案例，包括沃尔玛、苹果、可口可乐、麦当劳、星巴克、迪士尼、宝洁、海尔、联想、乐购等中外闻名或消费者熟知的企业。所选案例行业分布较广，具有比较强的代表性。书中每一章对应的引例、案例分析及阅读资料，让学生在学习的过程中能产生联想，而不生涩。

本书可作为应用型本科院校工商管理类、经济类各专业的学习教材，也可以作为各类企业或组织及相关行业的培训教材，同时也适合 MBA 及有兴趣了解市场营销的人士作为参考教材。

本书的编写分工是：秦陇一（广州大学）第一章、第二章、第十一章（第一节、第二节）；费明胜（五邑大学）第三章；姜彩芬（广州大学）第四章；孟丁（广东外语外贸大学）第五章；郝渊晓（西安交通大学）第六章、第十一章（第三节、第四节）；肖风桢（广州大学）第七章；曾凡海（广东工业大学）第八章、第十二章；潘春兰（广州大学）第九章；路媛媛（广州大学）第十章；马毅（佛山职业技术学院）第十三章；邓桂枝（华南理工大学）第十四章；余中东（广州大学）第十五章。

秦陇一负责组织本书大纲的讨论与撰写、定稿，秦陇一、曾凡海、姜彩芬对全书各个章节进行了多次审阅、修改，并对部分章节做了大量而重要的删改和补充。

西安交通大学郝渊晓教授、五邑大学费明胜教授对本书的编写思路提出了宝贵的建议，并直接参与了本书部分章节的编写。本书在编写过程中参阅了大量的国内外研究文献，在此对为本书提供理论、方法和案例支撑的各位作者及相关网站表示由衷的谢意！

此外，本书还有一些参考文献由于出处不详，因而很难准确提供出处，我们对这部分作者表示深深的歉意和谢意！最后要感谢清华大学出版社编辑在本书审稿阶段严谨认真、精益求精、一丝不苟的工作态度。

由于我们理论水平有限，对营销实践了解的深度和广度不够，本书出现一些疏漏和缺陷在所难免，恳请各位专家、广大读者批评指正。

秦陇一

2013年8月于广州

目
录

第一章

市场营销导论

学习目标

市场营销是满足顾客需求，实现组织目标的整体活动过程。市场营销活动对企业和国家经济社会的可持续发展发挥着非常重要的作用。通过学习，应了解市场营销的重要性和现代市场营销发展的基本特点、趋势；熟悉并理解市场营销的含义，中国古代、近代营销哲学和营销方式；掌握现代市场营销的核心概念及现代企业营销管理哲学演变的基本特点。

导入案例

着眼未来的智能之星

在红领集团的智能化工厂里，一台台计算机正在接收数据，上面有来自消费者直接通过互联网传送过来的包括领口、袖口、衣服长短，甚至扣眼的各种要求。工作人员表示，所有节点的员工都在网络上工作，这些数据会实时传递到每一个工作节点。

消费者可以在手机上下载 App 直接下单，或者一键呼叫，让服务人员上门量体，再或者到红领集团的实体店进行网络设计下单后，这份有个性的定制需求就会通过红领集团的智能化系统自动生成订单信息，然后大约一周时间，消费者就可以拿到自己心仪的服装。红领集团酷特智能工业工程经理马志伟指着放眼望去没有一件重样衣服的车间告诉记者，通过个性化定制加大数据分析，目前他们已经实现了“负库存”：“因为整个个性化的产品，在生产环节过程中，每一个节点都不确定，通过系统、大数据提前预测，在每一个节点，在现场形成可知的东西。”

2015 年，在服装行业大多数品牌都在负增长时，红领的服装板块收入达到 30 多亿元，而它的互联网定制业务的收入和净利润增长达到 130%以上，利润率 25%以上。然而，这样的成绩得来并不容易。张代理表示，“到了商场去全是求人，求人的过程当中是非常艰难的。”“门难进、脸难看”，公司 7 000 多人等着吃饭，同质化的竞争将他们严严实实地阻挡在了商场外面，身为董事长的张代理当时便做出了绕过商场，让工厂直面消费者的决定。“我做了去卖，你再精准，也会有卖不了的，货不好就干脆不卖了。未来这个时代，一定不是这个时代了，它一定是需求来驱动生产的。”

以消费者需求为主导，一切围绕着满足需求来工作，制造商直接为需求进行研发、设计、生产、制造，然后将成品直接卖给消费者，省略中间商、渠道商和代理商的环节，从成衣批量制造转型成个性定制，这就是 C2M，也就是供给侧的变化。换句话说，消费者享受了个性化定制的服务，是规模化生产的价格。张代理告诉记者，他们用工业化的手段定制，成本比较低。用智能化手段裁制，非常方便。加上互联网没有中间商、渠道商、代理商，减少好几倍，这些加起来，成本不停地降，降到最低就受益了。

资料来源：http://china.cnr.cn/yaowen/20160823/t20160823_523060211.shtml.

第一节 市场营销的概念

一、市场营销的重要性

企业是国民经济的细胞，在一个国家经济社会发展中发挥着非常重要的作用，在我国全面建成小康社会，实现中华民族伟大复兴梦想的历史进程中，企业既面临着空前的机遇，也面临着严峻的挑战。如何在残酷的市场竞争中求生存、求发展，是企业必须面对和解决的基本问题。从全球经济发展进程以及微软、苹果、沃尔玛、宜家、丽丝卡尔顿、麦当劳、谷歌、百度、华为、联想、海尔、阿里巴巴等国内外优秀企业的成长轨迹看，市场营销在经济社会和企业的可持续发展中发挥着非常重要的作用。

市场营销对企业的发展非常重要，著名管理学家德鲁克曾指出，企业只有两项基本职能，市场营销和创新。只有这两项可能产生成果，其他全是成本。营销活动与企业的生存和发展息息相关，如果没有足够的产品需求或服务需求来产生利润，那么财务、金融、运营、会计和其他业务功能都将变得虚无缥缈。一般而言，财务方面的成功往往取决于营销能力的大小。市场营销不仅仅是企业营销部门的事情，它是企业所有部门和全体员工共同的工作。惠普公司的戴维•帕克德（David Packard）说过："市场营销这份工作太重要了，不能单靠营销部门的人员。"显而易见，对公司所有的员工而言，树立现代营销理念，了解营销的基本知识都是十分重要的。因为顾客的满意度与公司的每个部门和员工的工作成效都密切相关。

市场营销对整个社会的发展也产生着重要影响。首先，市场营销为民众创造了大量的就业机会。目前，美国有近四分之一到三分之一的人从事与市场营销相关的工作；近年来，中国人才市场对市场营销领域人才的需求量每年都位居第一。与市场营销密切相关的工作岗位有：销售、市场调研、营销策划、产品开发、产品管理、广告制作、渠道管理、零售批发、客户关系管理、公共关系、品牌管理和客户服务等。营销就业岗位还分布在医院、博物馆、高校、政府部门和社会服务部门等非营利组织。其次，市场营销活动可以不断提升人们的生活质量。新产品的投放和得到顾客的认可，都离不开市场营销的重要作用，适销对路的产品和服务不仅能够满足顾客基本需求，而且可以提高人们的生活品质。成功的营销活动可以在了解顾客需求的基础上创造对产品和服务的需求，为顾客提供方便、快捷、高质量的产品和服务。市场营销知识可以帮助消费者及时、准确地收集市场信息，有效地与供应商谈判，提高购买决策的科学性，维护自身的合法权益。此外，高水平的市场营销活动有利于促进企业更好地履行社会责任。

二、市场营销的含义

对于市场营销概念的理解，多年来一直存在多种宽窄不一，重点有别的表述。本书将介绍国内外有代表性的机构、学者和企业家对市场营销概念的表述，以期帮助读者能较为全面、准确和深入地理解市场营销的内涵。

（一）美国营销协会（AMA）在不同时期对营销的表述

早在 1935 年，美国营销协会（American Marketing Association，AMA）的前身——美国营销教师协会便发布了第一个营销定义，即“营销是将产品和服务从生产者传送至消费者的商业活动”。1960 年，AMA 将这一定义略微修改后作为官方定义公布，修改后的定义为“市场营销是引导产品和服务从供应商向消费者流动的商业活动”。此概念侧重于营销活动如何为市场提供更多的产品与服务，与当时市场供不应求的特征相适应。

随着工业和分销部门的飞速发展，生产率得到了充分的提高，国民经济逐渐出现了供大于求的状况，于是企业管理者意识到，企业所缺少的并不是生产大量产品的能力和有效的分销渠道与促销手段，而是顾客和市场。AMA 于 1985 年公布了新的营销定义，即营销是“对创意、产品和服务进行构思、定价、促销和分销，并通过交换来满足个人和组织的需要的规划与执行过程”。

1985 年的营销定义突出了营销的以下几个特点，首先，营销是一种规划与执行过程，这意味着营销由一系列活动构成，产品开发、定价、促销和分销等都可以成为这个过程的一个部分，并构成整个营销总体。因此，可以认为营销是由 4P 构成的基本过程。从战略层面看，营销活动也包括市场细分、目标市场选择和市场定位。其次，营销是满足个人或组织需要的交换过程。伴随着以顾客为中心和以市场为导向的理论的出现，识别顾客需求、选择顾客、满足顾客需要成为一种规范的营销理念。再次，营销的主体是个人或组织，营销是企业活动的一部分，其具体活动还表明营销是一种组织功能和企业的管理活动。

在营销哲学发生变化，营销理念得以提升的过程中，AMA 于 2004 年公布了新的营销定义，即“营销是采用企业与利益相关者都可获利的方式，为顾客创造、沟通和传递价值，并管理顾客关系的组织功能和一系列过程”。这个定义体现了一种新的研究范式，为今后的营销理论研究与营销实践提供了广阔的空间。

2004 年的定义在营销学术界与实务界引起了很大的反响，虽然该定义推动了营销的发展，但随着信息技术的飞速发展和消费需求的日益多元化，营销学者与营销实务工作者又提出了许多新的建议与观点。

AMA 根据其董事会的提议和专家们一系列的讨论与评审，最后于 2007 年公布了最新的营销定义，即“营销是创造、沟通、传递、交换对顾客、客户、合作伙伴和整个社会具有价值的提供物的一系列活动、组织、制度和过程”。[①]此定义体现了在网络、信息时代营销活动的整体性和互动性。

（二）菲利普·科特勒对市场营销概念的表述

被誉为“现代营销学之父”的美国西北大学凯洛格管理学院终身教授菲利普·科特

① 于洪彦，刘金星. AMA 官方营销定义动态演化及其启示探析[J]. 外国经济与管理，2010（3）：33-39.

勒 1967 年撰写了《营销管理》（第 1 版），对营销理论进行了系统、完整的总结；此后，他根据营销理论和实践的发展，不断推出新版的《营销管理》。1999 年至 2012 年间，他甚至每三年就更新一版，至今已更新到第 14 版。该书是目前世界范围内使用最广泛的营销学教材，被誉为营销学的圣经。

在《营销管理》第 10 版中，科特勒认为，营销是个人和集体通过创造、提供出售，并同他人自由交换产品和价值以获得其所需所欲之物的一种社会和管理过程。

在 2012 年出版的《营销管理》第 14 版中，科特勒等认为，所谓市场营销，就是识别并满足人类和社会的需要。对市场营销最简洁的定义，就是“满足别人并获得利润”。市场营销可以把社会需要和个人需要转化为商机。

科特勒等还概括了市场营销的社会含义：所谓市场营销，就是个人和集体通过创造、提供、出售、同别人自由交换产品和服务的方式获得自己所需产品或服务的社会过程。[①]

（三）其他国外知名学者和机构对营销的表述

美国德克萨斯克里斯蒂安大学教授查尔斯·W.小兰姆认为，营销包括两个方面。第一，它是一种哲学、一种态度、一种预见或是一种以顾客满意为导向的管理模式。第二，营销是用来实施这种哲学的一系列活动。[②]

美国学者路易斯·E.布恩（Louis E.Boone）（南阿拉巴马大学）和大卫·L.库尔茨（David L.Kurtz）（阿肯色大学）指出，市场营销是指对概念、产品、服务、组织和活动制定构想、定价促销和分销计划并加以实施，以创造和维护能实现个人和组织目标的关系的活动。[③]

美国著名整合营销专家唐·舒尔茨在他的《整合营销传播》一书中提出了“营销就是传播，传播就是营销”的概念，认为“售后服务也是传播”，设计作为营销链上的重要一环也是现代传播所研究的重要内容。

英国皇家特许营销协会（Chartered Institute of Marketing，CIM）认为，市场营销是识别、期望和满足消费者需求的营利性管理活动。[④]

（四）国内学者对营销概念有代表性的表述

中国人民大学纪宝成、吕一林（2008）指出，所谓市场营销，就是在变化的市场环境中，旨在满足消费需要、实现企业目标的商务活动过程，包括目标市场、产品开发、定价、销售、提供服务等一系列与市场有关的企业业务经营活动。[⑤]该项表述强调营销环境对营销活动的重要影响。

---

① [美]菲利普·科特勒（Philip Kotler），凯文·莱恩·凯勒（Kevin Lane Keller）. 营销管理[M]. 第 14 版. 王永贵，等，译. 北京：中国人民大学出版社，2012：6.

② [美]查尔斯·W.小兰姆（Charles W. Lamb，Jr），等. 营销学精要[M].杨洁，等，译. 大连：东北财经大学出版社，2000：5.

③ [美]路易斯·E.布恩（Louis E.Boone），大卫·L.库尔茨（David L.Kurtz）. 当代市场营销学[M].第 10 版. 赵银德，等，译. 北京：机械工业出版社，2003：5.

④ [英]罗莎琳·德马斯特森（Rosalind Masterson），大卫·皮克顿（David Pickton）. 营销学导论[M].李先国，等，译. 北京：北京大学出版社，2006：5.

⑤ 纪宝成，吕一林. 市场营销学教程[M]. 第 4 版. 北京：中国人民大学出版社，2008：15-16.

南开大学吴晓云和西安交通大学庄贵军（2009）认为，市场营销是在企业经营活动中，不同于生产、财务和物流运作等职能领域，但又要与这些职能领域进行有效协作的活动过程，这些协作越来越多地被视为与企业营销价值链相关的重要管理任务。①此概念强调企业在为顾客创造价值的过程中，营销职能部门与其他部门之间的分工、协作关系。

清华大学李飞（2012）认为，直到今天，仍然有很多人把营销管理当做赚钱的小招数，甚至骗术，这是对营销的最大误解。造成这种误解的原因，除了企业急功近利之外，还有一个重要原因是营销学者落伍了，那些 10 年之前的教材还在流行着。造就令人尊敬的公司，这就是营销管理的目的。②此概念强调企业营销活动的宗旨和使命，对营销活动所要达到的目的提出了更高层次的要求。

（五）我国知名企业家论营销

海尔集团首席执行官张瑞敏（2004）指出，“从本质上讲，营销不是‘卖’而是‘买’。买进来的是用户的意见，然后根据用户意见改进，达到用户的满意，最后才能得到用户的忠诚度，企业也才能获得成功”。此概念充分体现了以顾客为核心的营销理念。③

阿里巴巴集团董事局主席马云认为，营销最佳的语言是自己的语言，而不是套用别人的话。能打动用户的，只有你自己最真实的东西。套话谁都会说，你说得不烦人家听得都烦了，营销需要的是一个人，一个聪明的人，而不是一台三四十块的复读机。④

此概念强调在营销推广过程中，营销人员要用最为简洁、朴实的语言，为顾客介绍、展示产品的核心利益，与顾客交往的言辞不能千篇一律，应根据顾客的差异有所创新。

马云还指出，“营销”这两个字强调既要追求结果，也要注重过程，既要“销”更要“营”。营销=营（好卖）+销（卖好）=投其所好=成就他人。

华为公司总裁任正非提出了“狼的文化”理念，他把狼的文化应用于华为的营销管理实战中，打造出一支令全世界的竞争对手闻风丧胆的营销团队。他把狼的精神总结成下面这段话：一是敏锐的嗅觉；二是不屈不挠、奋不顾身的进攻精神；三是群体奋斗。⑤

品牌营销专家李光斗（2008）指出，营销（marketing）不同于推销（selling），低级的推销是“要你买”，而高级的营销是“你要买”。

（六）本书对市场营销的理解

综上所述，我们认为，市场营销是旨在满足顾客需求，实现企业目标的系统化、整体性的经营活动过程。对市场营销的理解不能一成不变。随着科技进步和全社会生产力发展水平的不断提高，人们的消费观念、消费需求、购买方式以及国家的政策法律也在发生相应改变，为了满足日益变化的消费需求，不断提升企业竞争力，在不同的历史时

---

① 吴晓云，庄贵军. 市场营销管理[M]. 北京：高等教育出版社，2009：12.

② 李飞. 营销管理为什么？[EB/OL].http://www.sem.tsinghua.edu.cn/portalweb/appmanager/portal/sem?_nfpb=true&_pageLabel=P20800273141323412956223&u=jsgdcn/50090.htm.

③ 2004 年 12 月 31 日，民营经济报，http://info.ceo.hc360.com/2004/12/3110598810.shtml.

④ http://lc115.com/lizhimingyan/143.html.

⑤ 卞维林. 向华为学营销：任正非狼论之敏锐的嗅觉[EB/OL].http://info.service.hc360.com/2009/06/10142154403.shtml.

期，营销的重点和策略也会发生相应的改变。其次，由于行业和顾客需求的差异，不同类型企业的营销重点和模式会有较大差异。例如，生产原材料的企业由于其产品生命周期相对较长，客户数量较少，降低成本和提高质量是企业竞争力最重要的影响因素；而生产经营消费品的企业，产品生命周期较短，顾客人数众多，因而，在重视成本和质量的前提下，不断开发新产品、提高沟通和传播的效果或许是营销成功的关键所在。考虑到营销活动的时代差异和行业差异，对营销概念的提炼更应该突出其共性和本质的特征，归纳和概括其最核心最本质的内容。本书认为，应该把什么是市场营销及怎样实施和开展市场营销有效地区别开来，因此，科特勒《营销管理》第 14 版中对营销的表述更为科学、准确。即，所谓市场营销，就是个人和集体通过创造、提供、出售、同别人自由交换产品和服务的方式获得自己所需产品或服务的社会过程。

（七）全面、深刻理解市场营销的含义

1．市场营销分为宏观和微观两个层次

宏观市场营销是反映社会的经济活动，其目的是满足社会需要，实现社会目标。微观市场营销是一种企业的经济活动过程，它是根据目标顾客的要求，生产适销对路的产品，从生产者流转到目标顾客，其目的在于满足目标顾客的需要，实现企业的目标。

2．市场营销的核心是交换

市场营销的范围不仅限于商品交换的流通过程，而且包括产前和产后的活动。产品的市场营销活动往往比产品的流通过程要长。现代社会的交易范围很广泛，已突破了时间和空间的壁垒，形成了普遍联系的市场体系。

3．市场营销不能等同于推销或销售

两者包含的内容也不同，市场营销包括市场研究、产品开发、定价、促销、服务等一系列经营活动。而推销或销售仅是企业营销活动的一个环节或部分，是市场营销的职能之一，不是最重要的职能。正如管理大师彼得·德鲁克所指出的，可以设想，某些推销工作总是需要的。然而，营销的目的就是要使推销成为多余。营销的目的在于深刻地认识和了解顾客，从而使产品或服务完全适合顾客的需要而形成产品自我销售。

4．市场营销学是一个完整的体系

企业要从整体的角度和战略的高度来谋划营销方案，在深入的市场分析和准确的市场定位基础上，制订营销方案。营销策略与策略之间要相互匹配，通过营销策略的组合，谋求整体效果的最优。

5．营销活动贯穿于企业活动的全过程

市场营销不是企业某一方面的活动，而是贯穿于企业经营活动的全过程；也不只是营销部门的事情，而是整个企业的事情。因此，企业要树立全员营销的概念。

三、市场营销的核心概念

（一）需要、欲望与需求

1．需要（need）

需要是指没有得到某些基本满足的感受状态。如人类为了生存就要满足他的生理的

需要。例如，饿了就需要食物，冷了就需要衣服，累了就需要休息，人为了生存和发展还必然产生社会需要。例如，通过劳动，创造财富，改善生存条件；通过人际交往，沟通信息，交流感情，相互协作。

2．欲望（desire）

欲望是指想得到这些基本需要的基本满足物的愿望，换言之，是由人的本性产生的想达到某种目的的要求。当人们选择某个具体商品来满足需要的时候，需要就转变成为欲望。例如，为了满足对食品的需要，美国人可能会选择牛排、汉堡、可乐等食品，而中国人通常会选择米饭、面条、炒菜等食品充饥。

3．需求（demand）

需求是指对有支付能力并且愿意购买的某个具体产品的欲望。企业不仅应该知道有多少人需要某种产品，更重要的是要调查、分析有多少人实际上能够买得起这种产品。

市场需求的八种形态

（1）负需求：绝大多数人对某个产品感到厌恶，甚至愿意出钱回避它。

（2）无需求：消费者对某个产品不了解或不感兴趣。

（3）潜在需求：相当一部分消费者对某物品有强烈的需求，而现有产品或服务又无法满足其需求。

（4）下降需求：消费者逐渐减少或停止购买某种产品。

（5）不规则需求：某些物品或服务的市场需求在一年不同季节，或一周不同日子，甚至一天不同时间上下波动很大。

（6）充分需求：某种物品或服务的目前需求水平和时间与预期的需求水平和时间一致。

（7）过量需求：某种物品或服务的市场需求超过了企业所能供给或所愿供给的水平。

（8）不健康需求：产品可能吸引消费者，但却会对社会产生不良后果。

资料来源：[美]菲利普·科特勒（Philip Kotler），凯文·莱恩·凯勒（Kevin Lane Keller）．营销管理［M］．第14版．王永贵，等，译．北京：中国人民大学出版社，2012：8.

（二）效用和满意

在经济学中，效用（utility）是指对于消费者通过消费或者享受闲暇时间等使自己的需求、欲望等得到满足的一个度量。换言之，效用是用来衡量消费者从一组商品和服务之中获得的幸福或者满足的尺度。经济学家用它来解释有理性的消费者如何把他们有限的资源分配在能给他们带来最大满足的商品上。

效用评价具有较强的主观性，不同的消费者对同样数量、品质、功能或款式的商品给自己带来满足程度的主观评价是有较大差异的，而这种差异化的评价与不同类型消费者的消费偏好有密切关系。例如，对于一部分年轻粉丝来说，花500元钱买一张某歌星演唱会门票是物有所值；而许多中老年消费者则认为，与其花500元钱买一张演唱会门票，倒不如用这些钱来改善家庭的日常生活质量。消费者之所以要评价自己所购之物给自己带来的满足程度，是因为多数消费者的收入是有限的，因此，他们期望自己有限的收入所购买的产品给自己带来尽可能大的满足。因此，企业应该关注不同消费群体需求的差异性，有针对性地满足目标市场顾客的需求。

（三）市场细分、目标市场和市场定位

任何一个企业都不可能满足市场上每一个顾客的需要，不同类型的顾客的消费偏好及消费习惯是有较大差异的，为了满足不同类型的顾客需求的差异性，营销管理人员所要做的第一项工作就是市场细分。即通过分析顾客的人口统计信息、心理和行为特征信息，来识别并划分对产品和服务有不同需求的消费群体。

在细分市场的基础上，营销者还必须分析判断哪个或哪几个细分市场对企业未来发展存在较大商机，即选择自己的目标市场。然后，企业应该围绕目标市场顾客的需求特点，针对顾客对该类产品某些特征或属性的重视程度，开发能满足他们需求的产品和服务，为本企业产品塑造与众不同的、给人鲜明印象的形象，并运用整合营销传播手段将这种形象生动地传递给顾客，让目标顾客了解和熟悉产品和服务的核心利益及特色，即明确公司的市场定位。

（四）产品和品牌

企业要满足顾客的需要，不仅要提炼独特的产品开发价值理念，而且要通过实际的产品或服务来具体体现产品的核心利益。营销学中所指的产品是有形产品、服务、信息和体验等供应物的组合。

品牌是用以识别某个销售者或某群销售者的产品或服务，并使之与竞争对手的产品或服务区别开来的商业名称及其标志，通常由名称、标识及商标等要素组成。品牌代表着卖者向买者的承诺，体现了买卖双方之间的信任关系，不断提升品牌价值是企业营销战略的核心。

（五）营销渠道

企业为了能实现与潜在客户的交易，或向潜在顾客传递企业信息，了解客户的信息，提高与潜在客户沟通、交流的针对性和有效性，就必须合理、有效地利用营销渠道。营销者通常可以利用三种营销渠道。

一是传播信息和获取信息的渠道。既包括电视、报纸、广播、杂志、信件、传单、互联网等信息传播媒体，又包括人员促销、零售店展示、公司网站宣传、邮件、博客、微博、免费电话等双向沟通的手段。

二是分销渠道。即利用分销渠道向购买者和使用者销售或交付有形产品或服务。其中，有网络、移动和固定电话、邮件、人员销售等直接渠道；还有通过批发商、零售商和代理商进行销售的间接渠道。

三是服务渠道。即通过物流公司、银行、保险公司等促进交易的机构和个体，提高企业产品、服务转移的有效性。

（六）供应链

供应链是一条相对较长的渠道链，包括从原材料和零部件的供应到把产品成品交付给最终顾客的整个过程。例如，乳制品供应链包括饲料原料采购、饲料加工、饲养繁殖、原乳收集、原乳加工、乳制品的流通和终端销售等环节。在整个供应链价值交付系统中，中小企业只占全部价值很小的一部分，而企业通过收购和兼并供应链中的上下游企业，其创造价值的量就会在价值链总价值中占更大的比重。

（七）竞争

市场营销的有效性取决于公司能否比竞争者更有效地满足目标顾客的需求，识别公司最大竞争对手，研究和比较与公司最大竞争对手各自的优势和劣势，是制定企业营销战略和调整营销策略的重要依据。竞争者包括现实竞争者、潜在竞争对手以及可能成为竞争对手的替代品竞争者。

（八）市场营销环境

市场营销环境包括微观环境和宏观环境两大类。其中，微观环境是指从事产品或服务生产、分销和促销的组织或个体，以及为这些组织和个体提供营销服务的相关组织和个体。前者包括生产、服务企业、供应商、分销商、经销商和目标顾客。后者包括市场研究公司、广告公司、银行、保险公司、物流公司和电信、网络服务商等。企业应该与上述组织和个体建立良好的合作、信任关系，追求多方长远利益最优化。

宏观环境是指对企业营销活动造成市场机会和环境威胁的主要社会力量。包括人口环境、经济环境、自然环境、科技环境、政治环境和社会文化环境。营销管理人员应关注这些环境因素的变化，从中发现营销机会，规避经营风险。

以上八个概念是现代市场营销活动最重要的特征，涉及营销活动中带有长远性、战略性和全局性的问题，因此将其称之为核心概念。

第二节　市场营销哲学的演变

一、中国古代营销思想萌芽

中国古代研究军事、政治、社会发展的著作都在不同程度上展示了朴素的中国古代营销思想，内容涉及营销战略（谋略）、产品包装装潢、价格、促销和广告等营销策略。商场如战场，需要经营者（将帅）的智慧，而中国古代的经商者早就有一套成熟的营销诀窍。

（一）营销者要善于捕捉商机

范蠡和商祖白圭认为，时贱而买，虽贵已贱；时贵而卖，虽贱已贵。强调商人要善于捕捉商机，把握时机，不失时机地买进卖出。商业的利润源于买卖的差价。一旦发现买卖的时机一到，则要趋时若猛兽鸷鸟之发，当机立断。魏文侯时，国人注重农耕，而白圭却乐于观时机的变化。粮食丰收时他买进谷物，卖出丝漆。待蚕丝上市时他就大量收购蚕丝，售出粮食。白圭的经商原则和经验，都被后世商人所称道。他凭着自己的这套经营谋略，精心经营，使得家累千金。

孙子在《孙子兵法》第四篇《形篇》中指出：“昔之善战者，先为不可胜，以待敌之可胜。”这里的“待”，不是消极等待，而是密切注意，积极捕捉战机，看准了有利时机，牢牢抓住，在稳操胜券的形势下，大举进攻，以克敌制胜。这个“待”不仅是积极的，而且包含了主动寻找和发现战机的意思。也就是说，这种战机不会送上门来，有时稍纵即逝，必须意识到机不可失，当机立断。这就需要有“知兵之将”的洞察力和判断力。

（二）选择合适的营销区域或地点

在选择合适的营销地点方面，春秋战国时期的大谋略家范蠡，更是深谙此道。他以战略家的眼光，认为陶地为天下之中，诸侯四通，是理想的货物贸易之地，遂选陶地为营销点。果然，19年间他三获千金，成为世贾，陶朱公的美称也由此而饮誉古今，留名青史。《史记·货殖列传》中所载，秦国灭了赵国以后，实行了移民政策，当时许多人贿赂官吏，不愿搬迁，要求留在原地，唯独富商卓氏要求迁往较远的汶山之下，他看中那里土地肥沃，物产丰富，民风淳厚，居民热衷于买卖，商业易于发展。几年后，卓氏成了远近闻名的世富。

（三）营销者应具备敏锐的观察力和准确的判断力

《夷坚志》载，宋朝年间，有一次临安城失火，殃及池鱼，一位姓裴的商人的店铺也随之起火，但是他没有去救火，而是带上银两，网罗人力出城采购竹木砖瓦、芦苇等建筑材料。火灾过后，百废待兴，市场上建房材料热销缺货，此时，裴氏商人趁机大发其财，赚的钱数10倍于店铺所值之钱，同时也满足了市场和百姓的需要。管中窥豹，略见一斑，敏锐的观察力和准确的判断力是经商者财富永不干涸的源泉，也是经商者必备的能力之一。

（四）薄利多销比重利少销能获得更多的收益

薄利多销，无敢居贵。先秦大商理论家计然认为，贵上极则反贱，贱下极则反贵，主张贵出如粪土，贱取如珠玉。司马迁说过：贪买三元，廉买五元，就是说贪图重利的商人只能获利30%，而薄利多销的商人却可获利50%。《郁离子》中记载：有三个商人在市场上一起经营同一种商品，其中一人降低价格销售，买者甚众，一年时间就发了财，另两人不肯降价销售，结果获利远不及前者。

（五）弱可以胜强，柔可以克刚

《老子》从人类和自然界草木生存现象中归纳出一条普遍原理：成长发展中的事物是柔弱的，但有生命力，因而也就强大；接近死亡的东西是强硬的，但正失去生命力，因而也就脆弱。他说：“人之生也柔弱，其死也坚强。草木之生也柔脆，其死也枯槁，故坚强者死之徒，柔弱者生之徒。是以兵强则灭，木强则折。坚强处下，柔弱处上。”他又以“水”的品格做比喻，进一步说明“柔”可胜“刚”的哲学道理。“天下莫柔弱于水，而攻坚强者莫之能胜，以其无以易之。”弱之胜强，柔之胜刚，是《老子》阐述的一个重要思想。

（六）知己知彼，等待时机

孙子在《形篇》中也说：“昔之善战者，先为不可胜，以待敌之可胜。不可胜在己，可胜在敌。故善战者，能为不可胜，不能使敌之可胜。故曰：胜可知，而不可为。”“先为不可胜”，即先创造条件，使敌人不能战胜自己。亦即立于不败之地。“以待敌之可胜”，即然后待机战胜敌人。“不可胜在己，可胜在敌”，即创造不被敌人战胜的条件，在于自己主观的努力，而敌人是否能战胜，取决于敌方自己的失误，而非我方主观所能决定。“能为不可胜，不能使敌之可胜”，即能够创造自己不为敌所战胜的条件，而不能强令敌人一定具有可被我战胜的时机。“胜可知，而不可为”，即胜利虽可预知，却不能强求。自古以来，凡善战者，首先要使自己立于不败之地，即不会被敌人战胜，这就叫“先为不可胜”。为了有效地做到这一点，企业在市场营销中在做好充分准备的前提下，应“知己知彼”以待时机战胜敌人，千万不可贸然行事。

（七）避其锐气，静观其变，后发制人

《孙子兵法》中《军争篇》说道：“后人发，先人至”，认为“朝气锐，昼气惰，暮气归。故善用兵者，避其锐气，击其惰归”；“以治待乱，以静待哗”；“以近待远，以逸待劳，以饱待饥”。当对方推出新产品后，不要急于抗争，而应该等对方的产品寿命周期曲线开始下降之时，再乘其颓势，一鼓作气，占领市场。市场营销中要求稳求实，不可急于冒进，待分析需求，瞄准市场后乘虚而入。

二、中国近代企业营销实践

中国近代从第一次鸦片战争（1840 年）到新中国成立（1949 年）为止。中国近代社会特殊的历史背景导致企业营销活动的宏观环境多变，经济开放程度较低，企业技术水平不高，生产能力不强，市场需求不旺，许多企业难以持续、稳定地开展营销活动。即便如此，中国近代一些企业的营销理念和方式仍然对现代营销有较大的启发和借鉴意义。由张謇创办的大生集团和荣氏兄弟（荣宗敬和荣德生）创办的荣氏集团企业是中国近代经济发展史上两个形成最早、规模最大、影响最为深广久远的民营企业集团。而英美烟草公司和南洋兄弟烟草公司之间的竞争则是中国近代中外商业竞争最具典型的事例。

（一）以诚信为本，认真履行企业社会责任

荣氏企业股东之间相互诚信、同心协力地开创创业之路，荣氏企业在长期的经营实践中，逐步形成了股东与职工之间相互诚信、相互搀扶的处事理念；而且荣氏企业以对顾客诚信为行为准则，不断开拓市场。

在企业成长过程中，荣氏企业及其族人投入大量资金到当地基础设施建设领域。据记载，荣氏及其族人仅在无锡一地捐资建筑的桥梁就多达 88 座，还修建了一些主要的交通要道，这些基础设施大大改善了当地的商业环境，同时也方便了百姓的生活。

荣氏企业在经营过程中，同样重视地方的自然环境保护和改善。荣氏曾在无锡建成

了梅园、锦园等风景名胜，对当地百姓开放。荣氏家族企业将更多的积余资金用于扩大再生产和公益事业，“治家立身，有余顾及乡。如有能力，即尽力社会。以一身之余，即顾一家，一家有余，顾一族一乡，推而一县一府，皆所应为。”（荣德生《乐农自订行年记事》）。荣氏这一财富观是对传统文化的一种扬弃。既没有小富即安的思想，也未有富裕后及时行乐或炫富的意识。以自己的成功服务于社会，是荣家一贯的行事准则。[①]

荣氏企业以诚信为本、认真履行企业社会责任的营销理念对我国当代企业和产业的可持续发展，构建和谐社会有着现实参考意义。

（二）在企业发展战略和营销策略方面做了有益的尝试

大生企业集团和荣氏企业集团在发展过程中，都采取了不断扩张的战略。然而，两者所实施的具体的扩张战略是大相径庭的。大生企业集团实施的是多业并举、各项事业兼程并进的多元化发展战略，而荣氏企业集团实施的是集中力量不断做大做强“面粉”“棉纱”两大主业的专业化发展战略；大生企业集团采取的是“土产土销”的封闭式经营方针，而荣氏企业集团采取的是立足本地，面向全国，放眼世界的开放型经营方针。而事实证明，战略选择的正确与否是企业未来成败的重要原因。大生企业集团到从 1925 年开始由兴盛发达转而逐渐走向衰败，而荣氏企业集团后来者居上，在 20 世纪 30 年代初期就迅速发展成为中国首屈一指的“面粉大王”和“棉纱大王”。[②]

英美烟草公司在产品开发中，重视技术引进和技术创新，不断更新设备，扩大生产能力。在原材料采购方面，建立了烟草种植基地，广泛推广良种，无偿分发给广大的烟农，对烟农进行烟草种植的信贷支持，为广大烟农提供病虫害预防和治理服务，并在初期以较高的价格收购烟叶，种植者一时收益较多，烟田迅速扩大，时至今日这些地方仍以出产优质烟叶闻名于中国（即今天的颐中卷烟厂、蚌埠卷烟厂和许昌卷烟厂的生产地，作者注）。到抗战前夕，英美烟草公司的原料已能基本自给。此外，英美烟草公司为了独霸我国的卷烟市场，建立了国际化和本土化的销售网络。一是在我国建立了两条控制严密、遍及穷乡僻壤的销售系统，即直属销售机构和华商销售机构；二是通过买办收集情报，使公司行情敏捷，以销定产，减少成品的积压。由于产销密切联系，所以业务发展迅速。[③]

（三）中外烟草公司之间的竞争

英美烟草公司和南洋兄弟烟草公司之间的竞争起源于 20 世纪初期。创建于 1902 年的英美烟草公司在 1915 年以前成为烟草工业中首屈一指的大企业，击败了所有的竞争对手，在烟草市场中保持着赢利极丰的垄断地位。但是，在 1915—1919 年，尽管有英美烟草公司的竞争，一家创立于 1905 年由华人经营的新兴企业——南洋兄弟烟草公司进入了中国，并将其业务扩张到中国各主要地区的市场。1915 年，当南洋兄弟烟草公司打入广州香烟市场时，英美烟草公司遭遇到在华的第一次真正的竞争。20 世纪 20 年代初，随着南洋在中国牢牢地站稳脚跟，这两家公司之间的竞争也随之达到了顶峰。

---

① 颜节礼，朱晋伟.荣氏家族企业的诚信理念、社会责任及启示[J].商业经济与管理，2011（7）：37-42.

② 金其桢，黄胜平.大生集团与荣氏集团兴衰成败之道探究[J].江南大学学报（人文社会科学版），2008（4）：54-60.

③ 寇晓宇.旧中国跨国公司对现代企业发展战略的启示——以英美烟草公司为例[J].江苏商论，2005（7）：163-164.

1．重视广告的统一规划管理

英美烟草公司在广告的管理上采取统一规划，各个击破的办法。“凡有关广告的全部事项和事务都直接受上海总公司管辖。至于广告的方法，做什么广告，这类事件在全中国也是非常统一的”。在广告投入方面，驻华英美烟草有限公司在生产、采购、销售和广告体系中投入了大量的资本。到20世纪10年代末，在英美烟草公司每年分配用于公开宣传和促销的180 万元中，只有10%用于报纸和出版物，其余的90%均投资在户外广告宣传和在宣传活动中散发的宣传品上。

2．广告宣传内容丰富、形式多样

英美烟草公司的广告形式多样。英美烟草公司的西方人倾向于采用他们在西方使用的办法，通过报纸、广告牌、壁画、招贴画和香烟牌进行广告宣传。英美烟草公司在这些方面做了大量的广告宣传，但是它同时又进行了一系列其他广告媒介——卷轴、传单、日历、壁画、窗饰物、漂亮而又牢固的烟盒、马车的棉质帆布罩以及人力车的小型脚垫，所有这些东西上面均印有英美烟草公司的商标。英美烟草公司的广告设计千方百计地适应中国传统文化的要求，为了增加英美烟草公司香烟的吸引力，公司也依靠中国人设计和散发广告宣传材料。中国艺术家和书画家受聘制作广告，他们展露了使英美烟草公司的广告与中国文化环境相适应的才能。在中国画家为英美烟草公司设计的广告中，他们描绘了一些几乎为每个中国人所熟知的神话和半神话人物。例如，据说是造成唐朝衰亡的狡猾机灵的杨贵妃、南宋的爱国将领岳飞、扮成美女的不朽之蛇白娘子，以及来自京剧和通俗小说如《水浒传》《西游记》及“二十四孝”的全体人物。

南洋利用地方性知识来创新其广告宣传，与英美烟草公司进行针锋相对的斗争。南洋发行了成套的香烟牌，香烟牌上印着彩色的《三国演义》和《红楼梦》等中国著名小说中的人物，以吸引人们收集。在这一方面，南洋模仿了英美烟草公司早先的做法。英美烟草公司曾发行过一套精美的《水浒传》香烟牌，做成中国国画式样，镶边上印着这本小说中人物的绰号。但在分发香烟牌时，南洋引进了一种连英美烟草公司也未曾采用过的方法。公司宣布消费者如能得到一整套印着《封神演义》人物的香烟牌，可用以向公司交换一件贵重的奖品。奖品大部分为进口的西方产品，如自行车或热水瓶。这一主意在香烟牌收藏者中掀起了一阵狂潮。[①]

三、现代企业营销哲学的演变

市场营销哲学，就是企业在开展市场营销管理过程中，在处理企业、顾客、社会及其他利益相关者所持有的态度、思想、观念或是一种企业思维方式。市场营销哲学的核心是正确处理企业、顾客和社会三者之间的利益关系。在许多情况下，这些利益是相互矛盾的，也是相辅相成的。企业必须在全面分析市场环境的基础上正确处理三者的关系，确定自己的原则和基本取向，并用于指导营销实践，才能有效地实现企业目标，保证企业的成功。

---

① 秦其文. 近代中外卷烟企业间的广告竞争——以英美烟草公司和南洋兄弟烟草公司为例[J].怀化学院学报，2006（1）：60-63.

企业市场营销哲学（观念）的演变可划分为生产观念、产品观念、推销（销售）观念、市场营销观念和社会营销观念五个阶段。前三个阶段的观念一般称为旧观念，是以企业为中心的观念；后两个阶段的观念是新观念，可分别称为顾客（市场）导向观念和社会营销导向观念，如图 1-1 所示。

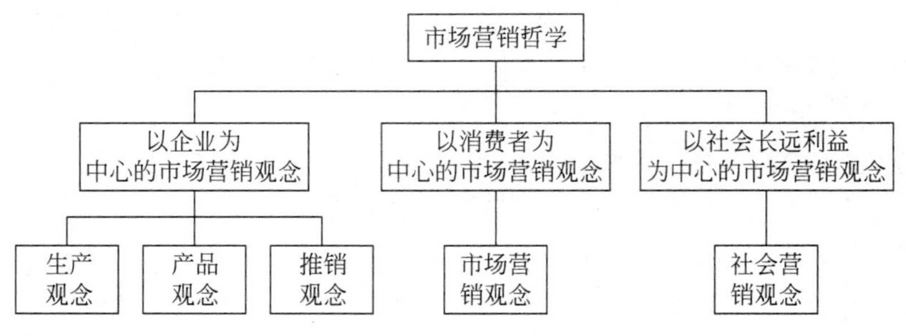

图 1-1　市场营销哲学分类

（一）以企业为中心的市场营销观念

以企业为中心的市场营销观念，就是以企业利益为根本取向和最高目标来处理营销问题的观念。它包括生产观念、产品观念和推销观念。

1．生产观念

生产观念（production concept）是最古老的观念之一。生产观念认为，消费者喜欢那些随处能够买到的、价格低廉的产品。企业应致力于提高生产效率，降低成本和大众分销。这种导向在发展中国家有一定的适用性。

生产观念形成的背景：一是供不应求，因而消费者更在乎得到产品而不是它的优点；二是成本太高，必须以提高劳动生产率来扩大市场。生产观念的局限性是，它没有考虑企业以最高效率生产的商品和服务是否能满足市场需求。生产观念是一种重生产、轻市场的观念。

2．产品观念

产品观念（product concept）认为，消费者最喜欢高质量、高性能和具有某些特色的产品。因此，企业管理的核心是致力于生产优质的产品，并不断地加以完善。这仍然是一种“以产定销”的观念，由于过分重视产品而忽视顾客需求，因此会导致“营销近视症”。

产品观念形成的背景是：生产力水平得到一定程度的提高，供不应求的状况得到一定程度的缓解，顾客有一定的选择余地。

3．推销观念

推销观念（selling concept）认为，如果任其自然发展，消费者和产业用户并不会足量购买所需的产品。因此，对于企业而言，必须主动推销并积极促销。持推销观念的企业，其经营的核心在于推销和促销而非满足消费需求。

推销观念形成的背景是：一部分产品已供大于求，市场处于由卖方市场向买方市场的过渡阶段，企业间竞争的焦点由生产数量、质量转向广告和推销技巧。

推销观念存在的根本问题与生产观念一样，就是缺乏对市场需求的了解。以销售为导向的企业经常发现，尽管它们有高素质的销售队伍，却也不能说服人们购买他们不想要或不需要的商品或服务。

（二）以消费者为中心的市场营销观念

从20世纪50年代起，伴随着科学和管理水平的提高，西方发达国家逐步形成了买方市场，消费需求多样化、丰富化且瞬息万变，企业间的竞争日趋激烈，企业要应对挑战获得更多的商机，就必须围绕顾客的需求开发产品和服务。市场营销观念（marketing concept）认为，企业的一切计划与策略应以消费者为中心，正确确定目标市场的需要与欲望，比竞争者更有效地提供目标市场所要求的满足。它是一种以消费者为中心的观念。

市场营销观念的产生，是市场营销哲学的演变过程中质的飞跃和革命，它不仅改变了传统的旧观念的逻辑思维方式，而且在经营策略和方法上也有很大突破。它要求企业营销管理贯彻“顾客至上”的原则，将管理重心放在善于发现和了解目标顾客的需要，并千方百计地去满足它，从而实现企业目标。因此，企业在决定其生产经营时，必须开展市场调研，重视研究顾客的信息反馈，根据市场需求及企业自身条件选择目标市场，组织生产运营，最大限度地提高顾客满意程度。

市场营销观念有四个主要支柱：目标市场、顾客需求、整体营销和营利性。与推销观念从厂商利益出发，以现有产品为中心，通过大量推销和促销来获取利润不同，市场营销观念是从选定的市场出发，以顾客需求为中心，协调各种可能影响顾客的活动，通过满足消费者需求来获取利润。

（三）以社会长远利益为中心的市场营销观念

1. 社会营销观念

从20世纪70年代起，西方市场营销学界提出了一系列新的观念，如人类观念（human concept）、理智消费观念（intelligent consumption concept）、生态准则观念（ecological imperative concept）。其共同点是认为企业生产经营不仅要考虑消费者需要，而且要考虑消费者和整个社会的长远利益，这类观念可统称为社会营销观念（societal marketing concept）。

社会营销观念认为，企业的任务在于确定目标市场的需要、欲望和利益，比竞争者更有效地使顾客满意，同时维护与增进消费者利益和社会福利。社会营销观念是对市场营销观念的补充与修正。市场营销观念的中心是满足消费者的需求与愿望，进而实现企业的利润目标。社会营销观念的基本观点是：以实现消费者满意以及消费者和社会公众的长期福利，作为企业的根本目的与责任。理想的市场营销决策应同时考虑到：消费者的需求与愿望、消费者和社会的长远利益、企业的营销效益（如图1-2所示）。与社会营销观念相一致的营销活动是销售的产品或产品的容器比正常情况毒性更小、更耐用、含可再利用的成分。

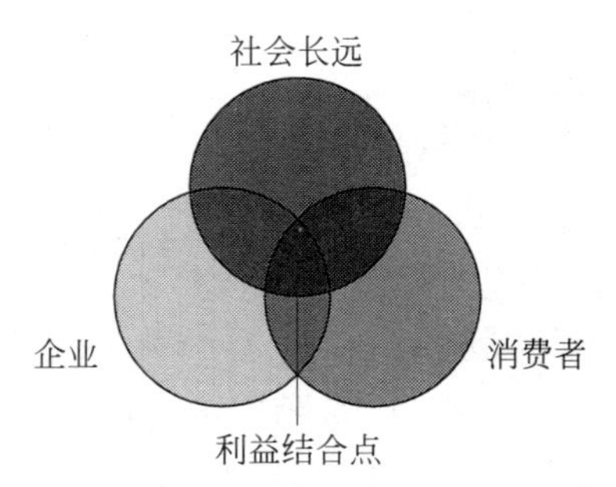

图1-2　社会营销观念兼顾三方面利益

我国资源、环境和能耗状况不容乐观

据首经贸特大城市经济社会发展研究院 2012 年 9 月“特大城市承载力研究”报告显示，在城市化过程中，城市人口膨胀、汽车增加、工业发展等原因，使得城市资源紧张、环境恶化。中国每增加单位 GDP 的废水排放量比发达国家高 4 倍，单位工业产值产生的固体废弃物比发达国家高 10 多倍。中国单位 GDP 的能耗是日本的 7 倍、美国的 6 倍，甚至是印度的 2.8 倍。

资料来源：http://news.xinhuanet.com/local/2012-09/04/c_112944403.htm.

2．绿色营销观念

绿色营销兴起于 20 世纪 90 年代，英国威尔斯大学肯·毕提（Ken Peattie）教授在其所著的《绿色营销——化危机为商机的经营趋势》一书中指出：“绿色营销是一种能辨识、预期及符合消费的社会需求，并且可带来利润及永续经营的管理过程。”绿色营销观念认为，企业在营销活动中，要顺应时代可持续发展战略的要求，注重地球生态环境保护，促进经济与生态环境协调发展，以实现企业利益、消费者利益、社会利益及生态环境利益的协调统一。从这些界定中可知，绿色营销是以满足消费者和经营者的共同利益为目的的社会绿色需求管理，以保护生态环境为宗旨的绿色市场营销模式。

目前，在经济发达国家，绿色营销的理念已深入人心，发达国家已经通过各种途径和手段，包括立法等，来推行和实现全部产品的绿色消费。从而培养了极为广泛的市场需求基础，为绿色营销活动的开展打下了坚实的根基。以绿色食品为例，英国、德国绿色食品的需求完全不能自给，英国每年要进口该食品消费总量的 80%，德国则高达 98%。绿色营销发展过程已经基本上形成了以绿色需求→绿色研发→绿色生产→绿色产品→绿色价格→绿色市场开发→绿色消费为主线的消费链条。

而在中国，绿色营销的观念并没有引起更多社会公众的关注、理解和认可，绿色需求不足，目前只能对部分食品、家电产品、通信产品等进行部分绿化，绿色营销的供应链体系尚未建立，相关的监管和处罚还有许多漏洞，随着我国城市化过程的加快，在日常生产、生活中，能源消耗量大、污染物排放量超标的问题仍旧比较严重，绿色营销的相关法律、法规仍有待完善，中国绿色营销的进程任重道远。

广药白云山首创家庭过期药品网上免费回收

环境问题是全社会关注的焦点，家庭过期药品也是环境污染的源头之一。据了解，我国约有 78.6%的家庭备有“小药箱”，且 80%以上家庭没有定期清理的习惯，很少有人知道如何正确处理家庭过期药，过期失效的药品被随意丢弃，药品中某些成分在自然环境中发生化学反应，产生有害物质，对环境造成污染。还有可能落到药贩子手中继续

流通，后果很严重。如果误服，不仅不能治病，反而可能致命。随着居民家庭备用药储量越来越大，过期药品处置已成不少家庭甚至社会难题。

从 2004 年开始，我国最大的制药企业集团广药白云山就启动了家庭过期药品免费回收机制。十一年来，“家庭过期药品回收（免费更换）机制”在实践中不断创新升级：2004 年，白云山和黄中药率先发起家庭过期药品回收活动，开展过期板蓝根更换活动；2005 年，广药白云山正式把“家庭过期药品回收机制”定为集团公司的一项基本策略；2006 年，随着青藏铁路的全线开通，“家庭过期药品免费回收机制”完成了全国覆盖；2007 年，广药白云山与多家医药零售连锁企业联手，在全国范围构建了“永不过期”药店体系；2008 年，开始在社区医疗服务机构设立过期药品回收点，实现“家庭过期药品回收（免费更换）机制”全方位立体化覆盖；2011 年，全国多个省份开通“健康直通车”，“永不过期”的关爱直达广大乡村；2013 年，回收过期药品活动已扩展到全国 185 个城市，并开始向定点社区的孤寡老人提供上门回收服务；2014 年，“家庭过期药品回收（免费更换）机制”创下了“全球规模最大的家庭过期药品回收公益活动”吉尼斯世界纪录；2015 年，广药白云山携手壹药网、广药健民网，全球首创网上家庭过期药品回收，让更多人足不出户点下手机或者鼠标就能够免费更换过期药品，“家庭过期药品回收(免费更换)机制”走进了互联及移动互联的时代。

11 年来，广药白云山累计回收过期药 1 000 多吨，惠及 5 亿人次。每年广药白云山仅过期药的无害化销毁上就需要付出高昂的成本。“但是一家企业的力量还是太微弱。”广药白云山相关负责人表示，“在经过了 11 年的家庭过期药回收之后，仍有很多消费者不了解过期药的危害，不知道该如何处理；或者因为我们活动时间、地点的限制，很多消费者没有参与。我们不仅需要更多制药同行和医疗机构能够一起参与，更需要政府从法律、法规层面推动家庭过期药品的回收机制的常态化、制度化。”

白云山和黄中药总经理徐科一表示，为了推动过期药品回收科学化、制度化、常态化，白云山和黄中药将继续积极推动过期药品回收理论研究，努力促进家庭过期药品回收机制”从企业行为上升到国家立法和社会参与。然而，保障公众用药安全，推动过期药品回收理论化、制度化、普遍化，实现生态改善，是一项必须长期坚持的事业！希望社会各界能一同参与进来，推动这项事业的发展，共同为“中国蓝”“中国梦”，做出最大的努力。

资料来源：http://news.xinhuanet.com/fortune/2015-03/21/c_127605660.htm. 本书有删改，感谢白云山和黄中药提供的相关信息。

第三节　市场营销理论的形成与发展

一、20 世纪市场营销理论发展概述

现代意义的市场营销思想最初始于 20 世纪初。理性营销活动始于 1823 年美国人 A.C.尼尔逊创建的专业市场调查公司，1905 年，克罗西在宾夕法尼亚大学讲授以“产品市场营销”为名的课程，标志着市场营销首次进入大学课堂。1911 年第一个正式的市场

研究部门在柯蒂斯出版公司内成立；自此，市场研究与建立营销信息系统成为营销活动的重要部分。

营销从传统的经济学转入管理学研究，标志着营销管理时代的开始。20 世纪 50 年代营销环境和市场研究成为热点，“市场细分”的概念浮出水面。60 年代，威廉·莱泽提出了比市场细分更理想的方法，即消费者的价值观念与人生态度比其所处的社会、阶层能更准确地解释消费者的消费方式。自此，市场研究强化了消费者态度与使用的研究，从态度与习惯判断生活方式。1960 年伊·杰·卡锡提出了著名的 4P 理论。70 年代末，随着服务业的兴起，服务营销为服务业提供了思想和工具，也推进了制造业开拓了新的竞争领域。80 年代，顾客满意度（customer satisfaction）开始流行。80 年代另一流行概念是品牌资产（brand equity），大卫·A.艾克（Aker）提出了著名的品牌资产五星模型。作为公司的无形资产，品牌资产往往又构成公司最有价值的资产。伴随全球一体化进程，西奥多·李维特提出了“全球营销”（global marketing）的思想，强调产品与手段的一致性，认为过于强调各地方适应性会导致规模经济损失。舒尔兹（Don E.Schultz）提出了整合营销（integrated marketing），包括营销战略与活动的整合、信息与服务的整合、传播渠道的整合、产品与服务的整合。1985 年，巴巴拉·本德·杰克逊强调关系营销（relationship marketing）的重要性。信息技术的迅速发展，使得企业“一对一沟通”顾客成为可能，出现了数据库营销，它更好地了解了顾客，加强了与顾客的忠诚关系。90 年代，企业营销理念发生变化，企业开始反思传统的营销活动，意识到营销不仅要考虑消费者的需要，更要考虑消费者与社会的长远利益，如环境保护与人身健康。公司实行组织目标不应为利润最大化或消费者的选择和满意度最大化，而应是兼顾消费者的满意与长期福利。

二、从交易营销到关系营销的蜕变

1983 年，贝里（Berry）提出了关系营销的概念，1985 年，巴巴拉·本德·杰克逊（Barbara B.Jackson）对关系营销的概念做了较系统的阐述，使人们对市场营销理论的研究又迈上了一个新的台阶。关系营销理论一经提出，迅速风靡全球，杰克逊也因此成了美国营销界备受瞩目的人物。科特勒评价说，“杰克逊的贡献在于，他使我们了解到关系营销将使公司获得较之其在交易营销中所得到的更多”。

交易营销（trade marketing）是指为了达成一次性交易而开展的营销活动，交易双方有可能对交易十分满意，在交易结束后便各奔东西，交易双方不会保持长久的关系。在现实生活中，一次性交易是存在的，比如购买食盐、粮食等日常用品，或者购买房子。同样，交易的环境也可能决定这次交易是一次性的。比如，购买者可能是一个游客，刚好经过某地，正好遇到某人在卖东西等情形都可能导致一次性交易。

关系营销不仅要与顾客建立关系，更要与供应链上的所有成员建立关系，即形成一个关系网络，包括公司和所有与交换有关的成员，如顾客、雇员、供应商、经销商、零售商、代理商等。目的是由过去追求每一交易利润的最大化到追求与各方关系利益的最大化。最终结果是建立起公司的最好资产。

关系营销是一个革命性的观念变革，它改变了人们对传统营销和推销的看法，终端销售不再是最终的决定性因素，公司实现长期利益的关键因素不仅在于维持顾客的忠诚，而且还在于与供应商、分销商及服务商等供应链成员保持良好关系，这样有助于企业降低交易成本，避免潜在的交易风险，客户关系管理就是基于关系营销理念。交易营销与关系营销的主要区别，如表 1-1 所示。

表 1-1　交易营销与关系营销的区别

比 较 方 面	交 易 营 销	关 系 营 销
营销的目的	追求单项交易利润最大化	追求各方面关系利益最佳化
营销的时间	短期	长期
营销的作用	价值分配	价值创造
营销的对象	顾客	供应链所有成员
营销职能	传统营销组合	交互营销+传统营销组合
内部营销作用	对成功不重要	对成功有战略重要性
顾客对价格的敏感程度	十分敏感	不十分敏感
适合的顾客	眼光短浅和低转换成本	眼光长远和高转换成本

三、市场营销组合理论的演进

所谓市场营销组合，是指企业以顾客需要为出发点，通过相互协调一致的营销组合策略，为顾客提供满意的商品和服务而实现企业目标的过程。1953 年，尼尔·博登（Neil Borden）在美国市场营销学会的就职演说中创造了“市场营销组合”（marketing mix）这一术语，其意是指市场需求或多或少地在某种程度上受到所谓的“营销变量”或“营销要素”的影响，为了寻求一定的市场反应，企业要对这些要素进行有效的组合，从而满足市场需求，获得最大利润。麦卡锡（McCarthy）于 1960 年在其《基础营销》（*Basic Marketing*）一书中将这些要素一般概括为四类：产品（product）、价格（price）、渠道（place）、促销（promotion），即著名的 4P，从此便开始了营销学领域的“P”字游戏。1967 年，菲利普·科特勒在其畅销书《营销管理》第 1 版中进一步确认了以 4P 为核心的营销组合方法。1985 年，科特勒在强调“大市场营销”概念时，又提出了两个“P”，即公共关系（public relations）和政治权力（political power），即所谓的“大市场营销”。此后，当营销战略规划变得异常重要的时候，科特勒又提出了战略规划中的 4P 过程，包括诊断（probing）、划分（partitioning）即细分（segmentation）、优先（prioritizing）即选择目标市场（targeting）、定位（positioring），这样，市场营销组合至今已经演变成 10P。

“虽然 4P 横扫近半个世纪，但到 90 年代，随着消费者个性化日益突出，加之媒体分化，信息过载，传统营销组合 4P 迎来新营销组合 4C 挑战。”从本质上讲，4P 思考的出发点是企业中心，是企业经营者要生产什么产品、期望获得怎样的利润而制定相应的价格、要将产品怎样的卖点传播和促销并以怎样的路径选择来销售。这其中忽略了顾客作为购买者的利益特征，忽略了顾客是整个营销服务的真正对象。以客户为中心的新型营销思路的出现，使顾客为导向的 4C 说应运而生。1990 年，美国学者劳特朋（Laute Born）提出了与 4P 相对应的 4C 理论：消费者（customer）、成本（cost）、便利（convenience）

和沟通（communication）。

随着时代的发展，以顾客为核心的 4C 理论也显现了其局限性。当顾客需求与社会长远利益相冲突时，顾客导向也暴露出一些不容回避的问题。例如，在倡导节约型社会的背景下，部分顾客的奢侈需求是否要被满足。这不仅是企业营销问题，更成为社会道德范畴问题。同样，建别墅与国家节能省地的战略要求也相背离。2001 年，美国学者艾略特 • 艾登伯格（Elliott Ettenberg）在其《4R 营销》一书中提出了关系（relationship）、节省（retrenchment）、关联（relevancy）和报酬（reward）的 4R 营销理论。同年，唐 • E. 舒尔茨（Don E.Schultz）也提出了关联（relativity）、反应（reaction）、关系（relation）和回报（retribution）的 4R 新说。4R 营销理论以关系营销为核心，注重企业和客户关系的长期互动，重在建立顾客忠诚。它既从厂商的利益出发，又兼顾消费者的需求。

2012 年，科特勒在《营销管理》（第 14 版）中提出了新的 4P 组合：人员（people）、流程（process）、项目（project）和绩效（performance）。

（1）人员：员工对营销的成功至关重要。如果组织中的员工不够优秀，营销活动就难以获得持续的成功。

（2）流程：营销管理中所涉及的所有创造力、规则和结构。营销者必须避免临时的规划和策略，并确保最先进的营销思想和观念能够在自己的营销决策和营销实施中发挥应有的作用。这里所说的流程还包括能促使企业产生创新性的思想和突破性的产品、服务和营销活动的相关的机制和体系。

（3）项目：反映了企业内部与消费者直接相关的所有活动。其中，既包括传统 4P，也包括与陈旧的营销观念不很匹配的其他营销活动。企业应该有效地整合各类线上、线下，传统和非传统的营销活动，使所有营销活动都能够成为一个有机的整体，并确保企业多重目标的实现。

（4）绩效：一系列可以从财务角度和非财务角度进行测量的结果指标，例如，利润、品牌资产或顾客资产。而且，所测量的指标已经超越了企业自身，还包括社会责任、法律、道德和相关社区等。科特勒认为，新 4P 适合于企业内部的所有方面，只有从这些方面考虑问题，管理人员才有可能同企业的其他要素更为紧密地匹配起来。

第四节　21 世纪市场营销理论与实践的发展

1999 年科特勒说："在未来 20 年里，营销将彻底得到重新改造。""目前营销思潮已发生了巨大变化，但未来营销思潮和实务的变化会更大。""市场变化将快于营销。传统的营销模式要想适应未来，就必须将营销解构、重新定义，然后加以延伸。"

英国学者罗莎琳 •德马斯特森（Rosalind Masterson）和大卫 •皮克顿（David Pickton）（2004）在《营销学导论》一书中提出了 21 世纪营销学应关注的五个焦点问题，即道德关注、全球关注、客户关系管理关注、B2B 关注和电子关注。21 世纪市场营销理论与实践的发展主要包括以下八个方面的内容。

一、全方位营销观念

科特勒在《营销管理》第 13 版中提出了全方位营销（holistic marketing）观念，认为当今最好的营销者已经认识到必须超越传统的营销观念，应该采用一种更富有整体性、关联性的方法来展开自己的营销活动。即要用广泛和整合的视角关注营销实践中的细节问题。全方位营销观念认为，营销活动应重点关注关系营销、整合营销、内部营销和绩效营销四个方面的问题，营销者应研究这些活动之间的相互依赖关系，围绕营销目标有效地协调各种营销活动，如图 1-3 所示。

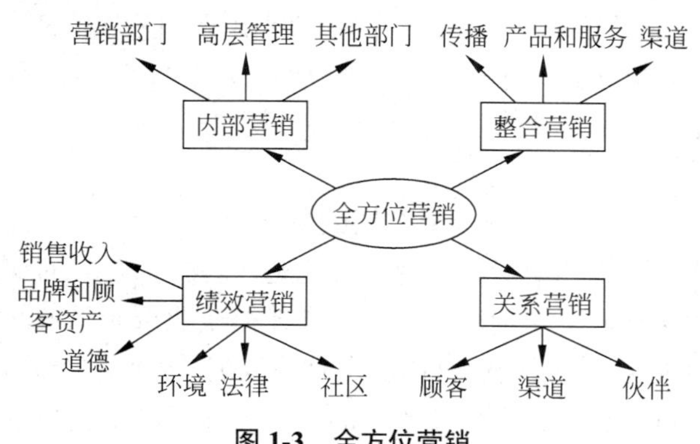

图 1-3　全方位营销

资料来源：菲利普·科特勒（Philip Kotler），凯文·莱恩·凯勒（Kevin Lane Keller）. 营销管理［M］. 第 14 版. 北京：中国人民大学出版社，2012：22.

（一）关系营销

关系营销是把营销活动看成是一个企业与消费者、供应商、分销商、竞争者、政府机构及其他市场参与者与公众发生互动作用的过程，其核心是建立和发展与这些市场参与者和公众的良好关系。

（二）整合营销

整合营销的目的是设计营销活动内容和全面整合营销计划，在为消费者创造、传播和交付价值过程中实现总体大于部分之和的效果。整合营销包括两大主题：①许多不同的营销活动都能够传播和交付价值；②在有效协调的情况下，实现各项营销活动综合效果的最大化。也就是说，营销者在设计和执行任何一项营销活动时都必须全盘考虑。例如，医院从某电气公司的医疗事业部购买磁共振成像设备的时候，它期望购买后能够有良好的安装、维护和培训服务。

（三）内部营销

内部营销（internal marketing）是与外部营销（external marketing）相对应的概念，它是指招聘、培养、激励那些想要为顾客提供优质服务而且有能力这样做的员工。一般而言，内部营销可以确保组织中所有成员都坚持适当的营销准则，尤其是高层管理人员。聪明的营销者已经清楚认识到：内部营销同样重要，有时甚至比外部营销更重要。需要强调的是：在企业员工没有准备好提供优质服务之前就向顾客做出承诺，这是毫无意义的。

（四）绩效营销

绩效营销（performance marketing）要求了解市场营销活动和方案为企业和社会带来的财务回报和非财务回报。企业高管不仅要重视销售收入，而且应该了解市场占有率、顾客流失率、顾客满意度、产品质量和其他绩效指标的状况，同时还要从更广泛的角度考虑营销活动对宏观环境因素的影响。

全方位营销观念的提出，是菲利普·科特勒运用一般系统理论思想对协调的市场营销和整体营销观念的进一步完善和发展，这一观念的提出对提升中国企业的整体营销管理水平具有非常重要的意义。在我国营销管理的实践中，往往出现内部营销与外部营销的不协调，或者出现整合营销、内部营销及绩效营销子系统内部的不和谐，从而影响了企业整体营销效果，既浪费了大量的企业营销资源，又影响了企业营销目标的有效实现。

二、网络营销

尽管世界著名营销学者对营销未来发展的看法显得多元化，但网络营销无疑是 21 世纪营销的焦点。营销环境和消费者行为的变化是网络营销发展的动力。网络营销的最大特点在于以消费者为导向，消费者的个性特点使得企业重新思考其营销战略。网络环境使得双向互动成为现实，使得企业营销决策有的放矢，从根本上提高了消费者满意度。网络社会的竞争优势将来自吸引、保持顾客的能力和显著减少交易成本。网络营销在三方面对营销理论体系将产生重大的突破：①强调消费者已逐渐取得交易主权；②消费者需求差异日趋扩大；③营销策略重在吸引消费者，培养消费者对公司及公司产品的忠诚。

（一）电子信息技术助推网络营销跨越式发展

随着第三代移动通信技术与互联网技术的不断发展与融合，营销的方式发生了根本性的变化，网络、智能手机、微博、微信等现代沟通方式和手段改变了企业与客户之间以及社会公众之间的交流沟通方式，从而为网络调研、消费者行为分析、微博营销、病毒营销、精准营销、体验营销、博客营销、B2B 营销、B2C 营销、事件营销、直复营销、网络品牌推广和搜索引擎营销等网络营销方式的实施提供了技术和环境基础。随着国内外与网络有关的法律、法规的制定和完善，网络营销的实施又被奠定了初步的法律基础。

（二）网络改变了消费者的行为方式

唐·舒尔茨（2012）指出，互联网的普及和新媒体的兴起彻底改变了人们获取、接受信息的方式与量级，消费者不再只是手持报纸杂志或者端坐电视机前，就会因为你精心设计的广告而做出购买决定；那些地段优越、装修豪华的店面和拥有精湛促销功力的销售代表也常常会“收效甚微”，因为这些都无法改变消费者越来越少走进卖场购物的尴尬。今天的消费者已经习惯在互联网上主动搜索信息，在社交网络中与朋友分享他人的购买体验和使用心得，他们不再是一个被动的信息“接受者”，而是变成了主动的“搜索者”和“分享者”。互联网确实拥有改变一切的力量，营销也不可能例外。

天猫“双十一”购物狂欢节

“双十一”网购狂欢节源于淘宝商城（天猫）2009 年 11 月 11 日举办的促销活动，

当时参与的商家数量和促销力度均有限，但营业额远超预想的效果，于是 11 月 11 日成为天猫举办大规模促销活动的固定日期。

2015 年的天猫“双十一”购物狂欢节总成交金额达到 912.17 亿元。值得注意的是，天猫 2013 年用时 13 个小时破了 2012 年全天的 191 亿元纪录，2014 年用时 12 小时 59 分钟破了 2013 年的 350 亿元纪录，2015 年用时 11 个小时 49 分钟破了 2014 年的全天 571 亿元纪录。2016 年天猫“双十一”全球狂欢节，不到 19 小时成交额突破 1000 亿元，全天交易额 1207 亿元。

资料来源：http://www.askci.com/news/chanye/2015/11/12/84734cyxg.shtml.

从上述数据的增长我们可以清晰地认识到，网络营销具有交互性、纵深性、针对性、便利性、可检索性、及时性和无时空局限性等特点，对众多消费者尤其是青年群体的影响力日趋增强，网店对传统实体店的经营活动带来了巨大挑战，迫使实体店要重新定位，调整营销策略。

中国手机网民规模达 6.56 亿

2016 年 8 月 3 日，中国互联网络信息中心发布第 38 次《中国互联网络发展状况统计报告》。截至 2016 年 6 月，中国网民规模达 7.10 亿，互联网普及率达到 51.7%，超过全球平均水平 3.1 个百分点。我国手机网民规模达 6.56 亿，网民中使用手机上网的人群占比由 2015 年年底的 90.1%提升至 92.5%，农村互联网普及率为 31.7%城乡差距仍然较大。微信朋友圈、QQ 空间使用率分别为 78.7%、67.4%。微博用户规模为 2.42 亿，逐渐回升，使用率为 34%，与 2015 年年底相比略有上涨。

资料来源 http://www.askci.com/news/hlw/20160805/17065450828_12.shtml.

（三）网络时代品牌塑造的理念和方式发生了根本性改变

科特勒（2010）认为，信息网络时代对企业营销活动的影响集中体现在两个方面：①品牌的塑造是公司和消费者共同合作而成的。网络和博客以及其他平台使得商品的评估权在消费者和商业买家手中。他们可以在网络上成就或弄垮一个品牌。我们再也不能把创造一个品牌从与消费者互动中剥离出来。所有市场上的公司都开始意识到这点并且参与其中，与社会、媒体建立了密切的关系。②公司履行的社会责任对品牌价值产生重要影响。随着通信技术的进步，消费者和商业买家懂得了一些产品和流程对于社会是有积极或有害的影响的。他们知道公司对于改进环境、提高员工和群体的公平性的认真程度。他们能看透公关的表面工作，并且通过网络和口头的互动，识别真实的社会贡献而不是公关所吹捧的。市场营销不再是“公司对消费者”这条单行道了，而成了公司与消费者之间共同合作进行创造的双向互动过程。公司将不得不改变它们的管理系统来适应这一趋势。

三、营销革命 3.0 理论

菲利普 •科特勒（Philip Kotler）、何麻温 •卡塔加雅（Hermawan Kartajaya）和伊万 •塞

蒂亚万（Iwan Setiawan）等人在其2011年合著的《营销革命3.0：从产品到顾客，再到人文精神》一书中指出：当今的顾客在进行消费选择时，注重的是那些能满足其创意性、群体性和理想性的产品和公司。企业意识到它们必须面对自觉意识日益增强和善于利用高科技的消费者，在这种情况下，传统的营销法则已经彻底失去了作用。正确的做法是，企业必须开发出能够激发和反映消费者价值观的产品、服务和公司文化。

科特勒等指出，营销行业发展经历了三个大的阶段，即营销1.0、2.0和3.0时代。营销1.0时代，是以产品为中心的时代，目的是销售产品；在企业眼中，市场仅仅是一群具有生理需求的大众买方。营销2.0时代，是以消费者为导向的时代，目标是满足并维护消费者；企业眼中的市场已经变成有思想和选择能力的聪明消费者。营销3.0时代，即价值驱动营销的兴起，目标是让世界变得更好，市场已经成为具有独立思想、心灵和精神的完整个体。这种阶段的演进，是营销活动的内涵和工具不断丰富的过程，伴随社会经济形态和技术特征的发展，体现营销发展的趋势特征。实际上，如今很多的营销者仍在利用1.0时代的营销工具和方法，比如4P理论；一部分企业使用的仍是2.0时代的营销体系，比如STP战略、CRM系统等；只有一小部分企业正在或已经迈入了3.0时代，以独特的使命、愿景和价值观吸引越来越多的顾客，营销 3.0 代表着未来营销发展的方向。

3.0营销时代超越了以产品为基础的1.0时代和以消费者为基础的2.0时代，它用一种更为全面的眼光来看待顾客，把他们视为具有多维性、受价值驱动的人群，甚至是企业潜在的合作者。在这个新的营销时代中，消费者已经意识到自己的购买力具有全球影响力，他们会因此改变自己的消费行为，同时积极影响周围人的消费选择。3.0理论详细解释了企业应当如何参与这种消费者之间的对话，如何在全球范围内积极进行品牌定位，以及如何与越来越主动自觉的消费者保持成功合作。

营销3.0的魅力

在菲利浦·科特勒教授的营销3.0理论中，近代的成功营销方式，正在由过去的注重产品差异化、消费者表面的需求，提升为客户心灵层面的需求；能对消费者内心深处产生共鸣的营销正是营销3.0理念所提到的新时代营销成功之道。

乔布斯推出苹果手机取得巨大的成功，正是营销3.0的具体体现。其实，不只是苹果，许多产业也都运用了营销3.0的理念在各自的领域大放异彩。重庆谭木匠营造了“千年木梳，万丝情缘”的意境，其实也是营销3.0的成功案例，把功能性的木梳提升到男女之间的情愫，确实是一个了不起的营销案例。此外，红遍海内外的大红袍茶叶也是另一个成功案例。大红袍背后有一个流传较广的故事，上京赶考的举人途经武夷山因病晕倒在寺庙外，庙里大师以茶叶治好了他的病，之后举人一举夺得状元，经状元郎引荐茶叶又治好了皇后难以治愈的病，而使茶树赢得了日后的“红袍加身”，这样的品牌故事不论真伪，都同样超越了茶叶的基本功能，而到达了更高的意境。

营销 3.0 成功的案例在世界各地都能看见，日前我到韩国推广奥图码投影机，回程时在免税商店购买韩国特产人参酒，发现人参酒琳琅满目，不胜枚举。人参有大有小，酒类有白酒、洋酒，令人目不暇接，难以决定。赫然发现，最贵的一瓶里面的人参最小，只有小指尖般大小，但价格却接近一般人参酒的 10 倍，颇令人不解，询问店员之后发现这又是另一个成功的营销 3.0 案例。店员表示，小指尖般大小的人参是野山参，而大株的人参是人工种植的。在韩国古代，相传野山参能治百病，致使在医疗资源匮乏的古代，当父母病重时孝子便会前往山中采野参，由于野参生长于悬崖峭壁之上，以至于有时不免发生孝子命丧山中采人参未归的遗憾故事。听完这个故事，连我这位营销专业人士也忘了它 10 倍的价差，而选择了这种只有小指尖般大小的人参酒，更准确一点说，是野参酒。

另一个世界著名的成功营销案例，则是国际知名钻石品牌对钻石的包装推广。不知从何时开始，“钻石恒久远，一颗永流传”成了年轻人结婚必备的定情信物，似乎唯有拥有钻石，才能完成对彼此感情的永久承诺。因此，造就了钻石比黄金更昂贵的定位。曾经有一位朋友提起，若以地球蕴藏稀有物资的矿藏量来衡量，黄金其实要比钻石昂贵，但因缺少类似钻石的故事定位，而使钻石的定价超过了黄金。

从苹果手机、谭木匠木梳、大红袍茶叶到韩国野参酒，以及钻石，都在展示营销 3.0 的魅力。产品的功能只是基本元素，甚至只是一个载体，而非成功要素；能触动客户心灵的意境与故事，才是营销成功的关键。

我们每个营销人士都可以思考我们的“why”，也就是我们的产品故事、品牌意境，来完成我们自己的营销 3.0!

资料来源：郭特利. 营销 3.0：思考我们的“why”[EJ/OL]. 新营销，2013（4）. http://www.emkt.com.cn/article/587/58723.html.

四、合作营销

合作营销是企业之间更加战略性的营销合作关系，最早由艾德勒 1966 年在《哈佛商业评论》上提出，指的是两个或两个以上的品牌或企业，为了实现资源的优势互补，增强市场开拓、渗透与竞争能力，达成了长期或短期的合作联盟关系，共同开发和利用市场机会。通常所说的品牌合作（co-branding）、品牌联盟（brand alliances）、协同营销（joint marketing）和共生营销（symbiotic marketing）等都基本和合作营销是同一概念。营销专家艾略特·艾登伯格（Elliott Ettenberg，2001）在其著名的《4R 营销》（*The Next Economy：Will You Know Where Your Customers are？*）一书中预言：“合作营销（co-marketing）将是后经济时代新的大趋势。”合作营销的兴起与当今市场激烈竞争和科技飞速发展有着密切关系。面对众多水平更高、实力更强的对手，任何一个企业都不可能在所有方面处于优势。在这种形势下，具有优势互补关系的企业便纷纷联合起来，实施联合营销，共同开发新产品、共享人才和资源，共同提供服务等，从而降低竞争风险，增强企业竞争能力。

例如，微软初出茅庐时就将“Windows”与久负盛名的 PC 厂商 IBM 公司的电脑结合，实行联合营销。又例如，在 1904 年当过近卫内阁大臣的日本财阀小林一三在一家百货公司任总经理时，曾让其秘书到全市调查哪家饭馆的咖喱饭味道最好。然后他把最好的那一家饭馆的老板请来，提出在百货公司开辟一处地方卖咖喱饭，价格比市场上低四成，这四成由百货公司负责给老板补上。饭馆老板当然乐意。全市味道最好的咖喱饭，又比别处便宜四成，结果引来了大量顾客。顾客吃完饭就要逛商场，逛商场就要买东西，一年下来商场营业额比上一年增加了五倍，饭馆营业额增加了几十倍。由此可见，联合营销只要运用得当，不但对双方都有利，有时还可获得单独营销所无法达到的效果。

市场营销：向英特尔学习纵向合作营销

英特尔在与价值链下游厂商的纵向合作营销方面，已经达到炉火纯青的境界。在国际市场，同样获得成功的这类案例还有很多，比如固特异总是宣传它生产的轮胎是梅塞德斯奔驰和奥迪的推荐产品；以及更为著名的莱卡——通过与阿玛尼、香奈儿等国际大牌的合作营销，杜邦的氨纶纤维得以名列"世界纺织业八大品牌"之一，更成为时尚的代名词。

纵向合作营销，是通过选择与自身形象和品牌定位一致的上下游厂商进行合作，联合传播，协同运作市场活动，从而在终端消费者的认知领域内建立一个强大的品牌集合，以使品牌在更大范围内得到拓展。

资料来源：http://www.ceconline.com/retailer_wholesaler/mn/8800039396/01/.

五、21 世纪营销的职责

中山大学教授于洪彦（2011）在总结国外研究成果的基础上指出，21 世纪营销的职责是创造一个能够有效地帮助企业与所有顾客及其他利益相关者进行互动以使多方受益的支持系统，总体来看，营销职责的演进可以分为增加价值、提供价值和共创价值三个阶段。其内容如表 1-2 所示。

表 1-2　营销的价值贡献

	时代 I 增加价值	时代 II 供价值	时代 III 创价值
时代特征	机器	组织	网络
经营重点	企业和生产	顾客和市场	顾客和其他利益相关者
价值创造	工人与机器创造价值	企业提出价值主张	企业、顾客和其他利益相关者共创价值
价值所在	交换过程	使用过程	情境或体验
营销目的	创造效用	满足顾客	顾客和其他利益者提供服务
营销职责	创造效用，增加价值	市场导向与价值主张	利益相关者同为一体，共创价值
所用资源	自然	顾客和市场数据	知识
基本目标	利润最大化	股东利益	所有相关利益者价值
财务指标	利润	投资回报	现金流量
关键管理	专业化、集中化	分析、计划执行和控制	洞察顾客、配置资源、实现价值、动态学习

资料来源：于洪彦.21 世纪营销职责与新营销管理框架探析［J］. 外国经济与管理，2011（8）：50-56.

六、近年来国内市场营销理论重点研究领域

郑锐洪、郭国庆（2010）的研究表明，品牌管理、消费者行为、关系营销、服务营销、营销渠道的总体关注度达到 78.8%。这五大主题几乎吸引了学界所有的目光，构成了目前我国营销理论体系的核心部分。李亚林、景奉杰（2011）通过对 2000—2009 年度国家自然科学基金资助项目的研究也得出同样的结论。他们认为，目前中国市场营销的主要研究领域有品牌管理、消费者行为、服务营销、渠道管理、关系营销、非营利组织营销、营销战略、产品管理、广告与促销、价格管理、营销道德、顾客价值、其他等 13 个方面的主题。他们通过研究发现，品牌管理、消费者行为研究在国家自然科学基金资助（2000—2009 年度）方面居于主导方面。2016 年 7 月 22 日至 24 日，中国高校市场学研究会学术年会暨博士生论坛在南开大学举办，大会主题演讲涉及大数据营销、品牌管理及关系营销等研究领域，共有 98 篇论文在分组讨论上进行交流。论文分别以消费者行为（37 篇）、战略与渠道（8 篇）、品牌、广告与促销（14 篇）、网络营销与服务营销（11 篇）、国际营销、跨文化营销与其他（8 篇）为主题展开了交流和讨论。综上所述，品牌管理、消费者行为、关系营销、服务营销、网络营销和营销渠道等领域仍然是营销理论研究的重点，基于数据挖掘和利用的大数据营销受到企业界与学术界的高度关注及重视。

七、社会公益行为开始从义务到战略的方向性转变

近年来，随着全球营销环境的剧烈变化，消费者、企业家和学者更加关注企业盈利与履行的社会责任之间的辩证关系，根据科恩通信公司 2011 年所做的《全球企业责任调查》（*Cone/Echo Global CR Opportunity Study*），在 10 个被调查国家中绝大多数消费者认为企业的社会责任要比实现利润更为重要。在过去 10 年中，企业社会责任的发展趋势出现了很大的变化，越来越多的企业开始关注捐赠和公益赞助活动的投资，发布关于社会责任活动的报道。与此同时，企业关于行善的社会标准逐渐确立，捐赠行为开始出现从义务到战略的方向性转变。

根据“国际赛事集团赞助报告”（IEG Sponsorship Report）一位分析人员的观点，企业公益赞助成为 2010 年发展速度最快的赞助活动，同比增长了 6.7 个百分点。这份报告指出，2011 年企业公益赞助活动的增长率为 3.7%，达到 16.8 亿美元。企业社会责任报告不但在大型企业中密集出现，而且在全球范围内快速发展。根据专业服务机构毕马威公司 2011 年的调查，在全球《财富》前 250 强企业中有 95%的公司报道了企业责任活动。这一数据比 2002 年的调查结果翻了一番。毕马威公司在调查报告中称：“在全球《财富》前 250 强企业中几乎有一半的公司表示通过企业责任活动提升了公司的财务价值。”

本章小结

本章从宏观和微观两个层面阐述了市场营销的重要性，并较系统地概括了国内外有代表性的机构、学者和企业家对市场营销概念的表述，并阐述了市场营销的核心概念，以期让读者对市场营销的内涵有更全面、深刻的理解。本章在回顾中国古代营销思想萌芽和中国近代企业营销实践的基础上，介绍了现代企业营销哲学的演变的五个阶段，以便让读者理解营销哲学演变的原因和特点。随后本章概括了 20 世纪市场营销理论发展的

基本特征、关系营销与交易营销的区别以及市场营销组合理论的演进等现代市场营销必须关注的基本问题。最后阐述了 21 世纪市场营销理论与实践的发展的新思路和新领域。即：全方位营销观念、网络营销、营销革命 3.0 理论、合作营销、企业社会责任以及 21 世纪营销的职责等。以期读者能够开阔视野，把握现代市场营销发展的主流脉络。

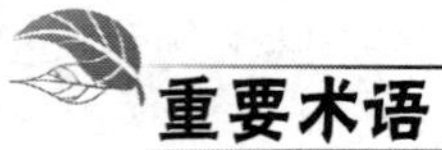

重要术语

市场营销、营销核心概念、营销哲学、营销组合、全方位营销、关系营销、交易营销、网络营销、营销革命 3.0 理论、合作营销、企业社会责任

复习思考题

1. 你认为什么是市场营销？为什么说市场营销是企业的核心职能？
2. 指出推销与营销的联系和区别。
3. 什么是效用？营销学研究效用有何实际意义？
4. 市场营销管理的新旧观念最根本的区别是什么？为什么？
5. 为什么现代企业更加重视研究和运用关系营销理论？
6. 企业在什么情况下应该采取关系营销？什么情况下采用传统的交易营销？取决于什么？
7. 谈谈你对全方位营销的理解。
8. 你认为新 4P 的提出有无实际意义？新 4P 与传统 4P 还有 4C 之间有什么联系？
9. 你认为，与传统的 4P 相比，新 4P 在指导企业营销活动方面有哪些新的突破？
10. 简述你对 21 世纪市场营销理论与实践的发展现状的理解。

阅读推荐

[1] 于洪彦，刘金星.AMA 官方营销定义动态演化及其启示探析[J]. 外国经济与管理，2010(3)：33-39.
[2] [美]菲利普•科特勒（Philip Kotler）. 营销管理［M］. 第 10 版. 梅汝和，等，译. 北京：中国人民大学出版社，2001.
[3] [美]菲利普•科特勒（Philip Kotler），凯文•莱恩•凯勒（Kevin Lane Keller）. 营销管理［M］. 第 14 版. 王永贵，等，译. 北京：中国人民大学出版社，2012.
[4] [美]菲利普•科特勒（Philip Kotler），大卫•赫斯基尔，南希•R.李.正营销：获取竞争优势的新方法［M］. 科特勒咨询集团（中国），译. 北京：机械工业出版社，2013.

案例分析

市值从 170 亿到 17 亿："大众鞋王"达芙妮陨落的迷思

2013 年时达芙妮的市值超过了 170 亿，3 年过去后，市值跌至 17 亿左右。对投资

者来说，这是一条不回头的伤心线。一个有意思的事情是，问身边的朋友，几乎都是异口同声地说，哦，达芙妮我知道，但我很久没有关注，没有买了。“我知道”是达芙妮曾经的辉煌，业绩巅峰的时候，达芙妮的女鞋市场占有率接近20%，这意味着内地卖出的每五双女鞋里就有一双来自达芙妮。而“很久没有关注，没有买了”则话尽了达芙妮当下的凄凉：近日，达芙妮发布盈利预警，同店销售增长率下滑15.9%。尤令人唏嘘的是，继2015年关闭掉805个销售网点后，2016年上半年达芙妮再次关掉了450个销售网点。这几乎是平均一天关掉了两家店的速度。

曾经的大众鞋王

达芙妮（0210.HK）是中国知名的女鞋品牌，一度被誉为中国中小企业高成长的典范，甚至还有一本书名为《达芙妮模式成功专卖》的书，专门分析其高成长背后的故事。达芙妮国际前身是永恩国际集团，做代工厂起家。随着业务的发展，达芙妮开始盯上中国充满无限潜力的市场，并发展了自己的品牌——达芙妮。虽然是品牌商，达芙妮之前做的却是“批发”的生意，严重依赖加盟商的渠道。

1999年经历渠道危机后，从2000起达芙妮开始变革，更换品牌标志及店面装潢风格，着手建自营专卖店，经营范围由商场专柜转向街边店。不同的专营店定位不同功能，相互配合，一方面确保新产品的销售；另一方面又清理库存，确保资金回笼。这种全新的模式让达芙妮迅速遍地开花，自2002年起，达芙妮以每年在内地开设数百家专营店的速度进行全面扩张，并迅速扩大在二、三线市场的覆盖率。达芙妮的业务主要分为两块：一块是代工厂OEM业务，主要面向的是美国市场；另一块是品牌业务，主要面向中国市场。品牌业务最开始只有达芙妮，2002年公司瞄上北京奥运会的机会，一举拿下阿迪达斯经典系列产品在中国的独家经销权，2004年推出针对大众市场的“鞋柜”品牌，2008年之后又引进了国际鞋类品牌的代理。从2009年起，达芙妮淡出了运动服饰市场，专注女鞋的发展。

由于OEM业务的毛利率比较低，达芙妮开始了逐步削减OEM业务在总营业收入中的份额，2003时OEM业务占了半壁江山，2008年OEM业务占比下降到12%，2015年仅占2%。这一战略发展巩固了达芙妮的品牌地位，并借助内地的广阔市场，很好地帮助达芙妮度过了2008年的金融危机。2008年公司由永恩国际集团改名为达芙妮国际，更好地凸显了达芙妮以品牌业务为核心的定位。伴随业务的发展与调整，达芙妮的业绩一路高歌。“漂亮不打折，美丽100分”，在中国女鞋领域，没有哪句广告词比达芙妮的这句更精彩了。可惜的是，从2012年起，达芙妮风光不再，颓势日现。

大众鞋王跌落神坛

2012年达芙妮的股价达到顶点，经过调整后下半年又有重新抬头之势，但从2013年起，达芙妮的股价再无像样的表现，一路跌到底。股价的背后是达芙妮的业绩疲软。2015年，达芙妮10年来首现亏损。事实上，从2011年起，国内的服饰品牌就开始了去库存的阵痛，所以，达芙妮的业绩下滑也有整个行业的因素。但是，在行业去库存的大环境背景，达芙妮并未停下它的扩张速度，直到2015年最终以关闭805个销售网点终结，2016年上半年又关掉了405个。除去行业本身的去库存危机，传统的服饰类品牌还遭遇了电商的冲击。从2011年起，电商进入了发展的爆发期，对于此时线下的品牌来说，庞大的销售网点的渠道优势开始消失，而庞大的租金开支开始成为线下品牌的累赘。

对达芙妮来说，或许更遗憾的是，它并非没有电商意识。事实上，达芙妮是最早拥有电商意识的品牌之一。早在 2006 年时达芙妮就开始涉足电商，彼时，淘宝上线仅 3 年，京东也就刚刚开始专注电商。不过在涉足的前 3 年，达芙妮电商业务是由外包团队完成，到 2009 年，随着电商市场的发展，达芙妮入驻了天猫，同时开始搭建自营电商公司“爱携”，将电商策略分为两块：一块是女性平台策略，着重于女性社区的打造；另一块则是鞋类的营销，借助品牌优势进行全网络营销，并针对线上市场开发网络专供款。

然而，这一看似美好的构想却因达芙妮投资耀点 100 而搁浅。2010 年，达芙妮以 3 000 万元入股与巨头百度打造网络购物新平台耀点 100，占股 10%。两年后，被寄予厚望的耀点 100 倒闭，达芙妮独立 B2C 的尝试也宣告失败。投资耀点 100 被认为是达芙妮转型中的一个决策失误，但更重要的事实是，达芙妮对电商业务并未上心。直到 2013 年，电子商务的字眼才出现在达芙妮的年度报表上，达芙妮对电商的热衷程度可见一斑。

其实这也不难理解。对于“大众鞋王”达芙妮来说，本身具备很庞大的消费群体，电商每年几百万元的销售额，只是实体店半天的业绩。开一家专营店对业绩能有“立竿见影”的效果，而电子商务却需要解决一个基本痛点：便宜。价格上，达芙妮主打的是 200~300 元的价格，这一价格也是许多淘宝鞋店非大牌产品的争夺重点，达芙妮并无优势可言。投入之下难见利润，电商在达芙妮体系里更像是鸡肋。2011 年 9 月，达芙妮电子商务总经理王玉凤离职，原耀点 100 高管陈炳文入主达芙妮电子商务。而仅一个多月，陈炳文也闪电离职，此后达芙妮电子商务部门便无最高领导人，业务随之陷入基本停滞状态。尽管 2014 年、2015 年达芙妮连续稳居“双十一”女鞋第一，但达芙妮从未公开过其线上的业绩。据其他消息来源称，达芙妮线上的份额不及其整个盘子的十分之一。可见，比起线下“大众鞋王”的地位，达芙妮在线上的地位有些尴尬。

核心是产品

从表面上看，是电商的冲击令曾经成就达芙妮的直营模式的优势荡然无存，店面庞大的开支反而成为达芙妮的累赘。但是，回到消费者的反馈上，“达芙妮我知道，但我很久没关注了，没有买了”，显然，这简短的话语背后所包含的绝非仅仅是电商冲击可以解释的。所谓致命的电商冲击，其本质是产品的冲击。在网上，消费者能几乎无成本地并快速地与无数的女鞋品牌接触。因此，电商出现后，消费者的眼界日益扩大，品牌在渠道上的竞争程度下降了，产品本身的竞争程度上升了。可以说，电商的出现，彻底改变了渠道为王的经营模式，重新回归了产品本身。

回归产品本身，品牌商需要对自己产品品质的专注贯彻到其业务的每个细节上。但是，对品牌商而言，它所需要传递的超越了制作本身的层次。品牌商还需要通过对世界、社会文化的细心观察与关注来汲取创造力和时代气息，以此设计出富有创造性和独特性的产品。对于消费者，尤其是收入处于上升过程中的中国消费者，品质、创造性和独特性是他们最为关注的。

达芙妮诞生于 1990 年，如今是它的第 26 个年度。然而，如果让人回想起达芙妮的产品有什么特点的话，似乎很难找出词来形容。在它的业务板块里，它既是品牌商，又是分销商，还是代工厂。与它对专营店快速扩张的专注相反的是，达芙妮对它最核心的产品专注度似乎并不高，从它的年报里，投资者很少能获取关于达芙妮对它的产品的设计、制作和定位上的描述。随着电商的冲击，几乎所有的产品都获得了与消费者接触的同等机会，达芙妮的渠道优势不在，其产品就湮没在了无数品牌的竞争中。

尽管从 2013 年起，达芙妮开始了一系列的变革，包括全新的店面设计、重新启用明星、关店裁员，但是在回归产品本质上，很遗憾，从达芙妮 2015 年的年报中几乎未得到与之相关的信息，唯一看到下面一段话：

提升差异化，优化市场推广

集团亦将重点提升销售及管理效益，以增强销售及盈利能力，并将采纳新方案于多个营运范畴。例如，集团将努力提升差异化，以增强竞争优势。为更好实践这策略性举措，集团通过二零一五年第四季度的一项消费者调研，访问中国 170 个城市里逾 2 600 名消费者，以增加集团对消费者的理解，并探索市场机会。调研结果亦验证了集团追求差异化以使在竞争中取胜的理念。因此，集团将投入更多资源提升产品差异化，并以优化及多元化市场推广活动作支持。例如，集团与腾讯合作研发，于二零一六年初推出一款具有全球定位功能的童鞋，有助彰显品牌引领潮流的形象。

投资者看到这里恐怕只有满满的失望，这段话既没有与投资者沟通达芙妮未来的品牌发展，也没有传递达芙妮的管理层对未来品牌发展的信心。

资料来源：http://finance.sina.com.cn/stock/hkstock/ggscyd/2016-08-18/doc-ifxvcsrm1835807.shtml.本书有删减。

思考题

1. 达芙妮为什么会成为“大众鞋王”？
2. 分析达芙妮陨落的原因，你认为，哪些是最致命的原因？
3. 为达芙妮扭转目前的颓势提出相应的对策和建议。

第二章 顾客满意与顾客忠诚

学习目标

国内外企业营销的成功实践表明，企业只有超越顾客期望，比竞争对手更有效地为客户创造和提供价值，才能不断提高顾客的满意度和忠诚度，进而与顾客建立牢固的关系，形成可持续的竞争优势。通过本章学习，了解研究顾客感知价值的意义，熟悉顾客感知价值、全面质量管理、价值链、数据库营销及客户关系管理的特点，理解顾客价值、顾客满意和顾客忠诚之间的内在联系；掌握提高顾客满意度和忠诚度的有效方法和途径。

导入案例

2015 中国顾客满意度调查：海尔连续十年服务满意度第一

3 月 28 日，由中国标准化研究院和清华大学中国企业研究中心主办的“2014—2015 年中国顾客满意度调查结果发布会”在北京召开，涵盖 32 个行业及相关品牌的顾客满意度调查结果显示，海尔在冰箱、洗衣机、电饭锅、电热水器等多个品类均为顾客最满意品牌，至此海尔已连续十年获评行业服务满意度第一。

主办方经过调查、研究、评价设计推出的，已连续十多年成为国内权威的顾客满意指数测评方法。本次调查从品牌形象、性价比、满足需求程度、产品可靠性和服务质量五个维度对品牌进行综合评比，其中冰箱有 20 个品牌参与测评，洗衣机 18 个品牌，电饭锅和电热水器均有 12 个品牌参与测评，在诸多对手中，海尔均领先行业，高居顾客满意度调查结果榜首。

在顾客满意度调查中，服务质量是影响顾客满意度的重要评价维度，而海尔在服务质量的评比中，多个品类均得到全 5 星的测评，2015 年是海尔连续获得家电行业服务满意度第一的第十个年头了。在多年的发展历程中，海尔始终将服务创新升级和提升用户体验作为首要任务，近日推出了智联 U+服务模式，通过“滴滴抢单”“电子保修卡”“极客无忧”等服务创新，用互联网思维推进服务升级，一举颠覆传统服务模式，为用户提供了互联网时代的最佳服务体验。

传统时代企业最好的服务是做好产品，而互联网时代企业最好的服务是让用户参与创造。据海尔相关负责人表示，海尔能在多个品类中居于顾客满意度第一，与其坚持用户交互、不断满足用户需求的努力是分不开的。互联网时代用户需求成为推动企业发展的第一动力，为此海尔通过搭建用户交互平台，实现与用户的零距离对话，让用户参与到产品的设计、生产、制造全流程中，用户从生产的旁观者变为参与者和监督者，其多样化和个性化需求得到最大程度地满足。

资料来源：http://www.cctime.com/html/2015-3-30/20153301924274437.html.

第一节　顾客感知价值、顾客满意与顾客忠诚

一、顾客感知价值

（一）顾客感知价值的含义

顾客感知价值（customer perceived value，CPV）是指潜在顾客所能感知到的利益与其在获取产品或服务时所付出的成本进行权衡后对产品或服务效用的总体评价。顾客感知价值体现的是顾客对企业提供的产品或服务所具有价值的主观认知，而区别于产品和服务的客观价值。

20 世纪 70 年代以来，企业在顾客层面上的竞争不断推陈出新，从以产品为中心、注重产品质量，到“以顾客为导向”、争取顾客满意与忠诚，直至 90 年代提出顾客感知价值概念。顾客感知价值的研究自 20 世纪 90 年代以来越来越成为国外学者与企业家共同关注的焦点，这正是企业不断追求竞争优势的合理与必然结果。迈克尔·波特（Michael Porter）在《竞争优势》一书中指出，竞争优势归根结底产生于企业能为顾客创造的价值，Woodruff（1997）也指出“顾客感知价值是下一个竞争优势源泉”。

（二）顾客感知价值的构成

影响顾客感知价值的两个基本要素是整体顾客利益和整体顾客成本。整体顾客利益（total customer benefit）是顾客从某一特定的产品或服务中，由于产品、服务、人员和形象等原因，在经济性、功能性和心理性上所期望获得的一组利益的认知货币价值。产品价值包括产品（服务）的基本功能和特性；服务价值包括培训、送货、安装、维修等服务活动；人员价值是指营销人员与顾客建立相互帮助的伙伴关系和员工素质；形象价值是指顾客对企业品牌形象的感受。

整体顾客成本（total customer cost）是顾客在评估、获得、使用和处理该产品或服务时发生的一组认知成本支出，包括货币成本、时间成本、精力成本和体力成本。顾客在选购产品时，往往从价值与成本两个方面进行比较分析，从中选择出价值最高、成本最低，即“顾客感知价值”最大的产品作为优先选购的对象。其中，时间成本是指顾客在选择产品、学习使用、等待服务时花费的时间；精力成本是指顾客为了使用产品、保养维修产品等方面付出的心力。

使顾客获得更大“顾客感知价值”的途径之一，是增加顾客购买的总价值。产品价值、服务价值、人员价值和形象价值中的每一项价值的变化均对总价值产生影响。使顾

客获得更大“顾客感知价值”的另一途径，是降低顾客购买的总成本。顾客总成本不仅包括货币成本，而且还包括时间成本、精神成本、体力成本等非货币成本。顾客感知价值的构成如图 2-1 所示。

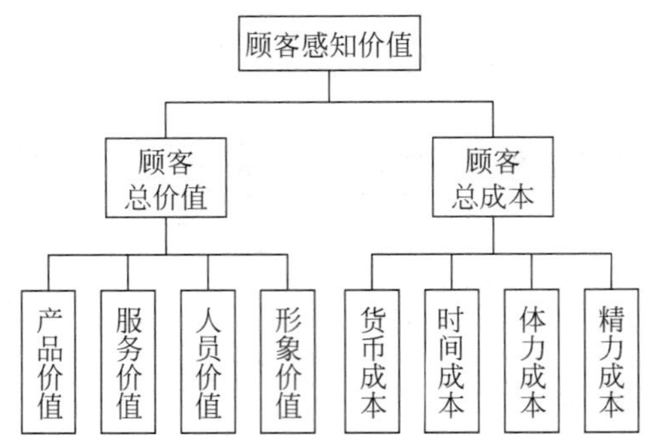

图 2-1　顾客感知价值的构成

（三）研究顾客感知价值的意义

如果公司给顾客提供的感知价值达到甚至超出顾客预期，顾客的满意度也将随之提高。企业在制定市场营销决策时，应综合考虑顾客总价值与顾客总成本的各项因素的相互影响。企业应根据不同顾客的需求特点，有针对性地增加顾客总价值，降低顾客购买总成本。公司必须在一定资源限度内（即保证公司合理的利润及员工、经销商、供应商和股东的利益）给顾客提供他所期望甚至超出其期望的感知价值。

二、顾客满意

（一）顾客满意的含义

所谓顾客满意（customer satisfaction），是指顾客对一件产品满足其需要的绩效（perceived performance）与期望（expectations）进行比较所形成的感觉状态。顾客购买后是否满意，取决于其实际感受到的绩效与期望的差异：若绩效小于期望，顾客会不满意；若绩效与期望相当，顾客会满意；若绩效大于期望，顾客会十分满意。顾客期望的形成，取决于顾客以往的购买经验、朋友和同事的影响，以及营销者和竞争者的信息与承诺。满足顾客需要的绩效是企业根据对消费者需求的理解，通过营销努力，供给消费者的产品（服务）价值或实际利益。它既是企业的预期，也是顾客购买和使用产品的一种感受。公式 $S=f(P, E)$ 表明，满意水平是绩效（可感知效果）和期望值之间的差异函数。

（二）顾客期望与顾客满意

顾客期望来自顾客过去的购买经验、亲朋好友的影响、企业和竞争者的信息及承诺。如果公司对顾客的承诺过高，而又达不到自己的承诺，很可能会导致顾客的失望；同理，如果公司对顾客的承诺过低，就无法吸引足够的购买者。因此，成功的公司会在顾客购买前给顾客较高的承诺，然后提供符合顾客期望的产品和服务来满足需求，进而提高顾客满意度。一个高度满意的顾客通常会有长期的忠诚行为，在公司推出新产品或对产品进行升级后会购买更多的产品，为这家公司及其产品传递良好口碑，忽视竞争品牌和竞争品牌的广告，并对价格不敏感，会关注公司的产品与服务，并将经常向公司提供与产品或服务相关的创意或想法。施乐公司高管发现在已过去的 18 个月中，“高度满意”顾客的购买次数是“比较满意”顾客的 6 倍。

（三）不满意的顾客给公司形成的消极影响

从公司经理的潜意识思考问题，他们认为可以通过记录客户投诉来了解顾客的意见，从而改进产品和服务。但相关研究表明，在顾客购买行为中有 25%是不满意的，但只有 5%会抱怨，95%认为不值得抱怨或不知如何抱怨、向谁抱怨，于是他们就停止购买。在所有投诉的顾客中，有 54%～70%的投诉顾客，在其投诉得到解决后还会再次同该公司做生意；如果顾客感到投诉得到很快解决，该数字还会上升到惊人的 95%。顾客对该公司的投诉得到妥善解决后，他们平均每人就会把处理的情况告诉他们遇到的 5 个人。而不满意的顾客，平均每人会告诉 11 个人。如果他们当中的每个人仍然再告诉其他人，传播负面口碑的人数会以指数级数增长。

（四）顾客满意度的测量

首先，企业可以通过顾客满意度定期调查直接跟踪顾客的满意状况，并通过询问了解顾客再次购买的意向，以及顾客向其他人推荐本公司产品、服务的意愿和可能性。其次，公司还需要检测顾客流失率，并且联系那些停止购买公司产品或是转向其他供应商的顾客，了解流失的原因。此外，公司可以运用“神秘顾客法”（mystery customer），即公司指派经过严格培训的调查员或雇用神秘顾客，在规定或指定的时间里扮演成顾客，对事先设计的一系列问题逐一进行评估或评定的一种调查方式。公司经理也可以亲自去那些他不会被认出的部门或竞争者的销售现场，亲身感受作为“顾客”受到的对待。由于被检查或需要被评定的对象事先无法识别或确认“神秘顾客”的身份，故该调查方式能真实、准确地反映客观存在的实际问题。

神秘顾客购物服务的国际趋势

据 MSPA 市场规模报告预测，在美国，神秘顾客购物行业有将近 60 亿美元的市场。报告涉及的公司数量，从 2003 年到 2004 年，以 11.1%的平均增长速度增长。这期间，神秘顾客购物店的数量增长率为 12.2%。报告估计，在 2004 年，有超过 810 万家店进行了神秘顾客购物，其中零售、银行/金融、快餐店占市场份额最大。

报告显示了神秘顾客购物行业的收入。零售业最高，占总收入的 16.8%；其次是银行/金融，占 14.2%，快餐占 14%，加油站/便利商店占 11.8%。报告中，在 2003 年至 2004 年该行业均以两位数增长，最近进行的一项神秘顾客购物调查显示，该增长速度将继续保持。在 2005 年北美 MSPA 会议上，有 50%以上的调查人员预计 2005 年至 2006 年期间，零售业、餐饮业、金融服务业年增长率在 5%～15%。

神秘顾客购物几乎涵盖了所有行业，包括快速服务、高档餐馆、酒店、度假村、银行和金融服务机构、公寓、便利店、连锁特色零售店、房地产、自营仓储设施、医疗机构和杂货店。神秘顾客购物可以帮助企业制定、实施和评估神秘顾客购物项目，以及协调分配神秘顾客执行神秘顾客购物。

餐饮业使用神秘顾客检测至少有 30 年历史了，到了 20 世纪 70 年代中期，神秘顾客购物已经有了坚实的基础，80 年代以后，迅速成长，越来越多的连锁店意识到神秘顾客购物的价值。而且它们更倾向于将神秘顾客检测视为长期投资。目前世界最大的餐饮连锁店——麦当劳公司，是使用神秘顾客检测的成功典范。

资料来源：http://smgk.51diaocha.com/.

三、顾客忠诚

（一）顾客忠诚的含义

顾客忠诚指的是，尽管顾客会受到外在情境的影响，并且其他企业的营销努力也可能导致转换行为的发生，但该顾客仍对其所偏好的产品或服务给予高度承诺，保证会在未来再次购买和光顾。美国学者雷奇汉（Frederick F. Reichheld）和赛塞（W.Earl Sasser，Jr）的研究结果表明，顾客忠诚率提高 5%，企业的利润就能增加 25%～85%。因此，培育顾客忠诚感是企业营销活动的重要目的。

顾客忠诚度直接影响着品牌价值和品牌权益，企业要保持和提高顾客忠诚度，势必要增加成本支出，但如果失去顾客忠诚度，代价同样高昂。研究表明，吸引新顾客要比维系老顾客花费更高的成本。而要有效地保持老顾客，仅仅使其满意还不够，只有使其高度满意，才能有效地做到这点。因此，现代企业必须十分了解顾客让渡价值，通过企业的全面变革和全员努力，建立“顾客满意第一”的良性机制，使自己成为真正面向市场的企业。

（二）顾客终身价值最大化

从一般意义上看，高忠诚度的顾客往往会给公司带来可持续的收益，甚至是终身价值最大化。高忠诚度的顾客与普通顾客给公司带来的贡献是有很大差异的。著名的二八原则认为，在顶部的 20%的顾客创造了公司 80%以上的利润。在某些情况下，这一法则更为极端，20%最有价值的顾客（按人均计算）创造 150%～300%的利润。而 10%～20%最没有价值的顾客会把利润降低 50%～200%，中间 60%～70%的顾客持平，说明公司可以通过“解雇”最差的顾客来提高利润。在现实生活中，一些银行在储蓄、投资和理财业务中设置了最低的进入门槛，高档楼盘通常不让低端客户参观公司的样板房，其目的都是为了减少不必要支付的成本。需要特别指出的是，对营销活动中二八现象的理解不能绝对化，对于中高端商品和服务以及一些差异化较强的商品、服务消费领域，这种现象比较普遍，而对于满足消费者基本需求的部分快速消费品，这一现象表现得并不是很典型。例如，粮食、食盐、食用油等商品。

广州友谊：二八原则　高端商场主要靠 VIP

和众多消费百万元的“上帝”坐一起是什么感受呢？广州友谊董事长表示：“以往都说顾客是上帝、顾客是爹地，客户说的话都是对的，但我们认为这是错误的想法，实际上顾客是朋友。”但由于这种朋友太多，所以暂时先请顶级客户做代表。

据友谊介绍，目前该公司的 VIP 客户总量在 10 万人左右。其中最高级别的钻石卡客户每年至少要在友谊花 15 万元才能保住这个顶级座位，这批客户的数量有 1 000 人；第二个档次是白金客户，每年的消费也要在 3 万元以上，这批客户的数量在 3 万人左右；普通 VIP 卡购物的门槛则为 3 000 元，这部分有 7 万人。

虽然 VIP 人数不多，但二八原则表现明显：80%销售额源自 20%的顾客。据友谊介绍，就是这 10 万多的客户，创造了 60%的贡献度，是目前广州地区百货业 VIP 贡献率最高的一家。另据透露，友谊 VIP 每年都有降级的，也有升级的，但升的人总比降的人多，每年升级总幅度高达 10%。

资料来源：http://www.8264.com/viewnews-47336-page-1.html.

（三）顾客满意度与忠诚度的关系

Miller-Williams 市场调查公司进行的一项调查研究表明，不同行业顾客满意和顾客忠诚的关系明显不同，对于有些行业，随着顾客满意的提高，顾客忠诚也会相应的提高，而有些行业则不然。所以他们建议，处于不同行业的企业应该根据本行业的特点来寻找提升顾客满意与忠诚的独特的价值推动力。

清华大学中国顾客满意指数研究第二期试点调查数据分析结果表明，对于耐用消费品行业内的各个品牌，顾客满意与顾客忠诚之间具有很强的正相关关系。如图 2-2 所示，各品牌随着顾客满意的提高，顾客忠诚也会相应的提高；结构变量之间具有很强的正相关性。

对于各行业而言，顾客满意与顾客忠诚之间也同样存在着正相关的关系。如图 2-3 所示，除了电视机行业以外，其他各行业的顾客越满意，忠诚度越高；结构变量之间具有很强的正相关性。

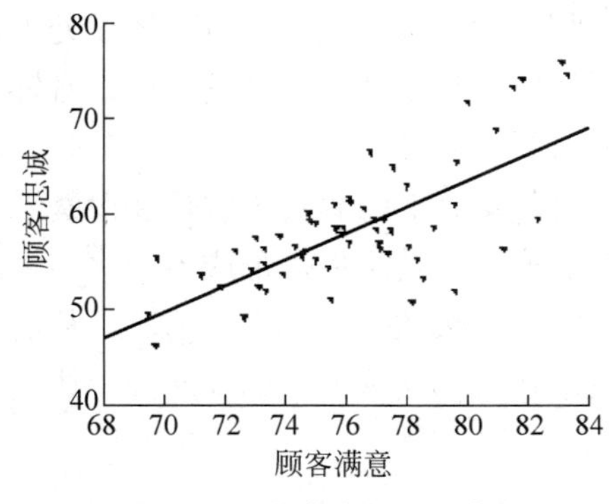

图 2-2　顾客满意与顾客忠诚

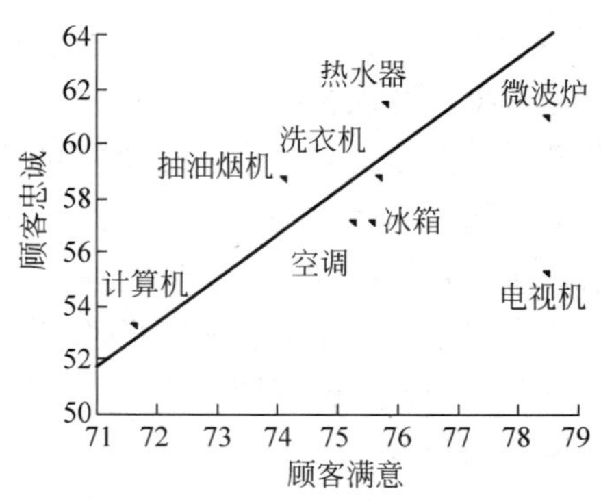

图 2-3　顾客满意与顾客忠诚

华为构建以客户为中心的营销体系

有人问我们，华为的商道是什么？我们就没有商道，我们就是以客户为中心，就要让客户高兴，把钱给我。你哪个客户给得更好，我就给好设备。

台湾政治大学商学院教授李瑞华认为，台湾的企业可以通过认识华为而有所反思。为什么你需要了解华为，以及华为的创办人任正非？因为任正非在短短26个年头里，创造了全球企业都未曾有的历史。

它走得最远！如果没有华为，西伯利亚的居民就收不到信号，非洲乞力马扎罗火山的登山客无法找人求救，就连你到巴黎、伦敦、悉尼等地，一下飞机接通的信号，背后都是华为的基站在提供服务。8 000米以上喜马拉雅山的珠峰，零下40℃的北极、南极以及穷苦的非洲大地，都见得到华为的足迹。

供给侧改革中核心是质量。质量的关键是要提高成本。低成本就不可能有高质量，低成本必然带来地沟油、假冒伪劣。高质量为什么不能卖高价格呢？卖不了高价格，政府就要减负，企业才能有余钱投入创新。我在达沃斯讲的我们坚决不走低价格、低成本、低质量的道路，这会摧毁我们20多年后的战略竞争力。

资料来源：http://business.sohu.com/20160509/n448434181.shtml. 本书有删减。

第二节 数据库营销与客户关系管理

一、数据库营销

（一）顾客数据库与数据库营销

科特勒认为，顾客数据库（customer database）是将现有的、可获得的与可接触的单个顾客或潜在顾客的众多信息，有组织地收集汇总成一个系统，以实现一些营销目的。

数据库营销（database marketing）是建立、维系与使用顾客数据库与其他数据库（产品、供应商、零售商数据库）的过程，以达到联系、处理与建立顾客关系的目的。

舒尔茨指出，数据库营销是企业通过搜集和积累消费者的大量信息，经过处理后预测消费者有多大可能去购买某种产品，以及利用这些信息给产品以精确定位，有针对性地制作营销信息以达到说服消费者去购买产品的目的。

上海交通大学王方华、陈洁认为，数据库营销是指企业收集关于客户和消费者的大量信息，经过数据的挖掘、筛选处理等一系列数据库分析技术后，形成电子化的客户资料库，其目的是更精确地了解客户及消费者的需求、购买欲望及能力等情况，从而能够制定理性化、个性化的营销策略，提供给客户及消费者以完善的产品及服务，达到客户及公司利益的双赢。

综上所述，数据库营销就是企业通过收集和积累用户信息，依托庞大的顾客信息库，以与顾客建立一对一的互动沟通关系为目标，经过分析筛选后，有针对性地使用电子邮件、短信、电话、信件等方式进行客户深度挖掘与关系维护，更好地满足顾客的个性化、差异化需求的营销方式，是维系顾客、提高顾客满意度和忠诚度的重要手段。

跟尿布一起购买最多的商品是什么？竟是啤酒！

沃尔玛拥有世界上最大的数据仓库系统，沃尔玛对其顾客的购物行为进行购物篮分析，想知道顾客经常一起购买的商品有哪些。沃尔玛数据仓库里集中了其各门店的详细原始交易数据。在这些原始交易数据的基础上，沃尔玛利用数据挖掘方法对这些数据进行分析和挖掘。一个意外的发现是：跟尿布一起购买最多的商品竟是啤酒！经过大量实际调查和分析，揭示了一个隐藏在“尿布与啤酒”背后的美国人的一种行为模式：在美国，一些年轻的父亲下班后经常要到超市去买婴儿尿布，而他们中有30%～40%的人同时也为自己买一些啤酒。产生这一现象的原因是：美国的太太们常叮嘱她们的丈夫下班后为小孩买尿布，而丈夫们在买尿布后又随手带回了他们喜欢的啤酒。

资料来源：徐曙光，啤酒与尿布［N］. 经济参考报，2009-11-27. 本书有删改。

（二）顾客数据库的基本内容

顾客数据库主要包括消费者数据库和商业顾客数据库。

1．消费者数据库

消费者数据库通常包括顾客的注册信息、交易信息、人口统计信息（如年龄、收入、家庭成员、生日等）、心理信息（活动、兴趣、观点）、媒体偏好信息、电话询问以及与每个顾客的接触记录等所累积而来的信息。

2．商业顾客数据库

商业顾客数据库包括企业顾客的购买记录，过去购买的数量、价格、利润；采购团队成员的名单（包括他们的年龄、生日、爱好和喜欢的食品）；现有合同的内容，在顾客业务中供应商的份额；竞争的供应商名录；在销售与服务方面顾客对其竞争优势和劣势的评估，以及相关的采购组织、程序与政策等。

（三）数据挖掘

1．数据挖掘的含义

数据挖掘（data mining），就是从存放在数据库、数据仓库或其他信息库中的大量的数据中获取有效的、新颖的、潜在有用的数据，以找出不同的客户或市场划分，分析出消费者喜好和行为的方法。通过数据挖掘，公司的市场研究人员可以通过对大量资料的分析、加工和整理，充分挖掘不同细分市场的有用信息和流行趋势等有用的信息，制订更为科学、可行的营销计划。公司可从五个方面使用数据库：确定潜在顾客、决定哪些顾客应当收到一份特别的产品或服务、强化顾客忠诚、恢复顾客购买行为、避免重大顾客失误。

2．数据挖掘的分析方法

数据挖掘的分析方法包括分类（classification）、估值（estimation）、预言（prediction）、相关性分组或关联规则（affinity grouping or association rules）、聚集（clustering）、描述和可视化（description and visualization）六个阶段，分类、估值、预言属于直接数据挖掘；后三种属于间接数据挖掘。

（1）分类。首先从数据中选出已经分好类的训练集，在该训练集上运用数据挖掘分类的技术建立分类模型，对于没有分类的数据进行分类。例如，信用卡申请者，分类为低、中、高风险；分配客户到预先定义的客户分片。类的个数是确定的、预先定义好的。

（2）估值。估值与分类类似，不同之处在于，分类描述的是离散型变量的输出，而估值处理连续值的输出；分类的类别是确定数目的，估值的量是不确定的。例如，根据购买模式，估计一个家庭的孩子个数；根据购买模式，估计一个家庭的收入。一般来说，估值可以作为分类的前一步工作。给定一些输入数据，通过估值得到未知的连续变量的值，然后，根据预先设定的阈值进行分类。例如，银行对家庭贷款业务，运用估值，给各个客户计分（score 0～1）。然后，根据阈值，将贷款级别分类。

（3）预言。预言是通过分类或估值起作用的，也就是说，通过分类或估值得出模型，该模型用于对未知变量的预言。从这种意义上说，预言其实没有必要分为一个单独的类。预言的目的是对未来未知变量的预测，这种预测是需要时间来验证的，即必须经过一定时间后才知道预言的准确性是多少。

（4）相关性分组或关联规则。即决定哪些事情将一起发生。例如，超市中客户在购买 A 的同时，经常会购买 B，即 A⟹B（关联规则）（尿布与啤酒）；客户在购买 A 后，隔一段时间会购买 B。

（5）聚集。聚集是对记录分组，把相似的记录分在一个聚集里。聚集和分类的区别是聚集不依赖于预先定义好的类，不需要训练集。例如，一些特定症状的聚集可能预示了一个特定的疾病；租 DVD 类型不相似的客户聚集，可能暗示成员属于不同的亚文化群聚集，通常作为数据挖掘的第一步。例如：“哪一种类的促销对客户响应最好？”对于这一问题，首先应该对整个客户做聚集，将客户分组在各自的聚集里，然后针对每个不同的聚集回答问题，可能效果更好。

（6）描述和可视化。用相应的图案和技术表示数据挖掘结果。即用易于理解的点线图、直方图、饼图、网状图、交互式可视化、动态模拟、计算机动画技术表现复杂数据。

奔驰新“M”级越野车的数据库营销

梅塞德斯——奔驰公司新“M”级越野车决定在美国进行市场投放。面对已经很拥挤的汽车市场，只靠梅塞德斯的品牌和传统的广告效应已经不能保证销售的成功。它必须尝试新的营销模式，试图有所突破。于是，梅塞德斯选择了数据库营销。

梅塞德斯美国公司收集了目前越野车和奔驰车拥有者的详细信息，将它们输入数据库。接着，他们根据数据库的名单，发送了一系列信件。首先是梅塞德斯美国公司总裁亲笔签署的信，大意是：“我们梅德赛斯公司正在设计一款全新的越野车，我想知道您是否愿意助我们一臂之力。”该信得到了积极的回复。每位回信者均收到了一系列反馈问卷，问卷就设计问题征询意见。有趣的是，在收到反馈问卷的同时，梅塞德斯公司不断地收到该车的预约订单。客户感觉梅塞德斯在为他们定做越野车（个性化需求）。结果，梅塞德斯原定于第一年销售 35 000 辆的目标仅靠预售就完成了。公司原计划投入 7 000 万美元营销费用，通过数据库营销策略的实施，将预算费用减至 4 800 万美元，节省了 2 200 万美元。

资料来源：数据库营销助推企业成长 it.soho.com.

（四）数据库营销的难点

首先，企业开始的时候很难直接有一个达到一定规模的潜在消费者数据库；数据库的建设通常需要一段比较长的时间；数据库需要适时进行更新，否则很容易出现大量垃圾信息（因为客户状况改变而导致失效的信息）。建立和维护数据库需要巨大的投资；很难让公司的每个员工都以顾客为导向和利用现有信息；并不是所有顾客都想和公司建立关系，他们甚至不满公司收集了那么多他们的个人信息；顾客关系管理背后的假设并不一定总是正确的。因此，不少企业开始的时候都难以使用基于客户数据库的精准营销方法。

其次，数据库营销的费用和成本是很昂贵的，它要求在个体消费者和市场调查方面的信息收集上投入巨额资金。另外信息也需要经常更新，最重要的是要随时更新客户信息，保持最新的地址、电话等，否则原有的客户数据库就失去了存在的价值，因为这些信息在以每年 20%的速度变更。同时，一些关键性信息或许难以得到。这就要求在软件上有高投入，同时数据库需要有来自多层次消费者的综合信息，必须要有擅长数据采集和开发的人员。

二、客户关系管理

（一）客户关系管理的概念

客户关系管理是英文 Customer Relationship Management 的简写，一般译作“CRM”。CRM 最早产生于美国，由高德纳（Gartner Group）咨询公司首先提出，20 世纪 90 年代以后伴随着互联网和电子商务的大潮得到了迅速发展。它既是一种市场导向的企业经营理念，也是面向顾客优化业务流程、增强企业部门间集成协同能力、加快顾客服务的响应速度、提高顾客满意度和忠诚度的一整套解决方案。不同的学者和企业对 CRM 的概念都有不同的看法。

此概念的原创者认为，CRM 是一种商业策略，它按照客户的分类情况有效地组织企业资源，培养以客户为中心的经营行为以及实施以客户为中心的业务流程，并以此为手段来提高企业盈利能力、利润以及顾客满意度。

IBM 公司认为，CRM 通过提高产品性能，增强顾客服务，提高顾客交付价值和顾客满意度，与客户建立起长期、稳定、相互信任的密切关系，从而为企业吸引新客户、维系老客户，提高效益和竞争优势。

AP 公司认为，CRM 系统的核心是对客户数据的管理，客户数据库是企业重要的数据中心，记录企业在市场营销与销售过程中和客户发生的各种交互行为，以及各类有关活动的状态，提供各类数据模型，为后期的分析和决策提供支持。

综合以上 CRM 的经典定义，从营销理念、业务流程和技术支持三个层次，可将 CRM 定义为：CRM 是现代信息技术、经营思想的结合体，它以信息技术为手段，通过对以“客户为中心”的业务流程的重要组合和设计，形成一个自动化的解决方案，以提高客户的忠诚度，最终实现业务操作效益的提高和利润的增长。

无论如何定义 CRM，“以客户为中心”是 CRM 的核心所在。CRM 通过满足客户个性化的需要、提高客户忠诚度，实现缩短销售周期、降低销售成本、增加收入、拓展市场、全面提升企业盈利能力和竞争能力的目的。任何企业实施客户关系管理的初衷都是想为顾客创造更多的价值，即实现顾客与企业的“双赢”。

按照客户价值进行客户分类，提高销售利润

D 先生是一家电子产品销售公司的经理，经过 D 先生及其团队的共同努力，公司的业务不断拓展。随着公司业务的发展，老客户越来越多，公司知名度也越来越高，甚至经常有新客户慕名打电话来咨询业务。一时间，公司上上下下忙得不亦乐乎，可是还是有些重要客户抱怨公司的响应太慢，服务不及时，而将订单转给了其他厂商，使公司利润流失了不少。为此，D 先生决定加大投入，招聘了更多的销售及服务人员来应付忙碌的业务。

一年辛苦下来，D 先生满以为利润不错，可公司财务经理给出的年终核算报告，利润居然比去年还少！经过仔细分析，D 先生终于发现了其中的症结所在：原来，虽然不断有新的客户出现，但是他们带来的销售额却不大，而这些客户带来的销售和服务工作量却不小，甚至部分新客户还严重拖欠款项。与此同时，一些对利润率贡献比较大的老客户，因在忙乱中无暇顾及，已经悄悄流失。为此，D 先生改进了公司的工作方法：首先梳理客户资料，按照销售额、销售量、欠款额、采购周期等多角度数据进行测量，从中选出 20%的优质客户；针对这 20%的客户制定特殊的服务政策，进行重点跟踪和培育，确保他们的满意度。同时，针对已经流失的重点客户，采用为其提供个性化的采购方案和服务保障方案等手段，尽量争取客户回归；针对多数的普通客户，采用标准化的服务流程，降低服务成本。

经过半年的时间，在财务经理再次给出的半年核算报告中，利润额有了大幅回升。

资料来源：http://www.worlduc.com/blog2012.aspx?bid=10856026.

（二）CRM 的特点

CRM 具有以下几个特点。

1. CRM 是一种管理理念

CRM 吸收了“数据库营销”“关系营销”“一对一营销”等最新管理思想的精华，通过与客户的个性化交流来掌握其个性需求，并在此基础上为其提供个性化的产品和服务，不断增加企业给客户的交付价值，提高客户的满意度和忠诚度，最终实现企业和客户的双赢。

2. CRM 是一种管理机制

CRM 是一种旨在改善企业和客户之间关系的新型管理机制，可以应用于企业的市场营销、销售、服务与技术支持等与客户相关的领域。CRM 在提高服务质量的同时，还通过信息共享和优化商业流程来有效地降低企业的经营成本。

3. CRM 是一种管理软件和技术

CRM 集成了 Internet 及电子商务、多媒体技术、数据仓库、数据挖掘、专家系统和人工智能等当今最先进的信息技术，为企业的销售、客户服务和决策支持等领域提供了一个业务自动化的解决方案。

（三）CRM 的主要功能

CRM 有以下几项主要功能。

1. 顾客的获取

借助 CRM，企业可以识别并吸引最有利可图的顾客，系统收集顾客的数据资料，然后加以详细分类和分析，从中筛选出本企业的目标顾客群。给那些重复购买的顾客以奖励，使之感受到自己得到了公司的特别关注，在不断与顾客交流沟通的过程中，强化彼此间互信互利的长期合作关系。

2. 顾客的开发

借助 CRM，企业可以研究顾客需要什么产品、何时需要、拟采用什么付款方式，并据此运用分销和促销等营销策略来改进服务，降低成本，赢得忠诚，做好顾客开发。

3. 顾客的保持

在保持已有顾客方面，首先，要致力于建立和维持顾客忠诚度；其次，借助顾客数据库资料进行有针对性的促销和交叉销售活动；最后，要努力扩大每位顾客参与的产品和服务范围，使企业和顾客之间建立更为牢固的联系。

（四）实施 CRM 的意义

1. 带来了企业运营效果的全面提高

CRM 系统通过整合企业的全部业务环节和资源体系，使企业的运营效率大大提高。一套完整的 CRM 系统在企业的资源配置体系中起到了承前启后的作用。向前，它可以向企业渠道的各个方向伸展，既可以综合传统的电话中心、客户机构，又可以结合企业门户网站、网络销售、网上客户服务等电子商务活动，构架动态的企业前端；向后，它能逐步渗透至生产、设计、物流配送和人力资源等部门，整合 ERP、SCM 等系统。资源体系的整合，实现了企业范围的信息共享，使得业务处理流程的自动化程度和员工的工作能力大大提高，使企业的运作能够更为顺畅、资源配置更为有效。

2．优化了企业的市场增值链

CRM 的应用使原本“各自为战”的销售人员、市场推广人员、服务人员、售后维修人员等开始真正围绕市场需求协调合作，为满足客户需求这一中心要旨组成了强大的团体；而对于企业的财务、生产、采购和储运等部门，CRM 也成为反映客户需求、市场分布及产品销售情况等信息的重要来源。

3．保留老客户并吸引新客户

一方面，通过对客户消息资源的整合，帮助企业捕捉、跟踪、利用所有的客户信息，在全企业内部实现资源共享，从而使企业更好地管理销售、服务和客户资料，为客户提供快速周到的优质服务；另一方面，客户可以选择自己喜欢的方式和企业进行交流，方便地获取信息并得到更好的服务。客户满意度得到提高，就能帮助企业保留更多的客户，并有效地吸引新客户。

4．不断拓展市场空间

通过新的业务模式（电话、网络）扩展销售和服务体系，扩大企业经营活动范围，及时把握新的市场机会，占领更多的市场份额。

客户关系管理是企业管理中的一个理念，要实现这一理念，离不开计算机支持系统。在 CRM 理念下，通过计算机支持袭用的预见性、和谐性、高效性，企业能够全面调节与客户的关系。从企业主体来说，CRM 能够从营销智能化、销售自动化、客户管理高效化这三个方面来提高企业的实力；从客户角度来说，CRM 为客户节约采购成本、满足潜在需求提供无微不至的服务，客户方也可以从 CRM 系统中有所获益。CRM 为实施企业带来了在同行中的竞争优势，即 CRM 的竞争壁垒优势。

总之，CRM 给客户带来了 Internet 时代生存和发展的管理体制和技术手段，成为企业成功实现电子商务的基础，使企业顺利地实现由传统企业模式到以电子商务为基础的现代企业模式的转化。

客户关系管理非常重要，但也有局限性。公司不可能通过客户关系管理在下列购买行为中获益：第一，消费者可能一生只购买一次的产品，如商品房、昂贵的钢琴等；第二，单位价值低的产品、客户终身价值（CLV）低的公司、批量生产的公司和在销售者与最终消费者之间没有直接联系的公司。而在另外一些公司，客户关系管理则是不可缺少的，例如，可以向同一消费者销售不同产品的公司、产品必须时常更新的公司、产品持续升级的公司、拥有许多贵宾（VIP）客户并且需要了解他们的公司，以及在生意中要收集大量数据的公司。

第三节　全面质量管理与价值链

一、全面质量管理

（一）全面质量管理的含义

全面质量管理，即 TQM（total quality management），是指一个组织以质量为中心，以全员参与为基础，目的在于通过顾客满意和本组织所有成员及社会受益而达到长期成功的管理途径。在全面质量管理中，质量这个概念与全部管理目标的实现有关。

1961年，美国通用电气公司的A.V.费根堡姆（Armand Vallin Feigenbaum）博士在其出版的《全面质量管理》一书中正式提出了“全面质量管理”（total quality management，TQM）的概念，在1983年出版的此书第3版中，A.V.费根堡姆提出了基于顾客满意的全面质量管理概念，认为“全面质量管理是为了能够在最经济的水平上，并考虑到充分满足顾客要求的条件下进行市场研究、设计、制造和售后服务，把企业各部门的研制质量、维持质量和提高质量的活动构成为一体的一种有效的体系”①。

产品和服务质量与顾客满意度及企业利润之间的联系非常密切，高质量带来高度顾客满意度，高满意度可以支撑较高的价格和较低的成本。

有效地实施全面质量管理是企业提高顾客满意度的重要途径。一方面要通过外部营销的质量控制提高顾客对产品的感知质量，即要关注考虑不同收入、消费偏好的顾客对产品质量水平要求的差异性从而提高顾客对产品的满意度；另一方面要通过内部营销来增强企业各个部门和全体员工的质量意识，构建以顾客需求为导向的企业质量监督保证体系，促进产品质量的提高。当产品质量不如意时，企业要站在顾客立场上督促有关部门及时为顾客解决问题。

（二）提供顾客期望的质量水平

美国质量控制学会对质量的定义是：产品或服务所具有的能够满足现实或潜在需要的整体特征与特色。当企业提供的产品和服务符合或者超过顾客预期时，我们称此产品达到了所需的质量水平。

科特勒认为，高质量的公司通常能在大部分时间满足大多数顾客的需要。但我们应该认识到，清楚区分一致性质量和性能质量是非常重要的。例如，一辆宝马车所提供的性能质量要比捷达汽车的性能质量高，它行驶平稳、快速、经久耐用等。然而，如果这两个品牌的产品都能够提供对顾客所承诺的质量水平，分别满足了各自目标市场顾客的期望，那么我们可以说这两种车提供了相同的一致性质量。

美国著名的质量管理专家朱兰（J.M.Juran）博士从顾客的角度出发，提出了产品质量就是产品的适用性。即产品在使用时能成功地满足用户需要的程度。用户对产品的基本要求就是适用，适用性恰如其分地表达了质量的内涵。

这一定义表明，人们对产品质量提出的要求，往往受到使用时间、使用地点、使用对象、社会环境和市场竞争等因素的影响。这些因素变化，会使人们对同一产品提出不同的质量要求。因此，质量不是一个固定不变的概念，它是动态的、变化的、发展的；它随着时间、地点、使用对象的不同而不同，随着社会的发展、技术的进步而不断更新和丰富。质量并不要求技术特性越高越好，而是追求诸如性能、成本、数量、交货期、服务等因素的最佳组合，即所谓的最适当。

A.V.费根堡姆也认为，在“质量管理”这一短语中，“质量”一词并不具有绝对意义上的“最好”的一般含义，质量是指“最适合于某些顾客的条件”，而不论是产品还是服

---

① [美]A.V.费根堡姆（Armand Vallin Feigenbaum）.全面质量管理[M]. 杨文士，等，译. 北京：机械工业出版社，1991：4.

务。顾客的条件中重要的有：①最终的实际用途；②该产品或服务的销售价格。

不同类型的顾客由于其收入水平和消费理念的差异，对产品和服务的选择会有较明显的个性偏好，具有不同特色和个性的产品满足了不同消费群体顾客的需求。例如，日系汽车和美国汽车在产品的基本性能质量方面没有太大差异，但购买者对这两大车系适用质量的感知和评价会有一定差异，美国名牌汽车在舒适性和安全性方面的评价上可能要高于知名的日系汽车，而日系名牌汽车在节能和内饰方面的评价通常要高于美国的名牌汽车。

大众因“排放门”事件向美国赔偿 147.33 亿美元

在美国当地时间 2016 年 10 月 25 日，美国联邦法院正式批准了大众汽车集团与美国监管机构所达成的和解协议。该协议指出，大众将向美国赔偿 147.33 亿美元(约 997 亿元人民币)，并于 2016 年 11 月中旬开始回购在美国出售的 47.5 万辆涉及排放造假的柴油车，这也创下了美国历史上汽车企业赔偿的最大金额。大众此次 147 亿赔款仅针对美国境内的 2.0TDI 柴油发动机车型进行赔偿和召回，而大众的 3.0TDI 柴油发动机也被美国审查部门检测到存在排放作弊行为。这款发动机被应用在了大众途锐、奥迪 Q7 及保时捷卡宴等柴油车车型上，共计 8.5 万辆。未来大众汽车集团还将为这些存在排气作弊行为的 3.0TDI 柴油发动机车型支付更多的赔偿费用。

资料来源：http://www.jlonline.com/qiche/2016-10-31/1780826.html.

二、价值链与顾客价值的创造

（一）价值链的含义与构成

哈佛大学教授迈克尔·波特（Michael Porter）在 1985 年提出了价值链的概念，波特认为，每一个企业都是在设计、生产、销售、发送和辅助其产品的过程中进行种种活动的集合体。所有这些活动可以用一个价值链来表明。企业的价值创造是通过一系列活动构成的，这些活动可分为基本活动和辅助活动两类。基本活动包括内部后勤、生产作业、外部后勤、市场和销售、服务五项；辅助活动包括采购、技术开发、人力资源管理和企业基础设施四项。这些互不相同但又相互关联的生产经营活动构成了一个创造价值的动态过程，即价值链。真正创造价值的经营活动是企业价值链的战略环节。价值链理论认为，行业的垄断优势来自该行业某些特定环节的垄断优势。战略环节可以是产品开发、工艺设计，也可以是市场营销、信息技术，或是人事管理等，视不同行业而异。要保持企业的垄断优势，关键是保持其价值链上的战略环节的垄断优势。

企业价值链，是指企业创造价值的互不相同但又互相关联的经济活动的集合。价值链在经济活动中无处不在，上下游关联的企业与企业之间存在行业价值链，企业内部各业务单元的联系构成了企业的价值链，企业内部各业务单元之间也存在着价值链联结。价值链上的每一项价值活动都会对企业最终能够实现多大的价值造成影响。上游环节的中心是创造产品价值，与产品技术特性紧密相关；下游环节的中心是创造顾客价值，主要取决于顾客服务。企业价值链及其构成如图 2-4 所示。

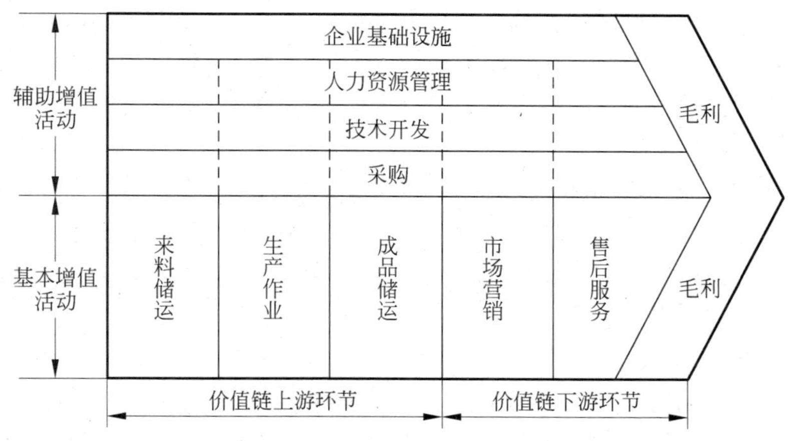

图 2-4　价值链图示

（二）供应链的概念与特征

供应链的概念是从扩大的生产（extended production）概念发展来的，它将企业的生产活动进行了前伸和后延。譬如，日本丰田公司的精益协作方式中就将供应商的活动视为生产活动的有机组成部分而加以控制和协调，这就是向前延伸。后延是指将生产活动延伸至产品的销售和服务阶段。哈理森（Harrison）将供应链定义为"供应链是执行采购原材料，将它们转换为中间产品和成品，并且将成品销售到用户的功能网链"。美国的史蒂文斯（Stevens）认为："通过增值过程和分销渠道控制从供应商的供应商到用户的流就是供应链，它开始于供应的源点，结束于消费的终点。"因此，供应链就是通过计划（plan）、获得（obtain）、储存（store）、分销（distribute）、服务（serve）等这样一些活动而在顾客和供应商之间形成的一种衔接（interface），从而使企业能满足内外部顾客的需求。

王骏（2009）认为，供应链是围绕核心企业，通过对信息流、物流、资金流的控制，从采购原材料开始，制成中间产品以及最终产品，最后由销售网络把产品送到消费者手中的将供应商、制造商、分销商、零售商直到最终用户连成一个整体功能的网链结构。[①]

创造顾客高度满意，需要供销链成员的共同努力。英国著名供应链研究专家马丁·克里斯托弗（1992）曾说："市场上只有供应链而没有企业，21 世纪的竞争不是企业和企业之间的竞争，而是供应链和供应链之间的竞争。"可见供应链对于企业生存和发展的重要性。

（三）供应链的四维流程

供应链一般包括物流、商流、信息流和资金流四个维度的流程。四个流程有各自不同的功能以及不同的流通方向。

---

① 王骏. 供应链管理[M]. 北京：科学出版社，2009.

1．物流

这个流程主要是物资（商品）的流通过程，是一个发送货物的程序。该流程的方向是由供货商经由厂家、批发与物流、零售商等指向消费者。由于长期以来企业理论都是围绕产品实物展开的，因此目前物资流程被人们广泛重视。许多物流理论都涉及如何在物资流通过程中在短时间内以低成本将货物送出去。

2．商流

这个流程主要是买卖的流通过程，这是接受订货、签订合同等的商业流程。该流程的方向是在供货商与消费者之间双向流动的。目前商业流通形式趋于多元化：既有传统的店铺销售、上门销售、邮购的方式，又有通过互联网等新兴媒体进行购物的电子商务形式。

3．信息流

这个流程是商品及交易信息的流程。该流程的方向也是在供货商与消费者之间双向流动的。过去人们往往把重点放在看得到的实物上，因而信息流通一直被忽视。甚至有人认为，国家的物流落后同它们把资金过分投入物质流程而延误对信息的把握不无关系。

4．资金流

这个流程就是货币的流通，为了保障企业的正常运作，必须确保资金的及时回收，否则企业就无法建立完善的经营体系。该流程的方向是由消费者经由零售商、批发与物流、厂家等指向供货商。

图 2-5 是一个供应链的网链结构模型，该模型展示了供应链中的核心企业与供应链成员之间在创造价值和转移价值过程中的分工协作关系。

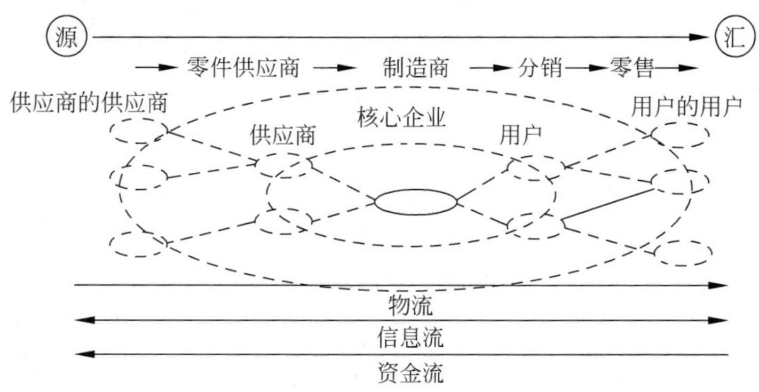

图 2-5　供应链的网链结构模型

苏宁全程的供应链管理体系

全程供应链，是指端到端，从客户开始到客户结束，不仅包括与供应商之间，也包括企业内部以及与下游消费者之间的环节。如果通过信息系统来支撑全程供应链，就意味着苏宁的信息系统不仅仅只是指上游的 B2B 系统，还包括内部的 ERP 系统、下游的 B2C 系统以及后续实施的 CRM 系统、HR 系统、财务共享中心系统等。2009 年开始苏宁每年开新店超过 200 家，物流配送网络的建设成为苏宁供应链管理中不容忽视的问题。苏宁电器在全国建立了由区域配送中心、城市配送中心、转配点组成的全国三级物流网络体系，依托 WMS、DPS、TMS、GPS 等先进信息系统，实现了长途配送、短途调拨与零售配送到户一体化运作。另外，苏宁电器在全国大力建设以机械化作业、信息化管理为主要特征的第三代物流基地，集物流配送中心、呼叫中心、培训中心、后勤中心等于一体，成为苏宁电器大服务与大后方平台。苏宁已经完成了信息化系统和实体物流基地的完美对接，全程的供应链管理将对苏宁现在乃至以后的发展起到至关重要的作用。

资料来源：http://www.ciotimes.com/application/scm/75330.html.

本章小结

本章以关系营销理论为基础，以顾客感知价值、顾客满意和顾客忠诚为主线，介绍了顾客感知价值、顾客满意、顾客忠诚、顾客数据库、数据库营销、客户关系管理、全面质量管理和价值链等基本概念。阐述了顾客期望与顾客满意的关系，顾客满意与忠诚度的关系，全面质量管理与顾客满意的关系。并重点介绍了提高顾客满意度和顾客忠诚度的主要方法和途径，通过什么方式才能为顾客提供他所期望甚至超出其期望的感知价值？怎样测量顾客满意度，实现顾客终身价值最大化？怎样选择科学的数据挖掘分析方法，进行有效的数据挖掘和数据库营销？企业如何有针对性地为不同目标市场的顾客提供他们所期望的质量水平？企业通过什么方式才能在价值链的战略环节取得竞争优势？数据库营销和客户关系管理的难点是什么？诸如此类的问题是企业必须面对和解决的突出问题。满足不断变化的市场需求，不断提高顾客满意度和忠诚度是一个企业能否可持续发展的关键或核心所在。

重要术语

顾客感知价值、顾客满意、顾客忠诚、数据库营销、客户关系管理、全面质量管理、价值链

复习思考题

1．分析顾客感知价值的构成。

2．什么是顾客满意？举例说明某企业提高顾客满意度或忠诚度的主要途径。

3．企业为什么要开展数据库营销？阅读几个数据库营销案例，理解数据挖掘的分析方法。

4．指出 CRM 的含义、特点和主要功能。

5. 朱兰认为，“产品质量就是产品的适用性”。你是否同意这种观点？为什么？

6. 评述价值链理论对企业营销活动的指导意义。

阅读推荐

[1] [美]菲利普·科特勒（Philip Kotler），凯文·莱恩·凯勒（Kevin Lane Keller）. 营销管理［M］. 第14版. 北京：中国人民大学出版社，2012.

[2] 王方华，陈洁. 数据库营销［M］. 上海：上海交通大学出版社，2006.

[3] 吴晓云，庄贵军. 市场营销管理［M］. 北京：高等教育出版社，2009.

案例分析

沃尔玛山姆会员店人气爆棚的理由

沃尔玛百货有限公司由美国零售业的传奇人物山姆·沃尔顿先生于 1962 年在阿肯色州成立。经过 50 多年的发展，沃尔玛公司已经成为世界最大的私人雇主和连锁零售商，多次荣登《财富》杂志世界 500 强榜首及当选最具价值品牌。每周超过 2.5 亿名顾客和会员光顾，在 28 个国家拥有的超过 70 个品牌下的约 11 000 家分店以及遍布 11 个国家的电子商务网站。2015 财政年度（2014 年 2 月 1 日至 2015 年 1 月 31 日）的净销售金额达到近 4 857 亿美元，全球员工总数约 220 万名。沃尔玛致力通过实体零售店、在线电子商店，以及移动设备移动端等不同平台、不同方式来帮助世界各地的人们随时随地能够节省开支，并生活得更好。

在电商冲击下，实体零售业的发展遇到了“寒流”，包括沃尔玛在内的大卖场一度陷入了关店潮，但沃尔玛的另一种业态——山姆会员商店，却展示出了勃勃生机，时有新店开出。截至 2016 年 9 月，山姆已在中国开设了 12 家商店，分别坐落在北京、上海、深圳、广州、福州、大连、杭州、苏州、武汉和常州。未来 3 年，沃尔玛将在中国各大城市增开 7 家山姆会员店。沃尔玛一高管指出，“我们已在北、上、广、深打下坚实的基础，但中国还有很多具备中高端消费能力的城市，我们将寻找更多合适的地方加速发展”。在武汉店后，山姆会员商店常州店也将开业。未来两至三年还将开出珠海店、长沙店、上海二店等 7 家山姆会员商店，将来山姆店的全国版图将逐步纳入 35 个新城市。

山姆会员店隶属沃尔玛百货公司，是连锁会员制商店，相比沃尔玛超市，这里的准入门槛更高，购物的首要条件是必须成为山姆的会员，办理会籍，缴纳年费。山姆会员店是仓储式卖场，集仓库和超市于一体，专为中高层收入人群提供购物服务。以北京市石景山区山姆会员店为例，山姆会员店在会籍制度、选址、停车场、卖场环境、商品和服务等诸多方面都与其他零售竞争者存在很大差异。

1. 会籍制度

山姆商店要求购物者办理会籍，会籍分为商业会籍和个人会籍。商业会籍面向公司企业，个人会籍面向家庭及个人，办理会籍时可得到两张会员卡，一张主卡和一张亲友卡，主卡年费为 150 元，亲友卡免费。会员卡上标有卡号、入会日期及办卡时拍摄的照片。有人测算，持主卡的人每年购物 3 000 元以上才可以抵住 150 元的会员费，亲友卡也要至少消费 1 000 元。消费标准虽高，但每年仍有 70％的会员续年费，山姆也将这 70％的顾客锁定为高忠诚度的优质客户。

“为什么只有成为会员才有权利购物？其他超市如家乐福、华联、沃尔玛等自愿办理会员且从未收取过年费。”面对这样的疑问，山姆商店给出的解释是，通过会员制，更有效地锁定目标消费者，这样可以专门研究目标消费人群的需求，为这部分固定人群提供相应的优质服务。最重要的是，成为山姆的会员后，能够享受会员价值，会员价值由 3 个部分组成：最低的价格保证、最高的质量保障和充满惊喜的购物体验。可见，山姆会员店服务的并非是大众消费者而只是一部分较高消费能力的人群。沃尔玛山姆会员店在中国主要满足 20%高端顾客需求。据统计，在中国，山姆会员人数超过 130 万，年费非常可观。越来越多的消费者加入山姆会员，未来，年费收入将是山姆总收入中占比较大的一部分。

2. 商店选址

山姆会员店的选址原则是放弃拥堵的市区，选择开阔的、距离市区不是很远的郊区，以及正在开发中的新城区，不与其他卖场共存，属于独立建筑，这样的选址为了降低地价，节省成本，保证商品的低价，让会员享受更多的利益。其实，还有一部分原因是，山姆商店服务的消费者是高端消费群体，这部分人群更多追求的是开阔讲究的购物环境、较高的商品品质和独特的服务，距离对他们来说不是重点考虑的问题，因为能来这里购物的人几乎都有私家车。

3. 停车场

免费停车场是山姆会员商店的一大特色，商店门前宽阔的区域是停车场，这里设计了少则几百个，多则上千个车位，且全部免费。上海一家山姆商店拥有 1 200 个停车位，完美地展现出了美式卖场的风格特点。我们知道，很多卖场是没有停车位的，就算有地下停车场也是收费的，车位很少，在山姆，不仅有免费的停车位，而且车道和车位都很宽敞，进出方便自如。在这里，无论是停车还是购物，都免除了拥挤和等待的烦恼，这就是会员商店的优势。

4. 卖场环境

山姆会员店体现美式卖场风格，宽敞明亮的购物环境让顾客感觉到轻松，卖场里无论是货物陈列的通道还是结款台都比其他商场宽阔许多。

5. 货架

山姆会员店是仓储式卖场，后仓库与卖场合二为一，将货架分为三层，上两层整齐地摆放复合包装还未拆包的商品，最下层摆放的是拆包的独立包装商品。上两层存货，下层卖货，这样的设计看上去既整齐又压缩了货物所占的空间，减少库存，节省费用，更方便售货员陈列商品，他们只需用叉车将复合包装的货物挑下放在底层地面上，拆除买包装即可，多数是机械化作业，很少人工搬运。山姆商店将底层货架设计为 1.6 米的高度，据说是根据大多数女性平均身高设计的，在这个高度，消费者直视范围内能方便地看到所有商品，抬手即可拿到货物，无须仰头伸手，也无须弯腰低头，为消费者提供最方便、最舒服的取货条件。

6. 商品

山姆会员店通过数据分析顾客的购买行为，明确哪些商品是消费者青睐的，重点采购这样的畅销品，淘汰销售量小的商品。所以，在山姆商店我们可以看到，商品种类并不多，但每一种商品销售量都很大，特别是食品。售货员向记者表示，一旦选对一种商品，符合消费者“口味”，一天卖出几托不成问题。山姆商店的商品有以下几个特点。

（1）种类少，价格低

一般卖场商品种类达到 2 万 ~ 3 万种，多则 5 万种，但山姆会员店只有 4 400 种商品，同一种商品有 1 ~ 2 个牌子，最多 3.4 个牌子，这些牌子都是精心选出来的畅销品。山姆商店有一个庞大的采购团队，它们的宗旨是为客户挑选最优的商品，采购标准高，要求严格，同时，减少种类增加所选产品的购买量，最大可能地降低商品成本，保证客户所买商品低价优质。山姆承诺，无法做到每一种商品价格都低于其他卖场，但商品的总体水平要比竞争者低 5% ~ 8%。

（2）相对价位较高

与其他大型超市一样，山姆商店的商品覆盖了电器、服装、洗化、食品、日常生活用品等，但是，价位与其他超市比却较高。有两个原因，首先，这里的商品多数是大包装，分量大自然价格相应会高；其次，这里的商品是精心挑选的优质商品，商品品质符合高端消费人群，较廉价的低端商品不会出现在山姆卖场。例如，物美、家乐福等超市在电器上兼顾不同档次不同价位的品牌，而在山姆，家电多数是国际品牌，一款松下牌子的电饭煲卖到 4 181 元。

（3）商品大包装

山姆会员店的商品带有批发的色彩，大包装大分量，能用桶装绝不用瓶装，其宗旨是多买多省，购物一次日常生活用品能满足较长时间的需求。就连购物车都是大型号，比其他超市的大出很多。

（4）进口商品占比大

山姆会员店的进口商品占比达 20% ~ 30%。其他超市远远达不到这个数，据统计，其他超进口商品占比几乎在 5%左右。

（5）品尝体验

在石景山的山姆商店很多像水果、新款面包、熟食等提供免费品尝服务，品尝方式也相当讲究，每一小块食品放在一个小纸杯里，顾客避免用手直接抓食，可以安全卫生地尝试新品。

（6）专供食品

山姆会员店里有一部分商品属于专供，其他卖场很难买到，包括外国商品及部分中国生产的食品。

（7）独立包装

在山姆会员商店，除了部分熟食和水产需要现场称重外，多数商品包括水果蔬菜都是提前包装好后售卖，消费者只要选出合适价格及重量的商品即可，无须排队称重。

资料来源：http://sz.winshang.com/news-430248. 2014-12-30；
http://www.linkshop.com.cn/web/archives/2014/313379.shtml；
http://www.wal-martchina.com/walmart/index.html. 本书有删减。

思考题

1．为什么在全球大卖场陷入了关店潮的背景下，沃尔玛山姆店能够逆逆势而上？

2．运用顾客感知价值原理，分析沃尔玛山姆店提高顾客满意度和忠诚度的主要途径。

3．沃尔玛山姆店通过何种方式提高了顾客的转换成本？

营销环境与营销战略

本章主要分析了影响企业开展营销活动的各种环境因素，并在环境分析基础上制定企业营销战略。通过本章学习，应了解市场营销环境的含义及特征，熟悉市场营销微观环境与宏观环境的内容及其对企业营销活动的影响特点，掌握营销环境分析的基本方法和企业营销战略的内容及应用特点。

“互联网+”环境下电动车市场发展的机遇与挑战

下滑，下滑，还是下滑!电动车行业经历 20 年的发展之后，到 2013 年达到顶峰，产量达到 3 695 万辆。2014 年，电动车行业开始进入新的拐点。2015 年，相关调研显示，全行业同比下滑 10%～15%。对于行业整体下滑的问题，从积极的角度来看，这种下滑有利于行业的结构优化和长远发展。

客观来看，下滑对电动车行业未必是一件坏事。一方面，从产业集中度来看，行业内的企业仍然太多，从成熟的行业来看，赚钱的企业不会超过 5 家（很多行业是双寡头局面）。另一方面，在高速增长阶段，企业拼的是存量，这在营销运作上，我们看到的就是企业拼渠道、拼传播。在行业整体下滑的态势之下，企业不得不拼存量，这迫使企业进行营销创新，尤其是在产品上，实际上从 2015 年的天津展和南京展，我们也能够很清楚地看到这个趋势。一些领军企业的产品，无论是设计、工艺还是创意，已经深深打上了自己的烙印，这正是电动车行业开始走向成熟的标志。

在传统媒体占主导的时代，消费者的消费行为在某种程度上是被动的，要被商家的广告或营销引导，才能最终完成购买行为。在“互联网+”时代，消费者、厂商、产品之间通过微信、微博等平台连接到了一起，信息不对称的局面被彻底颠覆。消费者在互联网上可以瞬间聚集和分散，这既是巨大的商机，也是巨大的挑战。

所谓外生式增长，主要是指依靠整合外部资源的方式，来实现规模和质量的增长。与之相对应的就是内生式增长，即内部通过不断创新（如研发创新、组织创新、提升供应链组织效率、提升人力资本等方式），不断进行产品的迭代，从而实现一种内涵式的增长。如果说在电动车“黄金十年”中，企业更多依靠整合外部资源来获得增长的话，那么在未来，电动车企业必须适应依靠内生式增长的方式来取得市场。在内生式增长方式之下，从表面来看，企业之间是产品之争，其背后实际上是不同产品链组织效率的拼争。

很多人认为，电动车行业主要面临产品同质化的问题。其实，产品只是表象，其背后的问题实质是：供求分离现象仍然比较突出，产业链的效能和产业组织形式仍然比较落后，供应链不能做到快速响应消费者的需求。未来，特别是在移动互联网时代，电动车行业面临的一个重大课题就是：如何实现大规模生产和个性化定制之间的平衡。

资料来源：赵晓萌.电动车新常态呼唤产品主义.［J].销售与市场（管理版）, 2015（12）:40-42. 本书有删改。

第一节　市场营销环境的含义及特征

一、市场营销环境的含义

市场营销环境（marketing environment）是指影响企业市场营销活动及其目标实现的各种因素和力量。市场营销环境的影响因素一般可以分为可控因素与不可控因素两大类，如图 3-1 所示。

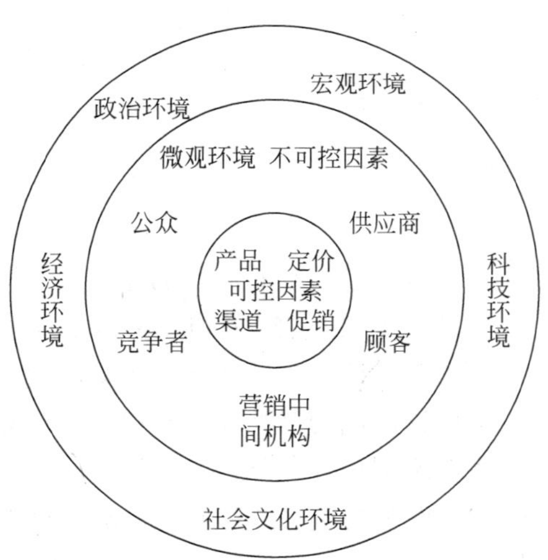

图 3-1　市场营销活动的影响因素

可控因素就是企业在市场营销活动过程中可以控制的各种市场活动手段和因素，主要包括产品、定价、促销和渠道四个方面的因素，即企业市场营销组合。企业可以综合地运用这些活动手段，形成市场营销组合策略，以达到企业的营销目标。

不可控因素就是企业在市场营销活动过程中不能控制，但可以识别和了解的外部环境。一般将其分为宏观环境和微观环境两个层次。宏观环境是指对组织的经营有间接影响的环境因素，它是由一些大范围的社会约束力量构成的，主要包括政治、经济、社会文化及科技环境，因此宏观环境也叫间接环境。宏观环境因素是企业无法控制的，企业只能适应它的变化和要求，寻求发展机会。微观环境是指对组织的经营有直接影响的环境因素，也叫直接环境，主要包括供应商、营销中间机构、顾客、竞争者、公众等。微观环境与宏观环境并不是并列的，而是主从关系，微观环境受制于宏观环境，微观环境中所有的因素都要受宏观环境各种力量的影响。企业对微观环境因素在一定程度上是可以控制和改变的，企业可以主动选择或联系微观环境的各类参与者，与其建立良好的合作伙伴关系。营销环境按其对企业营销活动影响时间的长短，可分为企业的长期环境与短期环境，前者持续时间较长或相当长，后者对企业市场营销活动的影响则比较短暂。

二、市场营销环境的特征

市场营销环境主要有以下几项特征。

（一）客观性

环境作为营销部门外在的不以营销者意志为转移的因素，有着自己的运行规律和发展趋势，对企业营销活动的影响具有强制性和不可控性的特点。一般来说，营销部门无法摆脱和控制营销环境，尤其是宏观环境，但企业可以主动适应环境的变化和要求，制定并不断调整市场营销环境策略，使之与客观存在的外部环境相适应。事物发展与环境变化的关系，适者生存，不适者淘汰，就企业与环境的关系而言，也完全适用。环境的变化是绝对的，正所谓“唯一不变的就是变”。有的企业善于适应环境，就能生存和发展，有的企业不能适应环境的变化，就难免被淘汰。20 世纪 90 年代中后期，我国涌现了秦池等中国知名的企业，但由于这些企业缺乏了解环境并适应环境变化的能力，从而陷入重重困境之中，甚至濒临倒闭。

（二）差异性

不同的国家和地区之间，宏观环境存在着广泛的差异。不同的企业，微观环境也千差万别。正因为营销环境的差异，企业为适应不同的环境及其变化，必须采用各有特点且有针对性的营销策略。环境的差异性还体现在同一营销环境对不同的企业的影响是不同的，如海湾危机，造成国际石油市场的极大波动，对石化行业的企业影响十分大，而对那些与石油关系不大的企业影响则小。尤其是宏观环境的变化，对一些行业的企业来说是机遇，而对另一些行业的企业来说则是挑战和威胁。即使在同一行业内的企业，也存在很大的差异，这主要取决于企业各自的实际。

（三）多变性与相对稳定性

市场营销环境中的任何一个要素都不是固定不变的，而是在不断变化，只有变化的快慢强弱之分，例如，市场营销环境因素中的人口、社会与自然因素的变化相对较弱和较慢，对企业的营销活动的影响则相对长而稳定；而科技与经济环境因素则变化相对较快和较强，对企业营销活动的影响则相对短且跳跃性大，尤其以科技环境因素为甚。

然而，同任何事物一样，市场环境中诸因素在一定的时期内总是有某种相对稳定性，即使是变化最快的科技因素也总有一定的强度和时限。这种相对稳定性给企业的营销活动产生良好或不良影响的同时，也为企业预测其变化并采取相应对策提供了可能性。

（四）关联性与相对分离性

构成企业营销环境的各要素之间存在着一定的关联性，即营销环境因素是相互影响的。一个环境因素的变化会导致其他因素的相应变化，尤其是宏观环境的变化会对身处其中的任何企业产生影响，包括企业营销环境的直接环境，这样就使企业的营销环境变得异常复杂。例如，国家宏观经济政策的变化会对与其相关的所有企业产生影响。企业不仅要分析这种变化会给企业本身带来什么样的影响，还要分析对供应商、中间商、顾客、竞争者及财务机构等直接环境中的每个个体会产生什么影响，并进而影响企业自身。

但在某个特定时期内，单从某些特定因素的特殊变化去考察，环境中某些因素又彼此相对分离。环境因素的这种相对分离性使企业在分析营销环境因素时，能够分析主次因素，并把更多的资源和能力投入到对企业营销活动影响重大的方面，“集中力量办大事”。

（五）环境的不可控性与企业的能动性

宏观营销环境因素是企业通常无法控制和改变的。如企业不可能控制国家的政策法令及社会风俗，更不能控制和改变人口的规模、结构及变化趋势，还有也不能控制竞争对手的营销活动等。但这并不代表企业在面对营销环境时，只能被动地适应环境变化，而无力改变其变化。比如企业可以通过游说来给政府有关的政策制定施加影响，更可以通过自己的营销策略的制定和实施来影响竞争对手的营销行为。从博弈论的角度来看，市场竞争是不同企业之间的博弈行为，任何一个行为者开始展开行动之前，不能不了解和分析竞争对手的行为及其对自身的影响。企业要善于利用一切可以控制的手段影响自身的营销环境中的一些因素。这就是企业营销活动的能动性。

三、市场营销环境对企业营销的影响

（一）市场营销环境对企业营销带来双重影响

营销环境会不断地给企业营销带来新的威胁和机遇，营销环境中的许多不利于企业营销活动的因素给企业带来了威胁。如果企业不积极采取相应的规避风险的措施，这些因素会导致企业营销的困难。为了保证企业营销活动的正常运行，企业应该重视对环境的分析，及时预见环境威胁，将危机减少到最低程度。

同时，营销环境也会产生对企业具有吸引力的领域，从而给企业带来机会。从企业的角度来说，环境机会是开拓经营新局面的重要基础。为此，企业应加强对环境的分析，当环境机会出现的时候，善于捕捉和把握，以求得企业的发展。

（二）市场营销环境是企业营销活动的资源基础

市场营销环境是企业营销活动的资源基础。企业营销活动所需的各种资源，如人才、信息、资金等都是由环境来提供的。企业生产经营的产品或服务需要哪些资源、多少资源、从哪里获取资源，必须分析营销环境因素，以获取最优的营销资源满足企业经营的需要，实现营销目标。

（三）市场营销环境是企业制定营销策略的依据

企业所处的营销环境具有客观性，企业要想生存，就必须要与其所处的营销环境相适应。企业应该积极地发挥主观能动性，制定有效的营销策略去影响环境，在市场竞争中处于主动，以占领更大的市场。

2008 年金融危机对中国企业的影响

1. 不同类型的出口企业将面临更多的贸易保护壁垒

2008 年上半年，珠三角等地有些中小企业倒闭，10 月份更有大型企业何俊集团旗下工厂倒闭。就行业来看，最先受到冲击的是玩具行业，接下来是纺织服装出口行业。仔细分析可以发现，陷入倒闭困境中的主要是加工贸易企业。应该指出，出口增速的下滑和出口企业的倒闭不能完全归咎于金融危机的冲击，而是与人民币升值、国内生产经营成本的上升、技术水平落后、经济结构不合理等因素有很大关系。受到冲击的出口企业往往属于劳动密集型行业，且多数是私营企业。

2. 境外投资企业的经营业绩下滑、成本上升

受东道国经济增长放缓的影响，中国境外投资企业的业绩不容乐观。东道国的信贷紧缩，将导致企业的经营流动资金吃紧，对资金量的需求相应增加；如果东道国实施资本项目管制，境外与境内企业间的资金流动链条将断裂。美国、欧元区等地区向金融市场大量注入流动性，将导致美元、欧元等货币贬值，从而使公司利润遭受损失。此外，与东道国的经济增长放慢相伴生的往往有合同违约率上升、国家风险增大等问题，都将使中国境外企业面临的风险加大。

3. 国际商品市场价格下跌，中国企业的原料成本下降

前几年，由于美元贬值、投机盛行、需求旺盛等因素，国际大宗商品价格居高不下。次贷危机爆发后，国际金融机构流动性短缺，逐步从大宗商品市场撤离资金。随着危机的加剧，投资者对世界经济增长的前景日益呈悲观态度，从而预期对大宗商品的需求将下降，价格下跌。国际原油价格从 140 多美元的历史高位下跌到目前的约 70 美元；国际铁矿石价格终止了上涨势头，正在向下回调。中国已经成为国际商品市场的主要买方，国际商品价格的下降将大大缓解中国企业的成本上涨压力。

资料来源：http://www.cec-ceda.org.cn/yjbg/content.php?id=228.

第二节　微观环境分析

一、微观市场营销环境概述

微观市场营销环境因素（以下简称微观环境）是指介于宏观市场营销环境（以下简称宏观环境）因素和企业内部可控因素（产品、价格、渠道、促销）之间的一些影响因素。微观环境和宏观环境相同之处是两者都是企业外部因素的集合，两者的区别主要表现在：①微观环境对企业营销活动的影响比宏观环境更直接；②微观环境中的一些因素通过企业努力可以加以控制。

企业要重视对微观市场营销环境进行分析，一方面要分析企业营销中面临哪些更直接的环境影响因素；另一方面要分析企业如何采取相应的对策加以控制环境因素，以利于企业从自身寻找扩大销售的有效途径。微观市场营销环境分析是企业面临的一个新课题，应引起足够的重视。

二、企业内部环境

企业的市场营销活动不是一个孤立的职能，它必须与企业内部的其他职能部门相互配合，包括与企业内部高层管理者、财务部门、研究与开发部门、人力资源部门、原材料供应部门、生产部门、销售部门的配合。各职能部门的合理分工、密切配合和相互协作是开展成功的市场营销活动的关键。企业营销部门与企业其他部门之间既有多方面的合作，也经常与生产、技术、财务等部门发生矛盾。由于各部门各自的工作重点不同，有些矛盾往往难以协调。如生产部门关注的是长期生产的定型产品，要求品种规格少、批量大、标准订单、较稳定的质量管理，而营销部门注重的是能适应市场变化、满足目标消费者需求的“短、平、快”产品，则要求多品种规格、少批量、个性化订单、特殊的质量管理。所以，企业在制订营销计划、开展营销活动时，必须协调和处理好各部门之间的矛盾和关系。这就要求进行有效的沟通，协调、处理好各部门的关系，营造良好的企业环境，更好地实现营销目标。

三、企业直接环境

（一）供应商

供应商是指供给生产厂商及其竞争对手所需的资源的上游厂商，包括供给原材料、零部件、设备、能源、劳务及其他用品等。供应商对公司营运有相当大的影响，例如，主要原料与零部件的价格趋势与涨跌，会迫使生产厂商的产品价格跟着涨跌，间接影响组织的竞争力。另外，供应商来源的不可靠性、供应来源短缺、罢工或其他事故，都可能影响主要原料与零部件的供应，间接影响产品的生产与交货。这不但使销售在短期内受到影响，长期而言，也会使公司丧失信誉和顾客的忠诚度。因此，许多公司都同时保持数个同种原料供应来源，以免过度依赖某一家供应商，避免造成缺货所引起的供应商的任意抬价或减少供应量。所以，供应商是企业个体环境中的一个重要因素。

（二）营销中间机构

营销中间机构是指通过促销、销售以及配送等活动，帮助企业把产品送到最终顾客手中的那些机构和个人。营销中间机构为企业融通资金、牵线搭桥、推销或代理产品并提供从运输、储存、信息到咨询、保险、广告等种种便利营销活动的服务。这些营销中间机构主要包括中间商、实体运配机构、营销服务机构以及财务中介机构。中间商是指帮助组织寻找顾客或销售商品的公司，大致可分为批发商、零售商和代理商。它们最终构成了企业营销渠道的主要成员，帮助企业实现产品的流转。实体运配机构是指协助制造商储存与运送产品的机构，可分为仓储机构与运输机构。这些机构的效率会直接影响到企业产品的质量、安全以及销售与成本，并进而影响企业的整体绩效。营销中间机构是指协助企业更有效率地来执行其他营销活动的机构，典型的营销服务机构包括广告公司、营销研究机构、产品研发或设计公司等。财务中介机构是指为企业的营销活动提供资金融通的机构，包括银行、信托公司、保险公司等。

（三）顾客

顾客是企业的衣食父母。企业的最重要的市场营销活动就是研究顾客以及满足其需要，这是企业存在的根本，也是企业的所有市场营销活动的出发点和归宿点。顾客是否喜欢企业的产品、顾客是否对企业忠诚都决定着企业市场营销活动的结果，乃至企业的生存。研究发现，开发一个新顾客的成本是保留一位老顾客成本的五倍。现代营销学通常按顾客需求及其购买目的把顾客分成消费者市场、政府采购市场、生产者市场、中间商市场和国际市场五种，如图 3-2 所示。

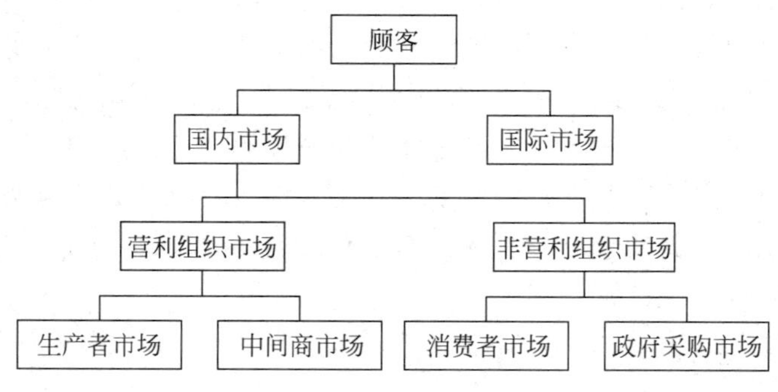

图 3-2　顾客的构成

（四）竞争者

每个公司都会面临着形形色色的竞争者。由于竞争者往往是和企业竞争同样的顾客，因此竞争者的一举一动无不影响着企业的命运。所以，从个体环境的分析来看，我们便不能疏忽对竞争者这一角色的分析。从竞争者竞争的层次来看，竞争者一般可分为四种类型。

1．愿望竞争者

愿望竞争者是指提供不同产品满足不同需求的竞争者。由于每个人的收入都是有限的，而人的欲望却是无限的，因此，无限的欲望会彼此竞争有限的购买力。比如，生产彩电、洗衣机、冰箱的家电企业之间就是愿望竞争者。对于生产彩电的企业来说，如何说服顾客首先购买彩电的而不是其他家电，就是它的竞争力的来源之一。

2．本质竞争者

本质竞争者也叫平行竞争者，是指以不同的方法满足消费者同一需要的竞争者。比如，对代步工具的需求，可以选择自行车、摩托车、小轿车等方式，它们的提供者之间就是本质竞争者。

3．形式竞争者

形式竞争者是指满足同一需要的产品的不同形式的竞争者。如同一产品的不同型号、式样和功能之间的竞争。

4．品牌竞争者

品牌竞争者是指满足同一需要的同种形式的产品的不同品牌的竞争者。如联想、宏基、华硕、苹果、IBM、惠普以及戴尔等电脑品牌就是品牌竞争者。

（五）公众

企业营销环境的另一个重要力量就是公众。公众是指影响一个企业达到其目标能力的群体。企业的公众有以下几种类型。

1．金融公众

金融公众是指关心并可能影响企业获得资金能力的团体，如银行、投资公司、信贷公司、证券公司、证券交易所和保险公司等。

2．媒体公众

媒体公众是指报社、杂志社、电台、电视台和网络媒体等具有广泛影响的大众传媒。企业对这些媒体公众的利用和控制是企业市场营销活动的重要内容之一。

3．政府公众

媒体公众是指影响企业经营的政府部门。营销人员在开展市场营销活动时要特别重视对有关政府政策的关注，比如产品安全、卫生、广告真实性等方面的政策。

4．社团公众

社团公众，如消费者保护组织、绿色组织及其他群众团体。它们都直接或间接地影响着企业的市场营销活动的开展。

5．社区公众

社区公众是指企业所在地邻近的居民和社区组织。任何一个企业都是在一定范围内的地区开展生产和市场营销活动的，所以在经营过程中要注意与社区的居民和组织搞好公众关系，并尽力为公益事业作出贡献。

6．一般公众

一般公众是指上述各种关系之外的社会公众。一般公众虽然不会有组织地对企业采取行动，但企业形象会影响他们的惠顾。

现代企业在经营管理过程中必须处理好与各方面的关系，这是现代企业经营中的一个重要职能。

企业营销的微观环境，如图 3-3 所示。

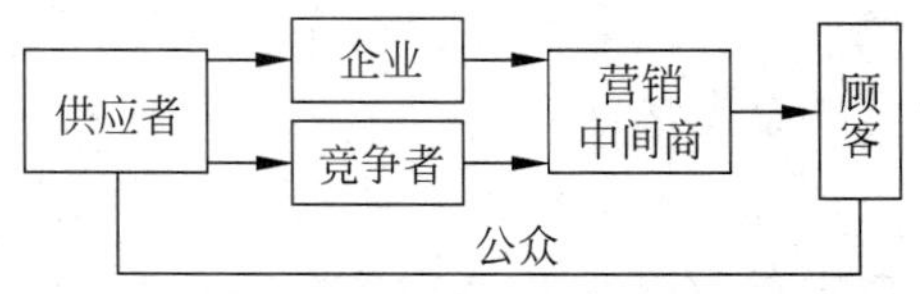

图 3-3　微观市场营销环境的构成要素

第三节　宏观环境分析

企业所处的宏观环境不仅直接为企业的市场营销活动提供机会与威胁，还通过影响企业的微观环境，进而间接地影响企业的经营活动。所以，企业在市场营销活动中要密切关注企业的宏观环境，判断其发展变化的趋势，努力做到适应宏观环境的变化，并且善于利用其中的机会和规避其中的威胁。影响企业市场营销的宏观环境因素主要有政治法律环境、经济环境、科学技术环境、自然环境、人口环境及社会文化环境，宏观环境的构成要素如图 3-4 所示。

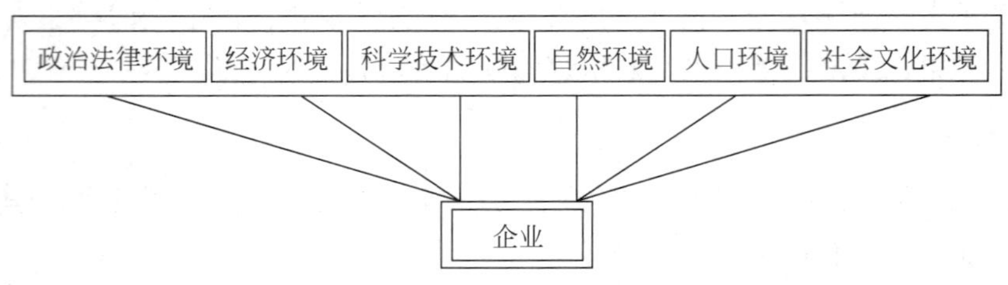

图 3-4　宏观环境的构成要素

一、政治法律环境

政治法律环境是指一个国家从本国的社会制度出发，为发展本国经济而制定的经济政策及立法，它构成企业在国内市场上从事营销活动的基本行为准则。企业行为如果有悖于这些政策、立法，将会造成一定的损失。

一般来说，政治法律环境包括的内容主要有以下几项。

（一）政治局势

一个国家的政局稳定与否，会给企业营销活动带来重大的影响。如果政局稳定，居民安居乐业，就会给企业带来良好的营销环境。反之，如果政局不稳，社会矛盾尖锐，秩序混乱，势必影响经济发展和市场的稳定。企业在市场营销中，尤其是在对外贸易活动中，一定要考虑东道国政局变动和社会稳定情况可能造成的影响。

（二）执政党和国家的方针政策及其变化

党和国家的方针政策直接影响社会购买力及其投资方向。例如，通货膨胀期间，压缩基本建设投资规模，则市场对生产资料的需求明显下降；国家提高或降低利率，就会直接影响居民的购买力，对企业的营销产生一定的影响。我国现阶段的主要政策有以下几项。

（1）人口政策。我国实行控制人口增长的计划生育政策，这将带来人口结构的变化。例如，人口老龄化问题，老年人消费需求增加，因而老年人市场在我国是一个有待开发的黄金市场。

（2）产业政策。企业进入国家决定重点发展的产业和领域从事生产经营活动势必获得更多的市场机会。近期或在未来较长时间内，节能环保、新一代信息技术、生物、高端装备制造、新能源、新材料、新能源汽车等战略性新兴产业；金融服务、商务服务、政务服务、信息技术与网络通信服务、教育培训服务、物流服务等现代服务业，以及一部分被新技术改造过的传统服务业将是我国重点发展的行业和领域。

（3）能源政策。由于我国能源短缺，国家采取限制某些耗能高的产品的使用，像电饭煲、电热器、空调等产品的需求将受到影响，新能源（如太阳能）产品、电动汽车、核能产品将存在广阔的市场空间。

（4）物价政策。国家的价格政策，如实行管制或放开物价，都将影响企业的营销活动。随着社会主义市场经济的发展，国家的物价政策也应遵循价值规律，反映市场供求关系，以促进企业转换经营机制，面向市场，面向用户。

(5) 财政、金融与货币政策。它是政府用来干预经济的最重要、最有效的手段。在我国，深化金融体制改革，建立资金市场，发行股票，居民投资多元化，必然对消费品市场需求产生影响，企业应适应这一环境变化。

(6) 环保政策。国家环保政策对企业营销活动带来的机遇主要体现在资金投入和税收优惠政策上。例如，列入国家重点污染防治和生态保护的项目，国家给予资金支持；对利用废水、废气、废渣等废弃物作为原料进行生产的，在五年内减征或免征所得税；对以煤矸石、粉煤灰和其他废渣为原料生产的建材产品，以及利用废液、废渣提炼黄金、白银等免征增值税；对生产、销售达到低污染排放限值标准的小轿车、越野车和小客车减征 30%的消费税。

(三) 政府的法规、法令

法规、法令对市场营销有较强的保护、限制和调节作用。我国对企业营销活动有直接影响的法律主要有《中华人民共和国反不正当竞争法》(以下简称《反不正当竞争法》)、《中华人民共和国消费者权益保护法》《中华人民共和国专利法》《中华人民共和国中小企业法》等。对从事国际营销活动的企业来说，不仅要遵守本国的法律制度，还要了解和遵守国外的法律制度和有关的国际法规、惯例和准则。据《欧洲侨报》消息，2012 年 3 月，欧盟发布了 2006/502/EC 号决定，要求具备保护儿童安全功能的打火机才能进入欧盟市场销售。日本政府也曾规定，任何外国公司进入日本市场，必须要找一个日本公司同它合伙，以此来限制外国资本的进入。只有了解掌握了这些国家的有关贸易政策，才能制定有效的营销对策，在国际营销中争取主动。

(四) 公众利益团体

公众利益团体是指以保护消费者利益以及保护环境为目的的压力集团。在发达的市场经济国家，公众利益团体通过游说议会及政府，给企业施加压力，从而使消费者利益和环境等得到保护。为了处理好企业和公众利益团体的关系，许多公司都设立法律和公共关系部门。

任何企业都必须重视政治与法律环境的变化，并根据这些变化及时调整自己的营销目标和营销措施，只有这样，才能争取营销主动。对于从事进出口业务的企业，还应重视分析研究国际政治、法律环境的变化，如东欧国家及苏联解体、欧元出现，世界新的政治格局的逐步形成，对企业都会造成不同程度的影响。

古巴睡衣风波

1997 年，美国和加拿大之间围绕"古巴睡衣"问题发生了一场政治纷争，而夹在两者之间的是一家百货业的跨国公司——沃尔-马特公司。当时，争执的激烈程度可以从下面的报纸新闻标题中见得一斑："将古巴睡衣从加拿大货架撤下：沃尔-马特公司引起纷争"，"古巴问题：沃尔-马特公司因撤下睡衣而陷入困境"，"睡衣赌局：加拿大与美国赌外交”，“沃尔公司将古巴睡衣放回货架”。

这一争端是由美国对古巴的禁运引起的。美国禁止其公司与古巴进行贸易往来，但在加拿大的美国公司是否也应执行禁运呢？当时沃尔加拿大分公司采购了一批古巴生产的睡衣，因为那样做违反了美赫尔姆斯-伯顿法。这一法律禁止美国的子公司与国外的古巴通商。而加拿大则是因为美国法律对其主权的侵犯而恼怒，他们认为加拿大人有权决定是否购买古巴生产的睡衣。这样，沃尔公司便成了加和美对外政策冲突的牺牲品。沃尔-马特在加拿大的公司如果继续销售那些睡衣，则会因违反美国法律而被处以100万美元的罚款，且还可能会因此而被判刑。但是，如果按其母公司的指示将加拿大商店中的睡衣撤回，按照加拿大法律，会被处以120万美元的罚款。

资料来源：菲利普 • R.凯特奥拉.国际市场营销［M］. 周祖城，译. 北京：机械工业出版社，2009.

二、经济环境

经济环境是影响企业市场营销活动最重要的因素，一般包括国家和区域的GDP、消费者收入水平、消费结构变化、消费者储蓄变化、价格变化、人口总量、人口增长率、性别与年龄结构等。这些因素对消费品市场营销活动有一定的决定意义。

（一）消费者收入水平

1．个人收入

个人收入，即个人的工资、奖金、退休金、利息等其他劳动或资产收入。消费者收入主要形成消费品购买力，这是社会购买力的重要组成部分。

2．个人可支配的收入

个人可支配的收入，即个人收入中扣除各种税款（所得税等）和非税性负担（如工会费、养老保险、医疗保险等）后的余额。它是消费者个人可以用于消费或储蓄的部分，形成实际的购买力。

3．个人可任意支配的收入

个人可任意支配的收入，即个人可支配收入中减去用于维持个人与家庭生存所必需的费用（如水电、食物、衣服、住房等）和其他固定支出（如学费等）后剩余的部分。这部分收入是消费者可任意支配的，因而是消费需求中最活跃的因素，也是企业开展营销活动所要考虑的主要对象。

消费者收入水平的高低直接影响着其购买力的大小，从而决定了市场容量和消费者的支出规模。我国自改革开放以来，经济得到了迅速发展，人民群众的收入水平也呈上升趋势。国家统计局发布的数据表明，2015年我国居民人均总收入21 966元；比上年实际增长7.4%。同时，个人收入的结构也发生了变化，由过去主要依靠固定工资转变为包括工资、奖金、津贴、福利补贴等内容的新的收入形式，第二职业收入所占比重也呈上升趋势。这就要求企业的营销人员在分析消费者收入时，必须区分“货币收入”和“实际收入”。货币收入是消费者在某一时期以货币表示的收入量，实际收入是扣除物价变动因素后实际购买力的反映。所以，当货币收入一定时，实际收入和物价变动成反比。此外，还应考虑社会各阶层收入的差异性，不同地区、不同年龄、不同职业以及失业率的高低等都影响消费者的收入水平，进而影响消费者的消费水平。

我国居民总体收入持续上升的同时，城乡之间、地区之间、行业之间的收入差距进一步扩大。根据世界银行公布的数据显示，中国居民收入的基尼系数已由改革开放前的0.16上升到2008年的0.491，不仅超过了国际上0.4的警戒线，也超过了世界所有发达国家的水平。由于部分群体隐性福利的存在，有专家认为中国实际收入差距还要更高。国家统计局在2013年1月发布了2003—2012年全国居民收入基尼系数：中国全国居民收入的基尼系数，2003年0.479，2004年0.473，2005年0.485，2006年0.487，2007年0.484，2008年0.491。然后逐步回落，2009年0.490，2010年0.481，2011年0.477，2012年0.474。不同收入水平的消费者构成了特定的消费群体，从而为不同类型和特色的企业带来了营销机会。

（二）消费结构变化

消费结构是指在生活资料的消费中人们所消耗的各种生活消费品（包括劳务）的构成，或者说是各种消费支出占总支出的比例关系，优化的消费结构是优化的产业结构及产品结构的前提，也是企业开展营销活动的基本立足点。消费者在衣、食、住、行方面支出比例的变化，会对企业营销活动带来诸多机遇和挑战。据国家统计局发布的2015年国民经济和社会发展统计公报显示，2015年年末，全国私人轿车8 793万辆，增长15.8%。全年社会消费品零售总额300 931亿元，实际增长10.6%。快递业务量206.7亿件；快递业务收入2 770亿元。移动电话普及率上升至95.5部/百人。固定互联网宽带接入用户21 337万户，比上年增加1 289万户；移动宽带用户78 533万户，增加20 279万户。移动互联网接入流量41.9亿兆，比上年增长103%。互联网上网人数6.88亿人，增加3 951万人，其中手机上网人数6.20亿人，增加6 303万人。互联网普及率达到50.3%。软件和信息技术服务业完成软件业务收入43 249亿元，比上年增长16.6%。全年国内游客40亿人次，比上年增长10.5%，国内旅游收入34 195亿元，增长13.1%。

（三）消费者储蓄变化

对于一个消费者来说，其收入通常分为两部分：一部分立即作为支付手段使用，形成现实的社会购买力；另一部分暂不支出作为储蓄。当收入一定时，储蓄增大，现实支出数量就会减少，从而影响企业的销售量；反之，储蓄数量越小，现实支出数量就越大，社会购买力就旺盛，就能为企业销售提供有利的销售机会。因此，国家通过利率来调整储蓄、信贷，也就调节了市场供求。提高利率，储蓄增加，市场现实需求下降；利率降低，储蓄减少，现实购买力增大，有利于企业营销。

一般来说，影响居民储蓄水平的因素主要有四方面：一是收入水平；二是通货膨胀因素；三是市场商品供求状况；四是对当前消费和未来消费的偏好程度。国际货币基金组织此前公布数据显示，中国的国民储蓄率从20世纪70年代至今一直居世界前列，以国家统计局的数字进行分析，中国的储蓄率高达52%，这在世界上是绝无仅有的。过高的储蓄率意味着中国居民的消费意愿却在减弱。2011年年初，央行公布的储户问卷调查报告显示，高达85.8%的城镇居民倾向于储蓄，只有14.2%的居民倾向于更多消费，这是1999年进行问卷调查以来的最低值。据国际货币基金组织、世界银行和美国中央情报局 2015 年度《世界概况》称，卡塔尔、科威特和中国在收入储蓄排行榜上位居前三甲。另一方面，美国是同期储蓄最低的国家之一。[①]

（四）价格变化

价格因素的变化，对市场需求总量及需求结构有着重大影响。对于价格的上涨或下跌，企业营销人员必须能够做出科学的预测，以便及时调整企业的产品品种构成，进行购进决策，减少经营风险。价格的变动，必然会引起需求量的变化，从而影响到企业营销。

大萧条的受益者：麦当劳

2008 年 9 月，当全球股市一片惨淡的时候，一件有趣的事发生在麦当劳身上。尽管金融业和零售行业都深陷谷底，麦当劳的同店销售却在随后的一个月里上涨了 8.2%。

还记得 2004 年时 Morgan Spurlock 的纪录片《超大号的我》吧？这部纪录片将这家快餐巨人描绘成了美国人肥胖的罪魁祸首。不过自打它公映以来，麦当劳的股价几乎翻了三倍。

虽然新开一家麦当劳并不会像新开一家苹果专卖店那样引起大众的广泛关注，但麦当劳却一直是华尔街的宠儿。它也是一个精明的消费者，不断压低供应商的价格，同时将实惠带给预算紧张的消费者们。

麦当劳深谙自己的成功之道，这也使得它的股票在过去 10 年间增加了超过 500%。这家公司已经学会听取妈妈们的意见，她们呼吁麦当劳提供沙拉、鸡肉卷、麦片粥和水果。当然，麦当劳也会听取华尔街的意见，他们的意见十分清晰：压低价格、提高效率、传递价值。基于这些，麦当劳已经放弃了一些连锁品牌，比如 Chipotle、Boston Market 和 Pret A.Manger，这意味着减少了与 Panera 和汉堡王的摩擦，避免公司因此分散精力。

尽管 7%的美国人在麦当劳用餐，但在中国依旧有很多消费者从没吃过麦当劳。因此，麦当劳在去年宣布，到 2013 年，要在中国新开 1 300 家餐厅。在当前这个糟糕的经济环境下，人们很难去痛恨这样一家每年雇用超过 100 万美国人的公司。

无论世道如何变化，经济是否衰退，人类对于便宜而美味的食物的追求永远不会停止，而麦当劳一直在为此而奋斗着。如果有一天巨无霸汉堡的价格卖到了 20 美元，那也并不意味着麦当劳所创立的商业模式走到了尽头，当然也不代表这个品牌的消亡，那一天将是真正的世界末日。

资料来源：http://bschool.sohu.com/20121225/n361491617.shtml.

三、科学技术环境

科学技术环境是科学技术的进步以及新技术手段的应用对营销活动的影响。科学技

---

① http://www.southmoney.com/shuju/hysj/201605/578572.html.

术是第一生产力。任何一种先进的科学技术应用于实践，都会给一些企业提供新的营销机会或者产生新的行业；同时也会给一些企业造成环境威胁。所以，西方有的市场营销专家认为，科学技术是一种“创造性的毁灭力量”。明智的营销者对此必须引起足够的重视。科学技术环境对营销活动的影响主要体现在以下几个方面。

（一）科技发明和应用是产业升级的内在动力

科学技术的发明和应用可以造就一些新的行业、新的市场，同时又使一些旧的行业与市场走向衰落。例如，太阳能、核能等技术的发明应用，使得传统的水力和火力发电受到冲击。太阳能、核能行业的兴起，必然给掌握这些技术的企业带来新的机会，又给水力、火力发电行业带来较大的威胁。再如，晶体管取代电子管，后又被集成电路所取代；复印机工业打击复写纸工业；电视业打击电影业；化纤工业对传统棉纺业的冲击等。这一切无不说明，伴随着科学技术的进步，新行业替代、排挤旧行业，这对新行业技术拥有者是机会，但对旧行业却是威胁。

（二）产品生命周期有不断缩短的趋势

科学技术突飞猛进，新原理、新工艺、新材料等不断涌现，使得刚刚炙手可热的技术和产品转瞬间成了昨日黄花。这种情况要求企业不断地进行技术革新，赶上技术进步的浪潮。否则，企业的产品跟不上更新换代的步伐，跟不上技术发展和消费需求的变化，就会被市场无情地淘汰。据统计，1920 年以前新产品从试销到成熟平均为 34 年；1939—1959 年间，平均为 8 年；1960—1989 年，平均只有 3～5 年；1990 年以来，由于电子计算机技术的发展，新产品从试销到成熟仅为 1 年。在 20 世纪初，依靠科学技术取得的生产增长只占 5%，而 20 世纪 70 年代以后就急剧增长为 70%以上。

（三）科技发展为提高营销效率提供物质保证

首先，科学技术的发展为企业提高营销效率提供了物质条件。例如，新的交通运输工具的发明或旧的运输工具的技术改进，使运输的效率大大提高；信息、通信设备的改善，更便于企业组织营销，提高营销效率。现代商业中自动售货、邮购、电话订货、电视购物等方式的发展，既满足了消费者的要求，又使企业的营销效率更高。其次，科学技术的发展可使促销措施更有效。例如，广播、电视、传真技术等现代信息传媒的发展，可使企业的商品和劳务信息及时准确地传送到全国乃至世界各地，这将大大有利于本国和世界各国消费者了解这方面的信息，并起到刺激消费、促进销售的作用。最后，现代计算技术和手段的发明运用可使企业及时对消费者的消费需求及动向进行有效的了解，从而使企业营销活动更加切合消费者需求的实际情况。科学技术的发展，推动了消费者需求向高档次、多样化方向的变化，消费者消费的内容更加纷繁复杂。因此，生产什么商品、生产多少商品去满足消费者需要的问题，还得依靠调查研究和综合分析来解决。这种情况，完全依赖传统的计算和分析手段是无能为力的，而现代计算和分析手段的发明运用提供了解决这些问题的武器。例如，利用高级电子计算机对消费者及其需求的资料进行模拟和计算、分析和预测，就能及时、准确地为企业提供相关资料，以作为企业营销活动的客观依据。

（四）科技进步改变人们的消费理念和生活方式

科学技术是一种“创造性的毁灭力量”。它本身创造出新的东西，同时又淘汰旧的东西。一种新技术的应用必然导致新的产业部门和新的市场出现，使消费对象的品种不断增加，范围不断扩大，消费结构发生变化。例如，在美国，汽车工业的迅速发展使美国成了一个“装在车轮上的国家”，现代美国人的生活方式无时无刻不依赖于汽车。这些生活方式的变革，如果能被企业深刻认识到，主动采取与之相适应的营销策略，就能获得成功。所以，企业在组织市场营销时，必须深刻认识和把握由于科学技术发展而引起的社会生活和消费的变化，看准营销机会，积极采取行动，并且要尽量避免科技发展给企业造成的威胁。

（五）企业要适应科技环境的巨大变化

（1）在产品策略上，企业要不断开发新产品，以适应市场消费的需求。

（2）在分销策略上，由于超级市场、廉价商店、自动售货机迅速发展，企业实体分配要由传统的以工厂为出发点转变为以市场为出发点。

（3）在价格策略上，企业要应用先进技术，降低产品成本，价格策略要更加灵活。

（4）在沟通策略上，企业要采用传真、电话、电视、电话、互联网博客、微信、微博等作为有效的传播媒介和手段。

四、自然环境

营销学上的自然环境，主要是指自然物质环境，即自然界提供给人类各种形式的物质财富，如矿产资源、森林资源、土地资源、水力资源等。20 世纪 90 年代以来，企业和公众面临的主要问题之一是日益恶化的自然环境。自然环境的发展变化对企业的发展产生越来越强烈的影响。所以，企业的高层管理必须分析研究自然环境的发展动向。自然资源对企业营销活动的影响主要表现在以下几方面。

（一）资源短缺

地球上的资源包括无限资源、有限可再生资源和不可再生资源三类。目前，这些资源不同程度上都出现了危机。

1. 无限资源

无限资源，如空气和水等。从总体上讲是取之不尽、用之不竭的，但污染问题严重，亟待解决。此外，近几十年来，世界各国尤其是城市用水量增加很快（估计世界用水量每 20 年增加一倍），与此同时，世界各地水资源分布不均，而且每年和各个季节的情况也各不相同，所以世界上许多国家和城市都面临缺水问题。我国随着城市化的发展，济南、天津和北京等 300 多个城市也开始为水资源不足的问题所困扰。

2. 有限可再生资源

有限可再生资源包括森林、家禽、家畜和粮食等。我国森林覆盖率低，仅占国土面积的 12%，人均森林面积只有 0.8 亩①，大大低于世界人均森林面积 3.5 亩。我国耕地少，而

---

① 1 亩=10 000/15m^2=666.6m^2.

且由于城市和建设事业发展快，耕地迅速减少，近 30 年间我国耕地平均每年减少 810 万亩。

3．不可再生资源

不可再生资源包括石油、煤和金属等矿产资源。由于这类资源供不应求或在一段时期内供不应求，必须寻找代用品。在这种情况下，就需要研究与开发新的资源和原料，这就给某些企业带来了新的市场机会。

（二）能源成本增加

近 40 多年以来，石油这一不可再生的有限资源的价格整体呈上升趋势，且有较大波动，导致企业能源成本上升，经营活动的不确定性增加。油价在 1970 年时每桶为 2.23 美元，2008 年 7 月，纽约原油期货价格曾一度暴涨至每桶 147.27 美元的历史最高位。2016 年 7 月 21 日，WTI 原油期货价为 45.75 美元/桶，布伦特油价为 47.17 美元/桶。这令许多企业加快了在太阳能、风能、原子能、生物能源等新能源领域的研发，以期降低能源使用成本。例如，在我国西北部建设太阳能发电基地，开辟一条“电力丝绸之路”；在内蒙古推广风力发电，充分利用了草原上丰富的风力资源。

（三）环境污染日益严重

在许多国家，随着工业化和城市化的发展，环境污染程度日益增加，公众对这个问题越来越关心，纷纷指责环境污染的危害性。这种动向对那些造成污染的行业和企业就是一种环境威胁，它们在社会舆论的压力和政府的干预下，不得不采取措施控制污染；另外，这种动向给控制污染、研究和开发不致污染环境的行业和企业带来了新的市场机会。有研究显示，美国有 42%的企业为“绿色产品”付出了高的价格。我国火力发电站排放的二氧化硫导致了酸雨的形成。这些发电站需要安装脱硫装置，从排放的浓烟中除去硫黄成分。在拥有大约 2 000 个火力发电站的中国，脱硫装置市场大有潜力可挖。一些企业研制控制污染的技术及产品，如清洗器、回流装置等，并探索一些不破坏环境的方法去制造和包装产品。

（四）政府对自然资源管理的干预日益加强

随着经济发展和科学进步，许多国家的政府对自然资源管理加强了干预。但是，政府为了社会利益和长远利益而对自然资源加强干预，往往与企业的经营战略和经济效益相矛盾。例如，为了控制污染，企业必须购置昂贵的控制污染设备，这样就可能影响企业的经济效益。目前我国最大的污染制造者是工厂，如果政府按照法律和规定的污染标准严格控制污染，有些工厂就要关、停、转，从短时期来看，这样就可能影响工业的发展。因此，国家必须统筹兼顾地解决这种矛盾，力争做到既能减少环境污染，又能保证企业发展，提高经营效益，以达到经济可持续发展的目的。

五、人口环境

现代市场营销学认为，市场是由那些想购买商品又具有货币支付能力的消费者构成的。这种消费者（人口）越多，市场容量也就越大。因此，人口便成为决定市场潜在容量的关键性因素。而年龄结构、地理分布、婚姻状况、出生率、死亡率、人口密度、流动性、文化、教育等人口特性，都会对市场需求格局产生深刻影响。任何一个企业，无论是面向国内市场，还是开拓国际市场，都必须对上述的人口特性及其发展动向进行分析预测，以调整企业营销战略，适应“人口环境”的变化。

我国目前人口环境的主要特点表现为：①人口数量多，市场容量大。②人口的地理分布极不平衡，东南部仅占国土一半，人口却占全国人口总数的 94%，而西北半壁河山人口仅占 6%，这就决定了我国市场营销的重点是人口稠密的东南地区。③在人口年龄结构方面，我国人口老龄化的特征非常明显。截至 2015 年年底，我国 60 岁以上的老人已占总人口的 16.1%，65 岁以上的老人已占总人口的 10.5%，已超过联合国规定的老龄化社会标准。如表 3-1 所示，未来“老年人”市场需求潜力巨大，老年人市场有巨大的商机。据相关专家测算，全国养老产业规模达 1 万亿元，而目前市场上的养老产业尚处“沉睡”阶段。另一方面，我国养老护理员非常缺乏，专业化服务水平低。我国现有 3 000 万失能和半失能老年人，至少需要 1 000 万个专兼职护理员，就业空间很大。④城镇人口比重已超过农村人口，农业现代化和城镇化进程加快，市场需求结构已发生重大变化。⑤家庭离婚率上升，都市青年人结婚年龄推迟，家庭规模有向小型化方向发展的趋势。上述这些特点，都会从不同的方面影响企业的营销活动，企业必须适应这种变化。

表 3-1　2015 年年末人口数及其构成

指　　标	年末数/万人	比重/%
全国总人口	137 462	100.0
其中：城镇	77 116	56.10
乡村	60 346	43.90
其中：男性	70 414	51.2
女性	67 048	48.8
其中：0～15 岁（含不满 16 周岁）	24 166	17.6
16～59 岁（含不满 60 周岁）	91 096	66.3
60 周岁及以上	22 200	16.1
其中：65 周岁及以上	14 386	10.5

资料来源：中华人民共和国 2015 年国民经济和社会发展统计公报。

http://www.qhnews.com/2016zt/system/2016/03/02/011945142.shtml. 2016-02-29.

中国老龄人口比例将超过美国

美国战略与国际研究中心发布报告称，2005 年相对每 100 名适龄工作成年人，仅有 16 名中国老年人。但这一老年抚养比到 2025 年将达到 32%，2030 年，中国的老年人口比例将与美国持平，达到 24%，此后老龄人口比例将超过美国。到 2050 年将达到 61%。

资料来源：http://news.sohu.com/20090422/n263555726.shtml.

六、社会文化环境

社会文化环境包括社会环境与文化环境。社会环境是指人们在社会交往中形成的联系，社会环境一般包括社会阶层、相关群体、家庭等。文化环境是指人们社会行为的规范和信仰，是一种文化现象，文化环境一般包括教育水平、语言文字、生活习惯、社会风俗、宗教信仰与价值观念（指人们对事物的评价标准和崇尚风气）等。上述各因素，对企业的营销活动均产生重大的影响。本书拟在第五章详细阐述社会文化环境对消费者购买行为的影响特点。

麦当劳进军印度受挫

截至 2012 年，麦当劳在全球的餐厅总数已达 3.3 万家，其中印度设有 270 家。近 20 年来，麦当劳在印度一直是在困难中求发展。

众所周知，麦当劳是以汉堡作为其主打产品的。然而汉堡的主要原料牛肉却成为麦当劳在印度惹争议的一个根源。在印度，信奉印度教的人占到印度总人口的 80%，他们将牛奉为神物，宰杀或食用牛肉是对印度教和教徒最大的亵渎。就在十多年前，因被报道在全球分店使用含有牛肉调味剂的油脂制作法式炸薯条，麦当劳曾几乎被迫撤离印度市场。《纽约时报》在 2003 年报道说："自此之后，麦当劳在印度市场已经变得格外敏感。并且这样做的效果也开始显现。他们制作蛋黄酱不用鸡蛋。每家店都配有两条汉堡烹饪线，分别制作素食及非素食产品。素食烹饪部的工人们围绿围裙，非素食部的工人要进入素食部，必须得先洗澡。"

其实不光麦当劳，"吃什么"在印度一向是一个可以引起轩然大波的话题。印度有 80%的人口信奉印度教，还有 14%的人为穆斯林，于是关于吃什么的"牛猪之争"也频频挑动双方敏感的神经，引发一系列的冲突。

资料来源：根据新华日报《麦当劳将在印度开设全素餐厅》改编。

第四节　营销环境分析与战略选择

一、行业环境分析

企业的整体营销活动要受到政治法律环境、经济环境、社会文化环境、科技环境、人口环境、竞争环境等诸多环境因素的影响，公司进行环境分析的主要目的是寻求机遇、规避风险，公司的机会、威胁与公司未来要进入的行业和领域密切相关，一个行业或市场现在或未来的竞争态势对公司发现市场机会、规避经营风险将产生重要影响。

美国学者迈克尔·波特的研究认为，在任何行业中，不管是国内还是国际，不管是提供产品还是服务，竞争的规则都包括在五种力量内。这五种竞争力量决定了企业的盈利能力和水平，一种可行战略的提出首先应该包括确认并评价这五种力量。这五种竞争力就是企业间的竞争、潜在的竞争者的进入、替代品的竞争、供应商的议价能力、购买者的议价能力，如图 3-5 所示。一个公司的营销竞争战略应该在行业内进行恰当的定位，以便有效地影响这五种作用力向有利自己的一方面发展。

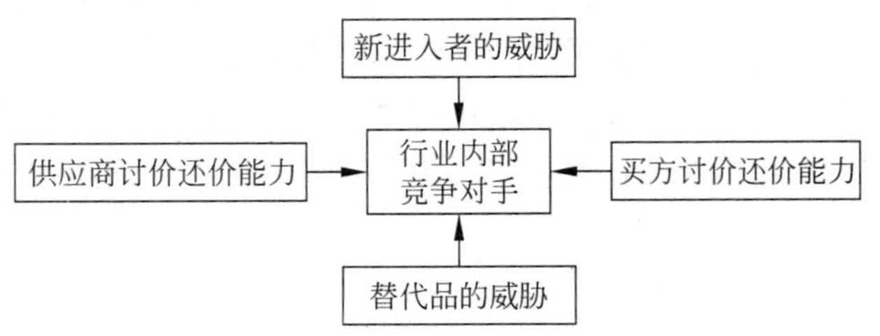

图 3-5　波特五力竞争模型

（一）新进入者的威胁

有研究表明，企业要发现行业的新进入者是非常艰难的事情。但是，发现新进入者对企业来说具有重大的意义，因为新进入者可能会威胁到现有企业的市场份额。之所以这样，是因为新进入的企业增加了行业的总产出。如果产品和服务的需求没有明显增长，那么额外的产出必将降低消费者的成本，从而导致整个行业的利润下滑。行业被新进入者威胁的严重程度主要取决于行业进入障碍、行业产品价格水平、行业对新进入者的报复能力以及新进入者对报复的估计。

（二）替代品的威胁

企业生产的产品，虽然从外表上看是具有不同的特征，但是抽象地分析，它们是能够满足某种需要的使用价值或功能。产品的使用价值或功能相同，能够满足消费者的相同需要，在使用的过程中就可以相互替代，生产这些产品的企业相互间就形成了竞争的关系。消费者购买产品是为了享用其使用价值，消费者在购买产品时会选择在自己购买能力范围内的最佳选择。因此，替代品一旦形成规模，定价能力就会增强，从而影响本行业的利润。替代威胁的分析应该主要从两个方面考虑：一是准确地判断哪些产品是替代品；二是找出威胁本企业经营的替代品有哪些。

（三）购买者的议价能力

购买者主要是通过降低价格与要求提供较高产品和服务质量的能力来影响行业中现有企业的盈利能力的。一般来说，满足以下条件的购买者具有较强的讨价还价的能力：购买者大批量购买；购买者能够找到价格合理的替代品；卖方是由大量规模较小的企业构成；购买者有能力后向一体化，而卖方不可能前向一体化。

（四）供应商的议价能力

企业并不是孤立存在的，企业生产所需的许多生产要素是从外部获得的，因此，提供这些生产要素的经济组织也制约着企业的经营和发展。供应商能否及时高质量地提供所需的生产要素，影响着企业生产规模的维持和扩大。供应商提供生产要素的价格影响着企业的利润水平。一般来说，影响供应商议价能力的因素主要有：供应方行业的集中程度，要素替代品的多少，要素的转移成本大小，要素供应者是否有前向一体化的能力。

（五）现有的竞争者

行业中企业相互之间的利益都是联系在一起的，为了获取相对于竞争对手的优势，企业间就难免会产生冲突和对抗。现有企业的竞争主要表现在价格、广告、产品介绍、售后服务等方面。

对现有竞争者的研究应该主要从以下几方面进行：首先，了解竞争对手的基本情况；其次，找出主要的竞争对手，进行重点研究；最后，要时刻关注竞争对手的发展动向。只有充分掌握了竞争对手的动向，企业才能在激烈的市场上保持竞争优势，立于不败之地。

二、SWOT 分析

SWOT 分析是一种企业竞争态势分析方法，是市场营销的基础分析方法之一，由麦肯锡咨询公司创立，包括分析企业的机会（opportunities）、威胁（threats）、优势（strengths）、劣势（weaknesses）。因此，SWOT 分析实际上是对企业内外部条件各方面内容进行综合和概括，进而分析组织的优劣势、面临的机会和威胁的一种方法。优劣势分析主要是着眼于企业自身的实力及其与竞争对手的比较，而机会和威胁分析则将注意力放在外部环境的变化及对企业的可能影响上。在分析时，应把所有的内部因素（即优劣势）集中在一起，然后用外部的力量来对这些因素进行评估。

（一）机会与威胁分析（opportunities and threats）

1．营销机会分析

市场机会一般有两种情况：一种是环境机会；另一种是企业营销机会，如图 3-6 所示。环境机会是指外部环境的变化给企业扩大销售额、提高市场占有率、增加赢利带来有利的影响。企业的营销机会是指对企业的营销活动有促进作用的那部分营销机会，确切地讲，就是对企业的市场营销活动具有吸引力、企业采取有关措施后可获得竞争优势的特定营销机会。

环境机会一般用市场机会矩阵图表示，如图 3-7 所示。

图 3-6　企业营销机会

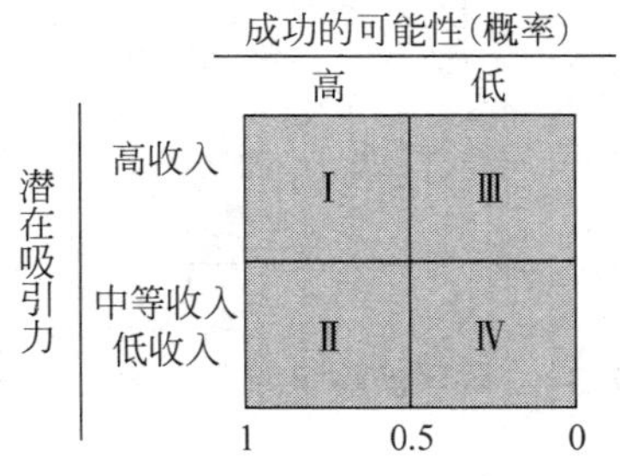

图 3-7　市场机会矩阵

在市场机会矩阵图中，纵轴表示“潜在吸引力”，即企业只要利用这一机会，就能带来经济效益，它可用货币数额表示；横轴代表“成功的可能性（概率）”，一般用 0～1

之间的概率值表示，数值越大，成功的可能性越大；反之，则小。在纵轴中以中等收入为分界线，在横轴中以 0.5 概率值为分界线，将矩阵分为四个区域：I 区域是最好的市场营销机会，其“潜在吸引力”和“成功的可能性”都大，企业应制定营销战略，以便抓住和利用这一机会；II 区域的“潜在吸引力”小，但其“成功的可能性”大；III 区域的“潜在吸引力”大，但其“成功的可能性”小；IV 区域的“潜在吸引力”和“成功的可能性”都小，所以无机会可言。所以，对于 II、III 区域，企业在进行营销决策时，要进行具体分析，权衡利弊，使其向着有利于企业营销的方向发展。

2．营销环境威胁分析

企业市场营销的环境威胁，是指外部环境的变化影响到企业市场营销的销售量、市场占有率、赢利水平，给企业正常的营销活动带来严重的后果，甚至影响到企业的生存和发展。环境威胁一般采用环境威胁矩阵分析图表示，如图 3-8 所示。

环境威胁矩阵图的纵轴代表“潜在的严重性”，即威胁出现给企业带来的损失（赢利减少）。横轴代表“出现威胁的概率”，一般用 0～1 的数值表示，数值越大，表示出现威胁的可能性越大；数字越小，表示出现威胁的可能性越小。纵轴以中等损失为分界线，横轴以 0.5 概率为分界线，形成四个区域。I 区域给企业带来的威胁最严重，其“潜在的严重性”和“出现威胁的概率”均高，是企业实现赢利目标的主要障碍，应特别重视；IV 区域的“潜在的严重性”和“出现威胁的概率”都低，不构成企业的威胁；II 区域“潜在的严重性”低，但其“出现威胁的概率”高，构成企业的主要威胁；III 区域“潜在的严重性”高，但其“出现威胁的概率”低，不构成威胁。因此，企业应重点分析 I、II 区域，防止威胁给企业带来风险，对于 III、IV 区域应严格监视，以防其向不利于企业经营的方向发展。

3．综合分析

综合分析是指将环境机会与环境威胁综合起来，用于确定在一定环境条件的前提下企业的类型。在现实中，当某一环境因素变化时，对某一企业的影响是两方面的，即既存在机会，也可能产生威胁。综合分析矩阵如图 3-9 所示。

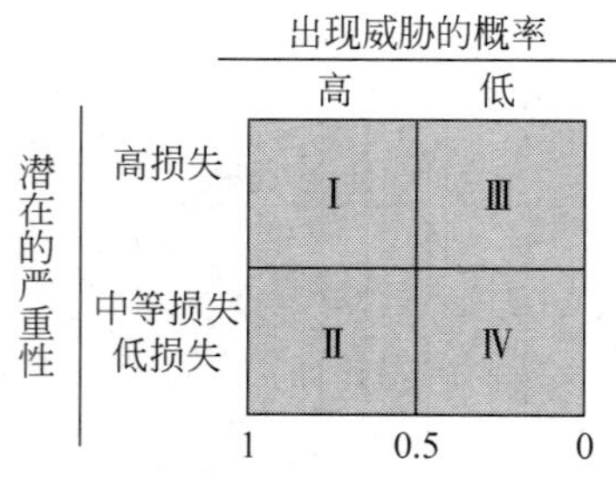

图 3-8　环境威胁矩阵

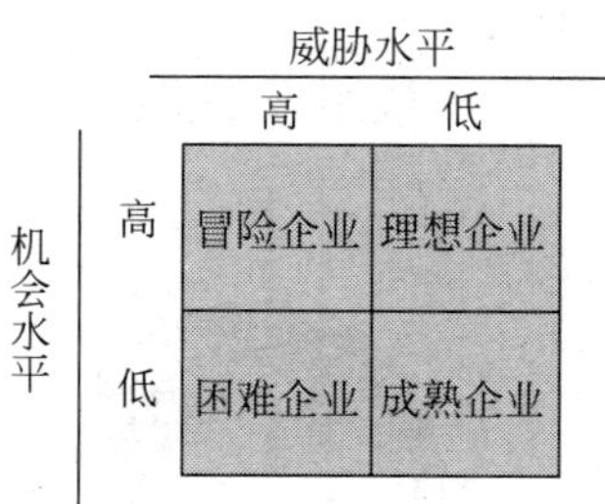

图 3-9　机会—威胁分析矩阵

在图 3-9 中，纵轴代表机会水平，横轴代表威胁水平，这两项指标在机会矩阵分析和威胁矩阵分析中得到。因此，企业可分为如下四种类型：①冒险企业，即高机会水平和高威胁水平的企业；②困难企业，即低机会水平和高威胁水平的企业；③成熟企业，即低机会水平和低威胁水平的企业；④理想企业，即高机会水平和低威胁水平的企业。

在企业的经营活动中，对环境机会与威胁的分析一定要有超前性，因为当环境发生重大变化之后，企业再分析就为时已晚，机会已经损失。企业要取得营销的成功，关键在于善于抓住机会，力求避免威胁。

（二）优势与劣势分析（strengths and weaknesses）

识别环境中有吸引力的机会是一回事，拥有在机会中成功所必需的竞争能力是另一回事。每个企业都要定期审视自己的优势与劣势，检查企业的营销、财务、制造和组织能力。每一要素都要按照特强、稍强、中等、稍弱或特弱划分等级。

当两个企业处在同一市场或者说它们都有能力向同一顾客群体提供产品和服务时，如果其中一个企业有更高的赢利率或赢利潜力，那么，我们就认为这个企业比另外一个企业更具有竞争优势。换句话说，所谓竞争优势，是指一个企业超越其竞争对手的能力，这种能力有助于实现企业的主要目标——赢利。但值得注意的是：竞争优势并不一定完全体现在较高的赢利率上，因为有时企业更希望增加市场份额，或者多奖励管理人员或雇员。

竞争优势可以指消费者眼中一个企业或它的产品有别于其竞争对手的任何优越的东西，它可以是产品线的宽度、产品的大小、质量、可靠性、适用性、风格和形象以及服务的及时、态度的热情等。虽然竞争优势实际上指的是一个企业比其竞争对手有较强的综合优势，但是明确企业究竟在哪一个方面具有优势更有意义，因为只有这样才可以扬长避短，或者以实击虚。

由于企业是一个整体，而且竞争性优势来源十分广泛，所以，在做优劣势分析时必须从整个价值链的每个环节上将企业与竞争对手做详细的对比。例如，产品是否新颖、制造工艺是否复杂、销售渠道是否畅通，以及价格是否具有竞争性等。如果一个企业在某一方面或几个方面的优势正是该行业企业应具备的关键成功要素，那么，该企业的综合竞争优势也许就强一些。需要指出的是，衡量一个企业及其产品是否具有竞争优势，只能站在现有潜在用户角度上，而不是站在企业的角度上。

企业在维持竞争优势过程中，必须深刻认识自身的资源和能力，采取适当的措施。因为一个企业一旦在某一方面具有竞争优势，势必会吸引到竞争对手的注意。一般来说，企业经过一段时期的努力，建立起某种竞争优势；然后就处于维持这种竞争优势的态势，竞争对手开始逐渐做出反应；而后，如果竞争对手直接进攻企业的优势所在，或采取其他更为有力的策略，就会使这种优势受到削弱。某国际信息技术公司的 SWOT 分析如表 3-2 所示。

（三）SWOT 模型的局限性

与很多其他的战略模型一样，SWOT 模型已由麦肯锡提出很久了，带有时代的局限性。以前的企业可能比较关注成本、质量，现在的企业可能更强调组织流程。例如，以前的电动打字机被印表机取代，该怎么转型？是应该做印表机还是其他与机电有关的产品？从 SWOT 分析来看，电动打字机厂商优势在机电，但是发展印表机又显得比较有机会。结果有的朝印表机发展，死得很惨；有的朝剃须刀生产发展，很成功。这就要看，你要的是以机会为主的成长策略，还是要以能力为主的成长策略。SWOT 没有考虑到企业改变现状的主动性，企业可以通过寻找新的资源来创造企业所需要的优势，从而达到过去无法达成的战略目标。

表 3-2　某国际信息技术公司的 SWOT 分析

外部环境分析（O，T） 内部力量分析（S，W）	机会（Opportunities）	威胁（Threats）
	（1）PC 普遍进入家庭； （2）网际网络逐渐勃兴并主导市场需求； （3）客户更需整体解决方案	（1）各种网络相关产品区隔公司兴起； （2）微软占有 PC 系统 S/W 市场； （3）硬件价格下降
优势： （1）经深度培训过的专业人才； （2）广大的客户群； （3）优势的研发能力	优势机会策略（S.O） （1）成立全球服务事业部门，着手提供整体解决方案——系统整合； （2）创新并持续推出符合网络需求的新产品	优势威胁策略（S.T.） （1）增加策联盟与并购有潜力的公司，以增加网络与整合的能力； （2）投入研发的数据库系统与 NT 的中件（middleware）以及配合 Linux 的研发投入
劣势： （1）组织庞大，不易指挥； （2）对低阶或 PC 相关产品的营销策略比较不内行； （3）思想上，仍有人难脱中大型硬软件才是最重要营收来源的窠臼	劣势机会策略（W.O.） （1）将人员往有潜力的市场区隔调整并配备所需人力； （2）将人员按整合模型、混合编组与区隔编组来开拓市场； （3）逐渐导向以网络为基础的整体解决方案的公司	劣势威胁策略（W.T.） （1）裁员数万不适任员工，并将组织改为矩阵式； （2）强调 W.E.T 的思想教育与绩效管理； （3）积极与低阶产品的大型渠道建立关系
分析后之整体结论：定位为在电子商务时代，借着提供整体解决方案与系统整合，而成为电子商务时代的市场领导者		

三、营销战略选择

（一）安索夫矩阵

战略管理之父安索夫博士于 1975 年提出安索夫矩阵，以产品和市场作为两大基本面向，区别出四种产品/市场组合和相对应的战略，是应用最广泛的营销分析工具之一。安索夫矩阵是以 2×2 的矩阵代表企业企图使收入或获利成长的四种选择，其主要的逻辑是企业可以选择四种不同的成长性战略来达成增加收入的目标，如图 3-10 所示。

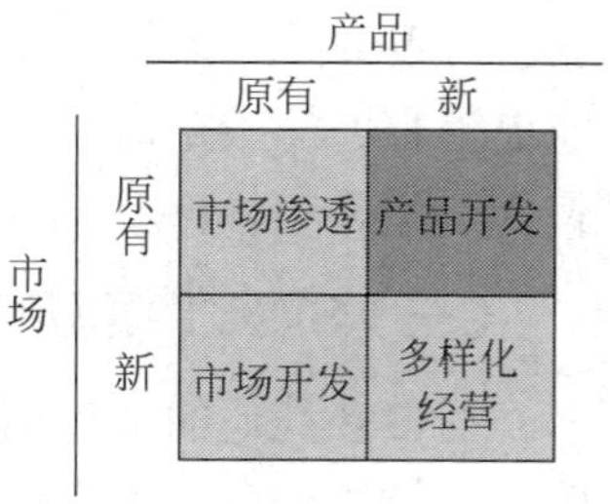

市场 \ 产品	原有	新
原有	市场渗透	产品开发
新	市场开发	多样化经营

图 3-10　安索夫矩阵

1．市场渗透（market penetration）战略

以现有的产品面对现有的顾客，以其目前的产品市场组合为发展焦点，力求增大产品的市场占有率。采取市场渗透的策略，借由促销或是提升服务品质等方式来说服消费者改用不同品牌的产品，或是说服消费者改变使用习惯、增加购买量。

2．市场开发（market development）战略

提供现有产品开拓新市场，企业必须在不同的市场上找到具有相同产品需求的使用者顾客，其中往往产品定位和销售方法会有所调整，但产品本身的核心技术则不必改变。

3．产品开发（product development）战略

推出新产品给现有顾客，采取产品延伸的策略，利用现有的顾客关系来借力使力。通常是以扩大现有产品的深度和广度，推出新一代或是相关的产品给现有的顾客的方式提高该厂商在消费者荷包中的占有率。

4．多样化经营（diversification）战略

提供新产品给新市场，此处由于企业的既有专业知识能力可能派不上用场，因此是最冒险的多样化策略。其中成功的企业多半能在销售、通路或产品技术等 know-how 取得某种综效（synergy），否则多样化的失败概率很高。

5．市场巩固（consolidation）战略

以现有的市场和产品为基础，以巩固市场份额为目的，采用产品差异化战略来加强客户忠诚度。同时，当市场份额总体有所下降时，缩小规模和缩减部门成为不可避免的应对措施。通常，consolidation 在安索夫矩阵中与 market penetration 占据同一格。

（二）基本竞争战略

基本竞争战略是由美国哈佛商学院著名的战略管理学家迈克尔·波特提出的。基本竞争战略有三种：成本领先战略、差异化战略和集中化战略。企业必须从这三种战略中选择一种作为其主导战略。要么把成本控制到比竞争者更低的程度；要么在企业产品和服务中形成与众不同的特色，让顾客感觉到你提供了比其他竞争者更多的价值；要么企业致力于服务于某一特定的市场细分、某一特定的产品种类或某一特定的地理范围。这三种战略架构上差异很大，成功地实施它们需要不同的资源和技能。

1．成本领先战略

成本领先战略也称为低成本战略，是指企业通过有效途径降低成本，使企业的全部成本低于竞争对手的成本，甚至是在同行业中最低的成本，从而获取竞争优势的一种战略。降低成本的主要途径有：产品简单化，改进产品设计，节约材料；降低人工费用型，提高生产运作的自动化水平等。成本领先战略的适用条件是：现有竞争企业之间的价格竞争非常激烈，企业所处产业的产品基本上是标准化或者同质化的，实现产品差异化的途径很少，消费者的转换成本很低，消费者具有较大的降价谈判能力。采用成本领先战略的风险主要包括：降价过度引起利润率降低，新加入者可能后来居上，丧失对市场变化的预见能力，技术变化降低企业资源的效用，容易受外部环境的影响。

2．差异化战略

所谓差异化战略，是指为使企业产品与竞争对手产品有明显的区别，形成与众不同的特色而采取的一种战略。这种战略的核心是取得某种对顾客有价值的独特性。企业要突出自己产品与竞争对手之间的差异性，主要有四种基本的途径：产品差异化战略、服务差异化战略、人员差异化战略和形象差异化战略。

中兴：成本领先是基本竞争战略

20多年来，成本领先一直是中兴通讯股份有限公司（以下简称中兴通讯）的生存和发展之道。2014年7月中旬，中兴通讯发布2014年半年度业绩修正预告修正公告。公告显示，2014年上半年，由于集团持续加强合同盈利管理和费用控制，国际合同毛利率改善，国内4G系统项目营业收入占比上升，预计归属上市公司股东的净利润为10亿~11.5亿元人民币，同比上升222.57%~270.96%。

中兴通讯副总裁陈虎表示，公司通过低成本逐渐占领市场，在竞争中不断获得发展。未来，在较长的时期内，中兴通讯仍然必须依靠低成本来获取竞争优势，实现持续发展，以保证公司的市场份额与行业地位。在中兴通讯，成本领先战略的愿景是建立在“有竞争力的成本、一流的成本管理体系以及全员的成本文化”上的。

陈虎表示，成本领先战略的核心是公司通过一切可能的方式和手段，降低企业的成本，成为市场竞争参与者中成本最低者，并以低成本为竞争手段获取竞争优势。成本领先战略实质上是以成本战略为公司的最基本竞争战略。

所谓有竞争力的成本，是指成本领先的目标要通过有竞争力的成本，即低于对手的成本在市场竞争中赢得优势，并且在企业运作中赢得丰厚的利润。因此，从宏观上分析并通过一系列举措保持公司的整体成本优势，包括但不限于人力成本优势、地理成本优势、研发成本优势、质量成本优势、采购物流成本优势等，并加强各产品的竞情分析，推动产品具有成本优势，是成本领先战略的终极目标。

而一流的成本管理体系包含了定量方面的成本目标分解和定性方面的成本管理流程建设。公司的各项成本目标除了在量化方面层层分解外，还要在管理方面关注精细化管理，也就是目标的细化分解、过程的监控、相关责任人的举措等。

与此同时，构建全员的成本文化在成本领先战略中举足轻重。陈虎告诉记者，全员的成本文化是在制度保障的基础上焕发流程活力、增强员工主人翁意识、提高员工成本管理工作热情的重要保障。

资料来源：http://www.360doc.com/content/14/0804/16/202378_399387053.shtml. 本书有删改。

差异化的内涵是：企业创造差异化被顾客认为是有价值的，顾客需求是有差异的，采用类似差异化途径的竞争对手很少。企业实施差异化战略应具备以下内部条件：具有很强的研究开发能力；企业具有以其产品质量或技术领先的声望；企业在这一行业有悠久的历史或吸取其他企业的技能并自成一体；很强的市场营销能力；研究与开发、产品开发以及市场营销等职能部门之间要具有很强的协调性。

实施差异化战略的意义在于：建立起顾客对企业的忠诚；形成强有力的产业进入障碍；增强了企业对供应商讨价还价的能力；削弱购买商讨价还价的能力，降低了购买商对价格的敏感度；使购买商具有较高的转换成本。差异化战略也包含一系列风险：用户为了大量节省费用，放弃取得差异的厂家所拥有的产品特征、服务或形象，转而选择物美价廉的产品；用户所需的产品差异的因素下降。当用户变得越来越老练，对产品的特征和差别体会不明显时，就可能发生忽略差异的情况；大量的模仿缩小了感觉得到的差异。特别是当产品发展到成熟期时，拥有技术实力的厂家很容易通过逼真的模仿减少产品之间的差异；过度差异化会使目标顾客人数减少。

3．集中化战略

集中化战略也称为聚焦战略，是指企业或事业部的经营活动集中于某一特定的购买者集团、产品线的某一部分或某一地域市场上的一种战略。这种战略的核心是瞄准某个特定的用户群体，某种细分的产品线或某个细分市场。采用集中化战略的条件是：具有完全不同的用户群，这些用户或有不同的需求，或以不同的方式使用产品；在相同的目标细分市场中，其他竞争对手不打算实行重点集中战略；企业的资源不允许其追求广泛的细分市场；行业中各细分部门在规模、成长率、获利能力方面存在很大差异，致使某些细分部门比其他部门更有吸引力。

集中化战略的优势是：便于集中使用整个企业的力量和资源，更好地服务于某一特定的目标；更好地调查研究与产品有关的技术、市场、顾客以及竞争对手等各方面的情况，做到“知彼”；经济效果易于评价，战略管理过程也容易控制，从而带来管理上的简便。

集中化战略的风险主要表现在：由于企业全部力量和资源都投入了一种产品或服务或一个特定的市场，当顾客偏好发生变化，技术出现创新或有新的替代品出现时，就会发现这部分市场对产品或服务需求下降，企业就会受到很大的冲击；竞争者打入了企业选定的目标市场，并且采取了优于企业的更集中化的战略；产品销量可能变小，产品要求不断更新，造成生产费用的增加，使得采取集中化战略的企业成本优势受到削弱。

本章小结

市场营销环境分为宏观环境因素和微观环境因素两大类。企业市场营销的宏观环境因素主要有政治法律因素、经济因素、科学技术因素、社会文化因素、物质因素等。微观环境因素是指介于宏观环境因素和企业内部可控因素（产品、价格、渠道、促销）中间的一些影响因素，主要包括企业营销渠道、竞争企业、顾客和各种社会公众等。

企业在营销环境分析的基础上，可以运用SWOT分析法分析企业所面临的环境机会与环境威胁（风险），并针对竞争者分析自身的优势和劣势，为制定企业营销战略提供科学依据。企业通过分析五力竞争模型，来确定未来应进入的行业或经营领域；通过分析安索夫矩阵，来确定成长战略；通过基本竞争战略分析，来选择能体现企业竞争优势的竞争战略。战略选择必须客观、认真、谨慎地评价机会的质量，然后做出决策。

重要术语

营销环境、宏观环境、微观环境、环境的威胁、环境机会、SWOT分析、安索夫矩阵、竞争战略

复习思考题

1．市场营销环境的含义是什么?市场营销环境的构成是什么？
2．微观营销环境对营销活动的影响有哪些？
3．宏观营销环境对营销活动的影响有哪些？
4．企业应如何制定营销组合去适应营销环境？
5．企业应该如何分析市场机会和环境威胁？
6．简要描述波特的五力竞争模型。
7．请选择某行业两个有代表性的品牌竞争者，并对这两个企业进行 SWOT 分析。
8．简述企业实施成本领先战略和差异化战略的目的、途径及潜在风险。

阅读推荐

[1] [美]菲利普·科特勒（Philip Kotler），凯文·莱恩·凯勒（Kevin Lane Keller）. 营销管理［M］. 第14版. 王永贵，等，译. 北京：中国人民大学出版社，2012：86-97.
[2] [美]迈克尔·波特. 竞争战略［M］. 陈小悦，译. 北京：华夏出版社，2005.
[3] [美]菲利普·R.凯特奥拉. 国际市场营销［M］. 周祖城，译. 北京：机械工业出版社，2009.
[4] 海尔官网. 海尔集团五阶段战略选择［EB/OL］. http://www.haier.net/cn/about_haier/strategy/.

案例分析

未来 8 ~ 10 年每个行业将受 VR 影响

目前，VR&AR 作为继 PC、手机后又一重要应用端平台，已进入快速发展的新阶段。随着 VR&AR 技术及应用的快速拓展，VR&AR 娱乐产业也日渐成为内外关注的热点。所谓 VR，指的是虚拟现实（virtual reality，VR，又译作灵境、幻真），是近年来出现的高新技术，也称灵境技术或人工环境。虚拟现实是利用电脑模拟产生一个三维空间的虚拟世界，提供使用者关于视觉、听觉、触觉等感官的模拟，让使用者如同身历其境一般，可以及时、没有限制地观察三度空间内的事物。

另一关键词 AR 则指的是增强现实（augmented reality，AR），也称为混合现实。它通过电脑技术，将虚拟的信息应用到真实世界，真实的环境和虚拟的物体实时地叠加到了同一个画面或空间同时存在。二者结合即 VR&AR，主要应用领域分别为视频游戏、事件直播、视频娱乐、医疗保健、房地产、零售、教育、工程和军事。据高盛分析师总结，VR 和 AR 有潜力成为下一个重要计算平台，如同 PC 和智能手机。VR 和 AR 的市场规模将达到数百亿美元，并有可能像 PC 的出现一样成为游戏规则的颠覆者。

HTC 中国区总裁 Alvin W.Graylin 向记者表示，这场革命将会改变一切，8 ~ 10 年内，每个行业内都将受 VR 的影响，每个人都会用 VR，每个屏幕都将会被 VR 替代。

VR 的真正威力在哪里？在极乐互动 CEO 暴风魔镜合伙人崔海庆看来，明天的世界将是虚拟的，VR 社交代表未来。“现在一些芯片级的企业都开始介入进来，未来 3 ~ 10 年以后，很多设备流畅度不存在任何问题，佩戴舒适性不存在任何问题，每个人的佩戴时间从现在不到 10 分钟左右慢慢提升到 1 个小时、2 个小时，甚至到以后 5 个小时、8 个小时。当一个人戴上头盔，里面马上有阳光、沙滩、别墅、美女，可以在里面工作，在里面生活，在里面学习，有什么事全部在 VR 里面搞定，在里面看电影、玩游戏。”

作为全球最前沿的技术，很多嗅觉很灵敏的开发者已经开始布局了，很多大的平台已经开始布局了，所有人都会有两种心情同时并存：第一种是非常兴奋，在最前沿的领域拿到了投资，准备要开始大展拳脚了；第二种是 VR 领域目前没有一个绝对成熟的商业模式，甚至没有一个美国的模式让中国的开发者去借鉴，以至于对于未来会产生很多迷茫。

基于此情况，乐视 VR 垂直布局旅游、音乐、游戏、影视等领域，致力打造一个完整的 VR 开放生态系统。乐视小屏业务部高级总监郭云则表示：“现在 VR 整个的行业发展痛点是它的新和过长的价值链，在里面我们看到有系统的开发者、内容提供商、内容平台服务商、硬件制造商等企业共同加入，其实是一个很长的产业链，而且每一个产业链的细支用户构成目前暂时享受不到中国的人口红利，用户还不够多，不够造成足够轰动的效应和商业化模式的沉淀，我们更多希望能够进行整个行业的生态整合，帮助整个中国 VR 行业的发展。”

现场，摩托罗拉、高通前高管 Vishal Shah 讲述了他眼中的 AR 发展蓝图，他认为 AR 可以把虚拟世界和现实世界结合起来，VR 只能看到虚拟世界，AR 在以后的 5 年里有一个大的突破，企业级市场有 900 亿美元，主要在建筑业、保险业、医疗业等。

华山资本创始合伙人杨镭告诉记者，现在国际国内很多大型企业都在布局 VR 和 AR，因此不管是硬件还是软件，都已经被几家大的巨头霸占。“国内早期创业者的机会是 VR 内容，创业者如果瞄准硬件会很难，需要大成本、大投入。”“如果做硬件，就算做起来了，早晚还要相互血拼，最终利润越来越薄。但如果创业者能开发出好的内容，不管是游戏内容还是视觉内容，都会有机会。”杨镭认为，未来 VR、AR 市场对内容的需求量会非常大。

品牌将会借助 VR 技术来提高客户忠诚度，品牌与 VR 是为彼此而存在的。企业及品牌可以为客户提供以故事为主题的 VR 体验，在教育与娱乐中吸引客户。这种做法将为品牌与客户打造全新的关系，让客户成为积极的参与者，而不是被动的旁观者。对品牌来说，最困难的部分在于让客户获得真正的感觉，而沉浸与互动式的 VR 体验则能让客户获得更深刻的体验。

对需要尝试是否合适的产品来说，这将会提高其电子交易量。虚拟现实技术将与增强现实技术一同给在线购物带来巨大的影响，其中之一就是需要试用的产品（无论是衣服或是家具）。如果能够“看到”这些东西来决定是否合适，将扫除购买者的顾虑，并推动目前停滞不前的在线购物。购买前先看一下这个沙发跟你的起居室搭不搭，这种体验真是太奇妙了。

VR 技术将改变教育市场。借助针对各个层面的教育应用，包括为大学课堂所开发的应用，虚拟现实可以使学习的过程更丰富，更有趣，并能够通过一些不同的方式，解决人们在现有课程中无法单独解决的问题。如果哪家公司能够提供使用 VR 技术的教育产品，就可以拥有切切实实的机会。产品的设计过程会有所提高。VR 技术将提高设计产品的能力。通过 VR 和模拟技术，人们无须待在同一间屋子里就能进行用户测试，而且随着反馈速度更快，修改的速度就能更快，从而降低总生产成本。

人们将有机会获得“无处不在”的体验。在我们的想象中，企业的 VR 用例非常有限，我预测，近期将会出现的大型应用会在电子商务行业。目前，无论是对商店还是消费者来说，电子商务中最大的问题就是实物与预期不符。有了 VR 技术，使用者就有机会“无论身在何处”都能操作产品，并更好地理解他们所要购买的产品。同理，预订酒店、汽车、旅行与探险也是这样。虚拟现实会把全世界都送到你的面前，就像互联网那样，只不过这次在各个方面都更加细致化。

VR 技术能够提升电影、媒体与游戏等娱乐的体验。娱乐行业是第一个受到 VR 技术颠覆的行业。想象一下坐在起居室里，通过 VR 技术观看超级碗橄榄球大赛吧，VR 会让你如同置身体育场实地。在电影和游戏方面，影响也是类似的。最近我在参加 CES 大会时，发现就算在单人 VR 创业公司那里都排了要等 10 分钟的队伍，等着体验 demo。在我看来，VR 经济将轻松超过应用经济。

VR 会对房地产行业带来提升。没人愿意看着图片就把房子买了，但很多人也不想挨个跑遍所有房子。VR 技术为这些人提供了很好的途径，可以切身近距离观看地产，却又不用花费太大力气参与。通过这种方式，房产中介可以在减少实地查看的同时，增加营业额收入。对房地产行业来说，这可能是更有效率也更安全的经营方式。尽管目前还是手机上的应用和实地探查占据上风，但 VR 技术有潜力改变我们对房地产业的投资方式。对于能够协助房产中介，以更及时、更友好的方式获得房产实时图像的公司来说，这里存在巨大的机遇。

VR 技术会影响健康与医疗行业。通过 VR 技术，可以如同真实场景一样展示可能的未来，从而带来巨大的转变。运动员和医生已经在利用 OculusVR 之类的硬件（被 Facebook 收购）来展示要实现的目标了，包括完美的健康与体能。人们最终将能够超越自身，获得胜利、打败疾病或者达成完美的计划。

资料来源：http://mt.sohu.com/20160317/n441001635.shtml；http://www.changjiangtimes.com/2016/03/530210.html.本书有删改。

思考题

1．分析 VR、AR 技术产生与发展的主要环境影响因素。

2．VR、AR 技术对相关行业及企业营销活动会带来哪些影响？

第四章

营销信息系统与营销调研

学习目标

市场营销的目的是通过比竞争者更好地满足市场需求，赢得竞争优势，进而取得合理的利润收入。要做到这一点，就必须从研究市场出发，了解市场需求及竞争者的最新动态，开展市场营销调研，广泛收集市场营销信息，据此确定市场营销战略决策。通过本章学习，应了解市场营销信息系统的构成和市场需求的预测方法，理解营销数据分析方法，掌握营销调研的方法与步骤。

导入案例

马里奥特的市场调研

有些商人可以不带运通卡，但是如果不带上玩具熊，他们是不会离开家的。这是马里奥特公司（Marriott）下属的 Courtyard 分部在对其顾客进行调查时发现的一个令人吃惊的事实。正如马里奥特公司国内公关部经理吉尔里 · 坎贝尔（Geary Campbell）所说的，在 Courtyard，市场调研"对我们了解顾客的需求和需要是十分重要的。如果我们不进行调研，我们就不可能搞清楚实际情况"。

坎贝尔还说，调查也可作为一种营销工具，"它让媒体和消费者了解我们的顾客在做些什么，还可以使 Courtyard 这个品牌得到更多的认同"。

弗吉尼亚州麦克莱恩市的希夫里特公司（D.K.Shifflet & Associates of Mclean，Va.）对在过去 12 个月中至少做过 6 次商务旅行的 300 名 Courtyard 的顾客进行了调查。调查采用电话调查方式，问题共有 30 个，主要包括：旅行者在旅行期间是怎样和他们的家人及办公室进行联系的；为了使旅行生活能有在家的感觉，旅行者会怎样做或随身携带些什么。坎贝尔说："我们还想搞清楚旅行者的一些习惯，诸如他们旅行时的习惯。"

有些调查结果是马里奥特公司事先预计到的。例如，调查发现 58%的商务旅行者带有膝上电脑。有些发现出乎预料，如这些带有膝上电脑的人说，他们带电脑是为了玩游戏；同时有 7%的商务旅行者说，他们旅行时带着玩具熊或其他玩具。

基于以上数据，Courtyard 对营销方式做了调整。例如，由于很多商务旅行者都带有膝上电脑并可以上网，于是，马里奥特在网上为商务旅行者们提供了很多信息，其中包括标出旅店位置的地图及 Courtyard 进行的促销活动。调查还表明，很多商务旅行者希望能安静地休息，因此，Courtyard 的大堂也取消了可能会打扰顾客的音乐和电视声音。

坎贝尔说，一些调查结果证实，商务旅行者希望的“并不只是前台人员微笑的面孔”，他们还希望能提前购买早餐和快速办理登记和结账手续。

通过市场调研，Courtyard 识别出了商务旅行者的需要和需求，并且开办了能够使顾客成为回头客的服务。

由于商务旅行非常繁忙，所以 Courtyard 尽可能做到使旅行者住得方便和统一。正如坎贝尔所说：“无论他们住在华盛顿特区的 Courtyard，还是住在西雅图，他们都会有同样的经历，他们知道可以得到什么样的服务。”

马里奥特公司曾就其提供全方位服务的旅馆对顾客进行了调查，了解他们对中等价位旅馆的要求。在此项调查两年之后，也就是 1983 年，马里奥特公司推出了 Courtyard 品牌。坎贝尔说，Courtyard 的主要顾客是商务旅行者。

通过市场调研，马里奥特公司不但设计出了像 Courtyard 这样的新品牌，而且还因其产品满足了不断变化的市场需求从而建立起了品牌权益。

资料来源：[美]小卡尔•迈克丹尼尔（Carl McDaniel，Jr.），罗杰•盖茨（Roger Gates）. 当代市场调研 [M]. 范秀成，等，译. 北京：机械工业出版社，2000：2-3.

第一节　市场营销信息系统的构成

一、市场营销信息系统的含义

所谓市场营销信息系统，是指一个由人员、机器和程序所构成的相互作用的复合体，企业借以收集、挑选、分析、评估和分配适当、及时和准确的信息，为市场营销管理改进市场营销计划、执行和控制工作提供依据。市场营销信息系统处于环境与市场营销管理人员（即信息使用者）之间。各种市场营销数据由环境流向企业市场营销信息系统。市场营销信息系统则将数据加以转换，并通过市场营销信息流程传导给管理人员。管理人员依据这些数据制订各种计划、方案，由此形成的各种数据又通过市场营销沟通流程回到环境，如图 4-1 所示。

市场营销信息系统是企业收集、处理并利用相关环境数据的工具。相关环境包括宏观环境与微观环境，十分广泛且经常变化。企业在制定决策时必须明确哪些范围内的环境最值得研究。企业应主要收集人口、价格水平、消费方式等数据，以及与竞争者的过去、现在和未来等有关的新联系。自信息收集到传送给管理人员再到向环境做出反应，这一整个过程的时间性很重要。有效的市场营销信息系统应能向决策者提供迅速、准确、可解释的信息。

二、市场营销信息系统的四个子系统

市场营销信息系统包括内部报告系统、市场营销情报系统、市场营销调研系统和市场营销分析系统四个子系统。

（一）内部报告系统

内部报告系统是指向管理人员提供有关销售、成本、库存、现金流程、应收账款等

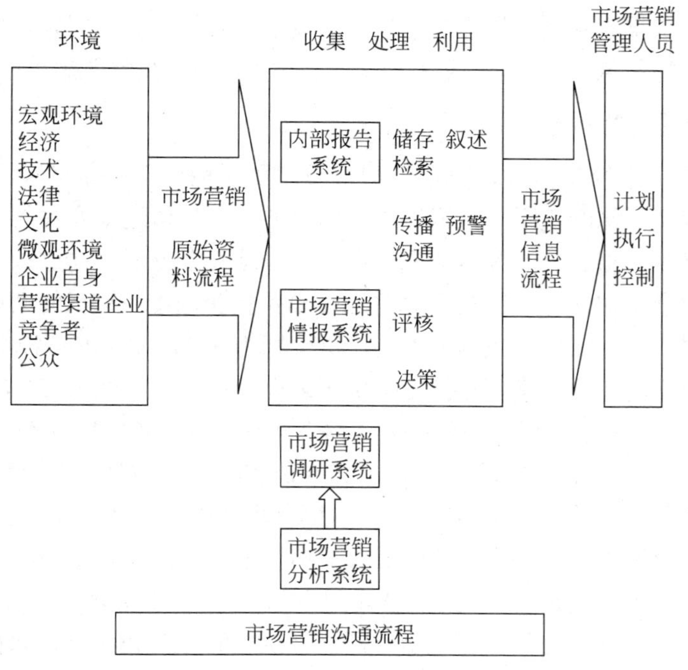

图 4-1 市场营销信息系统的构成

各种反映企业经营现状的信息系统，其构成如图 4-2 所示。市场营销管理人员必须以产品、地区、推销员为基础进行分类，并深入分析有关目前与过去销售及成本的信息。

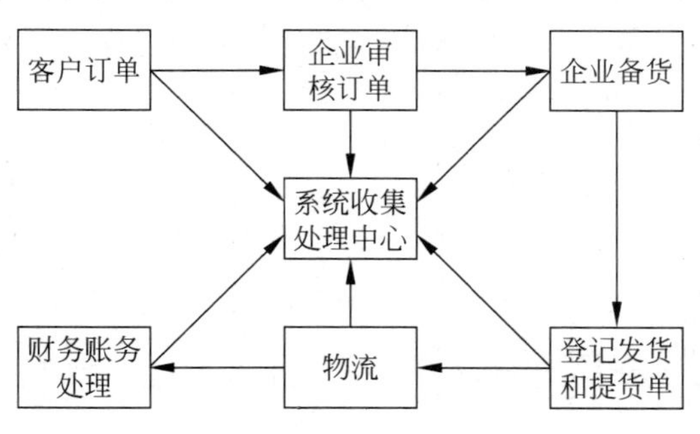

图 4-2 内部报告系统

内部报告系统的核心是订单—发货—账单的循环。销售人员把订单送至企业，负责管理订单的机构把有关订单的信息送至企业内的有关部门，然后企业把账单和货物送至购买者的手中。这是一般营销企业的常规操作程序，然而是否具有措施以保证这一循环中的各个步骤快速而准确地完成，则明显地反映着企业不同的营销能力和营销效率。

内部报告系统还包括及时、全面、准确的销售报告。这个功能应该主动地为决策者提供他们认为需要的，以及他们暂还不了解但实际需要的信息，以帮助决策者把握最佳的决策时机，提高企业的竞争优势。就现实情况而言，由于信息网络的普及，企业基本上都建立了比较健全的销售报告系统，完全有条件在瞬间就清晰地集中反映分散在各处的关联企业过去及现在的销售和库存数据。

通过分析内部报告系统所提供的信息，能发现重要的机会和问题。但应注意尽量避免该系统提供重复信息，那样会造成营销成本上升和相关人员陷入烦琐的销售资料堆中。

（二）市场营销情报系统

市场营销情报系统是指市场营销管理人员用于了解有关外部环境发展趋势的信息的各种来源与程序。借助该系统，将环境最新发展的信息传递给有关的管理人员。企业一般比较重视普查数据、企业统计数据及市场调研这三个方面。通过最近对美国 500 家大公司的问卷调查得知，有 75%的公司建立了营销情报系统，93%的销售经理使用计算机检索市场数据、产生报表、数据处理的比例分别为 92%、77%和 64%，他们认为，营销情报系统为他们的计划、指挥和控制提供了最有效支持的比例为 51%、36%和 7%，对于产品、价格、促销、分销支持分别为 32%、39%、13%和 15%，采用 Internet 的比例正在不断增加，E-mail 最为流行（71%），其次是 WWW（26%）、计算机会议（9%）。其中竞争情报实际上是关于竞争环境、竞争对手和竞争策略的信息研究，它既是对竞争信息的收集和分析过程，也是指由此而形成的情报或策略。竞争情报在欧美发达国家已经非常成熟，如美国，据调查，美国 80%以上的企业已经建立竞争情报系统，50%以上的企业在竞争情报的方面的预算超过 10 万美元，60%的经营利润贡献源自竞争情报的运用。日本企业也非常重视情报工作，日本较著名的大企业如索尼、丰田等公司已经建立连接美、英、法、德等国子公司的全球情报网络系统，从而全球性地获取最新经济信息，为公司制定全球市场扩张战略发挥了重要作用。中国加入 WTO 后，中国企业已经进入了一个竞争制胜的时代，竞争情报也为中国企业所认识，国内海尔、联想等知名企业的成功也离不开其完善的竞争情报系统和周密的竞争情报运作。开展竞争情报工作的具体流程和实施步骤如图 4-3 所示。

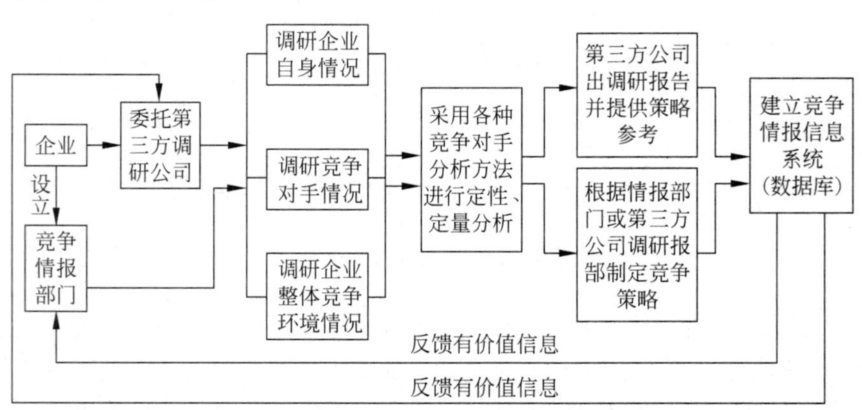

图 4-3　市场营销情报系统

（三）市场营销调研系统

市场营销调研系统是指对市场营销环境和市场需求进行观察、实验和调研，并对调研结果进行收集、评估，进而传递给决策者的信息系统。如图 4-4 所示。企业管理人员常常请求市场研究部门从事市场调查、消费者偏好测验、销售研究、广告评估等工作，研究部门的工作主要侧重于特定问题的解决，即针对一特定问题正式收集原始数据，加以分析、研究，写成报告供最高管理层参考。

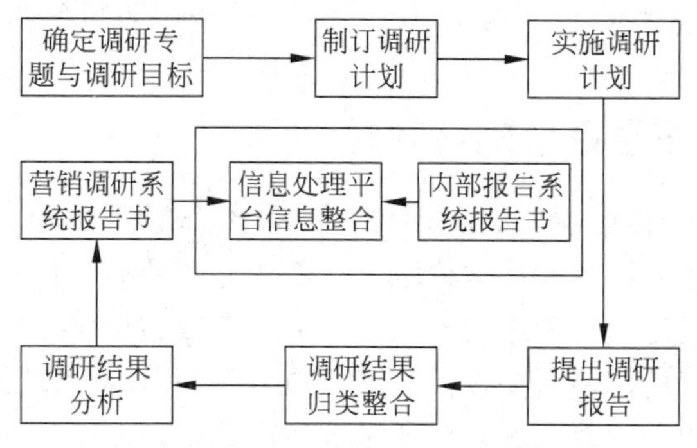

图 4-4 市场营销调研系统

（四）市场营销分析系统

市场营销分析系统是指从改善经营或取得最佳经营效益的目的出发，借助各种数据分析模型和信息处理技术，帮助市场营销管理人员分析复杂的市场营销问题的信息系统。该系统包括一些先进的统计程序和模型，借助这些程序和模型，可以从信息中发掘出更精确的调查结果。营销分析系统的模型库收集了能帮助营销人员制定更好的营销决策的各种模型，包括最佳产品特征模型、价格模型、销售区域优化模型、广告媒体组合模型和营销组合预算模型等。

宝洁公司的营销调研

宝洁公司安排营销调研人员到每一个产品部门从事对现行品牌的调研。它有两个独立的公司内部调研小组，一个负责整个公司的广告调研，另一个负责市场测试。每组成员包括营销调研经理、其他专家（调查设计者、统计学家、行为科学家）和负责执行与管理访问工作的内部现场代表。每年宝洁公司电话与上门访问超过 100 万次，访问的内容涉及大约 1 000 个调研项目。

但是，可能您所处的中小企业很难或是觉得没必要成立一个独立的营销调研部门，或无能力承担营销调研公司的服务，这时，您可在有限的资金下开展创造性的工作，例如，有以下三种方法。

邀请学生或教授设计和执行营销调研项目。哈佛和波士顿大学在某些营销课程中，经常会寻找社会上的大小营销项目。相对于请专职研究机构来说，这种费用要低得多。

利用计算机网上服务。网上服务诸如美国网络和电脑服务公司，它们仅收极低的费用就能供应商业信息。例如，电脑服务公司为小公司调研潜在客户的费用，每小时只需 15 美元。

考察竞争对手。您还可以经常去访问竞争者，当然，在访问中千万要注意方式的选择。在亚特兰大拥有两家餐馆的汤姆·特希尔，会给他的经理晚餐津贴，要求他们外出吃饭并且带回创意。

资料来源：http://wiki.mbalib.com/wiki/%E8%90%A5%E9%94%80%E6%83%85%E6%8A%A5%E7%B3%BB%E7%BB%9F.

三、市场营销信息系统的有效性

尽管现代市场营销管理人员已成为上述四个子系统的受益者，但他们也不时地面临着信息负荷过重的问题，以致无法阅读应该全部读完的数据。许多信息系统在设计方面最容易出现的错误，就是没有考虑到管理人员能否有效地使用众多的信息。市场营销信息系统的设计人员、市场营销人员以及购买人员，在为市场营销信息系统投资之前，必须慎重地考虑该系统的利用率问题，以便做到物尽其用。

一个有效的市场营销信息系统一般应具备如下素质。

（1）能向各级管理人员提供从事工作所必需的一切信息。

（2）能够对信息进行选择，以便使各级管理人员获得与他能够且必须采取的行为有关的信息。

（3）提供信息的时间限于管理人员能够且应当采取行动的时间。

（4）提供所要求的任何形式的分析、数据与信息。

（5）所提供的信息是最新的，并且所提供的信息的形式都是有关管理人员最容易了解和消化的。

九芝堂股份有限公司

湖南九芝堂股份有限公司是国家重点中药企业，深交所上市公司。其主发起人长沙九芝堂集团有限公司的前身“劳九芝堂药铺”创建于1650年，是中国著名老字号。

多年来，公司的经济效益取得了显著的增长，连续多年被评为“全国医药工业企业经济效益百强”和“湖南省工业企业经济效益百强”，综合经济实力在湖南省医药行业排名第一，并已跻身于全国中药行业十强之列。质量是企业的生存之本，公司在生产和经营中严格按GMP、GSP要求完善自身的软件、硬件建设。1999年11月，公司九芝堂制药厂成为全省首家通过GMP认证验收的企业，2001年5月，公司零售连锁公司也通过了GSP认证验收。在五年一次的药品生产、经营企业换证验收中，公司也均以高分顺利通过换证验收工作，下属药材分公司中药饮片厂更是成为全省中药饮片样板企业。同时公司被国家药品监督管理局批准为具有全国药品跨省连锁经营资格的试点企业之一。

1. 系统情况

九芝堂营销管理信息系统囊括了业务管理、仓库管理、账务管理、客户管理、领导查询、费用管理、计划管理、系统管理八大子系统，基本涵盖了营销业务领域的方方面面。实现了以事务为基础，以客户为中心，确保账账相符，账实一致的营销管理指导思想。

业务管理：以对发货单、发票、结算单、往来凭证的流水线式管理为基础，以客户、产品、仓库、业务员、销售机构、销售区域六大要素的组合报表为延伸，以应收账款管理为核心，是三者的有机构成。

仓库管理：基本事务是各仓库的单据管理，同时通过发货、收料与业务方面紧密相连，通过入库、领料、残损与账务连成一体。

账务管理：是业务和仓库管理流程的审结者，它调入业务和仓库基本数据来产生产成品账、销售账和销售利润账，还要通过与业务方面的对账来发现和规范业务管理。

客户管理：在建立全面标准化的客户档案的基础上，保证了客户作为最重要业务资源的有效性、可管理性和可指导、制约业务的特性。

领导查询：可以调取领导最为关心的营销信息对比和排比表，实时清晰地了解业务进展情况。

费用管理：按照品牌、业务员和科目将各项费用细分，同时也与业务的实际发生情况进行了挂钩。

计划管理：则从计划和综合报表（台账等）两个角度，在综合采集业务数据的基础上自动生成。

系统管理：有两大特色，一在于按岗定职责；二在于可以从数据安全的角度将整套营销系统透明一致地开放给业务员、分（子）公司经理等具有不同数据访问权限的人员使用。

2. 系统业务、技术特色

营销管理信息系统的特点之一在于它充分体现了二八原则，通过周密细致的客户分析可以使业务会计将注意力集中在20%能带来80%效益的客户上，从而对业务进行指导和监督、审核。

特点之二在于通过实时的库存管理，可以有效地对库存进行控制，从而减少库存损失，减少不合理的库存占用资金，盘活和提高资金的周转率。

特点之三在于进销存财的一体化，数据的透明性和一致性将确保各部门对账的顺畅，减少错误和摩擦，保证正确性，提高工作效率。

特点之四在于通过数据的安全性控制可以将过于集中的营销管理职能适当地分离出去，从而减少内勤部的工作压力，提高内勤部的综合战斗力。

特点之五在于通过各类报表（尤其是综合报表和账龄分析表），可以有效地发挥营销中心的指导和监督、审核职能，将一些更严格的管理规则应用到业务实践中去，通过管理产生效益。例如，通过应收账龄和结算账龄分析来控制对客户发货和开票工作等。

综观国内医药行业，公司的营销模式是先进而成功的，所以基于这套营销模式的营销管理系统也承继了此特性：严格的客户管理机制，严密的安全体系结构，方便快捷的操作方式，丰富实用的统计报表，进、销、存、财一体化的流程控制。

3. 应用情况实例

（1）工作效率对比。系统在发货单、发票、结算单等单据登账时速度比原系统提高了30多倍（原系统单据登账时，每笔单据登账时间是1分钟，而新系统是1秒多钟），系统在查询、数据分析时的速度远比原系统高，配合多达 400 多个实用报表的使用，因此营销中心在每月结算时所用的时间比原来减少了一倍多（数据量比原先多三分之一的情况下）。

（2）安全、稳定对比分析。系统由于在系统设计、数据库方面的先天优势，绝对不会在进行单据处理、登账时丢失数据，而原系统则不能保证数据的稳定性，经常发生莫名其妙丢失数据的情况。从一年多的应用情况来看，新系统没有发生一例此情况（从理论上来说，也不可能）。同时，系统安全特性（按岗定职责、数据权限可分配性）使整个系统在安全方面有了很大的提高。

（3）数据对账分析。业务系统中增加了关账功能，账务系统中增加了客户对账、产品对账功能，它能使业务、财务、仓库迅速、准确对账，将财务部对账的时间减少一半。

（4）业务监督、审核对比分析。系统中有客户管理和对客户的应收账款、结算的分析处理功能，在系统中能通过对客户、业务员应收账款指标的设定，使业务管理部门大大提高对业务员、客户的业务监督、审核的职能，例如，营销部门在使用此系统后，使原先 3 671 个客户集中到 865 个客户进行管理，充分地体现了经营的二八原则，减少了因此方面所带来的呆账、烂账等问题。

（5）实时的仓库管理。在仓库管理中，系统采用了电话拨号的方式，当仓库每进出一批货物时，都及时通过电话拨号与总部进行通信、数据交流、处理业务，使仓库库存能及时、真实地得到反映，使营销管理人员能有效地对库存进行控制。

资料来源：http://course.shufe.edu.cn/course/marketing/allanli/jiuzhitang.htm.

第二节　市场营销调研的方法与步骤

一、市场营销调研

（一）市场营销调研的含义与内容

所谓市场营销调研，是指系统地设计、收集、分析并报告与企业有关的数据和研究结果。现代市场经济条件下，各企业的营销调研部门都在扩充其研究活动和研究技术。其中，最主要的研究活动有市场特性的确定、市场潜力的开发、市场占有率分析、销售分析与竞争。

（二）市场营销调研技术

调研技术的日益进步，为市场营销调研活动的开展创造了有利条件。在这些研究技术中，凝结着诸如经济学、统计学、社会心理学、计算机科学等学科的研究成果，市场营销调研人员只需要善于学习引进这些研究技术，并努力将之创造性地应用到市场营销调研实践中去即可。

市场营销调研是一个包括认识收集信息的必要性、明确调查目的和信息需求、决定数据来源和取得数据的方法、设计调查表格和数据收集方式、设计样本、数据收集与核算、统计与分析、报告研究结果等在内的复杂过程。在此过程中，既有定量研究又有定性研究。

定量研究一般是为了对特定研究对象的总体得出统计结果而进行的。300 多年前，牛顿（Newton）的《自然哲学和数学原理》和配第（Patty）的《政治算术》开辟了自然科学和社会科学数量化的时代。马克思在谈到配第时说：“他不是把一连串比较级和最高级词汇同空论拼凑在一起，而是立志用数字、重量和尺度（terms of number，weight or measure）来说话，只利用从感观的经验中得出论据，只研究在自然界中具有可见的根据的原因（as have visible foundations in nature）。”马克思认为：“一种科学只有在成功地运用了数学以后，才算达到了完善的地步。”将数学运用于管理学，可以深入揭示仅靠定性分析难以表达的现代经济错综复杂的相互关系及其变动趋势（特别是动态的、非线形的、不确定性的关系），可以提出管理决策的性质、方向、力度和边界，并预测其直接效果和间接效果。在营销调研中，必须高度重视定量研究，以便使收集到的信息和调研得出的结论能够充分反映市场需求与营销环境的客观现实。

定性研究具有探索性、诊断性和预测性等特点，它并不追求精确的结论，而只是了解问题之所在，摸清情况，得出感性认识。定性研究的主要方法包括与几个人面谈的焦点小组、要求详细回答的深度访问，以及各种投影技术等。

二、二手数据的收集和评价

市场营销调研部门将大量的时间与精力用在收集数据上，因为只有收集到充足的原始数据，才有可能得出正确的市场营销调研结果。所以，企业营销管理人员必须对收集数据的主要方法有所了解。

解决某一问题所需要的信息，也许目前已经存在，也许尚不存在。经过编排、加工处理的数据，称为二手数据；企业必须首次亲自收集的数据，称为一手数据或原始数据。很多时候，市场营销研究中所需要用的数据都是二手数据，因此如何对二手数据进行收集和评价，是每一个市场营销人员都必须能够清楚准确回答的问题。

（一）二手数据的主要来源

市场营销调研人员应首先注意利用现有信息来源收集解决问题所需的数据。这些数据可能存在于企业信息系统，可能存在于经销商、广告代理商、行业协会信息系统内，也可能出现于政府出版物或商业、贸易出版物上，还可能需要从提供营销信息的企业购进。假如研究人员所需的数据能从现有来源找到，则可省去大量时间与费用。但是，研究人员无论如何也要认真评估二手数据的质量，因为这些数据是在过去出于不同目的或在不同条件下收集的，其实用性自然会受到限制。某些市场营销调研人员每当发现他所长期寻找的数据已印成文字时，往往欣喜若狂，乐不可支，不加严格审查、评估就直接引用。这是相当危险的，往往招致不可挽回的损失。所以，市场营销调研人员及管理人员对业已存在的二手数据必须进行严格审查与评估。

（二）评估二手数据的标准

审查与评估二手数据的标准有三个。

1．公正性

所谓公正性，是指提供该项数据的人员或组织不怀有偏见或恶意。一般来讲，研究人员都会认为政府提供的统计数字或商业组织提供的数据都没有歪曲或偏见。但在某些情况下，个别民间组织（如行业协会等）所出版的某些数据可能故意被用于显示某行业好的一面。

2．有效性

所谓有效性，是指研究人员是否利用了某一特定的相关测量方法或一系列相关测量方法来收集数据。例如，利用各个不同历史时期的钢铁价格来测量钢铁的实际价格，就不具备有效性。因为钢铁的价格在不同的历史时期势必有所不同。

3．可靠性

所谓可靠性，是指从某一群体中抽出的样本数据是否能准确反映其整个群体的实际情况。例如，从随机抽出的 500 个样本中所得出的数据，可能要比从随机抽出的 50 个样本中所得出的数据更能准确地反映实际情况。

三、收集原始数据的主要方法

收集原始数据的主要方法有四种，即观察法、实验法、调查法和专家估计法。

（一）观察法

当现有数据来源不能提供解决营销问题所需的数据时，企业必须进行原始数据的收集。观察法是一种常用的重要方法。所谓观察法，是指通过观察正在进行的某一特定营销过程来解决某一营销调研问题。例如，有些企业在超级市场的天花板上安装电视照相机，追踪顾客在店内的购物过程，据此来考虑重新陈列产品，以便顾客选购，还有些在商店内某些罐头产品货架上安装电视照相机，记录顾客目光的运动过程，以弄清顾客如何浏览各种品牌。此外，观察法还可用于研究售货技术、顾客行为、顾客反应等营销问题。

观察法的主要优点在于客观实在，能如实反映问题。不足之处是运用这种方法很难捕捉到被观察者的内在信息，譬如他们的收入水平、受教育程度、心理状态、购买动机以及对产品的印象等。另外，被观察者的行为或环境无法加以控制。

（二）实验法

为了试验特定营销刺激对顾客消费行为的影响，必须引进若干控制方法。实验法就是这样一种方法。

1．实验法与实验过程

所谓实验法，是指将选定的刺激措施引入被控制的环境中，进而系统地改变刺激程度，以测定顾客的行为反应。由于排除或控制了许多没有研究意义的因素，因此，研究人员所观察到的影响可以被认为是采取的某些刺激措施所致。控制环境的目的，在于将那些有可能解释被观察现象的竞争性假设排除掉。如果我们把实验本身视为一个由许多投入影响主体并导致产出的系统，则可对实验法有一个更清楚的认识。

（1）实验投入，是指研究人员将试验其影响力的措施变量。在营销实验里，实验投入可能是价格、包装、陈列、销售奖励计划或营销变量。

（2）环境投入，是指影响实验投入及其主体的所有因素。在营销实验里，环境投入包括竞争行为、天气变化、不合作的经销商等。一般来讲，许多环境投入因素对于实验结果并无太大影响，而那些对结果有影响的环境投入则得到了某种程度的控制或至少可加以测量。比较难办的是那些尚未觉察或虽已觉察但其对结果的影响不能控制或测量的环境投入。解决这一难题的办法有两种：一是扩大样本数，把例外环境因素造成的因素冲淡；二是设立一个相当于实验组大小但不接受实验投入因素的控制组，这是因为该控制组能掌握所有非控制投入因素的影响，以利于调整被混淆的实验组产出。

（3）实验产出，也就是实验结果。在营销实验里，这种结果主要包括销售额的变化、顾客态度与行为的变化等。在评估营销刺激的影响时，销售额既是最后的产出也是最有利的产出。为便于对实验结果进行评估，在实验前就应预先制定决策准则，例如，如果两种包装所导致的销售差异等于或大于某数值，则企业应选择那种较受欢迎的包装投入生产；如果两种包装的销售量差异小于某一数值，则任何一种包装都可投入生产。在这里，选择销售差异的数值是关键。管理人员必须认真考虑现行决策准则的误差特征、各种可能性误差的经济损失以及决策前的判断前问题。

2．实验设计的主要类型

所谓实验设计，是指决定主体数目的多少、实验时间的长短以及控制的类型等。例如，一项关于经销商开办展销会是否会提高其销售额的实验设计，可以有以下五种类型。

（1）简单时间序列实验。其主要步骤是：首先，选择若干经销商并检查其每周销售情况；其次，举办展销会并测量其可能的销售额；最后，将该销售额与以前的销售额相比较，做出最后决策。

（2）重复时间序列实验。即将展销会时间延长数周，然后在一段时间内停止展销，再展销一段时间后又停止，如此进行几个循环，在每一个循环时间内都要注意销售变化并求出其平均值。在这一过程中，要注意剔除特殊时间的影响。

（3）前后控制组分析。它把被试分为两组，一组为实验组，施以实验处理（也称处理）；另一组为控制组，不加实验处理。为使两组被试尽量同质，便于比较，一般采用随机分派法分组，通过测量两组的差异检验实验处理的效果，其基本模式Ⅰ如图 4-5 所示。即使随机分派被试，但当样本不很大时，也很难保证两组在处理前同质，因而两组测量的差异不一定全是处理的结果。为了弥补这一不足，常在处理前先对两组进行测量，即模式Ⅱ，见图 4-6。

处理
实验组：——测量　→　比较两组测量结果
控制组：——测量　　　用 t 检验法

图 4-5　模式Ⅰ

处理
实验组：前测——后测
控制组：前测——后测

图 4-6　模式Ⅱ

如果前测的结果相近，可直接比较两组的后测，并用 t 检验法检验其差异，这时的差异即可认为完全是由处理造成。如果两个前测不同，就要把前测作为共变量，进行独立样本单因素的共变量分析。这种设计的优点是克服了大部分影响内在效度的无关变量。但由于有前测，又增加了前测的反作用效果，使外在效果有所降低。

在本例中，也就是在展销前首先选定两组经销商，并分别检查其销售状况；其次只让其中一组举办展销会，并同时检查两组的销售状况；最后比较控制组与实验组的销售情况，并对其销售差异进行统计显著性分析。

（4）阶乘设计。除了举办展销会外，营销调研人员还可以对其他营销投入措施的影响力量进行实验。这样，实验结果对管理人员会更具说服力。例如，制造商试图对三种展销会、三种价格水平、三种保证措施进行实验。在这里，有 27 种（3×3×3）实验投入组合，我们可以对 27n 个（n 为正整数）厂家同时进行实验，以估计不同的展销会、不同的价格水平以及不同的保证措施的个别影响力量。

（5）拉丁方格设计。上面谈到，阶乘设计法涉及 27 种不同的实验投入组合。如果实验投入因素之间不存在相互联系、相互影响的关系，则可用拉丁方格设计法，仅试验 9 种（3+3+3）组合，简单估计投入的个别影响。这样，就可以减少多因素实验设计的成本费用。

从本质上说，市场营销调研的实验活动与自然科学的实验活动是相同的。但是，市场测试、新产品试销等并不是在周密控制的实验室里进行的，而是在现实市场上以活生生的人群为对象来进行。因此，在实验设计时必须注意那些在实验室实验中无须考虑的因素。

（三）调查法

企业借助调查可以获得较为广泛的数据，并且对许多问题的研究都较具实用性。通过调查可以收集的信息包括社会经济特征，消费者态度、意见、动机以及公开行为等。在营销调研中，调查研究是收集有关产品特征、广告文稿、广告媒体、促销及分销渠道等信息的有效方法。整个调查研究过程由四个主要步骤组成，即确定研究目的、制定研究战略、收集数据和分析数据。

1．确定研究目的

研究目的可能是进一步了解市场，也可能是寻求增加销售额的实际构想，还可能是寻找数据证实或推翻原有的见解。确定研究目的可以使问题进一步简化。

2．制定研究战略

为实现业已确定的研究目的，研究人员还必须确定调查方法、研究工具与抽样计划。这三方面的内容构成了一套研究战略。

（1）调查方法。调查方法主要有四种，即电话访问、邮寄问卷、人员访问以及网上调查，这四种方法的特点、相对优势和劣势如表 4-1 所示。

表 4-1　四种调查方法的特点、相对优势和劣势比较

调查方法	特　点	相对优势	相对劣势
电话访问	可获得最迅速、最及时的信息	访问人员可与众多人交谈，并可及时澄清疑难问题；反应率也比邮寄问卷高	访问只限于有电话的家庭；谈话时间受限制，不能问太多问题

续表

调查方法	特　点	相对优势	相对劣势
邮寄问卷	具有较强的可送达性和可接近性，在调查那些不愿接受访问或对访问人员抱有偏见的对象时，邮寄问卷是最有效的调查方法	最经济、实用	问题的用语必须简单明了，而且问题不能太多；问卷的反应速度太慢且反应率也最低
人员访问	最富有灵活性	可以提出许多问题，并且可以察言观色，及时补充、修正面谈内容	需花费很高的成本
网上调查	网上调查可以充分利用 Internet 的开放性、自由性、平等性、广泛性和直接性等特点，开展调查工作	无时空和地域的限制，及时、方便和节省费用	调查人员无法预期谁将是企业站点的访问者，也无法确定调查对象的样本

（2）研究工具。研究工具的选择，主要取决于所要收集的信息类型与收集方法。如果只需少量答案，则最好用电话访问或邮寄问卷。拟订一份完善的问卷需要有相当的技巧与学问，并特别注意所问问题的类型、措辞、形式以及次序。在问题类型上易发生的错误，主要是问一些无法回答的问题、不愿回答的问题、不必回答的问题，而忽略了必须回答的问题。当问题类型确定后，问题形式的不同也会导致不同的调查结果。问题形式有开放式和封闭式两种。开放式问题是指反应者（被访者）可自由回答的问题，如“你为什么选用这种品牌的产品？”“你对不锈钢剃须刀有何看法？”等。封闭式问题是指在问题后面已给出几种可能的答案，由反应者选出最合适的答案。反应者的回答方式可能是二选一（称为二元化问题），也可能是多选一（称为多重选择问题），还可能是选择一个数量指标（称为量表化问题）等。开放式或封闭式问题的选择，会影响反应者的思路、访问成本以及将来的分析质量。在问题形式确定后，问题措辞也必须慎重处理。问卷设计人员必须力求使所提问题的措辞简明扼要、没有偏见、不引人误答。“是否”“曾否”等措辞与提问的次序有关。一般来讲，开始的提问必须能引起回答者的兴趣，所以开放式问题适宜放在前面提问。凡是困难问题或私人问题都应留在最后，以免回答者因产生厌烦情绪而中断回答。

CATI 技术系统使调研数据收集过程得到改善

CATI 即是计算机辅助电话访问（Computer Assisted Telephone Interview），是将近年高速发展的通信技术及计算机信息处理技术应用于传统的电话访问所得到的产物，问世以来得到越来越广泛的应用。国内越来越多的专业商业调查机构、政府机构和院校已在积极地大量使用这种技术。

在进行电话访问时，须事先输入受访人的电话号码，由计算机按程序自动拨号，电话访问员在接通电话后不知道对方身份，只负责按规定的访问内容进行访问对话。访问过程和内容可以实时录音，以确保调查访问内容的真实可靠。采用这种访问调查方式，具有调查内容客观真实、保密性强、访问效率高等特点。

特点

（1）实效快。省去了传统调查所必需的印刷问卷、上门入户或邮寄问卷、审核问卷、数据录入等环节，在短时间内即可完成调查，访问结束后几十分钟内即可汇总数据，周期较短。

（2）科学性强。调查过程全程监控，没有中间环节，不必进行层层组织和布置，可排除调查过程中的人为干扰因素，使得调查结果更加客观和公证，数据质量高。所有调查访问均以录音方式保存下来以供复核，不易出现作弊。

（3）代表性高。利用计算机系统按照统计理论进行抽样调查，确保其随机性；可按区域等条件进行分组调查；可对电话号码和问卷答题的出现顺序进行控制，可避免因跳问或选择答项的错误而导致数据差错或丢失。

（4）结果真实。由于采用 CATI 系统，问卷不外流，与被调查者非当面接触，可打消被调查者顾虑，调查成功率高。原始数据和汇总数据接触人员少，保密性强。

CATI 技术已成为国内外专业调查机构开展民意研究和市场调查最主要的数据收集方法。其主要流程见图 4-7。

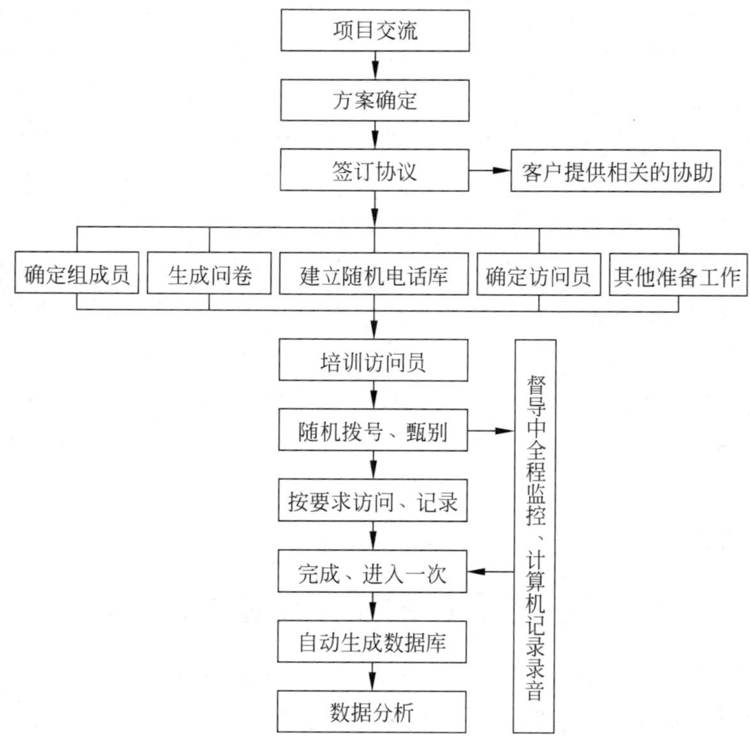

图 4-7　CATI 技术主要流程

CATI 系统通常的工作形式

访员坐在计算机前，面对屏幕上的问卷，向通话另一端的被访者读出问题，并将被访者回答的结果通过鼠标或键盘记录到计算机中去；督导在另一台计算机前借助局域网和电话交换机的辅助对整个访问工作进行现场监控。通过该系统调查者可以以更短的时间、更少的费用得到更加优质的访问数据。所得数据可被各种统计软件直接使用。

计算机会系统地指引整个业务流程。问卷可以直接在计算机中设计、调试，抽样过程可以大大简化，配额也完全由计算机系统自动控制，问卷执行时所有的问卷内部的流程和逻辑都由计算机内部控制，并且计算机会检查答案的适当性和一致性。数据的收集过程是自然的、平稳的，而且访问时间大大缩减，数据质量得到了加强，数据的录入等过程也不再需要，编码也可以统一地自动实现。由于回答是直接输入计算机的，关于数据收集和结果的阶段性的和最新的报告几乎可以立刻就得到。同时 CATI 可以提供更高效、更全面透明的监控方式，所有的话务监控、通话录音、监听、监看都在一个独立的计算机上执行，大大降低了对访问过程产生干扰的可能性。

资料来源：[美]小卡尔·迈克丹尼尔（Carl McDaniel，Jr.），罗杰·盖茨（Roger Gates）. 当代市场调研[M]. 范秀成，等，译. 北京：机械工业出版社，2000：105；http://baike.baidu.com/view/81165.htm.

（3）抽样计划。抽样调查是一种非全面调查，它是从研究对象中抽取部分单位进行调查，并用调查结果来推断总体的一种调查方法。根据抽取样本单位的方式不同，抽样调查大致可以分为两类：一类是概率抽样，或称随机抽样；另一类是非概率抽样。我国一般只把概率抽样称做抽样调查，非概率抽样则称为典型调查、重点调查等。抽样计划涉及三个：问题抽样单位、抽样方式及样本数目。抽样单位是指总体中所有被调查的对象或范围。例如，对消费者调查的抽样单位可能是某国（或省、市、县、乡等）的所有消费者家庭等。抽样方式随研究目的不同而有所不同，探索性研究仅用非概率抽样程序就可以了，但是，为了对总体进行正确的定量估计，必须使用随机抽样，使总体中的每一成员被抽中的机会均等，并使总体中的次数分布与样本分布相适应。通常从两方面评价某种抽样方式的优劣：一是精确度标准；二是调查费用的多少。

3. 收集数据

在确定了研究战略之后，营销调研人员还需进行数据的实地调查、收集工作。这一阶段所花费的成本最高，可能出现的错误也最多。常出现的主要问题如下。

（1）被访者未遇。当被访者不在家或没有时间接受采访时，访问人员必须下次再来，或是访问另外的对象。

（2）拒绝合作。如果找到预定的访问对象后，访问人员必须能够引起被访者的兴趣。如果时间不允许或调查无意义，被访者可能不合作。

（3）回答偏差。访问人员必须鼓励对方正确思考和回答问题。对方有时为了尽早结束访问或由于其他原因，常常随意应付所问问题，对此，访问人员应胸中有数。

（4）访问人员偏差。访问人员在面谈过程中可能无意识地带来偏差，这往往是由于性别、年龄、态度、语言等原因所致。此外，访问人员也可能有意识地引起偏见数据。譬如，分配给自己的问卷总急于填好，越来越好；或自己懒得外出，却说对方不合作；甚至自己在家里填答，欺骗企业。这些偏差都应注意事先预防。从总体来看，营销测定比自然科学测定所带来的问题大得多。

营销调研人员在开展研究调查的过程中，必须要为满足可靠性和有效性两种要求而努力。可靠性与测定的随机误差有关，随机误差越小，可能性越大。可靠性关系到数据的首尾一致性。而有效性则与实际测定程度有关，它关系系统误差和随机误差两个方面。检查数据可靠性的方法有：如果是访问调查，可以比较研究人员调查结果的差别程度；对同一调查对象另派研究人员进行一次复查，从中发现两次调查结果的分歧所在；用变换提问的方式来核实是否会得到同样的结果。在检查数据有效性时，可用如下方法：依靠经验丰富的人来判断，与同类调查结果进行比较，验证其是否和理论上的推理有矛盾，与相关性高的测定值相比较。

4．分析数据

调查法的最后一项工作，是从大量数据中抽象出重要的证据，来证实研究的结果。分析数据是指对数据进行整理、编码、分类、制表、交叉分析及其他统计分析，并提出研究报告的工作过程。报告的开始部分要有摘要，把主要发现和建议写出来，而将详细的技术性问题留在报告正文内，待管理人员有时间或有兴趣时再仔细阅读。

（四）专家估计法

当企业没有充足的时间来进行一项严谨的科学抽样调查，或即使用科学研究方法也不能收集到适当的数据时，采取专家主观估计的数据也不失为一种好办法。

市场营销调研人员需要从专家那里收集如下判断性信息：点估计（如市场规模的估计等）、销售反应函数（即销售额随营销因素的变化而变化的关系）、某一时间的不确定性、对某些变数的评分或赋予的权数。

市场营销调研人员在询问上述估计值时，既应清楚地表达自己需要哪些数据，又要使回答的人感到容易回答。例如，下面的三个问题乍一看好像问的是同一件事情，但事实上意义不同。

（1）你估计最可能达到的销售量是多少（指众数）？

（2）假如你有机会推销的话，你估计能销售多少（指中位数）？

（3）根据以往的经验，你估计能销售多少（指算术平均数）？

在向推销人员、产品经理、经销商或其他人员询问估计数据时，必须注意，不要采纳那些主观臆造的数据，而应要求他们提出符合实情的数据。例如，当价格提高时，如果要求推销人员估计销售额，则他们常做悲观的估计，因他们认为价格一提高，推销工作就更难进行。又如，当企业打算削减广告预算并征求广告经理意见时，他必定说这样做会给企业带来损失，尽管他有时明知短期内销售不会下降。这是由于广告预算一经削减就很难恢复，同时他在企业里的相对影响力也和广告预算的大小成正比。为了对付这些可能的偏差估计值，企业可采取两种措施：一是奖励那些估计正确的人员；二是保存好每年每月的估计记录，以了解偏差估计的趋势。

在收到各专家的估计值后，有时还会遇到一个如何平均的问题。如果各估计值很相近，则研究人员可用算术平均数法或中位数法算得综合估计值。如果各估计值相差太远，则研究人员须另找办法，他可以邀请各专家一起讨论其差异原因，也可以运用某种加权平均法来综合各专家的估计值。权数的确定有四种选择：①对各专家的估计值给予相同的权数；②对研究人员认为比较高明的专家给予较高的权数；③根据专家自己认为的高明程度给予相应的权数；④对过去估计较准的专家给予较高的权数。

第三节　市场营销数据分析

在收集大量数据之后，市场营销调研人员还必须借助多变量统计技术将数据中潜在的各种关系揭示出来。

一、多变量统计技术

多变量统计技术包括分析两个或两个以上变量间关系的各种技术，可归纳为两大类：一类是为综合评价服务的方法，即对某一事物分析其各种特性以及这些特性之间的相互关系，并将有关数据归纳为少数几个综合特征值的方法，包括因素分析、主成分分析、聚类分析、多维尺度分析。另一类是为预测服务的方法，即把列举出的特性区分为说明变量和基础变量，根据从说明变量中得出的信息来预测基础变量的方法，包括多元回归分析、方差分析、协方差分析、自动干扰探测分析、判别分析、联合测定分析、规范关联分析等。本节拟就回归分析、判别分析和因素分析做一简单介绍。

（一）回归分析

任何一个营销问题都要涉及一组变量，而营销调研人员主要对其中的一个感兴趣，要了解在不同的时间、地点该变量的变动情况。这个变量就叫作因变量。营销调研人员在确定了因变量之后，还要进一步考察其他变量在不同的时间、地点对因变量的变动有何影响。这类变量叫自变量。所谓回归分析，是指一种表述自变量对因变量影响的公式技术。

如果在回归分析中，统计方程式只涉及一个自变量，我们称该方程式为简单回归；如果涉及两个或两个以上的自变量，我们称该统计方程式为多元回归。

（二）判别分析

在许多营销问题中，因变量往往是分类型变量而不是数值型变量，在这种情况下就无法运用回归分析。例如，某摩托车厂希望解释顾客对三种品牌的偏好程度；某洗衣粉厂试图根据对其产品使用量的大、中、小来确定购买者的特征；某百货公司想判别将来可能成功和不能成功的商店地理位置。在上述情况中，都是将两个或两个以上的群体根据某特征予以明确分类，使任何一个群体都归属于某一类，目的在于发现重要的判别变量，使之组合成为可预测的公式。这种解决问题的方法，就是判别分析。

（三）因素分析

在许多多元回归分析和判别分析中经常遇到的一个问题就是多元共线性，即各变量之间有密切的关联性。多元回归分析要求所使用的各变量真正独立，即不但只影响因变量，而且也不受因变量影响。所有每对变量间的简单相关系数可以显示出一变量与另一变量的相关程度，据此研究人员可从密切相关的一对变量中去掉一个。另一个解决办法就是应用因素分析，从一组相关变量中真正造成相关的基本因数的统计技术。这种方法假设：相关之所以会产生，是由于有一些基本因素与其他变量在某种程度上相同。在营销领域，因素分析主要用于确定对企业、对产品、对服务以及对广告媒体等态度的基本因素，这样，可以大大减少回归分析中自变量的个数。

二、测定尺度

在定量研究中，信息都是用某种数字来表示的。在对这些数字进行处理、分析时，首先要明确这些信息数据是依据何种尺度进行测定、加工的。史蒂文斯（S.Stevens）将尺度分为四种类型，即名义尺度、顺序尺度、间距尺度和比例尺度。

（一）名义尺度

名义尺度所使用的数值，用于表现它是否属于同一个人或物。

（二）顺序尺度

顺序尺度所使用的数值的大小，是与研究对象的特定顺序相对应的。例如，给社会各阶层中的上上层、中上层、中层、中下层、下下层等分别标为“5，4，3，2，1”或者“1，2，3，4，5”就属于这一类。只是其中表示上上层的5与表示中上层的4的差距，以及表示中上层的4与表示中层的3的差距，并不一定是相等的。5，4，3等是任意加上去的符合，如果记为100，50，10也无妨。

（三）间距尺度

间距尺度所使用的数值，不仅表示测定对象所具有的量的多少，还表示它们大小的程度，即间隔的大小。不过，这种尺度中的原点可以是任意设定的，但并不意味着该事物的量为“无”。例如，0℃为绝对温度273°K，华氏32°F。名义尺度和顺序尺度的数值不能进行加减乘除，但间距尺度的数值是可以进行加、减、乘、除运算的。然而，由于原点是任意设定的，所以不能进行乘除运算。例如，5℃和 10℃之间的差，可以说与15℃和20℃之间的差是相同的，都是5℃。但不能说20℃就是比5℃高4倍的温度。

（四）比例尺度

比例尺度的意义是绝对的，即它有着含义为“无”量的原点O。长度、重量、时间等都是比例尺度测定的范围。比例尺度测量值的差和比都是可以比较的。例如，5 分钟与10分钟之间的差和10分钟与15分钟之间的差都是5分钟，10分钟是2分钟的5倍。比例尺度可以进行加、减、乘、除运算。

在市场营销调研中，很多内容或研究项目都不具备比例尺度或间距尺度的条件，应注意在处理这些问题时，不要出现失误。

第四节　市场需求的测量与预测

企业不仅要对市场进行各种定性分析，而且必须从量的角度将定性分析准确地转换成产品、区域、顾客等分类来表示的特定需求的定量估计，即进行需求测量与预测。这是制定市场营销决策的重要依据，对于正确地进行市场机会分析、市场营销资源配置和市场营销控制具有重要意义。

一、市场需求测量

企业从事需求测量，重要的是进行市场需求和企业需求两个方面的测量和预测。市场需求和企业需求的测量都包括需求函数、预测和潜量等重要概念。

（一）市场需求

估计市场需求是评价营销机会的重要步骤。市场需求的确切定义是：某个产品的市场需求是指一定的顾客在一定的地理区域、一定的时间、一定的营销环境和一定的营销方案下购买的总量。

市场需求对产品价格、产品改进、促销和分销等一般都表现出某种程度的弹性。因此，预测市场需求必须掌握产品价格、产品特征以及营销预算等的假设。我们可用市场营销力量来描述企业所有刺激市场需求的活动。其营销力量可分为四个层次：①市场营销支出水平，即所有花费在营销上的支出；②市场营销组合，即在特定期间内企业所用市场营销工具的类与数量；③市场营销配置，即企业市场营销力量在不同顾客群体及销售区域的配置；④市场营销效率，即企业运用市场营销资金的效率。

（二）市场反应函数

认识市场需求概念的关键在于市场需求不是一个固定的数值，而是一个函数。因此，市场需求也被称为市场需求函数或市场反应函数（如图 4-8 所示），在图 4-8 中，横轴表示在一定时间内的行业营销费用，纵轴表示受营销费用影响的市场需求的大小，曲线表示行业营销费用与市场需求之间估计的对应关系。

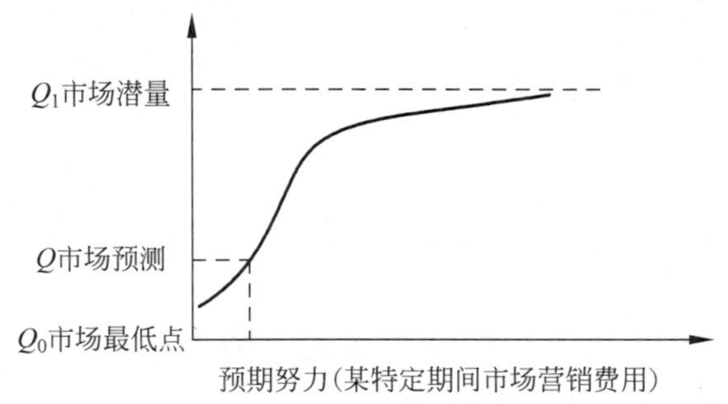

图 4-8　行业市场营销费用

可以想象，即使没有任何需求刺激，不开展任何营销方案，市场对某种产品的需求仍会存在，我们把这种情形下的销售额称为基本销售量（亦称市场最小量）。随着行业市场营销费用增加，市场需求一般亦随之增加，且先以逐渐增加的比率，然后以逐渐降低的比率增加。在市场营销费用超过一定数量后，即使市场营销费用进一步增加，市场需求却不再随之增长，一般把市场需求的最高界限称为市场潜量。

市场最小量与市场潜量之间的距离表示需求的市场营销灵敏度，即表示行业市场营销对市场需求的影响力。市场有可扩张和不可扩张的市场之分。可扩张的市场，如服装市场、家用电器市场等，其需求规模受市场营销费用水平的影响很大。不可扩张的市场，如食盐市场等，几乎不受市场营销水平的影响，其需求不会因营销费用增长而大幅度增长。需要指出的是，市场需求函数并不是随时间变化而变化的需求曲线，即它并不直接反映时间与市场需求的关系。市场需求曲线只表示当前市场营销力量与当前需求的关系。

（三）估计实际销售额和市场占有率

企业不仅要估计总市场潜量和区域潜量，还要了解本行业的实际销售额。也就是说，企业还要识别竞争者并估计它们的销售额。根据国家统计部门公布的统计数字，企业可以了解到本行业的总的销售状况，并用企业销售状况与整个行业发展相比较，评价企业发展状况。例如，如果企业的销售额年增长率为 6%，而整个行业的增长率为 10%，这就意味着企业的市场占有率在下降，企业在行业中的地位已被削弱，而竞争者却发展迅速。

目前，我国许多企业已进入产权经营阶段，企业发展战略越来越重要，决策的非理性因素可能导致“一招不慎满盘皆输”，加强市场需求预测已刻不容缓。

二、市场需求预测方法

企业从事市场需求预测，一般要经过三个阶段，即环境预测、行业预测和企业销售预测。环境预测就是分析通货膨胀、失业、利率、消费者支出和储蓄、企业投资、政府开支、净出口以及其他一些重要因素，最后做出对国民生产总值的预测。以环境预测为基础，结合其他环境特征进行行业销售预测。最后，根据对企业未来市场占有率的估计，预测企业销售额。

（一）市场需求预测的基础

由于产品种类不同，情报资料来源、可靠性和类型的多样性，加上预测目标不同，因而有许多不同的预测方法。但实际上预测的情报基础只有三种。

1．人们所说的

这是指购买者及其亲友、推销人员、企业以外的专家的意见。在此基础上的预测方法有购买者意向调查法、销售人员综合议价法和专家意见法。

2．人们要做的

建立在“人们要做的”基础上的预测方法是市场试验法，即把产品投入市场进行试验，观察销售情况及消费者对产品的反应。

3．人们已做的

建立在“人们已做的”基础上的方法，是用数理统计等工具分析反映过去销售情况和购买行为的数据，包括两种方法，即时间序列分析法和统计需求分析法。

（二）市场需求预测的主要方法

1．购买者意向调查法

市场总是由潜在购买者构成的，预测就是预估在给定条件下潜在购买者的可能行为，即要调查购买者。这种调查的结果是比较准确可靠的，因为只有购买者自己才知道将来会购买什么和购买多少。在满足下面三个条件的情况下，购买者意向调查法比较有效：①购买者的购买意向是明确清晰的；②这种意向会转化为顾客购买行为；③购买者愿意把其意向告诉调查者。

对于耐用消费品，如汽车、房屋、家具、家用电器等的购买者，调查者一般要定期进行抽样调查。另外，还要调查消费者目前和未来个人财力情况以及他对未来经济发展的看法。对于产业用品，企业可以自行从事顾客购买意向调查。通过统计抽样选取一定数量的潜在购买者，访问这些购买者的有关部门负责人。通过访问获得的资料以及其他补充资料，企业便可以对其产品的市场需求做出估计。

尽管这样费时费钱，但企业可从中间接地获得某些好处。首先，通过这些访问，企业分析人员可以了解到在没有公开出版资料的情况下考虑各种问题的新途径。其次，可以树立或巩固企业关心购买者需要的形象。最后，在进行总市场需求的预测过程中，也可以同时获得各行业、各地区的市场需求估计值。

因为消费者的购买动机或计划常随某些因素（如竞争者的营销活动等）的变化而变化，如果完全根据消费动机进行预测，准确性往往不是很高。一般说来，用购买者意向调查法预测非耐用消费品需要的可靠性较低，预测耐用消费品需要的可靠性稍高，预测产业用品需要的可靠性则更高。

2．销售人员综合意见法

在不能直接与顾客见面时，企业可以通过听取销售人员的意见估计市场需求。销售人员综合意见法的主要优点是：①销售人员经常接近购买者，对购买者意向有较全面深刻的了解，比其他人有更充分的知识和更敏锐的洞察力，尤其是对受技术发展变化硬性较大的产品；②由于销售人员参与企业预测，因而他们对上级下达的销售配额有较大的信心完成；③通过这种方法，也可以获得按产品、区域、顾客或销售人员划分的各种销售预测。

一般情况下，销售人员所做的需求预测必须经过进一步修正才能利用，这是因为以下几点。

（1）销售人员的判断总会有某些偏差，受其最近销售成败的影响，他们的判断可能会过于乐观或过于悲观，即常常走极端。

（2）销售人员可能对经济发展形势或企业的营销总体规划不了解。

（3）为使其下一年度的销售大大超过配额指标，以获得升迁或奖励的机会，销售人员可能会故意压低其预测数字。

（4）销售人员也可能对这种预测没有足够的知识、能力或兴趣。

尽管有这些不足之处，但是这种方法仍为人们所利用，因为各销售人员的过高或过低的预测可能会相互抵消，这样使总预测值仍比较理想。有时，有些销售人员预测的偏差可以预先识别并及时得到修正。

3．专家意见法

企业也可以利用诸如经销商、分销商、供应商及其他一些专家的意见进行预测。由于这种方法是以专家为索取信息的对象，用这种方法进行预测的准确性，主要取决于专家的专业知识和与此相关的科学知识基础，以及专家对市场变化情况的洞悉程度，因此依靠的专家必须具备较高的水平。

利用专家意见有多种方式。如组织一个专家小组进行某项预测，这些专家提出各自的估计，然后交换意见，最后经过综合，提出小组的预测。这种方法的缺点是，小组成员容易屈从于某个权威或者大多数人的意见（即使这些意见并不正确），不愿提出不同的看法；或者虽认识到自己的意见错了，但碍于情面不愿意当众承认。

现在应用较普遍的方法是德尔菲法。其基本过程是：先由各个专家针对所预测事物的未来发展趋势独立提出自己的估计和假设，经企业分析人员（调查主持者）审查、修改、提出意见，再发回到各位专家手中，这时专家们根据综合的预测结果，参考他人意见修改自己的预测，即开始下一轮估计。如此往复，直到各专家对未来的预测基本一致为止。

专家意见法的重要优点是：①预测过程迅速，成本较低；②在预测过程中，各种不同的观点都可以表达并加以调和；③如果缺乏基本的数据，可以运用这种方法加以弥补。

另外，专家意见法也存在着一些缺点：专家意见未必能反映客观现实；责任较为分散，估计值的权数相同；一般仅适用于总额的预测，而用于区域、顾客群、产品大类等的预测时，可靠性较差。

4．市场试验法

市场试验法是指商家通过小规模的试销了解消费者的倾向，掌握市场在未来的发展前景的调查方法。企业收集到的各种意见的价值，不管是购买者、销售人员的意见，还是专家的意见，都取决于获得各种意见的成本、意见可得性和可靠性。如果购买者对其购买并没有认真细致地思考，或其意向变化不定，或专家的意见也并不十分可靠，在这些情况下，就需要利用市场试验法这种预测方法。特别是在预测一种新产品的销售情况和现有产品在新的地区或新的国家的分销渠道的销售情况时，利用这种方法效果最好。

5．时间系列分析法

很多企业以过去的资料为基础，利用统计分析和数学分析预测未来需求。这种方法的根据是：①过去的统计数据之间存在着一定的关系，而且这种关系利用统计方法可以揭示出来；②过去的销售状况对未来的销售趋势有决定性影响，销售额只是时间的函数。因此，企业可以利用这种方法预测未来的销售趋势。

时间序列分析法的主要特点是，以时间推移研究和预测市场需求趋势，不受其他外界因素的影响。不过，在遇到外界发生较大变化，如国家政策发生变化时，根据过去已发生的数据进行预测时往往会有比较大的偏差。

产品销售的时间序列，可以分成四个组成部分。

（1）趋势。它是人口、资本积累、技术发展方面共同作用的结果。利用过去有关的销售资料描绘出销售曲线就可以看出某种趋势来。

（2）周期。企业销售额往往呈现出某种波状运动，因为企业销售一般都受到宏观经济活动的影响，而宏观经济活动总呈现出某种周期性波动的特点。周期因素在中期预测中尤为重要。

（3）季节。“季节”一词在这里可以指任何按小时、月份或季度周期发生的销售量变动形式。这个组成部分一般同气候条件、假日、商业习惯等有关。季节形式为预测短期销售提供了基础。

（4）不确定事件。包括自然灾害、突发疫情、战争恐慌、流行风尚、恐怖袭击和其他一些干扰因素。这些因素属不正常因素，一般无法预测。应当从过去的数据中删除这些因素的影响，考察较为正常的销售活动。

时间序列分析就是把过去的销售序列 Y 分解成为趋势（T）、周期（C）、季节（S）和不确定因素（E）等组成部分，通过对未来这几个因素的综合考虑进行销售预测。这些因素可构成线性模型，即

$$Y=T+C+S+E$$

也可构成乘数模型，即

$$Y=T\cdot C\cdot S\cdot E$$

还可以是混合模型，如

$$Y=T\cdot (C+S+E)$$

6．统计需求分析法

时间序列分析法把过去和未来的销售都看做时间的函数，即仅随时间的推移而变化，不受其他任何现实因素的影响。然而，任何产品的销售都要受到很多现实因素的影响。统计需求分析就是运用一整套统计学方法发现影响企业销售的最重要的因素以及这些因素影响的相对大小。企业经常分析的因素主要有价格、收入、人口和促销等。

统计需求分析将销售量 Q 视为一系列独立需求变量 $X_1,X_2,\cdots,X_n$ 的函数，即

$$Q=f(X_1,X_2,\cdots,X_n)$$

但是，这些变量同销售量之间的关系一般并不能用严格的数学公式表示出来，而只能用统计分析来揭示和说明，即这些变量同销售量之间的关系是统计相关。多元回归技术就是这样一种数理统计方法。它运用数理统计工具，在寻找最佳预测因素和方程的过程中，可以找到多个方程，这些方程均能在统计学意义上符合已知数据。

在运用统计需求分析法时，应充分注意影响其有效性的问题：①观察值过小；②各变量之间高度相关；③变量与销售量之间的因果关系不清；④未考虑到新变量的出现。

需要说明的是，需求预测是一项十分复杂的工作。实际上只有特殊情况下的少数几种产品的预测较为简单，如未来需求趋势相当稳定，或没有竞争者存在（如公用事业），或竞争条件比较稳定（如纯粹垄断的产品生产）等。在大多数情形下，企业经营的市场环境是在不断变化的，由于这种变化，总市场需求和企业需求都是变化的、不稳定的。需求越不稳定，越需要精确的预测。准确地预测市场需求和企业需求成为企业成功的关键，因为任何错误的预测都可能导致诸如库存积压或存货不足问题，从而使销售额下降以致出现中断等不良后果。

在预测需求的过程中，所涉及的许多技术问题需要由专业技术人员解决，但是营销经理应熟悉重要的预测方法以及每种方法的主要长处和不足。

郑州饮料市场消费情况调研分析

尊敬的女士（小姐）、先生:

您好!

我是郑州市××学校，××系营销专业的学生，现正从事毕业实习。在教师的指导下，我们想就饮料的消费需求情况做一次市场调查。恳请您能协助，耽搁您的宝贵时间，请填写这份问卷。填写时，只需在选项上打“√”，然后请寄给我们。

××系××收。

凡寄回问卷答案的，我们将赠予纪念品。谢谢合作!

一、首先请告诉我们您的基本情况

1. 性别:

① 男 ②女

2. 年龄:

① 1~18岁 ② 19~25岁 ③ 26~40岁 ④ 41~55岁

⑤ 56~65岁 ⑥ 65岁以上

3. 职业:

① 党政机关干部 ② 农民 ③ 工人 ④ 教师 ⑤ 学生

⑥ 个体户 ⑦ 军人 ⑧ 其他

4. 文化程度:

① 大专以上 ② 高中、中专 ③ 初中 ④ 小学 ⑤ 小学以下

5. 本人平均月收入:

① 500~1000元 ② 300~500元 ③ 200~300元

④ 150~200元 ⑤ 100~150元 ⑥ 100元以下

6. 家庭住址:

① 农村 ② 城镇 ③ 城市

二、调查内容

1. 您什么季节购买饮料最多?

① 春季 ② 夏季 ③ 秋季 ④ 冬季

2. 您购买饮料的主要原因?

① 解渴 ② 补充营养 ③ 保健 ④ 送人

3. 若是用来解渴，您喜欢买哪种品质的饮料?

① 汽水 ② 矿泉水 ③ 果汁饮料 ④ 奶制饮料 ⑤ 快餐营养液

4. 若是用来补充营养或保健，您认为买哪种品质饮料合适?

① 果汁类 ② 奶制品类 ③ 汽水 ④ 矿泉水 ⑤ 快餐营养液（如八宝粥）

5. 若是用来送人，您将会购买:

① 果汁类 ② 奶制品 ③ 矿泉水 ④ 汽水 ⑤ 快餐营养液

⑥ 参类、燕窝类营养液

6. 您购买饮料时，常买哪些品牌？

① 健力宝 ② 可口可乐 ③ 天然芒果汁、椰子汁 ④ 雪碧 ⑤ 其他

7. 您常购买某品牌饮料的原因是该品牌饮料:

① 名气大 ② 质量好 ③ 价格适中 ④ 包装美观

⑤ 容易买到 ⑥ 喝习惯了 ⑦ 其他

8. 您购买饮料时，常在什么地方购买？

① 就近小卖部 ② 食品批发部 ③ 厂家 ④ 路边饮料摊店 ⑤ 商场

9. 您喜欢购买:

① 玻璃瓶装饮料 ② 易拉罐装饮料 ③ 塑料袋装饮料 ④ 纸制盒式饮料

10. 您认为玻璃瓶装饮料在市场上:

① 好销 ② 不好销

11. 您认为好销的原因是:

① 瓶装饮料成本低、价格低 ② 瓶装饮料看起来清洁卫生 ③ 其他

12. 您认为不好销的原因是:

① 看起来档次低 ② 携带不方便 ③ 口难开 ④ 其他

13. 影响您购买饮料的最主要因素是:

① 质量 ② 价格 ③ 包装 ④ 品牌 ⑤ 口感（味道）

⑥ 颜色 ⑦ 营养价值高低 ⑧ 其他

14. 您购买饮料时，一般购买:

① 低档 ② 中档 ③ 高档

15. 购买饮料时，您的意向一般是:

① 买新品种 ② 买名牌 ③ 买熟悉的 ④ 遇什么买什么

16. 在郑州市场上您见过花生汁饮料吗？

① 见过 ② 没见过

17. 花生汁是用纯花生原料制成的，很有营养价值，请问您注意过吗？

① 注意过 ② 没有注意过

18. 基于营养价值，您对于花生汁:

① 很有兴趣 ② 一般 ③ 没有兴趣

19. 若有兴趣，您认为花生汁的包装最好是:

① 用玻璃瓶装 ② 用易拉罐装 ③ 用塑料瓶（袋）装 ④ 其他

20. 对于花生汁饮料，您认为哪种宣传方式效果较好，印象较深？

① 电视上宣传 ② 广播宣传 ③ 报纸、杂志宣传

④ 免费品尝 ⑤ 有奖销售 ⑥ 传单宣传 ⑦ 其他

21. 您购买花生汁饮料的最大愿望是什么？最大顾虑是什么？

再次感谢您的支持与合作！请填写下列个人资料供寄送纪念品用。

姓名: 邮编: 通信地址:

郑州饮料市场供应情况调查表见表 4-2。

表 4-2　郑州饮料市场供应情况调查表

名称	单位	价格/元	包装	功能	原料	产地	渠道	促销方式
绿豆沙牛奶	瓶	6.00	塑料	营养	牛奶、绿豆、白糖	中国台湾	零售	广告
芬达	瓶	3.00	塑料	解渴	柠檬酸	杭州	零售	广告
可口可乐	瓶	3.20	塑料	解渴		杭州	零售	广告
雪碧	瓶	3.20	塑料	解渴		杭州	零售	广告
伊斯特花生汁	听	3.20	易拉罐	营养	花生	太康	零售	广告
崂山	瓶	4.10	塑料	解渴	矿泉水	青岛	零售	广告
春都桃汁	听	3.50	易拉罐	保健	桃、白糖	郑州	零售	广告
纯苹果汁	听	4.90	易拉罐	保健	苹果、糖	大连	零售	广告
七喜	听	2.80	易拉罐	解渴	碳酸	上海	批发	广告
花生露	听	2.90	易拉罐	营养	花生		零售	广告
天然椰子汁	听	2.80	易拉罐	营养	椰子、白糖	海口	零售	广告
西瓜汁	听	2.50	易拉罐	解渴	西瓜	广东	批发	广告

郑州市饮料市场的调查报告如下。

夏季伊始，各种各样、口味各异的饮料陆续上市，随处稍站百货、小摊前，就会被眼花缭乱、纷繁复杂的饮料所吸引，档次由高到低，价格各异，促销方式五花八门，各具风采。从半个月来走访食品城的调查情况来看，现在饮料的品种增加，外地产品逐步向郑州市场大进。

一、郑州市饮料供应情况的分析

据调查，郑州市的饮料约有 170 多种，5 大类型。营养型约有 60 多种，保健型约 30 多种，碳酸型 50 多种，矿泉水类 20 多种，太空水 10 多种，还有几种纯净水等。

根据饮料产地分析，外地产品占 92%，郑州市的只占 8%。由此可知，各种产品一般是根据其地理位置，利用当地农副产品优势制成饮料后打入郑州市场，这样能降低生产成本，再者使郑州市市民对产品有新鲜感，便于销售。例如，山东菏泽地区，地处沿海，盛产香蕉，出产一种香蕉汁饮料。

二、对于包装的分析

现在市场上约有七种包装，有塑料袋、老板杯、茶杯、硬塑料高瓶、硬塑料中瓶、易拉罐和玻璃瓶。同一种产品可以有几种不同的包装。例如，可口可乐就有四种：易拉罐、硬塑料高瓶、硬塑料低瓶和玻璃瓶。针对不同的年龄段有不同的审美观而选择不同的包装。如对于儿童饮料，包装的瓶或罐等可制成各种形态的花、鸟、虫、鱼等，这主要是针对儿童喜爱玩具的心理而制成的。如郑州食品厂生产的棒棒奶，儿童喝过后，可以做枪棒使用。包装材料多用塑料，不易碎，这主要是因为儿童易动。对于成年人，最好用有保存价值的包装。如：杭州生产的一种叫枸杞珍的饮料，其包装是老板杯。特别是对于高档饮料，更要注意包装的新颖别致，另外还要注意包装的视觉效果。例如，在黄河食品城调查时，发现一种叫最新芒果汁的饮料，其容量为 235 毫升，零售价为 1 元，口感也不错，但经销此饮料的中间商却说，这种饮料销量很小，究其原因，只是回答“这么一点呀，太少了”。其实它与健力宝易拉罐容量相当，只是因为用塑料袋装，看起来很少。以上是说内包装，另外在外包装上也要新颖、有立体感，在访问××百货商店的营业员时得知：在整件卖时，一般顾客更注意外包装。例如，一种叫花生露的高档饮品，营业员说不太好销，原因是内包装呈长筒状，内有24桶，看起来体积小，使外包装长度减少、宽度增加、比例不太明显的缘故。另外，特别是礼品盒，必须具有其特色，例如，刚刚上市的“冬夏饮品”，其盒上冬夏特别入眼，并且一种熟透的果实令人不禁垂涎三尺，深受广大消费者的青睐。

型号。市场上供应的饮品大致有三种：高档、中档、低档。从调查的结果看，90%的人喝中档，现在市场上供应的饮料每件大致是24罐，由于高档产品消费者少，主要原因是价格高，消费者不易接受；部分厂家以减少每罐的容量来降低每件的价格，便于顾客接受。例如，郑州航空公司生产的花旗参、伊斯特公司生产的花生露，每听只有240ml。

三、饮料价格情况的分析

1. 价格档次

在饮料王国中，其中60%是易拉罐装的，一般属于高档饮品，其价格一般在2.50～5.00元，例如，蓝带啤酒5.00元/听，强力芒果汁3.50元/听，达源三合一3.00元/听，健力宝2.50元/听，容量一般为240毫升或245毫升，有少数老板杯及其他包装较好的也是高档的。如浙江出产的一种粒粒橙茶杯包装，320毫升，5.50元/杯。中档的产品价格一般在1.00～2.5元，容量在300毫升左右。一般1.00元以下的袋装或玻璃瓶装的产品属低档产品。

调查表明：10%的少数人消费高档饮品，75%的大多数人消费中档饮品，只有占15%的农民、学生、收入微薄的工人消费低档饮品。

一些厂家为了独占市场，利用包装差别定价出不同档次的产品，满足各个不同层次的消费。例如，可口可乐产品就有四种价格，有大商场、饭店出售的易拉罐，有批发市场、百货商店的塑料大瓶、塑料中瓶，还有路摊或街口叫卖的冰柜中的玻璃瓶。

2. 郑州市场饮料销售情况

不同饮料有不同的销售方式。对于名牌产品，一般一个区域在某一地方设有厂家办事处，由于其知名度较高，各个中间商都可以到此提货。如健力宝、雪碧等。郑州市的所有市场几乎都被其垄断，据调查，不管是淡季或旺季，名牌产品的销量都是上升的趋势。

在较大的批发商中，对于新产品一般运用代销方式经营产品，并且帮助厂家做广告、宣传、张贴挂横幅等。对于零售商，一般经营有知名度的商品。据调查，购买饮料市场买健力宝、雪碧饮料的达80%。所以即使是大商场，也希望经营这样的畅销产品。

在促销方面，就产品的生命周期的各个时期，可以运用不同的促销手段，对于引入期的产品，只是为了扩大知名度，所以应大力做电视、报纸、路牌广告，运用免费品尝等手段；对于成长期、成熟期的产品，可运用广告、公关、有奖销售等手段，提高产品的美誉度，扩大产品的销售。据调查对于新饮料，40%的人要求免费品尝，他们注重口感；28%的人要求电视广告；25%的人要求有奖销售；5%的人要求报纸、杂志广告；2%的人是其他方式。

四、对郑州市饮料市场消费情况的分析

影响消费需求的因素有主观因素和客观因素。主观因素一般包括个人的个性、文化、性别等。例如，某些人喝名牌，有些人专到商场购买饮料等。客观因素主要有相关群体，如：郑州市人不知怎么回事迷上了中天矿泉水，其实它的质量并不比别的矿泉水好，包装、价格等都不一定比别的矿泉水强，只是在某一个区占领市场后，相邻的地区开始饮用，这样向外扩展。文化程度、年龄也会有所影响，据问卷调查，老年人一般不去购买碳酸饮料，而且不大喜欢饮用。另外经济状况是影响消费需求的主要因素，表 4-3 为郑州市居民饮料消费状况一览表。

表 4-3　郑州市居民饮料消费情况表

月收入/元		500～1 000	300～500	200～300	100 元以下
所占人数比例/%		25	35	30	10
购买饮料原因	解渴	33	15	100	100
	营养保健	67	85		
解渴	汽水	5	28	40	50
	矿泉水	90	67	60	50
	果汁类	5	5		
补养保健品	奶制品	100	50	50	
	果汁类		12		
	参类、燕窝类		33	50	
送入	奶制品			20	
	矿泉水				
	果汁类				
	参类、燕窝类	100	100	80	
常购买品牌	健力宝	100	100	70	50
	可口可乐		30	20	
	雪碧		70	10	
	天然椰子汁		30		50
购买上述品牌的原因	名气大				
	物美价廉	65	100	80	
	包装好				
	易买				50
	喝惯了	30	67	80	
购买地点	商场	30	33	20	
	小摊				70
	食品批发部	35			10
	就近小卖部	35			20

五、对于花生饮料的营销建议

随着我国社会经济的迅速发展，人们生活水平的逐步提高，需求多种多样，发展变化越来越快，任何一个强大的企业要拓展整个市场需求都是不可能的，所以要根据消费者需求的差异进行市场细分，选择目标市场作为营销目标。

花生饮料打入郑州市有其优势和劣势。

优势:

（1）市场上有尚未满足的需求，有充分的发展潜力。据调查，没见过花生饮料的人占 55%，见过的占 45%，见过又注意过的占 35%，没注意过的占 65%。

（2）市场上有一定的购买力，因为郑州市人均收入在 300 元以上的就占 60%。

（3）竞争者未能控制市场。从调查花生饮料的注意情况可知，花生饮料厂家未能做出很好的营销策略，知名度小，或价格太高，目前，打入郑州市的花生饮料只有四家。

不利的一面：人们对于花生饮料不很感兴趣，资料调查几乎 100%的人对花生饮料都表示一般化。就花生露饮料问卷调查（营业员）：亚细亚小姐回答不好销。文化路百货商店营业员回答不好销的原因是：一是价格高，花三元钱买一听花生露不如买一斤花生品味；二是太普通，花生这种农产品，一般人家都有，不像梨子、菠萝等人们对其较罕见，并且价格便宜。

针对实际情况，我厂扬长避短，在广告宣传上下功夫，要把产品的功效、保健功能具体到各个部门，并有保证，尽量提高人们注意率达 80%以上。

对于我厂的股份有限公司，实力毕竟是有限的，所以不能把力量分散在广大市场上，追求较大的市场占较小份额，而应采用集中性目标市场策略，把力量集中在一个或几个细分市场上，争取追求小的细分市场占较大的市场份额，所以我厂应以打开郑州市市场为首要目标，面对饮料市场竞争，应集中在中、高档次消费水平上，其中以中档为主、高档为辅，据调查，几乎 90%的人都愿意接受中档商品。

产品的价格中档应定价在 1.5 ~ 2.5 元/听，2.00 元/听为最合适（零售价），因为如果高于 2.5 元/听时，消费者不如购买高档，如果低于 1.5 元/听，可能认为质量等有其他问题。营养类产品价格一般不宜低档，高档产品一般用于礼品之类，产量不宜太多，要在产品知名度提高后投产。

产品包装要便于运输，不要用袋装，包装纸的颜色要符合食品颜色，要起到刺激的作用，色调的调配应以加强花生饮料特征和给人印象为目的，配图要突出美化产品，吸引人们的注意，而且要图案清晰，突出商品定位，如在包装上可以有果实累累的缀满花生的花生壳，我想效果要比只有单色的花生更能增加美感。

包装材料尽量用易拉罐或少用玻璃瓶。首先，易拉罐方便、卫生，具有高档的标志。据调查，认为饮料包装材料用易拉罐的占 80%，玻璃瓶占 10%。塑料袋占 10%，而玻璃瓶呢，运输不方便，口难开。

产品质量要过关，据问卷调查，人们最大的愿望是新鲜、口感好、营养高、货真价实、质量有保证；最大的顾虑是假冒变质、口感差、保健功能难测。

在促销方面，最好是人员推销和非人员推销二者兼而有之，投入期时应要免费品尝，电视广告要有，在成长期要有奖销售，有奖概率要普及。正如健力宝，喝一听就有中奖的概率，而伊斯特花生露，在《郑州晚报》《河南日报》也设有半个版面的有奖广告，据调查，其广告没有起到促销作用，原因是中奖率太低，每喝96瓶才有一次抽奖概率，况且抽奖抽中的概率也是很小的，所以最好采用健力宝一样的促销方式。

在市场竞争方面，要以价廉取胜，在生产过程中要尽量降低成本，以价格低的优势取胜。

另外，对于营养类饮料，虽然夏季是旺季，但淡季呢，营养类也可以在其他季节销售。在寒冷的冬季，在宾馆中，朋友聚会，男士喝酒，女士只有喝营养保健类饮品了。所以宣传要有持久性，使产品全年都有销售，从而使企业长久不衰。

资料来源：http://wenku.baidu.com/view/2c94881c59eef8c75fbfb3fd.html.

本章小结

本章介绍了市场营销信息系统由四个子系统构成：内部报告系统、市场营销情报系统、市场营销调研系统和市场营销分析系统。市场营销调研技术和方法，二手数据的收集和评价，原始数据收集的四种方法：观察法、实验法、调查法和专家估计法。营销数据分析方法的简要介绍，数据测量四种尺度即名义尺度、顺序尺度、间距尺度和比例尺度。市场需求的测量和预测。

重要术语

营销信息系统、市场调研、访问、测量、数据分析、报告、市场预测

复习思考题

1. 什么是营销信息系统？营销信息系统由哪几个子系统构成？
2. 指出营销情报系统与营销调研系统的主要区别。
3. 什么是市场营销调研？
4. 市场营销调研的技术有哪几类？
5. 企业可以采用哪些方法来收集原始数据？
6. 市场营销信息系统是怎样构成的？
7. 市场需求预测的主要方法有哪些？
8. 针对某一特定问题设计调查问卷。

阅读推荐

[1] [美]小卡尔·迈克丹尼尔（Carl McDaniel，Jr.），罗杰·盖茨（Roger Gates）. 当代市场调研［M］. 范秀成，等，译. 北京：机械工业出版社，2000.

[2] [美]纳雷希·马尔霍特拉. 市场营销研究应用导向［M］. 第5版. 涂平，译. 北京：电子工业出版

社，2009.
[3] 袁方，王汉生. 社会研究方法教程 [M]. 北京：北京大学出版社，2004.

案例分析

市场调查“双刃剑”的噩梦

上海柴远森先生出差来北京的时候，在西单买了一本市场调查的书。三个月以后，他为这本书付出了三十几万元的代价。更可怕的是，这种损失还在继续，除非柴先生的宠物食品公司关门，否则那本书会如同魔咒般伴随着他的商业生涯。

数据给企业带来的噩梦

“最近两年，宠物食品市场空间增加了两三倍，竞争把很多国内企业逼到了死角。”《中国财富》在2005年北京民间统计调查论坛上见到了柴先生，“渠道相近，谁开发出好的产品，谁就有前途。以前做生意靠经验，我觉得产品设计要建立在科学的调研基础上。去年年底，决定开始为产品设计做消费调查。”

为了能够了解更多的消费信息，柴先生设计了精细的问卷，在上海选择了1 000个样本，并且保证所有的抽样在超级市场的宠物组购物人群中产生，内容涉及价格、包装、食量、周期、口味、配料六大方面，覆盖了所能想到的全部因素。沉甸甸的问卷让柴氏企业的高层着实振奋了一段时间，谁也没有想到市场调查正把他们拖向溃败。

2005年年初，上海柴氏的新配方、新包装狗粮产品上市了，短暂的旺销持续了一星期，随后就是全面萧条，后来产品在一些渠道甚至遭到了抵制。过低的销量让企业高层不知所措，当时远在美国的柴先生更是惊讶：“科学的调研为什么还不如以前我们凭感觉定位来得准确？”到2005年2月初，新产品被迫从终端撤回，产品革新宣布失败。

柴先生告诉《中国财富》：“我回国以后，请了十多个新产品的购买者回来座谈，他们拒绝再次购买的原因是宠物不喜欢吃。”产品的最终消费者并不是“人”，人只是一个购买者，错误的市场调查方向，决定了调查结论的局限，甚至荒谬。

经历了这次失败，柴先生认识到了调研的两面性，调研可以增加商战的胜算，而失败的调研对企业来说是一场噩梦。

不完备甚至不科学的数据采集给企业带来损失的不只是柴先生自己，在这次论坛上记者还见到了来自东北的北华饮业策划总监刘强，他们在进行新产品开发过程中进行了系统的口味测试，却同样蒙受了意想不到的失败。

中国人不喝冰红茶

一间宽大的单边镜访谈室里，桌子上摆满了没有标签的杯子，有几个被访问者逐一品尝着不知名的饮料，并且把口感描述出来写在面前的卡片上……这个场景发生在1999年，当时任北华饮业调研总监的刘强组织了五场这样的双盲口味测试，他想知道，公司试图推出的新口味饮料能不能被消费者认同。

此前调查显示：超过60%的被访问者认为不能接受“凉茶”，他们认为中国人忌讳喝隔夜茶，冰茶更是不能被接受。刘强领导的调查小组认为，只有进行了实际的口味测试才能判别这种新产品的可行性。

等到拿到调查的结论，刘强的信心被彻底动摇了，被测试的消费者表现出对冰茶的抵抗，一致否定了装有冰茶的测试标本。新产品在调研中被否定。

直到 2000 年、2001 年，以旭日升为代表的冰茶在中国全面旺销，北华饮业再想迎头赶上为时已晚，一个明星产品就这样穿过详尽的市场调查与刘强擦肩而过。说起当年的教训，刘强还满是惋惜："我们举行口味测试的时候是在冬天，被访问者从寒冷的室外来到现场，没等取暖就进入测试，寒冷的状态、匆忙的进程都影响了访问者对味觉的反应。测试者对口感温和浓烈的口味表现出了更多的认同，而对清凉淡爽的冰茶则表示排斥。测试状态与实际消费状态的偏差让结果走向了反面。"

"驾驭数据需要系统谋划。"好在北华并没有从此怀疑调研本身的价值，"去年，我们成功组织了对饮料包装瓶的改革，通过测试，我们发现如果在塑料瓶装的外形上增加弧形的凹凸不仅可以改善瓶子的表面应力，增加硬度，更重要的是可以强化消费者对饮料功能性的心理认同。"

采访中，北京普瑞辛格调研公司副总经理邵志刚先生的话似乎道出了很多企业的心声："调研失败如同天气预报给渔民带来的灾难，无论多么惨痛，你总还是要在每次出海之前，听预报、观天气、看海水。"

三个小细节一千万元大风险

普瑞辛格调研公司给《中国财富》出示了两组数据来说明调研的严谨性。同样的调研问卷，完全相同结构的抽样，两组数据结论却差异巨大。邵志刚介绍说，国内一家知名的电视机生产企业，2004 年年初设立了 20 多人的市场研究部门，就是因为下面的这次调查，部门被注销、人员被全部裁减。

问题：列举您会选择的电视机品牌。

其中一组的结论是：有 15%的消费者选择本企业的电视机；另一组得出的结论却是：36%的消费者表示本企业的产品将成为其购买的首选。巨大的差异让公司高层非常恼火，为什么完全相同的调研抽样，会有如此矛盾的结果呢？公司决定聘请专业的调研公司来进行调研诊断，找出问题的真相。

普瑞辛格的执行小组受聘和参与调查执行的访问员进行交流，并很快提交了简短的诊断结论：第二组在进行调查执行过程中存在误导行为。调研期间，首先，第二组的成员佩戴了公司统一发放的领带，而在领带上有本公司的标志，其尺寸足以让被访问者猜测出调研的主办方；其次，第二组在调查过程中把选项的记录板（无提示问题）向被访问者出示，而本企业的名字处在候选题板的第一位。以上两个细节，向被访问者泄露了调研的主办方信息，影响了消费者的客观选择。

这家企业的老总训斥调研部门的主管："如果按照你的数据，我要增加一倍的生产计划，最后的损失恐怕不止千万元。"

市场调查是直接指导营销实践的大事，对错是非可以得到市场验证，只是人们往往忽视了市场调查本身带来的风险。一句"错误的数据不如没有数据"，包含了众多中国企业家对数据的恐慌和无奈。

资料资料：佚名.市场调查"双刃剑"的噩梦［EB/OL］. http://www.iboss.cn/html/52/n-307952.html.

思考题

1．什么是市场营销调研？进行市场调研应注意哪些问题？

2．三个案例中的企业市场营销调研为什么失败？你认为应如何改进？

第五章

顾客购买行为分析

学习目标

市场是企业营销活动的出发点和归宿点，购买行为研究是市场营销的基本任务。企业开展营销活动首先要了解和研究顾客的需求和购买行为特点和规律。通过本章学习，应了解产业市场、政府市场和非营利组织市场的购买行为特点，熟悉消费者市场的特点及影响购买行为的因素；掌握消费者购买行为模式、特点和购买决策过程。

导入案例

大数据下的厨卫消费行为趋势

2015 年，历时约一年的时间，中装协厨卫委联合北京大学市场与媒介研究中心、华美立家共同研究，联合新浪家居首发《大数据下的厨卫消费行为趋势研究报告》，报告依据厨卫百强企业提供的数据，一、二、三线城市具有装修经验和装修需求的终端消费者进行的五万份调研问卷全面展开中国厨卫行业消费趋势调研。

互联网的快速发展给厨卫市场带来了巨大的商机。研究显示，2013 年厨卫产品在电商渠道的增长速度达到 185.7%，是线下渠道的 20 倍以上。未来的厨卫产品将趋向更加智能化、个性化、系统化等趋势。

大力拓展家装垂直电商市场

调查发现，在家装产品购买渠道的选择上，42%的消费者使用过线上渠道。这部分消费者在对线上电商的选择中，天猫、京东等传统电商仍然是人们网络购买厨卫家装产品的首要选择。其他垂直型电商占有一定比重，但市场空间仍待拓展。

比较不同年龄段消费者购买家装产品的渠道偏好可以看出，年轻用户倾向于只使用网络渠道，消费者年龄越大，其中只使用网络渠道的比例逐渐下降。25～35 岁的消费者青睐线上+线下渠道同时购买。

实体品牌专卖店 vs 品牌网上专卖店

37.5%的消费者只在实体店购买，相反，12.1%只在品牌网上专卖店购买。一线城市用户更喜欢品牌网上专卖店。尤其是 26 岁左右的一线城市用户。

网络渠道的优势与劣势

网络渠道的优势在于价格诱惑，而网络渠道的劣势是服务上的短板。消费者选择网络渠道购买厨卫产品的重要原因是：价格便宜，方便货比三家和方便快捷。而不选择通过网购厨卫产品的原因在于：担心售后无保障，担心质量问题及退换货麻烦。

厨卫产品趋势：个性化、便捷化、智能化

调查数据显示，消费者对于“装修遗憾之处”的反馈，比例最高的两个因素为“个性化不足”和“打扫清理费劲”。其中，追求“个性”的消费者不介意花钱、花精力，25～34岁人群较多，更多追求时尚与健康；追求“方便实用”的消费者不在乎个性，不注重品牌，25～29岁奋斗青年居多，装修只求实在，够轻松、省心；而追求“智能化”的消费者不介意花精力，不关注价格，多为中高收入人群，追求科技，注重体验。

资料来源：http://news.jc001.cn/15/0519/871588.html.

第一节　消费者市场购买行为分析

一、消费者市场购买行为

（一）消费者市场与购买行为的含义

市场是指有购买力、有购买愿望的顾客群体。按照顾客购买目的或用途的不同，市场可分为组织市场和消费者市场两大类。组织市场是指由以某种组织为购买单位的购买者所构成的市场，购买目的是生产、销售、维持组织运作或履行组织职能。消费者市场是个人或家庭为了生活消费而购买产品和服务的市场。生活消费是产品和服务流通的终点，因而消费者市场也称为最终产品市场。

消费者的购买行为是指消费者在整个购买过程中所进行的一系列有意识的活动。这一购买过程从引起需要开始，经过形成购买动机、评价选择、决定购买到购买后的评价行为等。

（二）消费者市场与购买行为的特点

1．多样性

首先，消费需求的多样性体现了人类需要的全面性。人不仅有衣、食、住、行等方面的物质消费需求，还具有高层次的文化教育、艺术欣赏、娱乐消遣、社会往来、旅游休闲、体育竞赛等精神需求。其次，消费需求的多样性体现了人们需求的差异性。众多的消费者，其收入水平、文化素质、职业、年龄、性格、民族、生活习惯各不相同，他们在消费需求上就表现出各种各样的兴趣和偏好。最后，消费需求的多样性还表现为消费者对同一商品的需求往往有多个方面的要求。比如，既要求性能优越，又要求外观新颖漂亮、操作简单、维修方便、经济实惠等。

2．分散性

这种特点可以从两个角度来解释。第一，消费者居住的地理空间具有分散性。第二，虽然消费者每次购买消费品的数量较少，但他们具有较高的购买频率。这是因为消费者市场上的购买者大多是以个人或家庭为单位，他们一般人数较少，加之经常购买的又都是生活用品，在购买极为方便的条件下没有大量购买的必要。

3．伸缩性

一般而言，消费者的购买需求会受到内因和外因两方面的影响：前者主要包括消费者的购买欲望、支付能力及性格特点等；后者主要包括他人的经验和建议、产品价格、促销及质量水平等。这些因素都会对消费者需求产生一定的抑制或促进作用，即表现为消费者需求的伸缩性。消费者对基本日常生活用品的需求伸缩性较小，不会因为收入的增减和价格的升降而引起需求的大幅度变化，但是，他们对选择性较强的非必需品、高档消费品的需求伸缩性较大。

4．情感性

对于消费者来说，可以购买的产品种类千千万万，但大部分消费者都是非专家型顾客，他们对很多商品的专门知识了解甚少。换言之，消费者其时对商品的质量、性能、使用、维修、保管、价格以及市场行情等不太了解。在这种情况下，他们只根据自己的好恶和感觉来做出购买决策。因此，消费者市场购买需求的情感性很强，这为企业开展情感式的现场促销活动留下空间。

5．非专业性

绝大多数消费者购买商品缺乏相应的专业知识、价格知识和市场知识，尤其是对某些技术性较强、操作比较复杂的商品，更显得知识缺乏。在多数情况下，消费者购买时往往受感情的影响较大。因此，消费者很容易受广告宣传、商品包装、装潢以及其他促销方式的影响，产生购买冲动。

6．层次性

人们需求是有层次的。一般来说，人的消费需求总是由低层次向高层次逐渐发展和延伸，即底层的、最基本的生活需要满足以后，就会产生高层次的精神需要，追求人格的自我完善和发展。但是消费者的收入水平、文化修养、信仰观念、生活习惯等方面还存在着差异，因此，不同的消费者其消费层次的发展会因人而异。另外，在同一类商品的消费需求中，消费者的购买次序会因家庭、个人而有所不同。

7．时尚性

消费者购买常常受到时代精神、社会风俗习俗的导向，从而使人们对消费购买产生一些新的需要。如 APEC 会议以后，唐装成为时代的风尚，随之流行起来；又如社会对知识的重视，对人才的需求量增加，从而使人们对书籍、文化用品的需要明显增加。这些显示出消费购买的时代特征。

（三）消费者的购买行为模式

市场营销学研究消费者市场，核心内容是研究消费者的购买行为。消费者的购买行为是在消费者特性因素（包括心理特性、个人特征、社会文化特性因素等）的直接作用下发展的，同时也受到一系列外部环境因素，特别是企业市场营销活动的影响。消费者的购买行为，实际上就是一系列错综复杂的内外部因素相互制约和相互作用的结果。

随着企业和市场规模的扩大，许多营销决策者失去了同消费者直接接触的机会，营销工作人员也难以再凭经验很好地了解消费者，这迫使他们不得不通过市场调查去研究消费者的购买行为，了解购买者是谁（who）、购买对象（what）、购买目的（why）、购买时间（when）、购买地点（where）与购买方式（how），即“5W1H”。消费者购买行为模式，实际上就是用来描述消费者的外界刺激与消费者反应之间关系的模型，如表 5-1 所示。

表 5-1　消费者购买行为模式

营销刺激	环境刺激	购买者黑箱		购买者反应
		购买者特征	购买决策过程	
产品	政治	文化	确认问题	选择产品
价格	经济	社会	收集信息	选择品牌
地点（渠道）	文化	个人	评估	选择交易者
促销	科技	心理	决策	购买时间
			决策购后行为	购买数量

根据表 5-1，市场营销刺激与其他外部刺激因素进入消费者的意识后，购买者特征与决策过程导致了购买决策。因此，市场营销人员的任务就是要了解在出现外部刺激后到做出购买决策前购买者意识中发生的情况，并探索两个问题：第一，购买者的特征是如何影响购买行为的；第二，购买者是如何进行购买决策的。

美、日、欧消费行为特点

世界各国消费者由于其文化、经济及社会因素的差异，其消费者行为的差异性很大。

1. 美国消费者行为特征

（1）赶时髦，猎新奇。美国人天性“喜新厌旧”，对“旧”和“老”都很忌讳。美国人不仅对商品内在质量要求高，而且喜欢商品的新奇。

（2）讲健康，求自然。美国人生活水平高，故特别重视对健康的投资。市场上的各类健康食品、保健饮料、健身器具、旅游物品等成为消费中的新宠。同时由于美国人生活在一个机械化的时代和人造物品的环境中，故希望返璞归真。这样绿色商品很受欢迎，天然食品商店生意兴隆。

（3）追求个性，要高档。美国人个性极强，并喜欢在消费生活中表现。尽管市场上的消费品每年都有流行款式，大众化流行潮流不时消失，但越来越多的人喜欢按照自己的观念进行消费，表现出与众不同，以充分显示自己个性。美国中产阶级的人数较多，收入与教育水平较高，对高档商品有较大的购买欲望，从而使一些名牌服饰、手表、珠宝、高档食品等，都占有很高的市场份额。

（4）图方便、追求情趣。美国是一个高度现代化的市场经济国家，生活节奏非常快，因而消费者需要节约时间，这就使消费品轻、薄、短、小成为市场的一股潮流，美式快餐是美国人消费方式的典型表现。美国社会由于工商业过于繁忙、人们的日常生活像机器一样运转，死板而缺乏乐趣。因此，大部分人狂热地追求生活情趣，以使自己被看成有情趣的现代人。

（5）借贷购买，超前消费。借贷消费是美国居民的一个重要消费特征。如果没有借贷，很难想象美国家庭，乃至美国经济将会怎样运转。在借债方式中，分期付款和信用卡借贷是美国社会鼓励超前消费的主要手段，而且规模越来越大。

2. 日本消费者行为特征

（1）储蓄意识传统化。日本人讲求消费，更讲求储蓄。在他们看来，储蓄是为了更好地消费。因为日本资源缺乏，备受资源的困扰，渐渐形成了勤俭节约的习惯，而积极储蓄是其重要表现。日本人对储蓄的想法是：尽可能不乱花钱而将其用于储蓄。

（2）日本消费者最为挑剔。日本人在选择商品时不但追求品质优、性能好，而且追求款式新颖、外观完美。例如，在服装方面，西方人基本只在意衣服的功能和合身问题，鲜有注意轻微的褪色及缩水现象。日本人绝不买缝线不整的衣服。同时，日本人也非常在意衬里和镶边质料的好坏，以及是否封贴牢固。

（3）要求有充分的选择范围。日本的消费者喜欢对各种商品加以比较进行选择，因此，各商店往往把品种、规格齐全作为争取顾客的重要手段。

（4）重视售后服务。日本人对产品的售后服务要求颇高，并且认为供应者提供周到的售后服务理所当然，外国产品若不能提供良好的售后服务，是很难在日本市场立足的。

（5）追求名牌。日本的消费者经常根据企业和商品的形象来选择商品，即追求“名门”和名牌，而宣传广告则是确立、维持和提高企业及商品形象的重要手段。

3. 西欧消费者行为特征

西欧消费者由于购买力高，消费心理特点同美国比较相似，即喜新厌旧，追求时髦，从不满足于已有的商品。总是在丰富多彩的商品中挑选和购买新产品。他们对消费品的心理需求可以概括为：食品饮料营养化、方便化，服装服饰个性化、时髦化，家居陈设艺术化、和谐化，家用电器电子化、高档化，交通工具快速化、安全化。西欧地区作为一个区域性国际市场，其消费行为也有一些具有鲜明特色的地方。

（1）内部市场的“差别消费”。虽然西欧在某些方面的习惯是相同的，诸如在购买汽车、化妆品和一些高档奢侈品方面，人们口味基本相同。但是在家庭日常产品的需求方面则截然不同。葡萄牙、希腊、爱尔兰等国居民日常消费的47%用在食品方面，而德国、法国、荷兰、比利时等国居民在这方面的支出只占20%。地中海一带国家的人们讲求穿着，而北欧人偏爱购置家庭用具。

（2）精品王国的“平民消费”。西欧一些产品，例如法国时装、意大利皮件，都是属于世界精品。然而西欧消费者并非追求精品，除了节俭一面外，还有随意、自由、个性化等因素。例如，巴黎时装世界闻名，巴黎女郎更是名扬天下。在平时女士们却穿着很随意。大多数年轻人爱穿T恤衫、紧身裤、牛仔服等，面料质地以棉、麻、绸为多。脚穿球鞋、旅游鞋等轻便鞋为多，穿细高跟鞋的不多，最大的一个特点是女士一般不穿袜子。在化妆方面，涂脂抹粉的不多，但在穿戴上讲求全身上下着装统一，色调协调。

（3）回归传统消费。在西欧消费者心中，传统消费也根深蒂固。英格兰“威士忌”在世界经销500年仍然市场巨大，年销售量达到9.55亿瓶，是英国国库主要收入来源之一，而美国的麦当劳很难在西欧的一些国家扩大市场即是佐证。近年来，传统玩具已成为圣诞节前夕法国商店中的旺销商品，男孩喜欢带轨道的赛车，女孩喜欢布娃娃，棋盘游戏重新受到家家户户的青睐。相比之下，前几年一直旺销的电子游戏机开始受到冷落，时装则走得更远。在巴黎，人们常常可以见到以土、泥和火的颜色为基调，夹杂着原始材料的服装。

资料来源：闫国庆. 国际市场营销学[M]. 北京：清华大学出版社，2007.

（四）消费者购买行为的类型

消费者购买决策随其购买决策类型的不同而变化。购买牙膏和买笔记本电脑的购买行为会截然不同。对于后者，购买者需要反复比较和权衡，还要向高手咨询；对于简单、频繁购买、单价低的商品，消费者的购买非常简便。阿萨尔（Assael）根据购买者在购买过程中参与者的介入程度和品牌间的差异程度，区分了消费者购买行为的四种类型（见图 5-1）。品牌差异程度是指同类但品牌不同的产品在品质、价格、知名度、美誉度等方面存在的差别；购买介入程度是指消费者对购买活动的关注程度和感知的风险度，可以从谨慎程度、信息收集和参与决策的人数多少来衡量介入度的高低。购买介入度可以分为品牌/产品介入、信息介入和购买情景介入。

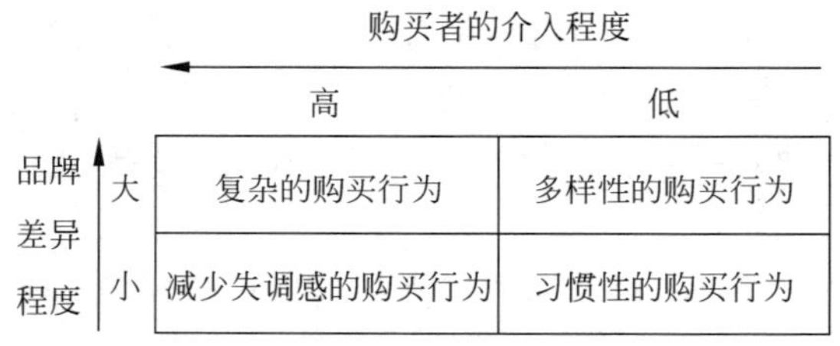

图 5-1 消费者购买行为的类型

1．复杂性购买行为

不同品牌的商品之间差异很大，消费者属于高度介入，这种购买行为即为复杂性购买行为。复杂性购买行为是指消费者的购买决策过程要经历所有重要环节，要收集大量信息，对可供选择的商品品牌进行全面评估和选择，然后才慎重地做出购买决策，即使在购买后的使用过程中还要对所购买商品进行评价。显然，对于消费者认知度较低、价格昂贵、购买频率低的耐用消费品，如商品、大型家电、电脑、汽车、家具等商品，消费者通常采用复杂性购买决策过程。因为单位商品的价格昂贵，购买决策的风险就比较大，因此必然慎重；由于消费者对产品不够熟悉，需要收集的信息比较多，还要花费比较长的时间进行比较选择；如果必要的话，还会征询其他人的意见做参考。对于复杂性购买行为，营销者要在适当时机主动介入消费者的购买过程，帮助购买者了解产品信息、选购方法等，并积极引导消费者关注企业的品牌，宣传其优点和完善的服务，最终影响其购买决定。

2．减少失调的购买行为

不同品牌的商品之间差异不大，而消费者却高度介入，这种类型称做减少失调的购买行为。有些商品品牌间的差异虽然不大，但消费者仅是偶尔购买，因此显得比较谨慎。

消费者对产品的了解一般有较高的介入度。此时，消费者可能会多去几家商店进行选择，很可能较快地完成购买活动，因为品牌并无大的区别。购买者仅是把某个价位或购买便利等作为考察因素来完成购买行为。但购买后，消费者很可能发现商品有些方面不太如意，因此产生了烦恼，也有可能听到其他人赞美其他的品牌，此时消费者会更多地了解情况，学习更多的东西来减轻缓解心理压力，用于证明自己的购买行为还是正确的。对于这类情况，营销者要尽可能与购买者沟通，使他们增加信念，提高对选购商品的满意度。

3．习惯性购买行为

不同品牌的商品之间差异很小，消费者低度介入，这种类型即为习惯性购买行为。许多商品都是在习惯性购买的情况下完成决策的。消费者对于那些比较熟悉、价格相对较低、品牌间差异不大的产品，就会采用习惯性重复性的购买行为。因为经常购买也非常熟悉此类产品，因而无须收集信息，也省去了耗神的比较权衡，直接进入购买行为。如洗发水、香皂、酱油等日用消耗品。如果没有富有吸引力的品牌出现，消费者一般不会轻易改变自己已经习惯的购买模式，而具有较高的品牌忠诚度。对此类购买行为，企业可以使用销售促进的多种多样的手段吸引消费者的兴趣，或者增加差异化显著的新产品促使消费者转换品牌。

鸡类快餐食品更受中国消费者的青睐

肯德基于 1987 年进入中国，比麦当劳早五年。米尔顿发现肯德基的人均消费比麦当劳高。一个麦当劳的高级执行官决定亲自去了解原因。他站在肯德基门口，然后向每个进来的顾客问一个简单的问题：“为什么你不去麦当劳？”令他吃惊的是，许多人回答：“因为麦当劳不卖鸡类产品。”认识到顾客对鸡肉比对牛肉有更大的偏好，中国的麦当劳开始低调宣传牛肉汉堡，并在菜单中突出了鸡类产品。

资料来源：倪自银. 新编市场营销学——理论与实务[M]. 北京：电子工业出版社，2011.

4．多样性购买行为

不同品牌的商品之间差异很大，消费者却是低度介入，这类行为称做多样性或选择性购买行为。低度介入意味着消费者主观上并不愿意去过多收集信息，评价对比也较少，即使购买的商品不如意，以后不再购买就是了，反正风险很低，损失也不大。此时的多样性购买行为可能为新上市的几种面包、糖果，不同馅料的月饼、饺子等，一样买一点，都尝一下；这次到这个餐馆吃饭，下次到对面一家餐馆换换口味。这类购买行为看上去随意性较大，但多样性的购买行为能够满足消费者求新求异的消费心理需求，总想尝试新品牌、新口味、新产品，并非对购买过的品牌不满意。所以营销者应该以创新产品来丰富其产品品种，以满足消费者多样性的购买行为。

二、影响消费者购买行为的主要因素

消费者生活在纷繁复杂的社会中，购买行为受到诸多因素的影响。消费者的购买决策深受文化、社会、个人和心理因素的影响，如图 5-2 所示。

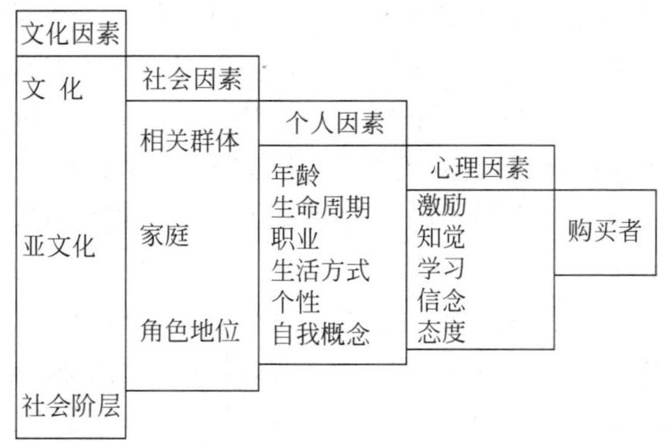

图 5-2 影响消费者购买行为的因素

（一）文化因素

1．文化

文化、亚文化和社会阶层等因素对消费者购买行为具有广泛和深远的影响。文化是知识、信念、艺术、法律、伦理、风俗和其他由一个社会的大多数成员所共有的习惯、能力等构成的复合体。

文化是一个综合的概念，它几乎包括了影响个体行为和思想过程的每一个方面。对于一些生理驱动力，文化尽管不直接决定它们的本性或发生频率，但却影响这些驱动力是否得到满足，以及满足的时间和方式。文化不仅影响人们的偏好，而且影响人们如何做决策，甚至如何感知周围的世界。文化广泛影响着人们的行为。文化差异引起消费者购买行为的不同，主要表现在婚丧嫁娶、服饰、饮食、建筑风格、传统节日、礼仪等方面。

中国 63%的女性掌家庭财权，其他国男性主导

据经济之声《天下财经》报道，汇丰日前公布了一项针对未来退休生活的全球调查报告。根据这份报告，中国内地女性受访者在家庭财务决策中更具主动性。

被问及在家庭财务决策中所扮演的角色时，63%的中国内地女性受访者表示，担任家庭财务的决策者，高出男性受访者的 58%；与之相对，全球其他国家和地区的调研结果显示，男性在家庭财务决策中居主导地位；65%的男性表示，他们是家庭财务的决策者。

资料来源：http://finance.cnr.cn/txcj/201111/t20111116_508785497.shtml.

2．亚文化

亚文化是主体文化的分支。亚文化群体的成员基于共同的生活体验、文化传统和环境，形成了共同的价值观、审美观和消费模式，具有与其他亚文化群体所不同的独特行为模式。不同亚文化群体在价值观、偏好和行为方面有显著差异。不同民族都有自己的风俗传统和消费习惯。回族喜爱白色，在饮食方面有严格的禁忌；蒙古游牧民族习惯住帐篷，吃牛羊肉，喝烈性酒等。不同宗教亚文化具有不同的文化倾向、信仰、习俗和禁忌。不同地理区域亚文化的差异也十分显著。在中国，南甜北咸，西酸东辣；北方人喜欢吃面食，南方人喜欢吃米饭。

3. 社会阶层

社会阶层是指根据职业、收入、财产、教育程度等可变因素对人们进行的群体划分。处于同一阶层的人，通常在社会经济地位、利益、价值取向、思维方式、生活习惯、职业目标、兴趣、消费欲望、消费偏好、购买行为等方面存在着许多相似之处；处于不同社会阶层的人，往往在上述方面存在较大的差别。营销者应该依据社会阶层进行市场细分，进而选择自己产品的目标市场，安排市场营销组合。

社会阶层具有以下特点：①同一阶层的成员具有类似的价值观、兴趣和行为，在消费行为上相互影响并趋于一致。②人们以自己所处的社会阶层来判断各自在社会中占有的高低地位。③一个人的社会阶层归属不仅仅是由某一变量决定，而是受到职业、收入、教育、价值观和居住区域等多种因素的制约。④人们能够在一生中改变自己的社会阶层归属，既可以迈向高阶层，也可以跌至低阶层，这种升降变化的程度随着所处的社会层次森严程度的不同而不同。

我国社会群体划分十大阶层

中国社会科学院出版重大课题成果《当代中国社会阶层研究报告》，首度对内地十大阶层的社会地位做出排序。这十大社会阶层及其社会地位、特征如下：①国家和社会管理阶层：指在行政、事业和社会团体机关单位中行使实际的行政管理职权的领导干部，在整个社会阶层结构中占 2.1%。这一阶层是当前社会经济发展及市场化改革的主要推动者和组织者。②经理人员阶层：指大中型企业中非业主身份的高中层管理人员，所占比例约为 1.5%。这一阶层是市场化改革最积极的推进者和制度创新者。③私营企业主阶层：指拥有一定数量私人资本或固定资产并进行投资以获取利润的人，约占 0.6%。这一阶层是社会主义市场经济的主要实践者和重要组织者。④专业技术人员阶层：指在各种经济成分的机构中专门从事各种专业性工作和科学技术工作的人员，约占 5.1%。这一阶层是先进生产力和先进文化的代表者之一，还是社会主导价值体系及意识形态的创新者和传播者，是维护社会稳定和激励社会进步的重要力量。⑤办事员阶层：指协助部门负责人处理日常行政事务的专职办公人员，所占比例约为 4.8%。这一阶层是社会中间层的重要组成部分，未来十几年仍会增加。⑥个人工商阶层：指拥有较少量私人资本并投入经营活动或金融债券市场而且以此为生的人，所占比例为 4.2%。该阶层的实际人数比登记人数多得多。这一阶层是市场经济中的活跃力量。⑦商业服务员工阶层：指在商业和服务行业中从事非专业性的、非体力的和体力的工作人员，所占比例约为 12%。这一阶层和城市化的关系最为密切。⑧产业工人阶层：指在第二产业中从事体力、半体力劳动的生产工人、建筑业工人及相关人员，约占22.6%左右，其中农民工占产业工人的30%左右。⑨农业劳动者阶层：这是目前规模最大的阶层，是指承包集体所有的耕地，以农（林、牧、渔）业为唯一或主要职业及收入来源的农民。⑩城乡无业、失业、半失业者阶层：这是特殊历史过渡的产物，是指无固定职业的劳动年龄人群，所占比例约为3.1%。目前，这一阶层的数量还在继续增加。

资料来源：http://www.66163.com.

（二）社会因素

1．家庭

家庭作为社会的基本组织具有许多基本功能，如经济功能、情感功能、抚养与赡养和教育等。家庭也是最重要、最基本的消费单位。研究表明，有80%的消费购买行为是由家庭所掌控的。家庭作为一个消费单位，对住房、家具、家用电器、厨具和卫浴等以家庭为单位购买和消费的居家商品有着重要的影响。随着家庭人口规模的缩小及家庭数量的增加，势必推动对有关产品的需求。一个家庭还需要食品、日用品，成员还需要个人消费品。

因此，在各种相关群体中，家庭是最主要的相关群体，它对消费者购买行为的影响至关重要。研究家庭对购买行为的影响，主要包括三个方面。第一，研究家庭的购买决策。在商品购买活动中，各个家庭成员可能以各种不同的身份出现，如倡议者、影响者、决策者、购买者或使用者。其中最重要的是决策者。第二，研究家庭生活周期对购买行为的影响。每个家庭，以家长为代表，其生活周期一般可分为单身阶段、新婚阶段、满巢阶段、空巢阶段和鳏寡阶段五个阶段。各个家庭的生活周期阶段具有不同的消费需求、购买动机和购买决策者，因此直接影响着消费者的购买行为。第三，研究决策分工。一个家庭时常要进行购买决策，有时甚至天天要决策。不同的决策场合，家庭成员均可分为五种不同的角色。在这五种角色中，营销人员最关心决策者是谁。某些产品很容易辨认出谁是决策者，有些产品找不出购买决策者，企业要分析家庭不同成员的影响力。有许多因素会影响到家庭决策的方式。

2．相关群体

相关群体也称参照群体，是对个人的信念、态度和价值观产生影响，并作为其评价事物尺度的群体。相关群体可以分成直接相关群体和间接相关群体，如图5-3所示。

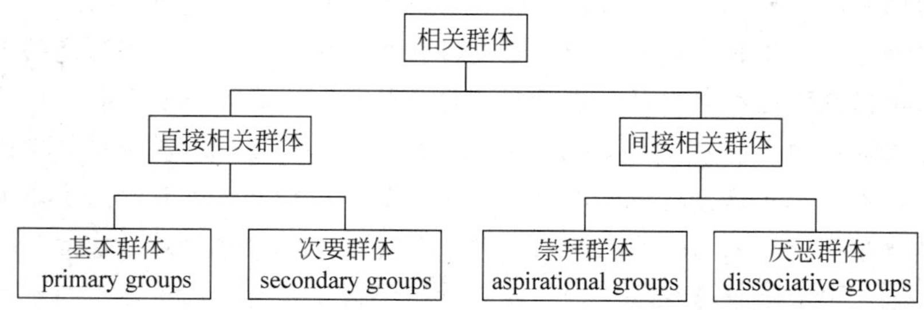

图5-3　相关群体分类

直接相关群体也称为成员群体，即一个人从属的并受其直接影响的群体。成员群体又分为基本群体和次要群体两种。基本群体是一个人经常受其影响的群体，如家庭、朋友、邻居。基本群体成员包括家庭成员、朋友、邻居和同事等。基本群体成员之间频繁接触，相互影响，基本群体往往是非正式组织。次要群体是一个人不经常受其影响的群体，如工会、宗教职业协会等。次要群体多为正式组织，群体成员之间相互影响较少。

间接相关群体也称为非成员群体，即一个人不是其中的成员，仅受其间接影响的群体。非成员群体又分为崇拜群体（或向往群体）和厌恶群体两种。崇拜群体是指一个人推崇效仿的，期望成为其中的一员或与之交往并受其影响的群体。例如，电影明星、体育明星、歌星等常有一些崇拜者、追随者仿效他们的穿着打扮，这些明星就是其崇拜者、追随者的向往群体。厌恶群体是指一个人讨厌或反对的一群人。一个人总是不愿与其厌恶群体发生任何联系，在各方面都希望与之保持一定的距离。

在利用相关群体影响人们的购买行为上，企业应着重于设法影响有关的相关群体的意见领导者，即相关群体中有影响力的人。意见领导者可能是首要群体中在某方面具有专长的人、次要群体的领导人或向往群体中人们的效仿对象。由于意见领导者的建议或行为影响力较大，因而他们一旦夸奖了或使用了什么产品，就会对其起到有力的宣传和推广作用。

中国绣花鞋畅销美国

近些年来，在美国西部的一些城市中，流行一种以中国绣花鞋作为生日礼物向长辈祝寿的活动，而且经久不衰。第一次用它做生日礼物的是一位名叫约翰的美国青年医生。当时，他在中国旅行，出于好奇心理将绣花鞋带回美国，分别在母亲 60 岁寿辰、姑母 70 岁寿辰、外婆 80 寿辰的时候，各献上一双精美、漂亮的中国绣花鞋作为祝寿的礼品。这三位长辈穿上“生日鞋”时，都感到非常舒服和非凡的惬意，她们称赞约翰为她们送来的是“长寿鞋”“防老鞋”“防跌鞋”。

此事不胫而走，从而使美国西部各地的人们纷纷仿效，争相购买。于是，中国绣花鞋便神话般地成为当地市场的抢手货，绣花鞋上的花色图案更是千姿百态、各显异彩。

现在，绣花鞋已几乎可以献给每一位女性。一些很小的孩子也常常在长辈的教诲下，将绣花鞋献给年轻的女性长辈。有一位 6 岁的美国小女孩，在她 17 岁的未婚姑姑生日时，送给姑姑一双绣花鞋，上面绣有 17 朵色彩不同的花。绣花鞋的意义，由此可见一斑。

资料来源：张秋林. 市场营销学——原理、案例、策划[M]. 南京：南京大学出版社，2007.

（三）心理需要

影响消费者行为的心理因素主要有感觉与知觉、消费者需要和动机、消费者的学习、消费者的态度等。

1．感觉与知觉

（1）消费者的感觉。感觉是人脑对当前直接作用于器官的客观事物个别属性的反映；

企业营销人员应当通过调查确定一些重要的感觉评价标准，了解消费者对各种商品的感觉，在产品开发、产品定位、使用方法、促销方法和广告设计中考虑消费者的感觉与感受的变化，设计相应的市场营销组合策略。

（2）消费者的知觉。知觉是人脑对直接作用于感觉器官的客观事物各个部分和属性的整体反映。

知觉与感觉的区别如下。

感觉是人脑对客观事物的某一部分或个别属性的反映，知觉是对客观事物各个部分、各个属性及其相互关系的综合的、整体的反映。

感觉是介于心理和生理之间的活动，产生于感觉器官的生理活动及客观刺激的物理特性，相同的客观刺激会引起相同的感觉；知觉却是以生理机制为基础而产生纯粹的生理活动。

感觉过程仅仅反映当前刺激所引起的兴奋，不需要以往知识经验的参与；而知觉过程包括了当前刺激所引起的兴奋和以往知识经验的暂时神经联系的回复过程。

从生理机制上看，感觉是单一分析器活动的结果，而知觉是多种分析器协同活动对复杂刺激物或刺激物之间关系进行综合分析的结果。

从知觉的性质来看，消费者知觉的选择性包括选择性注意、选择性扭曲和选择性保留。

① 选择性注意。是指在外界诸多刺激中仅仅注意到某些刺激或刺激的某些方面，而对其他刺激加以忽略。知觉的选择性保证了人能够把注意力集中到重要的刺激或刺激的重要方面，排除次要刺激的干扰，更有效地感知和适应外界的环境。美国广告协会曾经做过调查，平均每天潜在地显现在消费者眼前的广告信息达 1 500 项，但被感知的广告只有 75 项，而产生实际效果的只有 12 项。引起选择性注意的原因主要有两种：第一，客观因素，如刺激强大、新奇、对比鲜明、反复出现、不断变化等；第二，主观因素，如需要、动机、精神状态、知识经验、任务、世界观、价值观等，如消费者在家电商场买电视，他只注意收集电视的品牌和价格等有关电视的信息，而对冰箱等其他家用电器视而不见。

② 选择性扭曲。人们有选择地将某些信息加以扭曲，使之符合自己的意向。在消费品购买中，受选择性扭曲的作用，人们会忽视所喜爱品牌的缺点和其他品牌的优点。

③ 选择性保留。人们由于观点、兴趣、生活经验的不同，对所经历过的事物有选择性地识记，保持、再现或再认。

消费者有时不是对自己的需要与购买动机指向的商品及有关方面进行深入认识之后采取购买行为，而主要凭着自己的感觉和感性认识做出购买决定，这种购买行为称为感性购买。消费者有时则是在对自己的需要和购买动机指向的商品及有关方面获得深入的认识之后，凭着自己的理性判断或理性认识做出购买决定，采取购买行为，这种购买行为称为理性购买。上述情况，往往因消费者或商品的不同而出现较大的差异，有时也受到环境因素的影响。对企业来说，了解目标市场上各类消费者感性购买与理性购买的情况，以及自己经营的商品的感性度或理性度，对于适当地安排市场营销组合是十分必要的。

在中国，恒源祥的“羊羊羊”连打三声招呼的广告，成功突破了知觉防御。步步高公司的广告沟通采用另外一种方式。“小丽呀！”步步高无绳电话广告，以其夸张、幽默的沟通方式，赢得了受众的注意和赞许，并产生了广泛的影响，也成就了步步高品牌。企业的营销部门必须适当地安排市场营销刺激因素，以便将有关信息及时传递给目标顾客，引起他们的注意，努力使他们对本企业的产品及有关方面产生深刻的而且符合客观实际的印象和认识，并最终影响他们的购买决策。因此，鉴于感觉和知觉在认识过程中的重要性，企业在安排市场营销刺激时要特别注意致力于消费者的感觉。

2．消费者需要和动机

（1）消费者的需要。美国心理学家、人本主义心理学创始人马斯洛（Abraham H. Maslow）在1954年出版的《动机与人》一书中，提出了人类的“需要层次理论”。他认为人类的需要分为五个层次，即生理需要、安全需要、社交需要、尊敬需要和自我实现需要。只有尚未满足的需要，即主导需要，才能影响人们的行为。一般而言，人的需要由低到高逐渐上升，在人的低级层次的需要被满足之后，才能追求高级层次的需要。即只有较低层次的需要得到满足后，较高层次的需要才显出其激励作用。

1959年，美国行为科学家弗雷德里克·赫兹伯格（Fredrick Herzberg）提出动机双因素理论，这个理论区别了两种不同的行为，即不满意和满意。商品或服务近几年避免不满意因素是不够的，还必须刺激引起购买的满意因素。假使一台电脑没有保修单，也许就是一个不满意因素。然而，即使有了保修单，也还不能断定它就是购买产品的满意因素，因为保修单并非是对电脑真正满意的本质因素，它必须在使用上保证满意，动机双因素理论有两层含义：第一，销售商应该尽最大努力避免各种不满意因素，如不符合要求的使用手册和服务政策。虽然这些事情对产品的出售不起促进作用，但会影响出售。第二，在市场上，企业要仔细识别消费者购买产品的各种主要满意因素，并提供这些满意因素。值得注意的是，这些因素会随着顾客购买的品牌不同而有着较大差异。

（2）消费者的动机。动机是指人产生某种行为的原因。购买动机是指人们产生购买行为的原因。当社会经济发展到一定水平时，激起人们购买行为的心理动机往往占有重要地位。动机可诱发、推动和引导人们的行为指向一定的目标。人们未得到满足的需要刺激人们产生动机，人们的动机激发人们努力实现目标。从引起心理动机的主要因素来分析，心理动机可分为社会性动机即一般性化动机和个体化动机即具体的心理动机两类。

① 社会性动机，即一般性心理动机，根源是由社会因素所引起的。每个消费者所处的国家和地区的不同，受当地的地理环境、科教文化、宗教信仰、风俗习惯、政治倾向等因素影响，而产生的不同的满足或符合社会性购买某种商品的动机，它是通过后天学习而形成的。由于消费者在后天学习过程中，认识、情感、意志等心理活动，占主次地位和强弱的程度不同，而引起的社会性心理动机，具体可区分为情感动机、理智动机和信任动机。

② 个性化动机，即具体的心理动机，消费者的购买心理动机是多层次的、错综复杂的，因人而异，但又往往以比较简单的方式表现出来，易为我们观察和了解。消费者作为具体的人，其具体的购买动机常有求实动机、求新动机、求美动机、求名动机、求

胜动机和求廉动机六种动机。

消费者个体心理动机远不止上述几种，还有求同动机、求异动机、癖好动机、隐秘性动机等。需要强调的是：一是消费者的购买行为常常不是单一动机的，而是多种动机共同激发、驱动的结果，如人们买服装，往往兼有求美、求实、求廉、求名、求胜、求新等多种动机；二是同样的动机又有着不同的购买行为，又如同样是求美动机驱动下购买服装，因消费者对美的主观认知不同，便会出现不同品牌、不同款式、不同颜色、不同型号服装的购买行为。

3．消费者的学习

学习是指由于后天经验引起的个人知识、结构和行为的改变。消费者的学习，是在驱动力、刺激物、提示刺激、反应、强化等方面相互作用及相互影响下展开和进行的，是由于后天经验而引起的知识结构和行为的改变。例如，一个消费者产生了某种需要，这就是一种驱动力，是驱使其行动的内在刺激。当这种驱动力较为强烈，并被某种外在提示物刺激引向某种可以减弱或消除它的刺激物时，这种驱动力就会转变为一种动机。在这一动机的支配下，他将做出购买该物的反应。但他将在何时、何地及怎样做出反应，还常常受到一些其他或大或小的外在提示刺激的影响。消费者在购买和使用了某个品牌的产品之后，如果感到满意，就会加以肯定并正向地强化对它的反应，从而在同一刺激物上反复或在类似刺激物上扩大自己的行为；如果感到不满意，就会加以否定并反向地强化对它的反应，从而停止或不再重复自己的行为。消费者的学习过程如图 5-4 所示。

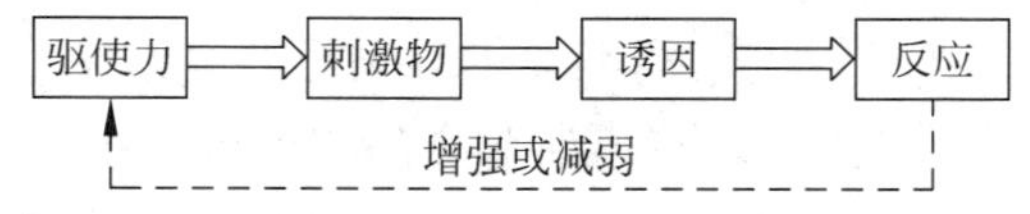

图 5-4　消费者学习过程

（四）个人因素

1．性别与年龄

性别与年龄是决定消费者购买决策的最为基本的个人因素，而且具有明显的共性特征。在性别方面，男性和女性在购买内容和购买行为上有着显著的差异。在感兴趣的商品方面，女性对服装、化妆品、食品、日用品等比较关注，男性往往对家用电器、电脑、家具、轿车、相机等更感兴趣；在挑选商品时，女性表现出比较细致耐心的特点，而男性则相对随意粗心一些。处在不同年龄段的个人所关注的商品也明显不同，由于各自的生活经历不同，年轻人、中年人和老年人在价值观、审美观和消费理念上存在巨大差异，在消费行为上有着天壤之别。

2．个性

个性也称为人格或个性心理特征，是指个人对外在环境反应的本质的、稳定的心理倾向和心理特征的总和。个性倾向包括人的需要、动机、兴趣和信念等，决定了人对现实生活的态度、趋向和选择。

个性心理特征包括人的能力、气质和性格，决定人行为方式上的个人特征。个人的先天素质不同，社会活动各不相同，使每个人在个性倾向和个性心理特征方面各不相同，形成不同的人格，这种个性的差别导致购买行为的不同。如在选择服装方面，性格外向的人喜欢色彩明亮、款式新颖的服装，性格内向的人则喜欢简洁、色彩深沉的服装。

3. 生活方式

生活方式影响消费行为的所有方面。生活方式是影响个人行为的心理、社会、文化、经济等各种因素的综合反映。我们追求的生活方式影响我们的需求和欲望，同时影响我们的购买和使用行为。生活方式决定了消费者的许多消费购买决策。一个人的生活方式，是他根据个人的中心目标或价值观安排生活的模式，并通过他的活动、兴趣、意见等表现出来。具有不同生活方式的群体对产品和品牌有不同的追求。市场调研人员根据价值观分类法或活动、兴趣、意见分类法，可以划分各种类型的生活方式，根据他们各自对商品或品牌的不同偏好，设计相应的产品、品牌和广告。

自我概念：左右顾客消费行为

小王是个名牌大学的毕业生，在一个知名公司里工作不到一年就当上了总经理助理。她虽然工资不太高，可她经常出入专卖店购买名牌服装，使用高档化妆品，从来不到农贸市场或地摊上买东西（她认为这样做有失身份）。小王购买和使用高档名牌商品的主要原因之一，是她认为这样做符合她的身份地位。

资料来源：倪自银. 新编市场营销学——理论与实务[M]. 北京：电子工业出版社，2011.

第二节　消费者购买决策过程分析

消费者的购买决策是一个动态发展的过程，这一购买过程一般会经历五个阶段，如图 5-5 所示。显然，消费者的购买过程早在实际购买发生之前就已开始了，并且购买之后还会持续影响很久。并非所有的购买都要经历所有的五个阶段。消费者可能会越过或颠倒某些阶段，特别是对于习惯性购买行为而言。但是，对于打算购买电脑、液晶彩电或私家汽车的消费者来说，购买决策就不会如此草率了。按部就班地采用上述决策过程是必由之路。

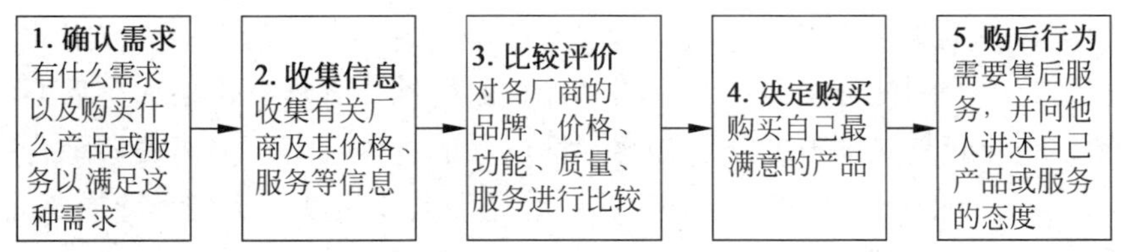

图 5-5　消费者购买决策过程

一、确认需求

需求的产生是购买过程的起点。消费需求可能是人体内生理的需要；也可能是外部刺激物的作用，如邻居有饮水机，自己也要买；也可能是生产上或业务上的需要，如生产企业购买原材料、零配件，中间商购买商品进行分销。需求有强有弱，持续时间有长有短。一般而言，需求越强烈，持续的时间越长，要求满足的欲望就越迫切。当一种商品可能同时满足几种需求时，市场对这种商品的需求就会加强。

营销者的任务是识别引起消费者某种需求的环境。注意了解那些在消费者中已经存在（或可能产生）的与本企业产品实际（或潜在）有关联的驱动力及其强度，分析与这些驱动力有关的各种触发诱因的状况，进而适当地安排市场营销对策，以便引起对本企业产品的现实需要，诱发购买动机。

二、收集信息

消费者形成购买某种商品的动机后，如果不熟悉该商品的情况，就要先收集信息。这时，他增加了对有关广告、谈话等的注意，比以往更容易接受这种商品的信息，也许还会通过查阅资料、向亲友和熟人询问情况等方式，更积极地收集信息。消费者收集多少信息，取决于他的驱动力的强度、已知信息的数量和质量以及进一步收集信息的难易程度。

为了向目标市场有效地传递信息，企业需要了解消费者获得信息的主要来源及作用。消费者一般从以下四种来源获得信息。

（1）个人来源。即从家庭、朋友、邻居和其他熟人那里得到信息。

（2）商业性来源。即从广告、售货员介绍、商品展览与陈列、商品包装、商品说明书等得到信息。

（3）公众来源。即从报刊、电视等大众宣传媒介的客观报道和消费者团体的评论得到信息。

（4）经验来源。即通过触摸、试验和使用商品得到信息。

从消费者的角度看，由企业控制的商业性来源信息起通知的作用，其他非商业性来源信息起验证和评价的作用。经过信息收集阶段，消费者逐步缩小了对将要购买的商品进行品牌选择的范围。余下供选择的品牌，就是消费者在下个阶段评价的对象。

三、比较评价

消费者从各种渠道收集到信息后，就要对这些信息加以分析、研究、对比，进行优劣的评价。比较评价的内容主要是产品的功能、耐用性、式样、价格和售后服务等几个方面。因此，企业应从这些方面帮助顾客了解商品的各种细节，为消费者综合评价创造条件。至于比较评价的难易与时间长短，这要看是什么商品以及购买者选择商品的意向。一般消费品比工业用品容易选择，价值低的产品比价值高的产品容易选择。

消费者对产品的判断大多建立在自觉和理性的基础之上。消费者评价一般会涉及以下几个问题。

（1）产品属性。即产品能够满足消费者需要的特性。但消费者不一定将产品的所有属性都视为同等重要。营销人员应分析企业产品应具备哪些属性，以及不同类型的消费者分别对哪些属性感兴趣，以便进行市场细分。对不同需求的消费者提供具有不同属性的产品。例如，笔记本电脑：消费者感兴趣的属性是运算能力、质量、便携性和价格。数码照相机：消费者感兴趣的属性是品牌、像素、外观、体积和价格。口红：消费者感兴趣的属性是颜色、容器、质量、声誉、香味等。

（2）属性权重。即消费者对产品有关属性所赋予的相对重要性权数。消费者被问及如何考虑某一产品属性时立刻想到的属性，称为产品的特色属性。特色属性不一定是最重要的属性。营销人员应更多关注属性权重，而不是属性的特色。

（3）品牌信念。即消费者对某品牌优劣程度的总的看法。由于消费者个人经验、选择性注意、选择性扭曲及选择性记忆的影响，其品牌信念可能与产品的真实属性并不一致。

（4）效用函数。即描述消费者所期望的产品满足感随产品属性的不同而有所变化的函数关系。它与品牌信念的联系体现在：品牌信念是指消费者对某品牌的某一属性已达到何种水平的评价，而效用函数则表明消费者要求该属性达到何种水平他才会接受。消费者购买一台笔记本电脑得到的满足会随着运算能力、质量、便携性的增加而增加，会随着电脑价格的增加而减少。对消费者来讲，最理想的笔记本电脑是质量高而价格又相对很低的产品。这种理想产品在市场上实际上是不存在的，消费者只能考虑购买最接近理想产品的现实产品。

（5）评价模型。即消费者对不同品牌进行评价和选择的程序与方法。

假定某个消费者想购买一台笔记本电脑，选择的对象有四个品牌，所感兴趣的产品属性是运算能力、质量、便携性和价格。消费者对每种属性的信念通过打分来表示，如果一种属性满分为 10 分，此属性就是最好的。如果一个品牌被评价的所有属性都得到 10 分，这个品牌就是最理想的品牌，但事实上，这种品牌往往是不存在的，假定有个品牌在其他属性上都比竞争者提供的好，那么，一般而言，其价格将是最贵的。因此，理想品牌是不存在的，仅仅提供一个评价标准，这就是此评价方法也被称为“理想品牌评价法”的原因。评价如表 5-2 所示。在此基础上，可预测消费者将要购买哪种品牌的电脑。

表 5-2　消费者对电脑品牌的信念

属性 / 评分	产品属性				
	运算能力	质量	便携性	价格	选择
计算机品牌	0.4	0.3	0.2	0.1	
A	10	8	6	4	8.0
B	8	9	8	3	7.8
C	6	8	10	5	7.3
D	4	3	7	8	4.7

如果某品牌的一切属性都优于其他品牌，就能预测消费者会购买这台电脑；如果消费者最重视产品的某一种属性，仅仅根据一种属性来购买产品，这也比较容易预测消费者的购买选择，如果消费者最重视产品的运算能力，他就会购买 A 品牌的电脑；如果消

费者最重视价格，他就会购买 D 品牌的电脑等。实际上，大多数购买者都是综合考虑产品的几个属性，并对不同属性给予不同的重要性权数，据此就可以比较准确地预测消费者的选择了。为了确定每一种电脑的理解价值，用重要性权数乘以消费者对每种电脑的品牌信念分值，再相加，由此得出以下理解价值。

电脑 A：0.4×10+0.3×8+0.2×6＋0.1×4=8.0

电脑 B：0.4×8+0.3×9+0.2×8＋0.1×3=7.8

电脑 C：0.4×6+0.3×8+0.2×10＋0.1×5=7.3

电脑 D：0.4×4+0.3×3+0.2×7＋0.1×8=4.7

经过权数分析，得到不同品牌的期望值，根据期望值大小，可以推测消费者将购买 A 品牌计算机。所以这种方法也称为消费者选择的期望值模式。

如果消费者根据自己的需要设想出一种理想品牌，其每一属性的理想水平不一定是最高分。假定消费者给四种产品属性的理想分是 6 分、10 分、5 分，然后将四种实际品牌与理想品牌进行对比，同这种理想品牌最接近的实际品牌就是消费者偏爱的品牌。这种方法就称为消费者选择理想品牌的模式。

如果大多数顾客都是通过上述期望值形成产品偏好，对于其他没有被选择的企业来讲，就可以做大量工作来影响购买者的决策。现在以生产 C 品牌笔记本电脑的企业为例，说明可以采用的营销策略。

① 改进现有的计算机。对产品进行重新设计，以具备消费者期望的产品属性特征，使产品更适应消费者的要求和偏好。这种策略称为实际再定位，如品牌 C 可以提高电脑的运算能力，降低便携性能。

② 改变品牌信念。改变品牌在一些重要属性方面的购买者信念。这种策略一般用于消费者低估了品牌属性的时候，称为心理再定位策略。如品牌 C 可以告诉消费者其质量给低估了，应该加以提高等。

③ 改变消费者对竞争对手品牌的信念。企业可以设法改变消费者对竞争对手品牌在不同属性上的信念，特别是在消费者误认为竞争者品牌的质量高于实际的质量时，更为有效。如品牌 C 可以告诉消费者品牌 A 的质量实际并没有那么高，这种策略称为竞争性反定位，常常通过连续的比较广告来达到这一目的。

④ 改变重要的权数。即说服消费者把他们所重视的属性更多地放在品牌 C 具有优势的属性上，强调这一属性才是消费者最应重视的品牌属性。如强调品牌 C 的“便携性”优势，则可能使品牌 C 得到比品牌 A 更高的评价期望值。

⑤ 唤起消费者对被忽视的属性的注意。设法引导消费者重视某些被忽视的属性，而这些属性也正是品牌 C 具有的优势所在。如企业 C 可以告诉消费者笔记本电脑的耗电量、重量都是需要注意的属性，如果品牌 C 正是在耗电性与重量上具有比其他品牌更多的优势，则可以提高自己产品的消费者期望值。

⑥ 改变购买者对理想品牌的认识。试图说服消费者改变其对一种或多种属性上的理想标准。如使消费者购买计算机的选择标准，按“便携性”“重量”“运算能力”的次序排列，将使品牌 C 具有最高的评价期望值。

四、决定购买

并非所有感到需要的人都会进行购买。有些人的需要会逐渐衰退，或因徘徊于“不确定”之中而无法确定实际购买。只有做出购买决策后，才会实现购买。但是，在购买意向与决定购买这两者之间往往会介入某些因素的影响和干扰，从而使消费者不一定实现或不马上实现其购买意向。这些影响因素包括以下几项。

（1）其他人的态度。如关系密切的某个人坚决反对购买这种产品、在购买现场听到对这种产品的不利议论等，这些都可能使消费者重新考虑、放弃或改变原来的购买意向。

（2）意外事件。包括消费者个人、家庭、企业、市场及其他外部环境方面突然出现的一些新情况，如家庭中出现了其他方面的紧迫开支、产品生产企业出现重大质量问题、市场上出现了新产品、经济形势出现了较大的变化、原定的商品价格突然提高、购买时销售人员的态度恶劣等。

（3）预期风险的大小。在对欲购商品预期风险较大的情况下，消费者可能采取一些防范或减少风险的习惯性做法，如暂不实现购买意向、改变购买意向等。

五、购后行为

消费者购买了商品并不意味着购买决策过程的终结。消费者往往通过使用产品、与其他人交流，形成对自觉的购买选择进行检验和评价。消费者对所购买的商品是否满意，以及会采取怎样的行动，对企业目前和以后的营销活动都会产生很大的影响。

如果消费者通过购买商品使自己的需要得到满足，并感到满意，不仅能使消费者与企业建立良好的信赖关系，而且消费者还会积极向他人宣传和推荐，帮助企业吸引更多的顾客。如果购买的商品不能给消费者以预期的满足，使其产生失望的情绪或在使用中遇到困难，消费者就会改变自己对该品牌的忠诚，不仅今后自己不会再次购买，而且还会向他人宣传，影响他人的购买；如果不满程度很高的话，可能还会要求退换、向有关消费者组织投诉，或向公众媒体抱怨，甚至诉诸法律。这将对企业的信誉造成很大的不利影响。所以，营销者必须重视消费者的购后的感受和行为，并且采取相应的策略提高消费者的满意度。

第三节　产业市场购买行为分析

企业商品的需求对象，不仅包括以满足个人和家庭生活为目的的消费者，还包括具有其他购买目的的生产企业、商业企业等组织机构。研究和探索这些组织机构市场的特点和规律，对做好市场营销工作十分必要。

这类组织机构主要是原材料、零部件、机器设备、办公用品以及相应的供应品和服务的庞大购买群，其购买动机旨在再加工制造或者是再销售、执行政府职能等。组织机构市场是指所有为了进一步生产、再销售或再分配的个人和组织所构成的市场，具体包括生产者市场、中间商市场和政府市场。

一、生产者市场

生产者市场，也称产业市场或工业市场，是指所有购买商品和劳务，并将它们用于生产其他商品和劳务，以供销售、出租和供应给他人的个人和组织。组成生产者市场的主要行业是农业、林业、渔业、矿业、建筑业、运输业、通信业、公用事业、金融业、保险业、服务业等。它与消费者市场的根本区别在于：这个市场购买者主要是生产者而不是个人消费者，购买的商品是为了制造其他商品，而不是为了个人或家庭消费。

（一）生产者购买的特征

（1）购买者数目少，每笔交易量大，且购买地区相对集中。与消费者市场相比，组织市场的购买者数目较少，但每笔交易的数目较大，且往往集中在某些区域，以至于这些区域的交易量占据全国市场的比重大。例如，国内汽车零配件的购买者主要集中在数量不多的汽车整车厂家，而这些厂家的地理位置也相对集中，主要集中在北京、上海、天津、吉林、广东、浙江、安徽等地区。

（2）购买决策、购买过程更加复杂。企业购买过程一般包括以下步骤：根据需求制订采购计划、供应商询价、确定供应商、跟踪到货、供应商定期评估和维护。在此过程中，虽然采购部门承担了大量的工作任务，但在许多需要做出决策的环节，往往有其他部门和人员的参与。例如，一家汽车制造企业零配件采购计划的制订就需要研发、生产、销售、财务等部分的参与。对供应商的确定、考虑因素也比较复杂，不仅要考虑供应商的质量、价格，还要考虑供货的及时性和灵活性、产品配套的开发能力等。

（3）购买数量受供应商价格变动的影响较小，而受最终用户需求的变化影响较大。例如，一家电视厂家，一是不会因为液晶面板的价格上涨而减少对液晶面板的采购；二是根据电视用户的需求变化调整采购计划。例如，该电视厂商预计未来液晶电视的需求旺盛，则会大幅度增加液晶面板的采购。

（4）供需双方关系密切。对供应商来说，他们希望有稳定的销售渠道，且大宗的买主是其重要的客户。对需求方来说，他们希望有稳定的货源，且能在原材料供应和技术装备维修服务方面得到保证。因此，供需双方都十分重视伙伴关系，都不愿意轻易破坏这种关系。

（5）引申（派生）需求且缺乏弹性。

① 派生需求。生产者市场上客户购买的产品都是工业用品。市场上对工业用品的需求最终是由对消费品的需求派生出来的。例如，消费者购买皮革制品，从而导致了生产者购买兽皮。派生需求往往是多层次的，形成一环扣一环的链条，消费者需求是这个链条的起点，是原生需求，是生产者市场需求的动力和源泉。

② 缺乏需求价格弹性。许多工业用品的需求受价格变动的影响不大，因此需求缺乏弹性。例如，建筑业用的钢材、水泥等，不会因为涨价而减少用量，也不会因为降价而增加用量。除非是发明了节约原材料的新方法、新工艺或者发现了新的替代品。然而后一种情况在短期内是很难实现的。此外，在某些产品的总成本中只占很小比例而又不可缺少的工业用品也缺乏弹性。

（6）需求受经济形势和消费者市场需求的影响较大。生产者市场的需求是由消费者市场的需求引申出来的，其波动性远比消费者市场大。消费者市场需求的小幅度波动会导致生产者市场需求的大幅度波动，这种现象在经济学上称为“乘数原理”。有时消费者市场需求仅变动 10%，就可导致下期生产者市场需求变动 200%。这一特点要求经营者扩大企业的经营范围，实行多元化经营，以增强应变能力。

（7）专家型购买。组织市场的采购人员大都受过专门的训练，具有丰富的商品知识和市场知识，清楚地了解产品的性能、质量、规格、技术要求和价格，是理智型的专家购买，其购买行为不易受人员推荐和广告宣传的影响。

（8）购买决策的影响者较多。与消费者市场相比，影响组织市场购买决策的人员较多。大多数单位都有专门的采购组织，重要的采购决策往往由技术专家和高级经理人员共同做出。供应商应当派出训练有素、有专业知识和人际交往能力的销售代表与买方的采购人员和采购决策参与人员打交道。

（9）分销渠道短。组织市场的购买者往往直接向供应商采购，而不经过中间环节。

（二）生产者购买的主要类型

生产者购买的主要类型包括直接重购、修正重购和新任务采购三种。

1. 直接重购

直接重购是买方喜欢的一种形式，即采购部门并不寻找新的信息或其他供应商，而是根据惯例订购产品。购买方对不同的供应商予以评估，选择满意的作为直接重购的供应商。在这种情况下，名单内的供应商将尽力保持产品质量和服务质量；名单外的供应商会试图提供新产品和开展某种满意的服务，使采购者考虑从他们那里购买产品。

2. 修正重购

修正重购是指购买者希望修改产品规格、价格、其他条件或者供应商的情况。修正重购通常扩大了决策参与者的人数。名单外的供应商通常把修正重购看成获得新业务的一次机会。

3. 新任务采购

当一名采购者首次购买某一产品或劳务时，他便面临着新任务采购，成本或风险越大，决策的参与人数就越多。新任务采购是营销人员的最佳机会与挑战。他们设法尽可能地接触主要的采购影响者，并向他们提供有用的信息和协助。由于新任务采购中涉及复杂的推销问题，因而许多公司采用团队推销。

生产者市场购买行为

（1）神州数码公司是一家 IT 服务商，为政府、企业提供 IT 解决方案，也向个人销售 IT 产品。然而，神州数码自己并不生产 IT 产品，而是根据客户需求设计解决方案，再按照方案寻找相关产品的供应商，如 IBM 公司、思科公司、HP 公司等。神州数码公司购买这些供应商企业的产品是为了客户转售和提供服务。

（2）浙江吉利控股集团有限公司是中国汽车行业十强企业。集团现生产、销售吉利自由舰、吉利金刚、吉利远景、上海华普、美人豹等八大系列 30 多个品种整车产品。除了发动机、变速器等核心部件是自己开发和生产外，吉利集团每年还要向近千家供应商采购零配件。吉利集团向零配件供应商购买汽车零配件产品，是为了生产整车。

资料来源：赵开华，张满林. 市场营销[M]. 北京：中国经济出版社，2010.

（三）生产者购买过程的主要参与者

采购代理人控制着选择供应商的决策权。这说明在新任务采购时，工业营销者必须把产品信息传递给工程技术人员，在重购和新任务的选择供应商阶段必须首先把信息传递给采购代理人。

采购组织的决策单位称为采购中心，即所有参与购买决策过程的个人和集体，他们的目标相同并一起承担由决策引发的各种风险。他们在决策过程中分别承担七种角色。

（1）发起者。提出和要求购买的人，他们可能是组织内的使用人或其他人。

（2）使用者。组织中将使用产品或服务的成员，在许多场合中，使用者首先提出购买建议，并协助确定产品规格。

（3）影响者。影响购买决策的人，他们常协助确定产品规格，并提供方案评价的情报信息。技术人员是重要的影响者。

（4）决定者。有权决定产品要求和供应商的人。

（5）批准者。有权批准决定者或购买者所提方案行动的人。

（6）购买者。正式有权选择供应商并安排购买条件的人。购买者可以帮助制定产品规格，但主要任务是选择买主和交易谈判。在较复杂的购买过程中，购买者中或许也包括高层管理人员一起参与交易谈判。

（7）控制者。有权阻止销售员或信息与采购中心成员接触的人，如采购代理人、接待员和电话接线员等。控制者可以阻止推销员与用户或决策者接触。

半导体制造公司：作为合作者的供应商

中国台湾半导体制造公司（TSMC）是世界上最大的自主经营的半导体生产商。它通过与客户在设计和制作集成电路产品方面的合作实现了强有力的增长，其服务对象包括刚刚成立的公司到像英特尔这样的跨国公司。它承诺提供高效服务、始终如一的质量、制造能力以及一流的技术和物流支持。TSMC 所在的行业竞争激烈且极度不稳定，对于设计周期、市场进入和产品质量的要求越来越高。然而，TSMC 高超的工艺技术、优质的制造和顾客服务使其成为世界级的值得信赖的芯片制造商。

TSMC 的商业理念包括：正直、对关键业务的持久重视；国际化、长期导向；将顾客作为合作而非竞争者；通过全方位的努力建立品质、不断创新；营造充满活力而有趣的工作环境；保持交流渠道畅通；做一个好企业公民。TSMC 的顾客设计支持和服务组织以提供最高的顾客满意度为目标，如设计流程集成价值链提供快速的大规模生产、晶圆共乘服务使顾客分担普通光罩成本以降低设计费用。TSMC 的网上工厂 24 小时为顾客提供工程和电子供应链的信息、分析服务、订单状态查询、订货、过程可靠性数据以及其他信息，它促进了 TSMC 和它在世界范围内的顾客在设计、运作和物流方面的合作。

资料来源：菲利普·科特勒，加里·阿姆斯特朗，洪瑞云，等. 市场营销原理[M]. 何志毅，等，译. 北京：机械工业出版社，2011.

（四）影响生产者购买决策的主要因素

生产者在做购买决策时，常受到许多因素的影响。许多营销人员认为最重要的影响是经济效益。但事实上，除了考虑经济因素外，往往也会考虑到一些非经济因素的动机。其采购人员对于经济因素和非经济因素都会有所反应。因此，营销人员应注意生产者购买情境中的人性因素和社会因素。一般而言，影响生产者购买决策的因素分为四大类，包括环境因素、组织因素、人际关系因素和个人因素，如图 5-6 所示。

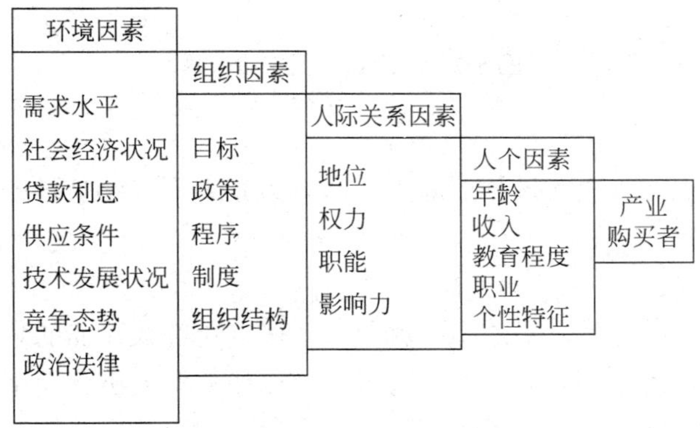

图 5-6　影响生产者购买的主要因素

1. 环境因素

环境因素是指企业外部环境的影响。生产者购买行为常常受到需求水平、社会经济状况、贷款利息、供应条件、技术发展状况、竞争态势、政治法律等各种因素的制约。这些环境因素往往是买卖双方都无法控制的。

2. 组织因素

组织因素是指企业自身的采购目标、政策、程序、相应的制度和组织结构。这五个组织因素交互影响，通过组织的力量，确定购买一方在制定购买决策中的期望、目标和使用资料，是影响购买力行为的重要因素之一。

3. 人际关系因素

人际关系因素可以是一个企业的“采购中心”。它经常由许多具有不同地位、权力、职能的人组成，包括倡议者、使用者、影响者、采购者、决策者和信息的控制者。这些人参与购买生产资料的决策过程，他们在企业中的地位、职权、影响力等以及彼此之间的关系有所不同，往往会导致决策的矛盾和决策过程复杂化。

4．个人因素

个人因素是指购买决策参与者的年龄、收入、教育程度、职业和个性特征。通常人们认为生产资料市场购买是有组织的购买而忽视购买者的个人特点。实际上，所有组织的购买者行为最终都是在有组织的相互影响基础上产生的一种个人行为。特别是当供应产品在质量、价格、服务方面相类似时，个人因素更明显地影响购买者对拟采购的生产资料和供应商的感觉印象及对风险的态度。因此，生产资料市场的营销活动目标应当是具体决策的参加者，而不是抽象的企业。

（五）生产者购买决策的过程

组织采购决策过程视组织采购类型的不同而变化。其中全新购买最为复杂，涉及的阶段最多，一般涉及以下八个阶段，如图 5-7 所示。

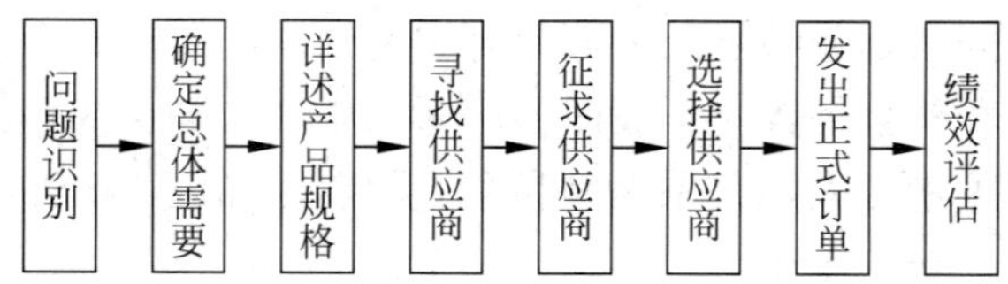

图 5-7　生产者购买决策过程

1．问题识别

问题识别是组织购买决策过程的起点，即认识到需要采购某种产品或服务，此时便开始了采购过程。

2．确定总体需要

在明确了采购问题之后，采购中心就要着手确定所需采购品的总特征和数量。对于复杂的采购项目还要制定书面的采购申请报告，以便采购人员、使用者、技术人员、财务人员甚至企业的中高层管理者了解情况，提出意见和建议。

3．详述产品规格

采购中心按照确定的申购报告组织有关成员对采购品的要求进一步细化，确定其技术要求、产品规格、质量标准、价值成本分析、可能的替代品等。

4．寻找供应商

按照采购品的要求，向潜在的供应商传递采购意向。寻找供应商的途径非常多，包括行业供应商名录、行业展会、广告、电话号码簿、互联网等。

5．征求供应商

对于已联系上的潜在的供应商，企业应要求供应商提供有关采购品的相关文件并给出报价，提供样品。

6．选择供应商

对有优势的供应商，出于慎重的原则，企业要组织人员进行现场考察。在比较全面深入了解的基础上，企业一般会选择不止一家供应商。这样做能够使企业有备无患，并让几家供应商相互竞争，从而获得质优价廉的采购品。

7. 发出正式订单

在选定供应商之后，开出的订货单将包括有关技术要求说明、采购数量、交货期等更详细的内容，通常会形成采购合同或协议等书面文件。许多企业更倾向于采用“一揽子合同”的采购方式。

8. 绩效评估

对采购品还要进行事后的评估。采购中心会组织使用者对采购品的技术性、质量标准、供应履约等情况进行全面的质量体系审核，以决定是否继续执行采购协议。为此，供应商更要关心供应品的追踪调查，加强售后服务，以赢得需方的信任，从而保持长期合同的持续。

二、中间商市场

（一）中间商市场的构成

中间商市场也称专卖者市场，是由所有以营利为目的的从事转卖或租赁业务的个体和组织构成，包括经销商、代理商和经纪人，其实质是顾客的采购代理。

（二）中间商市场的特点

中间商市场的购买行为与产业市场在很多方面相似。例如，中间商采购组织中也有若干人参与采购决策；决策过程也是从提出需求开始，以决定向哪家供应商结束；中间商的购买同样要受到环境、组织、人际和个人等方面的因素影响。但是，两者之间仍有一些重要的差别。中间商的购买行为有如下特点。

1. 慎重选择经营的产品

中间商一般从市场需求的角度和自身利益出发，慎重选择经营的产品。市场畅销的产品、利润高的产品、品质好的产品、知名度高的产品，往往是中间商的首选。

2. 选择最佳供应商

当货源充裕时，中间商自然要选择对它们最有利的供应者。值得注意的是，近年来，许多批发商或零售商尤其是实力雄厚的大型零售商注意提高所经营商品的质量和服务水平，开始开发并使用自有品牌。在美国，中间商品牌商品的销售额已占全部销售额的40%以上。

3. 寻求更好的供应条件

中间商并不热衷于更换供应者，但希望从原有的供应者那里获得对自己更有利的进货条件，如更好的服务、更合算的信贷条件、更大的价格折扣等。中间商在采购时尤其注重价格、付款、折扣、销售支持等交易条件的谈判。

4. 谋求长期合作

中间商出于控制市场的目的考虑，希望能与供应者形成“战略性的协作伙伴关系”，成为生产企业某产品的地区总经销、独家经营会特约经销，也有希望成为生产企业的销售代理。

（三）中间商购买决策的主要影响因素

影响中间商购买决策的因素与生产者市场的情况大致相同，包括环境因素、组织因素、人际关系因素和个人因素。

1．消费者的接受程度

中间商的购买目的决定了其在购买商品时，首先考虑的是这一商品能否被消费者接受及接受的程度如何。

2．商品供应者提供的优惠和折让

面对消费者需求的众多商品，中间商制定购买决策时将充分考虑供应商提供的条件，决定结果当然是选择那些提供优惠和折让多的供应商，以获得最大限度的利润。

3．广告与促销

商品生产者越来越多的广告和促销活动，在很大程度上影响着消费者的购买趋向，因此，中间商在制定购买决策时会充分考虑广告和促销的作用，以便利用生产者通过努力达到的广告效应，这对中间商顺利转售和出租商品给消费者有很大的好处。

4．开发新项目

有些商品对中间商来说，经营它在短时间内可能无利可图或者获利不多，但该项目具有很大的市场潜力，远景看好。出于占领市场、吸引消费者的考虑，中间商也会做出相应的购买决策。

5．商品推荐

生产者的上门推销对中间商也将带来一定影响，一般上门推荐的商品都附带有吸引人的条件。

第四节　政府与非营利市场购买行为分析

一、政府市场的购买行为分析

（一）政府市场的购买决策内容与其影响因素

1．政府市场的购买决策内容

政府为了实现其职能，需要购买大量的商品和服务，因此面对繁重的决策任务，政府应把掌握的一部分国民收入充分、合理地分配到不同领域以实现相应的政府职能。因此，购买哪些商品及购买多少是其购买决策的首要因素。其次便是卖主的选择问题，政府可以在国内和国外两个市场上实现其采购行为。最后政府市场的采购者还要就采购方式做出决策。政府采购部门要完成的是数量极大、范围极广、项目极多的购买任务，因此需要针对不同购买项目、不同的时间、场合，做出相应的购买方式决策。选择适宜的购买方式，将对采购部门顺利完成购买任务并充分实现职能带来很大帮助。

2．影响政府购买决策的因素

影响政府购买决策的因素有以下几项。

（1）政治环境、政策变化的影响。一个政府的基本职能是稳定不变的，从而决定了政府采购项目、范围、数量的相对稳定。但是，国家政治环境、政策的变化，对政府采购决策会带来极大影响。如在战争时期，政府将采购大量的军需物资，而在和平时期，政府将考虑如何发展经济、促进社会进步。

（2）监督机构、社会团体及公民的监督。政府采购的独特之处在于它受到外界的严密注视和公众的评论，因此，政府在制定购买决策前，就要充分考虑到该项决策的可行性，能否得到监督机构、社会团体和公众的认可。有的国家的政府官员就因采购中的奢侈和浪费被揭露而下台。

（3）非经济标准的影响。政府市场的采购者通常会选择那些符合要求的、出价最低的商品供应者，以求改善支出效率，减少财政赤字。但同时，对非经济目标的追求，在政府采购中的作用也相当大。

（二）政府市场的购买行为的特点和方式

1．政府购买行为的特点

（1）需求受到较强的政策制约。政府的办公开支和购买需求往往会受到相关政策文件和法律条文的制约，也会受到来自社会多方的监督和质询，因此其需求受到相关政策的制约性最强。

（2）需求技术性较强。政府出现大量的购买行为常常是为了解决某一特殊问题而进行的，往往有很强的针对性，其针对性越强，其需求的技术性也就越强。

（3）购买方式多样。政府采购的方式会根据需求的目标和需求量的不同而不同，因此多样灵活的采购方式是其明显的特点。

（4）购买需求受到公众社会的监督。在现代社会政务公开的背景和要求下，政府采购各项支出的明细账目不仅会受到上级机关、审计部门的审查批准，也同时会受到舆论和公众的关注和监督，尤其较大的采购支出和频繁的采购支出更是如此。

（5）购买目标的多重性。政府采购的目标往往不是单一的，既要满足政府自身的正常运作，还要满足社会其他部门的特殊需求和公众舆论的期望与满意度。

2．政府购买方式

政府购买方式包括公开招标竞购、议价合约选购和例行选购三种。

（1）公开招标竞购。政府部门以向社会公开招标的方式择优购买商品和服务。

（2）议价合约选购。政府采购机构和一个或几个供应商接触，经过谈判协商，最后只和其中一个符合条件的供应商签订合同，进行交易。

（3）例行选购。政府对维持日常政务运转所需的办公用品、易耗物品和福利性用品等，向熟悉的和有固定业务联系的供应商采购。

二、非营利市场的购买行为分析

（一）非营利组织市场的含义和类型

1．非营利组织市场的含义

非营利组织市场是指由为了维持正常运作和履行职能而购买产品和服务的各类非营利组织所构成的市场。

2．非营利组织的类型

（1）促进群体交流的非营利组织。这类组织是指促进群体内成员的交流、沟通思想和情感、宣传普及某种知识和观念、推动某项事业的发展、维护群众利益的各种组织，包括各种职业团体、业余团体、宗教组织、专业学会和行业协会等。

（2）提供社会服务的非营利组织。这类组织为某些公众的特定需要提供服务，包括学校、医院、红十字会、卫生保健组织、新闻机构、图书馆、博物馆、文艺团体、基金会、福利和慈善机构等。

（二）非营利组织的购买特点

1．限额采购

非营利组织的采购经费是既定的，不能随意突破。

2．价格低廉

非营利组织大多数不具有宽裕的经费，在采购中要求商品价格低廉。

3．质量保证

非营利组织购买商品不是为了转售，也不是为了成本最小化，而是为了维持运行和履行组织职能，所购商品的质量和性能必须保证实现这一目的。

4．受到控制

为了使有限的资金发挥更大的效用，非营利组织采购人员受到较多的控制，只能按照规定的条件购买，缺乏自主性。

5．程序复杂

非营利组织购买过程的参与者多，程序也较为复杂。

（三）非营利组织的购买方式

1．公开招标

非营利组织的采购部门通过传媒发布广告或发出信函，说明采购商品的名称、规格、数量和有关要求，邀请供应商在规定的期限内投标。有意争取这笔业务的企业要在规定的时间内填写标书，密封后送交非营利组织的采购部门。招标单位在规定的日期开标，选择报价最低且其他方面符合要求的供应商中标单位。

2．议价合约采购

非营利组织的采购部门同时和若干供应商就某一采购项目的价格和有关交易条件展开谈判，最后与符合要求的供应商签订合同，达成交易。这种方式适用于复杂的工程项目，因为它们涉及重大的研究开发费用和风险。

3．日常性采购

非营利组织为了维持日常办公和组织运行的需要而进行采购。这类采购金额较少，议案是当场即付。如购买办公桌椅、纸张文具、小型办公设备等。

本章小结

本章根据市场的分类，对于消费者市场、生产者市场、中间商市场、政府市场和非营利组织市场分别进行了较为详细的分析。

消费者市场是市场体系的基础。消费者的购买行为受到环境和个人因素的共同影响。问题确认、信息收集、选择评价、购买决策和购后行为是消费者购买决策过程中的主要步骤。

组织市场是企业所面临的市场的重要组成部分，组织市场的购买者是企业的重要营销对象，企业应当充分了解他们的特点和购买行为。组织市场包括生产者市场、中间商市场、政府市场和非营利组织市场。组织市场的购买行为在一定程度上同样会被环境、组织、人际关系和个人因素所影响。生产者市场购买行为的主要类型包括直接重购、修正重购和新任务购买。供应商应当充分了解不同类型的购买决策的需求和特点、参与者和影响购买的因素，采取相应的营销措施促进购买。同样营销人员应该根据影响中间商购买决策过程中的因素做好营销。了解和把握在不同市场情况下影响购买行为的各种因素、购买行为的特点和购买决策过程，是成功制定市场营销战略和具体营销计划的基础。

重要术语

消费者市场、组织市场、政府市场、文化因素、消费需求、购买行为、生活方式、社会阶层

复习思考题

1．影响消费者购买行为的因素有哪些？

2．简述马斯洛的需要层次理论及其对营销的启示。

3．怎样运用社会阶层、生活方式、参照群体来分析消费品的购买决策？

4．结合某一具体选购品（手机、笔记本电脑等），说明其购买决策过程。

5．调查某一品牌的市场细分、产品定位及市场竞争状况，写出调查报告。

6．列举一个你主要依据理性思考做出购买决定的例子，并描述当时的情境和购买决策。

7．观察在商场选购商品的消费者，他们是如何在货架前考虑品牌选择决策的？

8．如何根据生产者用户购买特点开展有效的营销活动？

9．中间商的购买类型对购买决策会产生哪些影响？

10．刚刚进驻中国内地、提供现代办公设备的外资企业，若想进入中国政府采购市场，成为该市场的供应商，该企业应该怎样做才能达到目的？

阅读推荐

[1] 张红. 市场营销学[M]. 上海：格致出版社，2011.

[2]]赵开华，张满林. 市场营销学[M]. 北京：中国经济出版社，2010.

[3] 王永贵. 营销管理[M]. 大连：东北财经大学出版社，2011.

案例分析

早教大潮裹挟“80后”妈妈

糖糖是个不到一岁的小姑娘，除了爸爸妈妈外，每天咿咿呀呀喊出的“话”大家都听不懂。不过，糖糖妈觉得，女儿太有语言天赋了。糖糖妈已经决定为女儿选择双语幼儿园，“要给孩子创造一个好的语言环境”。

徐先生的儿子已近两岁，孩子八九个月大的时候听了一节早教课，徐先生的爱人李女士当时果断拒绝了早教机构的“推销”：“孩子太小了，根本没有参与性，你们是在给我上课呢！”

常言道：三岁看大，七岁看老。土的、洋的、传统的、现代的，各种各样的早教理念不断刺激“80后”父母的育儿神经，早教大潮已成汹涌澎湃之势。

痛恨应试教育，坚决拥护早教机构宣传的素质教育理念

糖糖妈是“激进”的早教课程拥护者。在糖糖“入学”之前，这位辞去工作的全职妈妈已经考察了北京的多家早教机构，包括它们宣传的各种教育理论和上课方式。考察的过程很艰辛，研究的过程很枯燥，但糖糖妈乐此不疲地坚持了很长一段时间，支撑她的就是一个信念：“不能再让女儿受应试教育之苦。”糖糖妈信奉“孩子不能输在起跑线上”，最不喜欢听的就是：“咱们小时候没有早教，现在不也挺好？”在她眼里，现在国内的教育体制几乎一无是处，只注重知识传授，不注意人格培养，这样教育出来的孩子“情商”都不高。

这些早教机构提出的培养方式和目标非常对糖糖妈的口味。比如，“严格按照婴幼儿早期的生命中的敏感期设置课程，运用蒙特梭利等人的教育理念，通过简单有趣的游戏帮助幼儿建立良好的内在世界的秩序，达到个性与社会性的协调统一，充分开发幼儿的潜能，培养幼儿的综合素质”。糖糖妈认同早教机构的宣传理念，能力培养是个长期的过程，决定把100块钱一节的早教课进行到底。

对早教机构说“不”的妈妈有点沉不住气了

李女士自认非常理智，尤其是当面对一些打着“为孩子好”旗号的商业推销时，基本都能果断地摆手说“不”。“我看过一则新闻，说是两岁孩子开口背唐诗不新鲜，但孩子会背唐诗不会穿衣服才奇怪。专家说是过度和失当的早教造成的。”李女士说，她和丈夫都认为不能用成人的功利思想培养孩子。

其实，刚有孩子那会儿，李女士也是茫然无措，“不知道怎么对他才好”，也“从众”地带孩子去试听早教课程，但感觉不好。这些老师一口专业术语，“给你一种感觉，孩子从这儿出来一定是完美无缺的”。李女士说，商业性的教育机构收费都不低，但每每问他们怎么看效果，“都是顾左右而言他，又给你扯到宣传口号上去了”。

她和爱人徐先生决定一切顺其自然，不给儿子搞什么“脑开发”。别人推荐的，无论是书还是课，她一定会在网上搜搜看，如果优劣参半，她基本不予考虑，“除非是大家都说好的，我才会试试看，不过却是挺少的”。

可是，马上两岁的儿子，现在说话还只能蹦词儿，比他大 50 天的、花了钱去上课的小女孩早能唱歌、背唐诗了；儿子去翻斗乐园，还不能双腿起跳，那个小女孩已经连蹦五六下了。这下李女士有些沉不住气了，现在人家的孩子都已经冲出了起跑线，自己的孩子还没做好准备工作，差距太大了。

其实，不止李女士，很多妈妈都是因为看到人家的孩子纷纷涌进早教班才不得不跟风的。“我本来也不喜欢早教机构的宣传，但我们小区的孩子几乎都在上课，我最后实在顶不住这种压力，也给孩子报了一个班，先试试吧。”

资料来源：张红. 市场营销学[M]. 上海：格致出版社，2011：97-98.

思考题

1. 影响早期教育产品的购买行为的内外因素有哪些？

2. 请针对“80 后”家长为早教机构设计一则广告，在广告中体现相关群体对购买行为的影响。

第六章 市场细分、目标市场选择与市场定位

学习目标

市场细分及目标市场战略，是现代企业市场营销中一个非常重要的问题。它所要解决的是企业长远发展和生产经营的产品去向，即满足哪一部分顾客需求的问题。因为任何一个企业都不可能满足所有顾客对某一产品的需求，所以每个企业都有一个“为谁的需求服务”的经营决策，即目标市场战略。市场细分是企业目标市场的基础和前提，在现代企业营销活动中占有十分重要的地位。通过学习，应了解市场细分的含义及作用，熟悉市场定位的概念和方法，掌握市场细分的方法和三种目标市场战略的特点。

导入案例

腾讯实施“互联网+民生服务”目标市场战略

腾讯结合自身在社交网络、大数据、云等方面的经验积累，和全国 13 个省、自治区，45 个城市，分别签订了“互联网+”战略合作协议，推动当地社会经济全面转型发展。以“互联网+民生服务”为例。截至 2015 年年底，微信的城市服务项目已上线 16 个省 78 个城市，共提供包括公安、交管、社保、医疗等在内的 2 611 项服务，平均每座城市提供 33 项服务，累计服务人次达 6 881 万。与此同时，目前全国已开通的政务微信公众账号超过 10 万个，可以帮助老百姓实现包括水、电、煤、宽带、话费的费用缴纳，出入境业务办理等在内的多种便利的政务民生服务。同时，腾讯旗下战略级产品应用宝在 2015 年相继推出“应用+”、微下载也助力“互联网+餐饮、旅游、影视”等各个领域 O2O 应用将自身的内容与服务更快触达用户。应用宝“应用+”战略相当于脱去了 App 的外衣，让用户最关心、最需要的内容和服务直接呈现在应用宝的平台上。“应用+”接入了爱鲜蜂、秀美甲、途牛旅游、大众点评等各行业的 O2O 应用，让用户无须下载 App，就能在应用宝中获取吃喝玩乐衣食住行的各种移动生活服务和内容。而对开发者而言，可以更直接、便捷的方式连接用户，将应用的内容与服务更高效分发给用户。

同时，应用宝 2015 年 12 月推出的“微下载”也帮助“互联网+”各个行业开发者的应用在微信朋友圈、公众号中能一键下载。用户只要点击微信中朋友圈、公众号的应用分享链接，两步操作即可下载，整个用户体验比以往流程精简 80%。通过应用宝“微下载”，让超6亿微信用户真正成为App的使用者和推广者，通过微信用户之间分享和推荐轻松实现口碑营销，减少推广成本的同时，带来高下载转化率。

马化腾指出，2016年希望能够把“互联网+”更加深入地去落实。而在微信、QQ、应用宝等产品的带动下，“互联网+金融”“互联网+交通”“互联网+医疗”“互联网+教育”“互联网+环保”等领域仍拥有巨大的潜力，而在这个过程中，也会诞生出无数的产业机会。

资料来源：http://tech.hexun.com/2016-03-23/182921044.html.

第一节　市场细分原理

一、市场细分的概念及作用

市场细分（market segmentation）是由美国市场营销学家温德尔·史密斯（Wendell Smith）于1956年提出来的一个非常重要的概念。它适应了第二次世界大战后美国许多产品的市场由“卖方市场”转向“买方市场”这一新的形势，是企业营销思想的新发展，是市场营销观念的必然产物。同时，又是市场营销理论的一大创新。

市场细分是指企业在调查研究的基础上，依据消费需求和欲望等方面的差异，把一个整体市场划分成不同类型消费者群的过程。每一个消费者群就构成企业的一个细分市场，每一个细分市场都是具有类似需求倾向的消费者构成的群体。在同一细分市场内部，消费者需求大致相同；不同细分市场之间，则存在着明显的差异性。企业可根据本身的条件，如资源、经营能力等，选择适当的细分市场为目标，拟订本企业最优的营销方案和战略。因此，市场细分为企业在市场营销活动中分析市场、研究市场、选择目标市场提供了依据。它对提高企业的经济效益，避免人力、财力、物力的浪费，更好地满足消费者需求，都具有重要意义。

具体来讲，市场细分的作用主要有以下几项。

（1）有利于企业分析市场，发掘新的市场机会，形成新的、富有吸引力的目标市场。

通过市场细分，企业可以了解到不同细分市场上的购买能力和购买潜力，具体分析市场消费者需求的满足程度及市场竞争状况。消费者需求满足程度低的市场，通常存在极好的市场机会，不仅销售潜力大，而且竞争者也较少。同时，细分市场潜在需求的存在，是企业开发新产品和寻求市场机会的重要途径。

（2）有利于提高企业的竞争能力和营销的经济效益。通过细分市场，一方面，企业依据细分市场的特点，有针对性地制订营销计划、产品战略、价格战略、渠道战略和促销战略，避免了人、财、物资源的浪费，使产品适销对路，并迅速送到目标市场，扩大销售；另一方面，通过细分，可使企业有的放矢地开展针对性营销活动，明确细分市场竞争对手的优势和劣势，降低费用，提高竞争能力和综合经济效益。

（3）有利于满足社会消费需求的变化。消费者的需求是一个不断变化的动态过程，当消费需求发生变化时，企业通过细分市场，则能认识这种新需求，发现营销机会，开发新产品；增加花色品种，更好地满足细分市场消费者的需求，使消费者能够买到自己所需要的产品。这是企业开发新产品、不断发展壮大的根本所在。

（4）有利于中小企业开发和占领市场。市场细分为中小企业开发和占领市场提供了切实可行的机会。一般来讲，中小企业尤其是小企业，由于资源有限，实力不足，很难与大企业在市场上正面竞争，而通过细分市场就容易找出一些大企业不感兴趣或被忽视的小市场，中小企业在这些小市场中经营，不仅有利可图，而且可以扬长避短，发挥优势，风险较小，比较安全。

细分市场不仅是一个分解的过程，也是一个聚集的过程。所谓聚集的过程，就是把对某种产品特点最易做出反应的消费者集合成群。这种聚集过程可以依据多种标准连续进行，直到识别出其规模足以实现企业利润目标的某一个消费者群为止。“矩阵图”是企业细分市场的有效方法如图 6-1 所示。

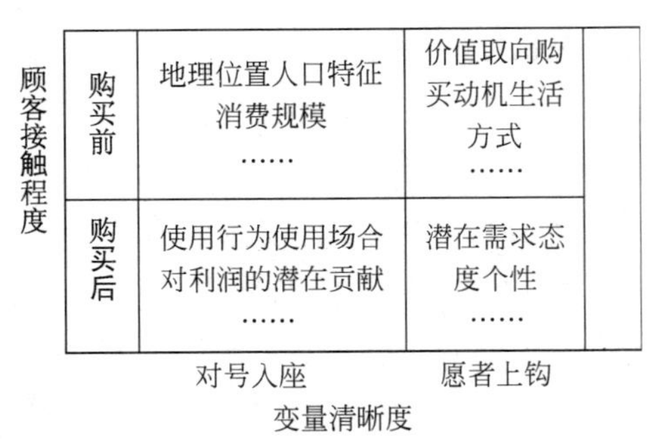

图 6-1　市场细分矩阵图

二、市场细分是企业实施目标市场营销的前提

在现代经济生活中，由于生产力的高速发展，生产的社会化、专业化水平不断提高，人们的收入普遍增加，因而消费者的需求显现出多层次、多样性、多变性的特征。在这种市场环境下，企业为了充分利用自身有限的资金和资源，生产最能发挥自身优势、满足消费者某种特定需求的产品，即选择与本企业营销宗旨最相适应、销售潜力最大、获利最高的细分市场作为营销的目标，然后采取相应的营销战略和手段打入或占领这个市场。

为了保证目标营销战略的实施，企业应该采用细分市场、选择目标市场和市场定位三位一体的营销手段，如图 6-2 所示。

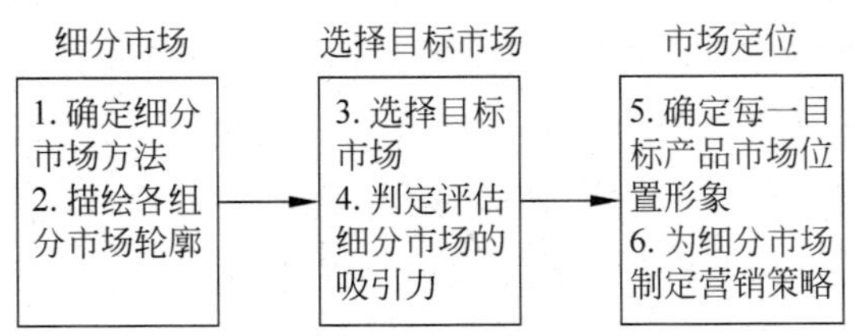

图 6-2　目标市场营销程序

（一）细分市场

按照顾客对产品或营销组合需求的差异性，将整体市场划分为不同的顾客群，采取不同的营销手段。其主要任务是，确定各种细分市场的方法，描绘每一个细分市场的轮廓，衡量每一细分市场对企业的吸引力。

（二）选择目标市场

在市场细分的基础上，制定衡量细分市场吸引力的标准，选择一个或少数几个细分市场作为企业进入的目标市场，为不同目标市场的顾客提供差异化的产品和服务。

（三）市场定位

在明确企业目标市场的前提下，在分析主要竞争对手产品或营销组合的基础上，塑造能与众不同的产品、服务特色或鲜明个性，并通过整合营销传播手段向目标市场传递和展示公司产品和服务的特色，定位的目的是要使产品在潜在顾客心目中有一个适当的位置。

三、市场细分战略思想的形成

市场细分战略思想的形成，大致经历了以下三个阶段。

（一）大量营销阶段

所谓大量营销，是指生产者面向所有的购买者，通过大量生产、大量分配销售、大量宣传推广单一产品，以吸引所有消费者购买的一种营销方式，即在典型的生产观念指导下的企业营销行为。这种战略思想认为，只要消费者看到这种产品，且价格适中，他们就会接受这种产品。这种战略运用的前提应是市场上的产品供不应求，如美国可口可乐公司早期只生产一种饮料，容器也不变，以满足所有人的需求。采用大量营销，可使成本和价格降到最低，并可创造最大的潜在市场。

（二）产品差异化营销

所谓产品差异化营销，是指生产企业同时生产两种或两种以上的不同产品，其目的是向消费者提供具有不同特色、式样、品质和规格的多种产品，使消费者有充分的自由选择权，如冰箱厂家生产不同颜色、不同外形、不同容积、不同规格的产品，以供顾客选择。

（三）目标市场营销

所谓目标市场营销，是指企业将整体市场细分为众多的小市场，从中选出一个或几个细分市场作为目标市场，依据每个目标市场的不同需求特点，开发不同产品，采用不同的营销组合战略，以占领一个或多个不同的细分市场，获取较大的市场占有率。这种营销思想行为已日益为营销公司所接受。这样有助于公司把握营销机会，提供适销对路的产品，以有效地达到目标市场。

四、市场细分的基本模式

在有关市场细分模式的研究中，则主要依据顾客对某产品最重要的两种属性的重视程度来划分市场，以形成不同偏好的细分市场，结果出现以下三种不同的模式。

（一）同质偏好

同质偏好如图 6-3（a）所示，显示所有顾客有大致相同的偏好的市场（以某食品厂生产的奶油蛋糕为例），并且都处在甜度与奶油两者偏好的中心。

（二）分散偏好

分散偏好如图 6-3（b）所示，分散型偏好表示，市场上的顾客对两种属性的偏好散布在整个空间，这表明消费者对产品属性的要求存在较大差异。先进入该市场的品牌可能定位于中央位置，以最大限度地迎合数量最多的顾客。同时定位于中央的品牌可将消费者的不满足感降到最低水平。新进入该市场的竞争者可以定位于第一品牌的附近，与其争夺份额。当然，也可远离先进入的品牌，形成有鲜明特征的定位，以吸引对先进入品牌不满的顾客群。如果该市场潜力很大，同时会出现几个竞争品牌，它们会定位于不同的空间，来体现与其他竞争品牌的差异性。

（三）集群偏好

集群偏好如图 6-3（c）所示，市场上可能出现有独特偏好的密集群，客观上形成了不同的细分市场。这时，进入市场的企业有三种选择：定位于中央，尽可能赢得所有顾客群体（无差异营销）；定位于最大的或某一“子市场”（集中营销）；发展数种品牌各自定位于不同的市场部位（差异营销）。

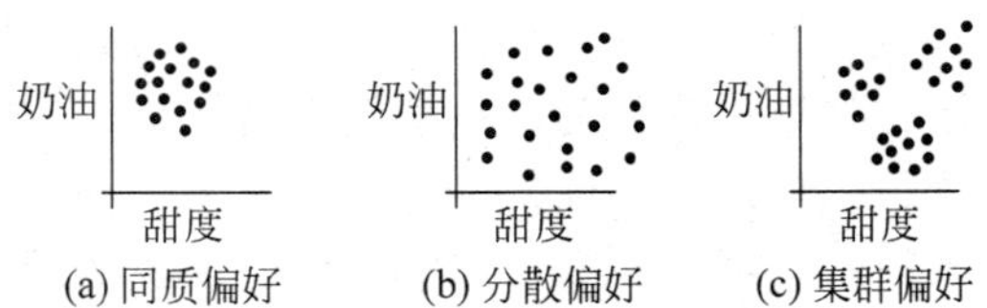

图 6-3　市场偏好基本模式

五、市场细分的原则

实行市场细分化，并不是简单地把消费者视为需求相同或不同就行。市场细分在企业的市场营销活动中处于战略地位，直接影响到企业各种营销战略的组合。因此，市场细分必须遵循一定的原则。这些原则主要有以下几项。

（一）可衡量性

可衡量性是指表明消费特征的有关资料的存在或获取这些资料的难易程度。亦即细分出来的市场不仅范围比较明晰，而且能大致衡量该市场购买力和规模的大小。各细分市场有其容易认识的组成人员，具有共同特征，表现出类似的行为，并且有可能取得表明购买特性的资料。

例如，以地理因素和消费者的年龄、经济状况等因素进行市场细分时，这些消费者的特征就很容易衡量，资料获得也就比较容易；而以消费者心理因素和行为因素进行市场细分时，其特征就很难衡量，所以它是一种高级细分技术，需要在有关专家的协助下才能完成。

（二）实效性

实效性是指目标市场的容量及获利性值得企业进行开发的程度。一个细分市场是否大到可以实现具有经济效益的营销目标，取决于这个市场的人数和购买力。市场划分范围必须合理，细分市场的销售量应考虑是否值得企业分别开展不同的营销活动。因此，一个细分市场应是适合设计一套独立营销计划的最小单位。

（三）可接近性

可接近性是指企业能有效地集中力量接近目标市场并有效为之服务的程度。企业对所选中的目标市场，要能有效地集中营销能力，开展营销活动。一方面是指企业能够通过一定的媒体把产品信息传递给细分市场的消费者；另一方面是指产品经过一定的渠道能够到达该细分市场。

（四）反应率

反应率是指不同的细分市场，对企业采用不同营销战略组合，所具有的不同反应程度。如果市场细分后，子市场对各种营销方案的反应都差不多，则细分市场就失去了意义。例如，如果所有细分市场按同一方式对价格变动做出反应，也就无须为每一个市场规定不同的价格战略。

（五）稳定性

细分市场必须在一定时期内保持相对稳定，以便企业制定较长期的营销战略，有效地开拓并占领该目标市场，获得预期收益。若细分市场变化过快，目标市场有如昙花一现，则企业经营风险也随之增加。同时，在实践中，除稳定性外，细分市场也并不是越细越好。因为如果划分过细，一是会增加细分变数，给细分带来困难；二是会影响规模效益；三是会增大费用和成本，这时就应实施“反细分化”战略。这并不是反对市场细分，而是要减少细分市场的数目，亦即略去某些细分市场，或者把几个太小的细分市场集合在一起。推行“反细分化”战略，要有利于扩大产品的适销范围，降低成本和费用，增加销售，提高经济效益。

第二节　市场细分的程序和标准

一、市场细分的程序

企业在进行市场细分时，往往会面对市场而无从着手。一般来说，可采取比较直观、实用的细分程序。

（1）确定粗略市场，选定市场范围。根据企业的目标和产品特性，决定进入属于何种行业的市场。

（2）列出市场范围内所有潜在消费者的所有需求。根据地理环境、社会经济、心理、购买行为等标准，将所有潜在消费者的需求罗列出来，这就需要收集资料并进行适当的调查。

（3）进行需求归类。将具有共同需求的消费者归为一类，即形成一个细分市场，这样就把一个粗略市场分为若干个细分市场。

（4）针对每一细分市场，考虑到运输成本、可供利用的广告媒介、可利用的分销渠道、维持市场占有率的成本、各细分市场之间的关系、收入期望值的大小等因素在经济上和战略上的影响，并进一步选择决定本企业的目标市场。

某牙膏生产厂商对牙膏市场进行细分的程序

第一步，粗略市场确定。凡是有牙齿的人，都需要使用牙膏刷牙。这样有牙齿的人就构成了一个粗略市场。

第二步，消费者需求研究。企业不能把牙膏向“凡是有牙齿”的人推销。因为有牙齿的人不一定都需要牙膏，如不会刷牙的小孩，或不用牙膏而用牙粉的人，使用假牙的老人等，而且需要刷牙的人也不一定都需要同类型牙膏。因此，还必须对牙齿和需要购买牙膏的人按照其追求的利益和需求进行细分，如有的消费者需要牙膏是为了使牙洁白、干净；有的消费者是为了消除口臭；有的消费者是为了防治蛀牙等。

例如，高露洁面对的消费群体为“防治蛀牙”的消费者，其“更有效地防止蛀牙”“坚固牙齿、口气清新”的诉求，牢牢地占领了该细分市场。而“佳洁士”则以“高效防蛀、持久清新口气”定位，其特点是去除口腔异味，并抑制引起口腔异味的细菌，从根本上着手，持久清新口气。

第三步，消费者需求归类。将具有相同需求的一类消费者归类作为一个细分市场，牙膏市场可细分为：“安全保护”细分市场 A、防“口臭”细分市场 B、防治“蛀牙”细分市场 C……

第四步，分析企业的生产能力及产品特点，依据各细分市场的状况，决定细分市场 A 或 B、C，作为企业的目标市场，并制定相应的营销战略（价格、渠道、广告、产品），进入目标市场经营，以满足消费者需求。

二、消费者市场细分标准

消费者需求的异质性，是进行市场细分的客观基础。这种异质性是通过多种属性表现的，它构成市场细分的变数。消费者市场细分的主要标准有以下几种。

（一）按地理变数细分

按照消费者所处的地理位置（如国家、地区、城市、农村等）进行市场细分，其具体划分如表 6-1 所示。

表 6-1　地 理 变 数

地 理 变 数	具 体 划 分
地　　域	按大区：华北、东北、西北、西南、华南…… 按省市：北京、上海、广东、陕西、深圳……
城市大小、	大、中、小
人口密度	城市、郊区、农村
气　候	寒冷、干燥、潮湿、温和、炎热

按照地理因素细分市场，有利于企业开拓区域市场。因为不同地理环境下的消费者，对同一种产品有不同的需求与偏好，对企业营销战略的反应也存在差别。例如，空调在我国南方和北方，其需求就存在较大差异；家用电器在城市和农村也存在较大差别。

地理因素容易辨认和分析，是细分市场首先考虑的重要依据。但是，地理因素是一种静态因素，处在同一地理位置的消费者需求依然存在很大差异，因此还必须借助其他因素进一步细分市场。

（二）按人口变数细分

按人口变数（有的也称社会经济变数）细分市场，主要包括消费者年龄、性别、家庭、规模、收入水平、职业、文化程度、宗教等因素。消费者需求与以上因素有着密切的关系，而且人口因素资料容易取得，因而也就成为细分市场的重要依据之一。其具体划分如表 6-2 所示。

表 6-2　人 口 变 数

人 口 变 数	具 体 划 分
年龄	6 岁以下、6～11 岁、12～17 岁、18～34 岁、35～49 岁、50～64 岁、65 岁（包括 65 岁）以上
性别	男、女
家庭寿命周期	年轻，未婚；年轻，已婚，无小孩；年轻，已婚，6 岁以下小孩；年轻，已婚，6~13 岁小孩；年龄较大，已婚，小孩仍需供养；年龄较大，已婚，孩子无须供养；年老，已婚，身边无子女；年老，单身
平均收入	200 元以下、200～350 元、350～500 元、500～800 元、800 元以上
职业	学生、干部、工人、农民、教师、医生、军人……
教育程度	小学、初中、高中、大学、研究生……
民族	汉、回、维……
宗教	佛教、道教、天主教、基督教……

依据人口因素细分市场，可以是单变量细分，如仅以“性别”这一变数细分化妆品市场；但在较多情况下，是采取两个以上的变数来细分市场，如某服装公司通过市场调查发现，影响成人服装销售的人口变数主要有性别、年龄和家庭人均收入。这家公司将这三个变数进行组合，把成人服装整体市场细分为 40 个子市场（4×5×2），如图 6-4 所示。通过对每个子市场上男女人数、家庭数目、平均购买率、竞争状况等方面综合分析，就

可对每一子市场的潜在营销价值和吸引力做出比较准确的基本估计，再经过比较、权衡，从中选择一个或几个最能发挥公司优势的子市场作为公司的目标市场。

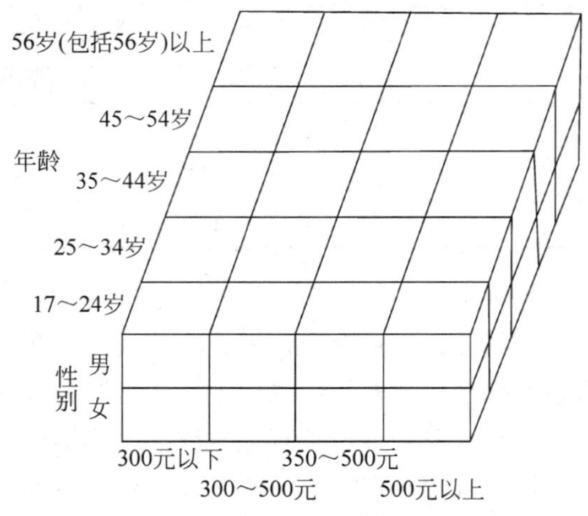

图 6-4　服装市场细分案例

（三）按心理变数细分

按照消费者心理特征如性格、购买动机、价值取向等心理特征细分市场。这些因素都影响着消费者的购买行为，其具体划分如表 6-3 所示。

表 6-3　心 理 变 数

心 理 变 数	具 体 划 分
生活方式	追求时髦、追求社会地位、注重传统、时髦、节俭、奢华
性格	优势性（懦弱）：爱出风头、自信、健谈； 积极性（消极）：积极进步、爱建议、好管闲事； 独立性（依赖）：喜欢独立行事、不接受人的忠告； 友善性（不友善性）：对人友善、信任别人、喜交朋友； 社交性（非社交性）：喜欢社交、愿与人相处； 竞争性（非竞争性）：把他人作为对手、不喜欢合作； 攻击性（非攻击性）：攻击别人、唱反调、不喜欢合作

心理变数对市场的影响是潜层次的，这给企业的细分带来了一定的困难。尽管如此，心理变化在服装、化妆品、家具、餐饮、游乐等行业，依然是作为细分市场的主要依据。如美国某服装公司把妇女服装市场分为“朴素型妇女”“时髦型妇女”和“男子气质型妇女”三种类型，分别设计制作不同款式、颜色和质料的服装，以满足不同生活格调妇女的需求。在西方国家的汽车市场细分中，也常常采用心理变数。

（四）按行为变数细分

行为变数反映的是一些动态性的变量，如使用时机追求利益、使用频率与程度、品牌与忠诚、购买过程行为方式等。其具体划分如表 6-4 所示。

表6-4 行为变数

行为变数	具体划分
时机	使用范围、节假日、特定事件
利益	质量、服务、经济、方便、可靠性
使用者状况	未使用者、以前使用过、潜在使用者、初次使用者、经常使用者
使用程度	轻度使用、中度使用、重度使用、非使用者
忠诚程度	无、中等、强烈、绝对
准备阶段	不注意、注意、知道、感兴趣、想买、打算购买
对产品态度	热心、肯定、漠不关心、否定、敌视

（五）多变量市场细分

多变量市场细分是指以两种或两种以上影响需求较大的因素为细分变数，以达到更为准确地细分市场的目的。这是一种弥补单一变量法的不足而采用的市场细分方法。例如，屈臣氏选择多种变量进行市场细分：在地理因素上，屈臣氏从城市与农村市场选择上锁定了城市市场；在人口因素上，从性别上选定了女性，从年龄上选定了青年，从收入上选定了中高收入阶层，最终确定了目标客户群是18～35岁的女性。这类目标比较注重个性，有较强的消费能力，但时间紧张，不太喜欢去大卖场或大超市购物，追求的是舒适的购物环境。这样就为进一步的市场开拓奠定了基础。

江崎糖业公司的市场细分

日本泡泡糖市场年销售额约为740亿日元，其中大部分为“劳特”所垄断。可谓江山唯“劳特”独坐，其他企业再想挤进泡泡糖市场谈何容易？但江崎糖业公司对此却毫不畏惧，成立了市场开发班子，专门研究霸主“劳特”产品的不足和短处，寻找市场的缝隙。经过周密调查分析，终于发现“劳特”的四点不足。第一，以成年人为对象的泡泡糖市场正在扩大，而“劳特”却仍旧把重点放在儿童泡泡糖市场上；第二，“劳特”的产品主要是果味型泡泡糖，而现在消费者的需求正在多样化；第三，“劳特”多年来一直生产单调的条板状泡泡糖，缺乏新型式样；第四，“劳特”产品的价格是110日元，顾客购买时需多掏10日元的硬币，往往感到不方便。通过分析，江崎糖业公司决定以成人泡泡糖市场为目标市场，并制定了相应的市场营销策略。不久便推出功能性泡泡糖四大产品：司机用泡泡糖，使用了高浓度薄荷和天然牛黄，以强烈的刺激消除司机的困倦；交际用泡泡糖，可清洁口腔，祛除口臭；体育用泡泡糖，内含多种维生素，有益于消除疲劳；轻松型泡泡糖，通过添加叶绿素，可以改变人的不良情绪。同时精心设计了产品的包装和造型，价格定为50日元和100日元两种，避免了找零钱的麻烦。功能性泡泡糖问世后，像飓风一样席卷全日本。江崎公司不仅挤进了由“劳特”独霸的泡泡糖市场，而且占领了一定的市场份额，从零猛升到25%，当年销售额达175亿日元。

资料来源：http://wiki.mbalib.com/wiki/%E5%B8%82%E5%9C%BA%E7%BB%86%E5%88%86.

三、生产者市场细分标准

生产者市场在我国通常是指生产资料市场或产业市场。消费者市场细分的标准一般也适用于生产者市场，但由于生产者市场的特殊性，因此还有若干细分生产者市场的标准。

生产者市场细分的步骤是：第一步，进行宏观市场细分；第二步，进行微观市场细分。

（一）宏观市场的细分标准和步骤

1．宏观市场的细分标准

宏观市场主要有以下四种细分标准。

（1）按最终使用者细分。这主要是根据最终使用者对产品的需要和利益的不同进行细分，如同一种钢材，有的用于机械加工，有的用于造船，有的用于建筑；又如同载重汽车，有的用作货物运输车，有的用作工程车，而有的又用作军车。

（2）按用户规模和购买力大小细分。这是将市场分为大客户和小客户。大客户户数较少，但购买力大；小客户户数多，但购买力小。企业对不同的客户，采用的销售方式是不同的。工业用户购买力的大小，可通过用户的支出或营业额来衡量。

（3）按购买组织的结构特点细分。生产者市场一般是集团或组织集体购买，每个组织由于结构特点和类型不同，一般可分为工业企业、农场主、商业企业、物资供销企业、交通运输企业、建筑企业、医院、学校等。

（4）按用户地理位置细分。按照用户地理位置细分生产者市场，可以使企业把目标放在用户集中的地区，节省推销时间，充分利用销售力量。

2．宏观市场细分的步骤

在大多数情况下，生产者市场不是以单一变数细分，而是把一组变数结合起来，采用多种属性细分法。例如，某铝制品公司按照三组变数对铝产品进行三层次的宏观细分，其步骤如下。

第一步，先按最终用户，将市场细分为汽车制造业、住宅建筑业和容器制造业，该公司最后选择住宅建筑业为目标市场。

第二步，按照产品用途，将上面的市场进一步细分为原料半成品、建筑构件和铝制活动房屋，该企业选择建筑构件为目标市场。

第三步，按用户规模，将市场细分为大、中、小客户，假定该企业选择大用户为目标市场。上述细分过程如图 6-5 所示。

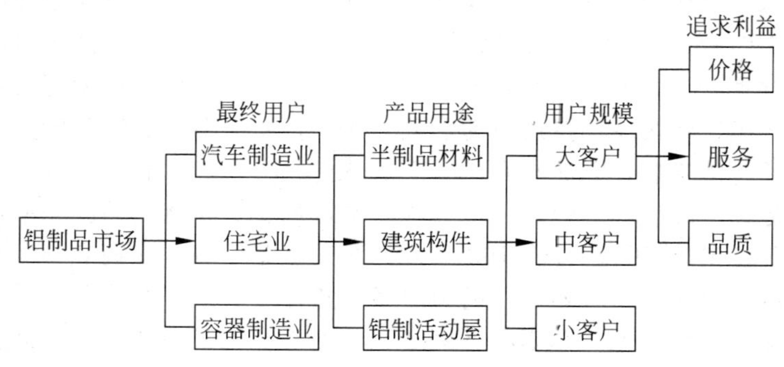

图 6-5 铝制品市场细分过程

（二）生产者市场微观细分

微观市场细分的标准，主要是购买者的行为因素，即购买决策者的权力、性格、态度和购买过程的特点。①购买决策者权力的集中与分散程度，决策者性格的内向与外向；②购买决策者的态度，如购买动机、偏爱和购买决策的标准等，都直接影响着购买者的行为；③购买过程的参与者的个性、特点、负责态度、工作能力以及参与者对购买决策的影响程度等，也对购买行为有较大影响。

铝制品公司在确定了以大用户作为目标市场后，并不能实现真正的目标营销。因为不同的大用户在购买行为和购买过程等方面还存在着差异，如价格、服务、质量、购买态度等，因此公司在宏观细分的基础上，还须进行微观细分。如按购买者所追求利益的不同把大客户分为计较价格、服务和质量三类。假定该公司以优质服务著称，则可选择注重服务的大客户为自己的目标市场，如图 6-3 所示。铝制品公司通过宏观和微观两步细分，目标市场就十分明确了，公司便可以采取有针对性的营销战略为大客户服务。

（三）产业市场细分的依据

细分消费者市场的标准，有些同样适用于产业市场。如地理因素、追求的利益、使用者状况等因素，但还需要使用一些其他的变量。美国的波罗玛（Bouoma）和夏皮罗（Shapiro）两位学者提出了一个产业市场的主要细分变量表（见表 6-5），比较系统地列举了细分产业市场的主要变量，并提出了企业在选择目标顾客时应考虑的主要问题。对企业细分产业市场具有一定的参考价值。

表 6-5　产业市场的主要细分变量

人口变量
• 行业：我们应把重点放在购买这种产品的哪些行业？ • 公司规模：我们应把重点放在多大规模的公司上？ • 地理位置：我们应把重点放在哪些地区上？
经营变量
• 技术：我们应把重点放在顾客所重视的哪些技术上？ • 使用者或非使用者情况：我们应把重点放在经常使用者、较少使用者、首次使用者还是从未使用者身上？ • 顾客能力：我们应把重点放在需要很多服务的顾客上，还是只需少量服务的顾客上？
采购方法
• 采购职能组织：我们应将重点放在那些采购组织高度集中的公司上，还是那些采购组织相对分散的公司上？ • 权力结构：我们应侧重那些以工程技术人员占主导地位的公司，还是以财务人员占主导地位的公司？ • 与用户的关系：我们应选择那些现在与我们有牢固关系的公司，还是追求最理想的公司？ • 总的采购政策：我们应把重点放在乐于采用租赁、服务合同、系统采购的公司，还是采用密封投标等贸易方式的公司上？ • 购买标准：我们是选择追求质量的公司、重视服务的公司，还是注重价格的公司？

资料来源：菲利普·科特勒，等. 市场营销管理[M]. 郭国庆，等，译. 北京：中国人民大学出版社，1997：258.

第三节　目标市场选择

公司在对市场细分，并对各细分市场进行评估后，就要为企业选择所要进入的目标市场。所谓目标市场（target market），是指企业为了满足现实和潜在的市场消费者需求，在市场细分化的基础上，确定本公司产品服务的特定细分市场，也称为目标营销或市场目标化。经过细分，公司将面对许多不同的细分市场，因此必须对怎样选择目标市场、公司有哪些可选择的目标市场战略、公司怎样为产品在目标市场上定位等问题做出回答。

一、目标市场选择的方法

公司在市场细分后，常常采用“产品/市场”矩阵分析方法选择目标市场，即确定最有吸引力的细分市场。矩阵的“行”代表所有可能的产品（或市场需求），“列”代表细分市场（即顾客或顾客群）。其步骤大致分为以下几步。

第一步，按照本公司新开发的产品的主要属性及可能使用该产品的主要购买者两个变数，划分出可能的全部细分市场，评估细分市场的规模和潜力。

第二步，收集整理各细分市场的有关信息资料，包括对公司具有吸引力的各种经济、技术及社会条件等资料。

第三步，根据各种吸引力因素的最佳组合，确定最有吸引力的细分市场。[①]

第四步，根据本公司的实力，决定最适当的目标市场。例如，某大型工程机械厂在对市场进行研究后发现，如果进入汽车制造业，从销售潜力和企业实力来看，都有显著的效益，因此该企业对汽车工业的市场及产品进行矩阵分析，如图 6-6（a）所示。

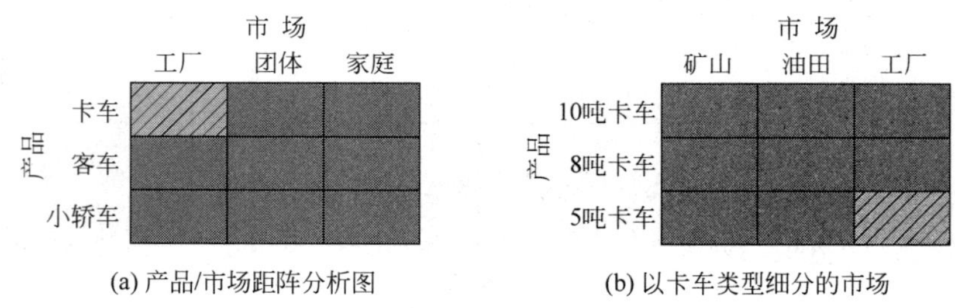

(a) 产品/市场距阵分析图　　(b) 以卡车类型细分的市场

图 6-6　目标市场选择的步骤

从图 6-6（a）可知，该市场可细分为九个分市场。企业根据每个市场的需求特点和企业的实力（技术、资金、人才等），决定以卡车作为企业最有利的细分市场[图 6-6（a）中有斜线部分]。但是，卡车市场包括各种载重卡车，企业必须对卡车进一步细分，如图 6-6（b）所示，企业再以三种卡车和三类用户将卡车市场细分为九个分市场。最后，企业选择 5 吨卡车和供普通工业用户使用的细分市场作为企业的目标市场。

二、目标市场模式

通常有五种目标市场模式可供企业选择，如图 6-7 所示。

---

① 详见本书第三章第四节“一、行业环境分析”。

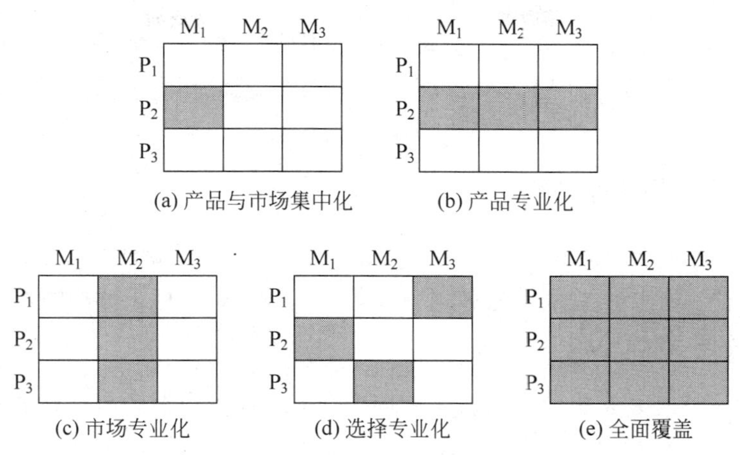

图 6-7 目标市场模式类型

注：P：产品；M：市场

（一）产品与市场集中化

产品与市场集中化是指企业集中力量只生产或经营某一种产品，供应某一类顾客群，见图 6-7（a）。例如，某汽车厂只生产供矿山专用的 10 吨载重卡车。选择这种模式的原因在于企业资源有限，只能在一个细分市场经营，或该细分市场可能还没有竞争对手，并有较好的发展前景。这种战略比较适宜于中、小企业，可以实行专业生产和经营，在取得成功后再向更大范围内扩展。

（二）产品专业化

产品专业化是指企业集中生产一种产品，向各类顾客销售这种产品，但为不同顾客群提供不同档次、质量和款式的同类产品，见图 6-7（b）。例如，显微镜生产厂商向大学实验室、科研机构实验室及企业实验室销售不同类型的显微镜，而不生产实验室可能需要的其他仪器。公司选择这种模式有可能使其在某个产品方面树立起较高的声誉。如果产品被一种全新的技术所代替，企业就会发生危机。

（三）市场专业化

企业生产或经营为某一顾客群（细分市场）服务的各种不同产品，见图 6-7（c）。例如，某工程机械公司专门向建筑业用户供应推土机、打桩机、起重机、水泥搅拌机等建筑工程中所需要的机械设备。公司专门为某一顾客群体服务，有可能赢得良好的声誉。如果这部分顾客突然削减支出预算，企业就会产生危机。

（四）选择专业化

企业选择多个细分市场作为目标市场，而每一个细分市场都存在着良好的营销机会潜力，各细分市场之间相关性较小。这种战略有利于分散企业经营风险，即使某个细分市场失去吸引力，企业仍可在其他细分市场经营盈利，见图 6-7（d）。

（五）全面覆盖

大型公司为取得市场的领导地位常利用这种战略。公司为所有顾客群（各细分市场）

供应其需要的各种产品，见图 6-7（e）。例如，中国“联想”集团为许多细分市场的客户提供个人电脑、服务器、工作站，以及包括平板电脑、智能手机和智能电视在内的移动互联网终端产品和服务。

三、目标市场营销战略

企业在分析目标市场模式的基础上，将选择适合公司发展的目标市场战略。一般有无差异营销战略、差异性营销战略和集中性营销战略三种目标市场战略可供选择。

（一）无差异营销战略

无差异营销战略，是指公司将整个市场当做一个需求类似的目标市场，只推出一种产品并只使用一套营销组合方案。例如，我国第一汽车制造厂，长期以来只生产 4 吨载重汽车，以一种车型、一种颜色、一个价格（在过去体制下）行销全国，无论企业或机关、城市或农村、军用或民用都不例外。这种战略重视消费者需求的相似性，而忽视需求的差异性，将所有消费者需求看做是一样的，一般不进行市场细分，如图 6-8 所示。

这种营销战略的优点是经营品种少、批量大，可节省细分费用，降低成本，提高利润率。

但是，采用这种战略也有其缺点：一方面是易引起激烈竞争，使公司获利机会减少；另一方面是公司容易忽视小的细分市场的潜在需求。例如，美国汽车行业一向以大型、舒适的轿车为目标，竞争激烈，结果被外国公司特别是日本汽车公司钻了空子。20 世纪 70 年代，日本公司利用石油危机的机会，生产小型、廉价、省油的小轿车，在美国汽车市场上一举获得成功，占领了美国大部分小轿车市场，使美国汽车公司措手不及，竞争失利。

（二）差异性营销战略

差异性营销战略，是指公司在市场细分的基础上，选择两个或两个以上的细分市场作为目标市场，针对不同的细分市场上消费者的需求，设计不同的产品和实行不同的营销组合方案，以满足消费者需求。如图 6-9 所示。

图 6-8　无差异营销战略　　**图 6-9　差异性营销战略**

这种战略，对于小批量、多品种的生产公司较适用。日用消费品绝大部分商品均可采用这种战略选择目标市场。在消费需求变化迅速、竞争激烈的当代，大多数公司都积极推行这种战略。其优点是：有利于满足不同消费者的需求；有利于公司开拓市场，扩大销售，提高市场占有率和经济效益；有利于提高市场应变能力。例如，某电视机生产企业，同时生产黑白电视和彩色电视机两大类产品，而彩色电视机又生产 14 英寸、18 英寸、20 英寸、21 英寸、25 英寸、34 英寸等不同规格的电视机以满足市场上不同消费者的需求，取得了营销的成功。在我国，随着市场经济体制的逐步建立，企业家必须转变观念，改变产品几十年“一贯制”经营方式，积极开发新产品，实施差别化营销战略，以提高公司的市场竞争能力。

差异性营销在创造较高销售额的同时，也增大了营销成本，如生产成本、管理成本、库存成本、产品改良成本、促销成本，使产品价格提高，失去竞争优势。因此，公司在采用此战略时，要权衡其利弊。

宝马的差异化营销策略

德国宝马汽车的产品研发与技术创新都清晰地指向如何提升汽车的驾驶乐趣。宝马汽车的外观也栩栩如生地体现出品牌的核心价值，体现出潇洒、轻松的感觉，与很多豪华车都十分庄重的特点形成鲜明的反差。在整体的品牌核心价值的统率下，每一个系列的车型都会有个性化的差异，以适应于不同的消费人群。

进军亚洲市场的几种不同车型是用来满足不同的消费人群的。

（1）三系列定位是年轻，运动。三系列原为中高级小型车，新三系列有四种车体变化：四门房车、双座跑车、敞篷车和三门小型车，共有七种引擎。车内空间宽敞舒适。三系列敞篷车和运动型多功能车 X5 是家族的新宠，以浪漫和实用将力量、典雅和乐趣集于一身。

（2）五系列定位商务，运动。备有强力引擎的中型房车五系列是新发明。五系列除了在外形上比三系列大外，它们的灵敏度是相似的。拥有两种车体设计的五系列配有从 1 800 马力到 4 000 马力的引擎，四个、六个或八个汽缸。五系列提供多样化的车型，足以满足人们对各类大小汽车的所有需求。

（3）七系列定位豪华商务。七系列无论从外观或内部看都属于大型车等级。七系列房车的特点包括了优良品质、舒适与创新设计，已成为汽车的象征。七系列除了有基本车体以外，还有加长车型可供选择。七系列代表着杰出的工程设计、前沿的科技创新、无法比拟的震撼力、纯正的驾驶乐趣，是品牌价值的最好诠释。新七系列在手动模式下，取代自动排挡杆的是位于方向盘右上角的一个精巧的“变速柄”。换挡时，双手可不离方向盘，使驾驶更简便、更有乐趣。新七系列采用全新造型设计理念：均衡的动感、古典式的优雅、跑车的轮廓和完美的线条组合，尽显豪华气派而不失流畅和动感。

（4）八系列定位超级豪华跑车。八系列延续了优质跑车的传统，造型独特、优雅。停产后，但又有“CS 概念车-BMW8 系复活”。

资料来源：http://www.cs360.cn/qiyezhanlue/yxcl/hyzx/63036/.

（三）集中性营销战略

集中性营销战略，亦称密集营销战略，是指企业集中力量于某一细分市场上，实行专业化生产经营，以获取较高的市场占有率，如图 6-10 所示。

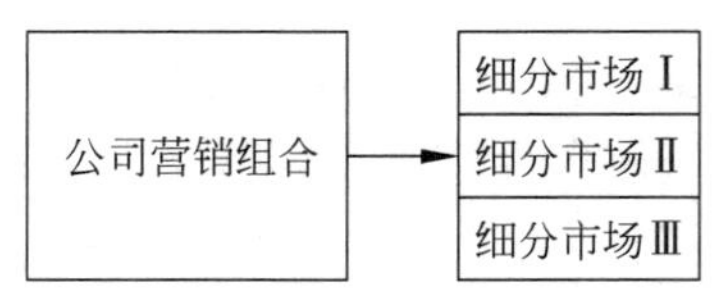

图 6-10　集中性营销战略

实施这一战略的公司的考虑是，与其在整个市场拥有较低的市场占有率，不如在部分细分市场上拥有很高的市场占有率。如某服装公司专门生产儿童服装；某拖拉机厂专门生产小四轮拖拉机，专供实行联产承包责任制后的农户使用。这种战略主要适用于资源有限的小公司。因为小公司无力顾及整体市场，无力承担细分市场的费用，而在大公司忽视的小市场上易于获得营销成功。

这种战略的优点是：①公司可深入了解特定细分市场的需求，提供最佳服务，有利于提高企业的地位和信誉。②实行专业化经营，有利于降低成本。只要目标市场选择恰当，集中性营销战略常能为公司建立坚强的立足点，以获得更多的经济效益。

但是，集中性营销战略也存在不足之处，其缺点主要是公司将所有力量集中于某一细分市场，当市场消费者需求发生变化，或者面临较强竞争对手时，公司的应变能力差，经营风险大；公司可能陷入经营困境，甚至倒闭。因此，公司在使用这种战略时，选择目标市场要特别谨慎。

四、选择目标市场应考虑的主要因素

（一）企业资源

企业资源是指企业的资金、技术、设备、人才、管理等综合资源的状况。资源实力雄厚的大企业，可采用无差异或差异营销战略；资源有限的企业，不能覆盖整个市场，可采用集中性营销战略。

（二）市场的同质性

市场的同质性是指消费者需求、偏好及各种特征的类似程度。市场同质性高，表示各细分市场相似程度高，适宜采用无差异营销战略。反之，则采用差异性或集中性营销战略。

（三）产品的同质性

产品的同质性是指消费者感觉产品特征的相似程度。消费者对盐、糖等产品，由于人的感觉及消费者无法测试，不会感觉到存在差异。对这类同质性高的产品，企业可采取无差异营销战略。反之，像服装、家具、照相机、家用电器等产品，消费者感觉明显，即市场同质性低，则可采取差异性或集中性营销战略。

（四）产品市场寿命周期

产品在市场寿命的不同阶段，应采取不同的营销战略。新上市产品，由于竞争者少，产品比较单一，营销重点是刺激消费者需求，比较适宜于无差异或集中性营销战略；当产品进入成熟期时，企业想维持或者扩大销售量，则可采用差异性营销战略，以建立该产品在消费者心中的特殊地位。

（五）竞争者战略

一般来说，企业应采取同竞争对手有区别的营销战略。如果竞争对手是强有力的竞争者，实行的是无差异营销，则本企业实行差异性营销往往能取得良好的效果；如果竞争对手也采用差异性营销战略，而本企业仍实行差异性营销，则势必造成竞争失利，此时企业应在更为细分的市场上采用差异性或集中性营销战略，提高市场占有率。

（六）竞争者数目

竞争者的多少也影响企业营销战略的选择。当竞争者很多时，消费者对产品的品牌印象很重要。为了建立本企业的产品在不同消费者心目中的良好形象，适宜采用差异性或集中性营销战略；相反，则可采用无差异营销战略。

上述六种因素，表 6-6 可明确表示。

表 6-6　大中型企业进入目标市场选定的因素及战略

因素 策略	企业资源	市场同质性	产品同质性	产品市场 寿命周期	竞争者战略	竞争者数目
无差异战略	多	高	高	投入期	—	少
差异性战略	多	低	低	成熟期	差异	多
集中性战略	少	低	低	—	—	多

第四节　市场定位战略

企业在选择了目标市场后，为了能够顺利地进入该市场，使消费者认识并购买本企业的产品，就必须设法使消费者认识本企业产品的特色、利益，并努力将其吸引过来。这种努力就是产品的市场定位。

一、市场定位的概念

市场定位（market positioning）是企业营销中极为重要的概念。它是在 20 世纪 70 年代由美国营销学家艾·里斯和杰克特劳特提出的，其含义是指企业根据竞争者现有产品在市场上所处的位置，针对顾客对该类产品某些特征或属性的重视程度，为本企业产品塑造与众不同的、给人印象鲜明的形象，并将这种形象生动地传递给顾客，从而使该产品在市场上确定适当的位置，建立本企业及产品在目标市场顾客心目中特殊形象的过程。

产品特色和形象是定位的主要属性，它既可以是实物形态的，也可以是心理方面的或两者兼有。例如，“价廉”“优质”“服务周到”“技术先进”等都可以作为定位的属性。所以，定位的成功与否，取决于企业产品能否在消费者心目中建立特殊的形象，在细分市场上吸引更大的消费者。例如，当我们在车站、码头等地看到“奔驰”“奥迪”汽车的广告时，人们便立即会想到“高档”“豪华”。这说明“奔驰”“奥迪”定位成功了。

二、市场定位的步骤

（一）确认本企业潜在的竞争优势

这一步骤的中心任务是要回答三个问题：一是竞争对手产品定位如何？二是目标市场上顾客需求满足程度如何以及还需要什么？三是针对竞争者的市场定位和潜在顾客的真正需求明确我们能为顾客创造哪些价值？我们现有的潜在竞争优势是什么？

（二）选择相对竞争优势

竞争优势是指企业能够胜过竞争对手的能力。这种能力既可以是现有的，也可以是潜在的。选择竞争优势实际上就是一个企业与竞争者各方面实力相比较的过程。比较的指标应是一个完整的体系，只有这样，才能准确地选择相对竞争优势。通常的方法是分析、比较企业与竞争者在经营管理、技术开发、采购、生产、市场营销、财务和产品七个方面究竟哪些是强项，哪些是弱项。借此选出最适合本企业的优势项目，以初步确定企业在目标市场上所处的位置。

（三）显示独特的竞争优势

这一步骤的主要任务是企业要通过一系列的宣传促销活动，将其独特的竞争优势准确传播给潜在顾客，并在顾客心目中留下深刻印象。为此，企业首先应使目标顾客了解、知道、熟悉、认同、喜欢和偏爱本企业的市场定位，在顾客心目中建立与该定位相一致的形象。其次，企业通过各种努力强化目标顾客形象、保持目标顾客的了解、稳定目标顾客的态度和加深目标顾客的感情来巩固与市场相一致的形象。

例如，某公司了解到摩托车购买者最关心的特征是摩托车的“规格”和“速度”。潜在的顾客和中间商对各种牌子的摩托车在购买时也主要考虑这两种特性，假定目标市场上现有 A、B、C、D 四个竞争者，其产品定位如图 6-11 所示。

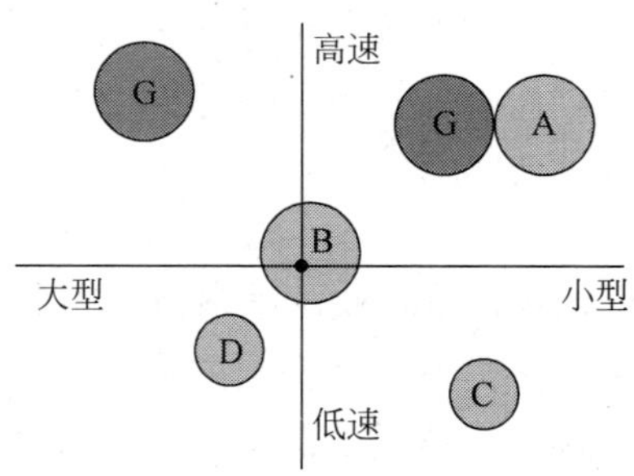

图 6-11　产品定位图

从图 6-11 可以看出：A 竞争者生产小型高速摩托车，B 竞争者生产中型中速摩托车，C 竞争者生产小型低速摩托车，D 竞争者生产大型低速摩托车。图 6-11 中圆圈的大小代表各竞争者销售份额的大小。

如果上述四位竞争者的位置已经确定，该公司位置应定在何处呢?一般来说，有两种可供选择的定位战略。

第一种，与竞争者同坐一席。即把本企业产品位置定在某一竞争者附近（如 A 附近），与之竞争市场份额。实施这种定位战略的企业，应具备的条件是：①能够生产出比竞争者更优良的摩托车（品种）；②有足够的市场潜量，足以容纳两个竞争者；③本企业比竞争者拥有更多的资源；④这个市场位置与本企业经营实力相适应。

第二种，空白处定位。即把本企业的产品位置定在目前市场上还没有供应的摩托车上，如开发一种大而快的摩托车（图 6-11 中空白象限）。实施这种定位战略的企业，应具备的条件是：①技术上可行，即企业有能力生产大型高速摩托车；②经济上可行，即在一定的价格水平下销售这种摩托车，仍能实现企业的利润目标；③有足够的潜在消费者需要这种摩托车，并通过企业的促销活动有能力将消费者吸引过来，使之相信本企业的产品。

三、市场定位的方式

从上面实例分析中可以表明，市场定位战略是一种竞争战略，它显示一种产品或一家企业同类似的产品或企业之间的竞争关系。企业常采用的产品定位方式主要有以下五种。

（一）按照产品属性定位

产品属性包括生产制造该产品的技术、设备、生产过程以及产品的功能等，也包括与产品有关的原料、产地、历史等因素。这些特性都可作为定位的要素。例如，在汽车市场上，联邦德国大众汽车具有“货币价值”的美誉，日本的丰田汽车侧重于“经济可靠”，瑞典的沃尔沃汽车具有“耐用”的特点。

（二）按照质量和价格定位

质量和价格本身就是一种定位。人们一般认为高质量应对应高价，所以高质高价就是一种产品定位。但是有时也可以反其道而行之，如日本汽车就是将产品定在“质高而价不高”的位置上，获得了竞争的成功。

（三）按照使用者和用途定位

为老产品找到一种新用途，是为该产品找到定位的好方法。按照产品不同的使用者也可对产品进行定位。如某公司生产各种品牌的化妆品，以满足不同层次消费者群的需要。

（四）按照竞争态势定位

按照市场竞争状况，考虑企业的各种资源，常采用以下三种定位方式。

（1）避强定位。这是一种针对强有力竞争对手的定位。其优点是能够迅速在市场上站稳脚跟，在消费者心中树立企业和产品的良好形象。由于这种定位风险较小，成功率较高，企业常常采用这种定位方式。

（2）迎头定位。这是一种与市场上最强竞争者“对着干”的定位方式。如上例中的“同坐一席”就是这种定位。这是一种风险较大的定位，但如果成功，企业就会取得较大的市场优势。实行迎头定位，应做到知己知彼，特别是应清醒估计自己的实力，不求压倒对方，只求平分秋色。

（3）重新定位。指对销路小、市场反应差、适应能力差的产品进行二次定位，其目的是摆脱困境以重新获得增长与活力。

（五）按照战略方式定位

按照战略方式，企业可采用以下四种定位方式。

（1）产品差别化战略。即从产品质量、功能和款式等方面实现差别。寻求产品的独特性是产品差别化战略经常使用的手段。

（2）服务差别化战略。即向目标市场顾客提供与竞争者不同的优质服务。企业的竞争力越好地体现在对顾客的服务上，市场差别化就越容易实现。

（3）人员差别化战略。即通过聘用和培训比竞争者更为优秀的员工以获取差别竞争优势。高素质的员工能够按照公司的要求给顾客提供标准化、规范化的服务，并能够创造性地开展工作。

（4）形象差异化战略。是指在产品的核心部分与竞争者类同的情况下塑造不同的产品形象以获得差别优势。形象就是公众对产品和企业的看法和感受，塑造形象的工具有名称、颜色、标识、标语、环境、活动等。

三星手机的市场定位

三星手机产品选择 22～35 岁的高收入时尚人群作为目标顾客。这部分人既有消费能力，又勇于尝试新事物，代表了中国未来消费的价值取向，是手机主要消费群。三星手机的外观设计在视觉上十分强调个性，始终与时尚紧密结合。三星认为加强高端产品的销售和打造品牌比卖出更多的手机更加重要，区别于苹果的创新和技术领先以及诺基亚的低价战略。三星智能手机不同于 HTC、Apple 等专注于单一一种智能手机系统。三星主张的是全系列，其系列智能手机几乎包含现今风行的所有智能手机操作系统。三星的产品主张是不比技术比时尚和实用，用个性化、时尚的设计来吸引顾客。

资料来源：王健. 三星手机的市场定位[EB/OL].［2013-04-23］. http://abc.wm23.com/WJ754727623/232878.html.

市场细分（segmenting）、目标市场（targeting）和市场定位（positioning）简称 STP 理论，STP 理论重点关注企业为谁服务、怎样为它们服务这些营销活动中最根本的问题，是现代市场营销理论中最重要、最核心的内容之一。

本文阐述了细分市场的概念和作用，分析了细分市场、选择目标市场和市场定位之间的内在联系，介绍了市场细分的基本模式、原则，重点阐述了消费者市场细分标准和方法，五种目标市场模式，三种目标市场营销战略以及市场定位的概念、步骤和方式，并阐述了生产者市场细分标准、评估细分市场的因素和细分市场价值评估的方法等内容。

重要术语

市场细分、市场细分模式、目标市场、目标市场模式、目标市场战略、市场定位

复习思考题

1. 企业为什么必须进行市场细分?
2. 市场细分应坚持哪些原则?
3. 市场细分思想是怎样形成的?
4. 简述市场细分的程序及标准。
5. 生产者市场怎样进行细分?
6. 企业选择目标市场的方法有哪几种?
7. 企业的目标市场营销战略有哪三种?并分析比较。
8. 影响企业目标市场营销战略选择的因素有哪些?
9. 什么叫市场定位?简述市场定位的步骤和方式。

阅读推荐

[1] 吴健安.市场营销学[M].第4版.北京：高等教育出版社，2011.
[2] 杨剑英.市场营销学[M].南京：南京大学出版社，2010.
[3]]吴晓云.市场营销管理[M].北京：高等教育出版社，2009.

案例分析

海底捞用心创造差异化

1994年，还是四川拖拉机厂电焊工的张勇在家乡简阳支起了4张桌子，利用业余时间卖起了麻辣烫。从做麻辣烫起，张勇就意识到，做餐饮，服务是取胜的关键。麻辣烫变成正式的火锅店之后，生意因为与众不同的服务很快红火起来。

1999年的一天，张勇的火锅店来了一位西安客人，觉得味道很好，吃完后对张勇说："到西安开一家吧，西安爱吃火锅的人多。"张勇就这样开了第二家店，海底捞从此走出四川。14年过去，海底捞在全国6个省市开了30多家店，拥有6 000余名员工。

张勇从麻辣烫和第一个火锅店的经营中悟出来，火锅生意不同于其他餐馆生意，在这里每个客人都是半个大厨，不仅自己配调料，还亲自根据自己的口味煮各种食品，因此吃火锅的客人需要更多的服务。此外，由于四川火锅浓重的麻辣刺激，吃到最后绝大多数客人实际上已分不出不同火锅店的口味。因此，在地点、价钱和环境相似的情况下，服务好坏是食客是否回头的最重要因素。管理真是一门实践的艺术，没读过大学，没受过任何正式管理教育的张勇，在根本不知道竞争差异化是何物时，竟在偏僻的四川简阳创造出自己的服务差异化战略，而且把这个战略成功灌输给了所有一线员工。

怎么才能让顾客体会到差异？就是要超出客人的期望，让他们在海底捞享受在其他火锅店里享受不到的服务。要做到这一点不能仅靠标准化的服务，更要根据每个客人的喜好提供创造性的个性服务。从洗菜、点菜、传菜、做火锅底料、帮客人煮菜、清洁到结账，做过火锅店每一个岗位的张勇深知，客人的需求五花八门，单是用流程和制度培训出来的服务员最多能达到及格的水平。制度与流程对保证产品和服务质量的作用毋庸置疑，但同时也压抑了人生，因为它们忽视了员工最有价值的部位——大脑。让雇员严格遵守制度和流程，等于只雇了他的双手，这是最亏本的生意，因为人的双手是最劣等的机器，论力气和每个动作之间的差距，根本比不过机械。人最值钱的是大脑，因为它有创造力。

服务的目的是让客人满意，可是客人的要求不尽相同，有人要标准的调料，有人喜欢自己配，有人需要两份调料，有人连半份都用不了。有人喜欢自己涮，有人喜欢服务员给他涮。有人不喜欢免费的酸梅汤，能不能让他免费喝一碗本该收费的豆浆？碰到牙口不好的老人，能不能送碗鸡蛋羹？让客人满意不可能完全靠标准化的流程和制度，只能靠一线服务员临场根据自己的判断完成。如果碰到流程和制度没有规定的问题，就需要大脑去创造了。比如，客人想吃冰激凌，服务员要不要到外边给他买？

客人在海底捞吃饭，忘带钱了。领班说：没关系，下次补。随后，她又掏出 50 块钱说：这个您拿着打车。客人感动万分地说：等我有钱买车，一定给海底捞当一月义务司机。他家的服务是真的好，一次我老板踢完球去吃海底捞，服务员看到我老板扭伤了，就拿了瓶红花油给他，走的时候服务员还追出来把那瓶红花油叫我老板带回家用。瞬间我老板那个感动啊。

2013 年我爸在北京住院，中午我跟朋友出去吃海底捞，吃完把剩余的菜打包后，想装点调料走，服务员说调料不可以打包的，那我想想就算了，没想到过了会儿，她拿了一杯封好的调料给我，当时我也没觉得什么。上洗手间路过账台，看那个服务员从自己身上掏了 10 块钱给收银，我就觉得奇怪，问收银干吗，对方居然说是服务员自己掏钱买的调料给我!当时我真的不知道该说什么好了……这种服务，在中国肯定比稀有动物还少!

朋友一次去吃夜宵，去太晚了海底捞关门了。然后就走了，后来人家服务员奔过来拿了两个烤玉米棒，说真是不好意思害你们饿肚子了，这两个玉米棒你们垫垫肚子吧。有一次跟家人过生日，我就随口说了句，“今天你生日，关注微信：swdtzq 面要点一个的”，结果吃到一半，来了 3 个服务员，唱生日歌，给了一个很大的果盘，点的面也免费，太意外了，太惊喜了。人类已经不能阻止海底捞了。

朋友带孩子去海底捞，小朋友在儿童乐园玩疯了，丝丝擦啦身上了，等朋友去接孩子的时候，已经干净衣服换好，脏衣服洗干净，说回头再来的时候把衣服还回来就成。人类已经无法阻止海底捞……海底捞服务员看到我用手抓住头发吃东西，怕头发掉碗里，他立马拿皮筋来给我绑头发。有机会咱们再来哈!

一网友说一次在海底捞吃完饭，要赶火车却都打不到的士。门口的小弟看到他带着行李箱，问了情况转身就走。结果紧接着海底捞的店长把自己的 SUV 开出来，说“赶紧上车吧时间不多了”。海底捞要冲出宇宙了……海底捞的服务无敌了！今天救天井小猫被蚊子咬了好多包！结果海底捞服务员居然跑到马路对面买了风油精送给我……下面的是止痒药，也是服务员一起买来给我的，因为药店的人说那个止痒效果比风油精好。

我们都是“80后”：人类真的已经无法阻止海底捞了。周六去火锅，朋友不小心把丝袜给刮了，她饭后还有第二轮，正郁闷得不得了，居然结账时服务员递上了全新的丝袜!！还是3双!！我一下就怔住了……此时那位服务员小妹妹微笑着对我们说，所有海底捞都常年订有丝袜和棉袜，随时给袜子刮坏或者弄脏了的客人更换。跟孕妇朋友去海底捞吃饭，刚坐下来，服务员就搬来舒服的沙发椅，专门提供给她哦。然后立刻又贴心送我们一盘酸辣口味的泡菜呀。点名表扬海底捞送餐员冯波同志，顶着寒风为十人送来丰盛晚餐，并餐布，插线板，垃圾筒，电磁炉一应俱全。来后发现餐点不够，主动要去超市买菜，回来后洗菜，切菜！做到这个地步了！怎么我们家就没有海底捞呢？

海底捞的外卖终于登陆上海，被震撼了。送来的东西包括垃圾桶，可降解垃圾袋X2，锅，底料，汤，备用加汤，围裙，木头筷子，碗，口香糖，爆米花，真空包装的调料包括香菜和葱花，餐巾纸，各种菜品，勺子，眼睛布，两个皮筋，电磁炉。昨天在海底捞，无意中跟朋友抱怨京东抢的奈良美智大画册怎么还没到货，结果服务员结账的时候问了我京东会员账户，今天一早三本大画册都送来了！

资料来源：http://www.qianzhan.com/investment/detail/319/140102-0c206bbf.html，http://media.sj998.com/ html/ 2014-02-25/437066.shtml。本书有删减。

思考题

1．你认为应如何处理服务的标准化与差异化之间的关系？

2．海底捞差异化服务有哪些独到之处？分析其深层次原因。

第七章 产品策略

学习目标

产品是营销组合策略中最重要也是最基本的要素。制定营销组合策略，首先需要考虑为目标顾客提供什么样的产品，提供多少产品。同时，企业要重视产品生命周期趋势的变化，认识现有产品，改进和完善产品性能，通过不断开发新产品为企业占领市场奠定基础。产品策略直接或间接影响到其他营销组合要素的管理，是整个营销组合的基石。通过本章学习，应了解产品、产品生命周期的概念及包装策略；熟悉整体产品的层次、产品组合的相关概念及新产品开发的意义和步骤；掌握产品整体思想和产品生命周期各阶段的特征及营销策略。

导入案例

苹果公司新产品开发：一个创意如何让全球疯狂？

关于产品，乔布斯一直会问两个问题：第一，如何提供更好的使用者经验；第二，如何让消费者有愉快的感觉。这两个问题没得到满意的答案，乔布斯就不会放过自己。

苹果从卖计算机，到变成卖使用者经验、卖流行，是完全不同的定位，其他人不断追问的是如何研发新技术、降低成本，而乔布斯总是把成本放在最后面，没有百分百满意的产品，即使省下 90%的成本，对他而言也没有意义。乔布斯的做法，是先重新定义自己。在个人计算机市场，苹果已无法打败微软，苹果必须找出计算机之外还没被满足的需求才能塑造改变游戏规则的破坏性创新。

苹果的创新有三个层次：第一层，把自己的定位从高科技公司，变成一家卖使用者经验的公司；第二层，不但设计出好用的产品，还要找出商业模式，发展自己的平台；第三层，苹果把自己的产品定位成一种生活形态，是一种流行，像 LV、蒂芬妮（Tiffany）一样享有品牌溢价。

创新的目的就是获利，要把点子变成钱。郭瑞祥长期研究创新，认为“把点子从创意变成实际的产品，这叫创新；有了产品不见得会获利，还要思考如何建立商业模式，即创业”。创新的挑战在于将点子变成赚钱产品。创新前期吸取点子的范围要广，中间要有一个机制，像筛子一样地去筛选，后面要有人用创业的方式去养大这个点子，要管理创新，既不是放牛吃草，也不能用监督式的硬逼。怎么筛选新点子？苹果内部有一个神秘的流程，称为苹果新产品开发流程 ANPP（Apple new product process）。CEO 扮演产品经理角色。乔布斯花最多时间做的，就是产品经理这件事。在这个创新流程里，最特别的是乔布斯从头参与到尾，他花最多时间的地方，就是亲自参与新点子的审查、顶尖员工开机密动脑会议。乔布斯会把核心研发员工派到店面服务客户，观察消费者的反应，再把观察结果带回苹果。他也会鼓励内部员工提案，即使是一般员工，只要提出让乔布斯欣赏的想法，就可能获邀参加“顶尖一百”的机密脑力激励会议，在苹果，这是无上的荣誉。这种混合高压和鼓励的“创造性冲突”，就是乔布斯吸收点子的秘方。CEO 亲自参与，好的想法才不会无疾而终。在会议里，乔布斯会故意混搭不同背景的人，挑战或大声嘲笑他们的想法，直到一个真正好的点子被找到。也因为他的全程参与，苹果才能从产品到商业模式、通路策略，一路贯穿到底。

资料来源：http://info.ec.hc360.com/2012/10/120856589717.shtml.

第一节　产品与产品组合

一、产品与产品整体概念

随着科学技术的快速发展，社会的不断进步，消费者需求特征的日趋个性化，市场竞争程度的加深加广，产品的内涵和外延也在不断扩大。在现代市场营销学中，产品是指能提供给市场的，引起人们注意、获取、使用或消费，从而满足人们某种需要或欲望的任何物品。

在现代营销观念中，产品概念具有极其宽广的外延和丰富的内涵。电视机、化妆品、家具等有形物品已不能涵盖现代观念的产品，产品的内涵已从有形物品扩大到服务、人员、地点、组织和观念等；产品的外延也从其基本功能向产品的核心效用或利益、基本形式、期望的产品属性和条件、附加利益和服务以及产品的未来发展五层次拓展。产品整体概念的五个基本层次如图 7-1 所示。

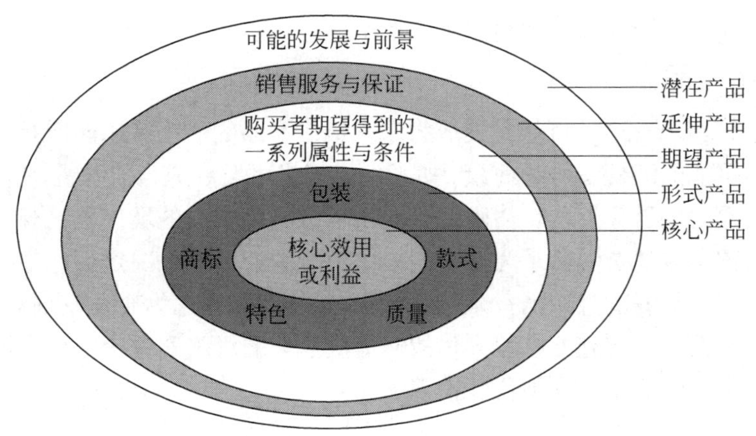

图 7-1　产品整体概念的五个层次

（一）核心产品

核心产品是指企业向消费者提供的产品的最基本的效用或利益。从根本上说，消费者购买某种产品并非是为了拥有该产品实体，而是为了获得能满足自身某种需要的效用或利益。比如，人们购买洗衣机不是为了拥有那一堆装有零配件的物体，而是为了方便、省力、省时地清洗衣物。因此，营销人员向顾客销售的任何产品，都必须具有反映顾客核心需求的基本效用或利益。核心产品是整体产品概念中最重要、最基本的层次。

（二）形式产品

形式产品是核心产品得以实现的外在形式，也就是产品的外观部分。产品核心功能需依附一定的实体来实现，即产品的基本形式，可以为顾客识别。例如，产品的质量、式样、品牌、商标、包装等。即使是纯粹的服务，也具有相类似的形式上的特点。

产品形式对产品的销售起着极其重要的作用和影响。对于具有相同的基本效用和利益的产品来讲，产品形式越好、越完美，则越容易受到消费者的青睐。营销人员应努力寻求更加完善的外在形式以满足顾客需求。

（三）期望产品

期望产品是指消费者在购买产品时期望得到的与产品密切相关的一整套属性和条件。例如，旅馆的客人期望得到清洁的床位、洗浴香波、浴巾、衣帽间的服务等。由于大多数旅馆均能满足旅客这些期望，所以旅客在选择档次大致相同的旅馆时，一般不是选择哪家旅馆能提供期望产品，而是根据哪家旅馆就近和方便而定。

（四）延伸产品

延伸产品是指顾客购买形式产品时附带获得的各种利益的总和，包括产品说明书、免费运送、安装、调试、维修、保证、技术培训、售后服务等。延伸产品也称为附加产品，企业要满足消费者的某种需求，就应提供与满足该项需求有关的一切服务。许多情况表明，新的竞争并非凭借各公司在其工厂中所生产的产品，而是依靠附加在产品上的服务、运送、仓储及其他具有价值的形式。企业只有向顾客提供更多的实际利益，正确地发展延伸产品，才能在竞争中赢得主动。

（五）潜在产品

潜在产品是指现有产品可能发展成为未来最终产品的潜在状态的产品。潜在产品指出了现有产品可能的演变趋势和前景。如彩色电视机可发展成为放映机、电脑终端机等。

产品整体概念的五个层次，清晰地体现了以顾客为中心的现代营销观念。这一概念的内涵和外延都是以消费者需求为标准的，由消费者的需求来决定。产品整体概念要求营销者必须正视购买者的整体消费系统。同时，整体产品概念为企业挖掘新的市场机会、进行新产品开发设计、实施产品差异化战略提供了新的思路和方向。可以说，没有产品整体概念，就不可能真正贯彻现代营销观念。

二、产品组合的宽度、长度、深度和关联度

所谓产品组合，是指一个企业生产经营的全部产品的结构，它通常由几条产品线组成。产品线是由满足同类需求，而规格、式样、档次不同的密切相关的一组产品构成；这些不同的个别产品，称为产品项目。

任何企业的产品组合一般都包括四个维度：宽度、长度、深度及关联度。产品组合

的宽度是指企业产品组合所拥有的产品线的数量。产品线越多，产品组合的宽度越宽，产品线越少，则宽度越窄。如表 7-1 所示，M 百货公司的产品组合的宽度为 4。产品组合的长度是指企业经营的产品组合中产品项目的总数。产品项目越多，长度越长。反之，则短。表 7-1 所示该公司有四条产品线，可将四条产品线的长度加起来，得到产品组合的总长度为 20。总长度除以产品组合的宽度，则得到产品线的平均长度。产品组合的深度是指每条产品线内所包含的产品品种、样式等的数量。花色品种、规格型号越多，深度越深。反之，则小。实际上，M 百货公司的产品组合总长度要长得多，深度也要深得多。例如，网球鞋作为一个品种，可以有几个、十几个品牌，其中一个品牌可以有几十甚至几百个不同花色、规格、质量的产品。因此，如按花色、规格、质量统计，可达几千种甚至更多。产品组合的关联度是指企业经营的各条产品线之间在最终用途、生产条件、分销渠道或其他一些方面相互关联的紧密程度。例如，美的公司生产的产品都与电子有关，它的产品组合的关联度就强。相反，实行多元化经营的企业，其产品组合的关联度可能较小或无关联。

表 7-1 M 百货公司的产品组合

	产品组合的宽度			
产品线的长度	服装	体育用品	家电	图书音像
	男士西服	游泳衣	电视	工具书
	男士休闲服	网球鞋	电磁炉	管理类图书
	女士西服	网球拍	热水器	磁带
	女士休闲服	羽毛球	微波炉	VCD
	儿童服	羽毛球鞋		
		乒乓球		
		乒乓球拍		

三、优化产品组合的分析

产品组合状况直接关系到企业的销售额和利润水平。企业必须对现行产品组合做出系统的优化分析和评价，以决定是否加强或剔除某些产品线或产品项目。

（一）产品线内产品项目比较分析

产品线内产品项目比较分析，是指分析、评价现行产品线上不同产品项目所提供的销售额和利润水平。图 7-2 是一条拥有五个产品项目的产品线，第一个产品项目的销售额和利润分别占整条产品线销售额和利润的 50%、40%，第二个产品项目的销售额和利润均占整条产品线销售额和利润的 30%。如果这两个项目突然受到竞争者打击，产品线的销售额和利润就会迅速下降。因此，公司必须细心地加以保护，并努力发展具有良好前景的产品项目。第五个产品项目只占整个产品线销售额和利润额的 5%，如无发展前景，可以剔除。

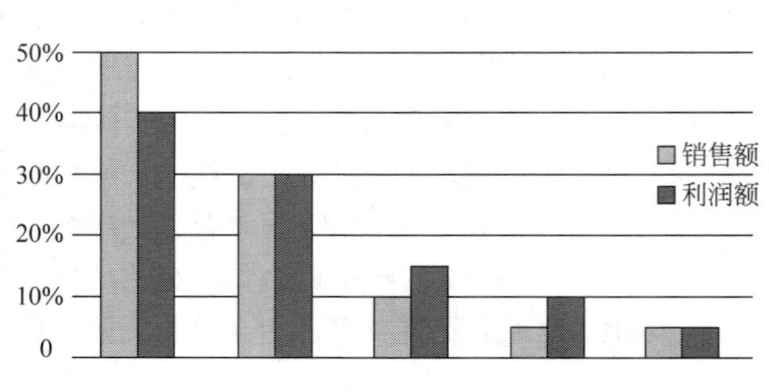

图 7-2 产品线内产品项目分析

（二）产品项目市场地位分析

产品项目市场地位分析，是指将产品线及产品项目情况与竞争者做对比分析，以衡量各产品线及产品项目的市场地位。

四、产品组合的调整

产品组合决策就是企业根据市场需求、竞争形势和企业自身能力对产品组合的宽度、长度、深度和相关性方面做出的决策。企业在优化和调整产品组合时，依据情况的不同，可选择以下策略。

（一）扩大产品组合

根据产品组合的四个维度，企业可以采取四种方法扩大其产品组合策略。

（1）加大产品组合的宽度。在原产品组合中增加产品线，扩展企业的经营领域，实行多样化经营，分散企业投资风险。

（2）扩大产品组合的长度。推出新的产品项目，使产品线丰满充裕，成为更全面的产品线公司。

（3）加强产品组合的深度。在原有产品项目上增加新的花色品种和规格型号，占领同类产品的更多的细分市场，满足更广泛的市场需求，增加行业竞争力。

（4）加强产品组合的关联度。使企业在某特定市场领域内加强竞争和赢得良好的声誉。

产品决策就是企业根据市场需求、竞争形势和企业自身能力对产品组合的宽度、长度、深度和关联度方面做出的决策。

（二）缩减产品组合

市场繁荣时期，较长或较宽的产品组合能为企业带来更多的赢利机会。但在市场不景气或原料、能源供应紧张时期，缩减产品线反而会使总利润上升。因为剔除那些获得较小甚至亏损的产品线或产品项目，企业可以集中力量发展获利多的产品线和产品项目。例如，日本尼西奇公司原来是生产雨衣、泳装、尿垫等橡胶制品的小型企业，后来扬长避短，集中资源生产婴儿尿布，最终成了尿布大王。

五、产品线决策

（一）产品线长度决策

最主要的产品线决策是关于产品线长度的决策。产品线长度是指某条产品线当中所包含的产品项目的数量。如果经理人员可以通过增加产品项目来提高利润的话，那么就意味着产品线太短了；如果经理人员可以通过削减产品项目而增加利润的话，那么就意味着产品线太长了。产品线的长度受到企业目标和资源状况的影响。

产品线往往随时间而逐渐变长。销售人员和分销商可能向产品经理施压，要求提供更完备的产品线以满足其顾客的需要。或者，经理人员可能希望向产品线当中增加新产品项目来增加销售额和利润。产品经理可以通过产品线延伸和产品线填充两个途径来延长企业的产品线。

1．产品线延伸

每一企业的产品都有其特定的定位，如“奔驰”汽车定位于高端汽车市场，“奇瑞”则定位于中低端汽车市场。产品线延伸策略是指超出现有的范围（定位）来增加其产品线长度，具体有向下延伸、向上延伸和双向延伸三种实现方式。

1）向下延伸

向下延伸就是在原来的高端产品线中增加中低端的产品项目。向下延伸的目的是要充分利用高档名牌产品的声誉，吸引买不起高档产品的消费者购买高档产品线中的廉价产品。这样既满足了消费者各种不同的需求，又增加了企业的销售额。

向下延伸策略适用于以下条件：利用高档品牌的声誉来吸引购买力较低的顾客慕名来购买此产品线中的低价产品；高档产品销售增长缓慢，企业资源未得到充分利用；企业最初进入高端市场的目的是建立信誉，然后进入中、低端市场以扩大份额；补充企业的产品线空白。

实施这种策略也有一定的风险。如果处理不慎，会影响原有产品特别是品牌形象；必须辅以一套相应的营销组合策略，甚至对销售系统重新设置，这些将大大增加企业的营销开支；企业向下延伸会刺激生产低档产品的企业，它们可能会向高档产品市场发起反攻。

2）向上延伸

向上延伸就是在原来的低端产品线中增加中高端的产品项目。

向上延伸适用于：高档产品市场具有较大的成长潜力和较高利润率；企业的技术、设备和营销能力已具备加入高端市场的条件；利用中高端产品树立形象；企业希望占有全线产品。

采用向上延伸策略，也要冒一定风险：因为改变产品在顾客心目中的地位是困难的，如果处理不慎，不但不能提升形象，而且还会影响原有产品的市场声誉；可能引起生产高档产品的竞争者进入低档产品市场进行反攻。

3）双向延伸

双向延伸就是原定位于中档产品市场的企业掌握市场优势以后，向产品线上下两个方向延伸。

2．产品线填充

产品线填充就是在现有的产品线范围内添加一些新的产品项目。产品线填充可能出于多种原因：争取更高的利润、取悦经销商、利用过剩的生产能力、成为产品线完备的领导型企业，或者填补市场空缺以阻止竞争对手进入。但是，如果产品线填充的结果导致各个产品项目之间自相残杀，弄得顾客也糊里糊涂的，那么这种填充就做过了头。企业必须确保新产品项目能够显而易见地与现有产品项目相区别。

3．产品线削减

增加产品项目，也就增加了设计、制造、储存、运输及推介新产品项目的促销成本等。因而，企业高层管理者必须下令终止产品线的疯长，定期检查产品项目，将不必要和无赢利的产品项目从产品线中精简掉，以提高整体的赢利性，即考虑产品线削减问题，慎重挑选产品线长度。

（二）产品线现代化决策

产品线现代化决策是强调把现代化的科学技术应用到生产过程中。因为就某种情况而言，虽然产品组合的广度、深度和长度都很适宜，但是产品线的生产方式落后，并且影响到企业的生产和营销效率时，企业就必须实施产品线现代化决策，对现有产品线的技术进行更新和改造。

当企业决定实施产品线现代化决策时，面临的主要问题是：它是逐步实现产品线的技术改造，还是以最快的速度、以全新的设备更换原有设备。逐步实现产品线现代化可以节省资金，但也容易被竞争者发现和模仿；快速实现产品线现代化，可以快速产生市场效果，对竞争者形成威胁，但需要在较短的时间内投入大量资金。

（三）产品线特色化决策

产品线特色化决策是指企业在产品线中，选择一个或少数个产品项目进行特色化，作为号召性的产品去吸引消费者。例如，增城挂绿最高定价达 5.5 万元一颗，就起到了“王冠上的珠宝”的作用，提高了整个挂绿的形象。

西园挂绿——王冠上的珠宝

挂绿是增城市最名贵的荔枝品种，因果身中间有一道绿痕而得名。增城挂绿以文献正式记载可追溯至 16 世纪，据乾隆年间《增城县志》记载原产于增城新塘四望岗，后至嘉庆年间因官吏勒扰，百姓不堪重负而砍光挂绿荔枝，万幸留下一棵于县城西郊西园寺（现荔城挂绿广场），“西园挂绿”弥为珍贵。挂绿荔枝果实扁圆，不太大，通常 0.5 千克有 23 个左右。果蒂带有一绿豆般的小果粒；蒂两侧果肩隆起，带小果粒侧稍高，谓之龙头，另一边谓之凤尾。果实成熟时红紫相间，一绿线直贯到底，“挂绿”一名因此而得。果肉细嫩、爽脆、清甜、幽香，特别之处是凝脂而不溢浆，用纱布包裹，隔夜纸张仍干爽如故。

2001年在挂绿广场举行的挂绿珍果拍卖会上，一颗“西园挂绿”荔枝拍出了5.5万元的高价，成为全球最昂贵的水果，一举打破了世界吉尼斯纪录；2002年，一颗“西园挂绿”荔枝更是拍出了55.5万元的天价。

资料来源：http://news.sina.com.cn/c/2007-07-05/011412145751s.shtml.

第二节　产品生命周期

一、产品生命周期的概念

产品生命周期（product life cycle），简称PLC，是指产品的市场寿命。一种产品进入市场后，它的销售量和利润都会随时间推移而改变，呈现一个由少到多，再由多到少的过程，就如同人的生命一样，由诞生、成长到成熟，最终走向衰亡，这就是产品的生命周期现象。所谓产品生命周期，是指产品从进入市场开始，直到最终退出市场为止所经历的市场生命循环过程。产品只有经过研究开发、试销，然后进入市场，它的市场生命周期才算开始。产品退出市场，则标志着生命周期的结束。

产品的市场寿命与产品的使用寿命必须加以严格区别。产品使用寿命是指产品的耐用时间，也就是产品从投入使用到损坏报废为止所经历的时间。有些产品使用寿命很短，但市场寿命很长，如水果、鞭炮等就属于这一类。有些产品使用寿命很长，但市场寿命未必长久，如某些时装等。可见，使用寿命的研究属于技术工艺范畴。

产品生命周期是由需求和技术的生命周期决定的。因为任何产品都只是为满足特定需要或解决问题的特定方式而存在的，而需求具有生命周期；每种需求都要借助某种技术得以实现，而每种技术也都有生命周期。

二、产品生命周期阶段划分

（一）典型产品生命周期形态（∽型）

产品生命周期，一般要经历导入（也称为引入期、投入期或介绍期）、成长、成熟和衰退四个时期，其典型趋势如图7-3所示。

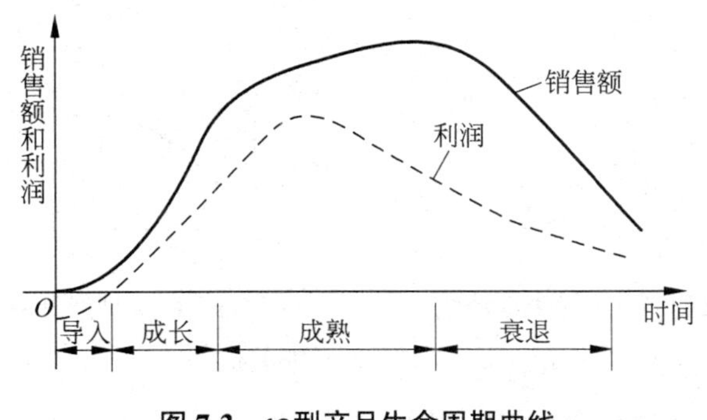

图7-3　∽型产品生命周期曲线

图7-3中横坐标为时间（t），纵坐标为产品的市场销售额和利润额（S），其图形为

类似正态分布曲线。

不同产品具有不同的市场生命曲线。严格说来，要完整地描述某种产品的市场生命周期曲线，只有等该产品衰退淘汰后，对其逐年销售资料按时间序列进行整理才能做到。当产品尚未衰退，需要判断产品处在生命周期哪一阶段时，可采用计算销售增长率的办法，其公式为

$$p=\frac{\Delta S}{\Delta t}$$

式中：P——年销售增长率，即销售量随时间的变化率；

ΔS ——销售量的增长量；

Δt ——时间的增量，以年为单位。

经验数据在一定程度和范围内可以作为划分产品生命周期各阶段的参考：当 $P<10\%$ 时，属于导入期；当 $P>10\%$ 时，属于成长期；当 $0.1\%<P<10\%$ 时，属于成熟期；当 $P<0$ 时，则说明产品已进入衰退期。

（二）特殊的产品生命周期曲线

特殊的产品生命周期包括风格型产品生命周期、时尚型产品生命周期、时潮型产品生命周期和扇贝型产品生命周期四种特殊的类型。

1．风格（style）型产品生命周期

风格是在人类生活中所出现的一种基本且独特的表现方式。一种风格一旦产生，可能会延续数代，如唐装，在此期间时而风行，时而衰落，根据人们对它的兴趣而呈现出一种循环再循环的模式，如图 7-4 所示。

2．时尚（fashion）型产品生命周期

时尚是指在某一领域里，目前为大家所接受或流行的风格，如时装。时尚型的产品生命周期特点是，刚上市时很少有人接纳（称之为独特阶段），但接纳人数随着时间慢慢增长（模仿阶段），终于被广泛接受（大量流行阶段），最后缓慢衰退（衰退阶段），消费者开始将注意力转向另一种更吸引他们的时尚，如图 7-5 所示。

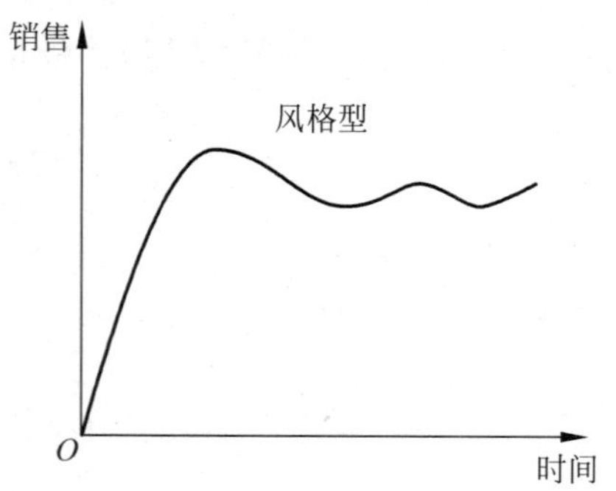

图 7-4　风格型产品生命周期曲线

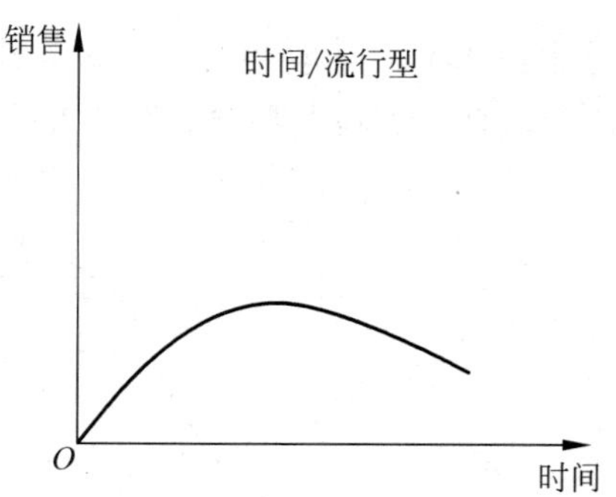

图 7-5　时尚型产品生命周期曲线

3．时潮（fad）型产品生命周期

时潮是一种来势汹汹且很快就吸引大众注意的时尚，俗称时髦。时潮型产品的生命周期往往快速成长又快速衰退，主要是因为它只是满足人类一时的好奇心或需求，所吸引的只限于少数寻求刺激、标新立异的人，通常无法满足更强烈的需求，如图 7-6 所示。

4. 扇贝（scallop）型产品生命周期

扇贝型产品生命周期主要指产品生命周期不断地延伸再延伸，这往往是因为产品创新或不时发现新的用途，如图 7-7 所示。

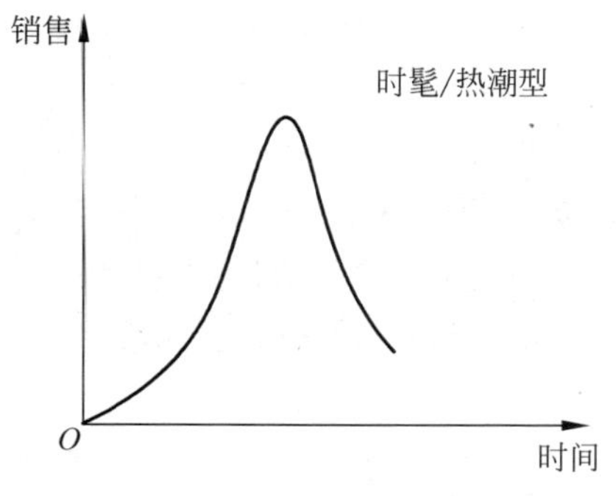

图 7-6　时潮型产品生命周期曲线

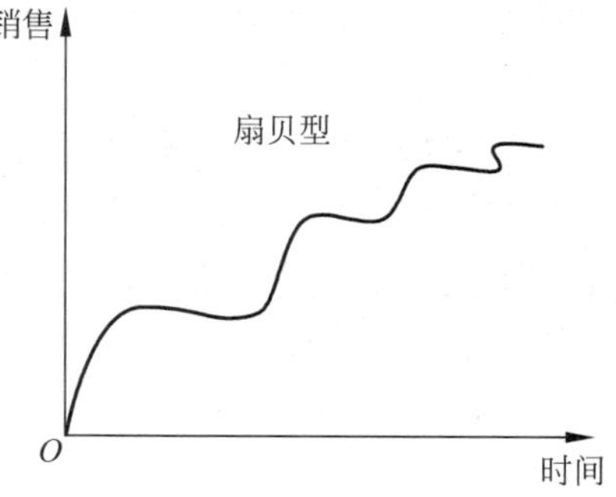

图 7-7　扇贝型产品生命周期曲线

（三）一般产品生命周期和高科技产品生命周期

一般来说，一般产品拥有最理想的产品生命周期曲线。一般产品的生命周期形态可如图 7-8 所示，具有以下特点：第一，产品导入期短，因此公司新产品研制开发成本较低；第二，成长期短，新产品的销售额和利润额迅速增长，很快进入高峰，这意味着在产品生命初期即可获得最大的收入；第三，成熟期持续的时间相当长，这实质上延长了公司的获得时间和利润数额，这一趋势对企业是极为有利的；第四，衰退期非常慢，这意味着销售额和利润额缓慢下降，而不是突然跌落。

高科技产品往往面临着比较困难的产品生命周期，产品生命周期曲线最不理想，如图 7-9 所示。在此形态中，开发期较长，投入成本相应较高；导入和成长缓慢，成熟期短，衰退迅速。

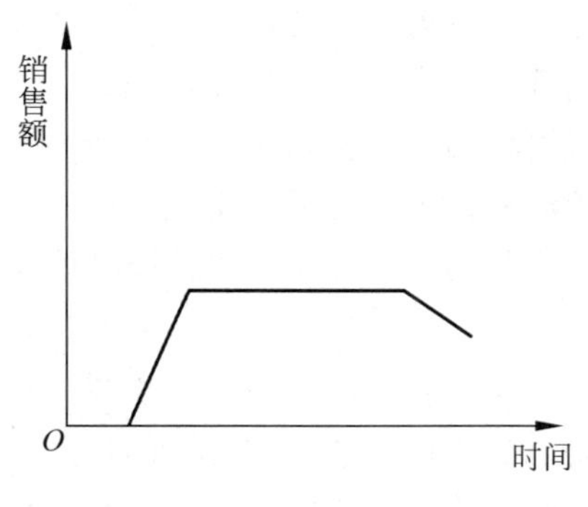

图 7-8　一般产品生命周期曲线

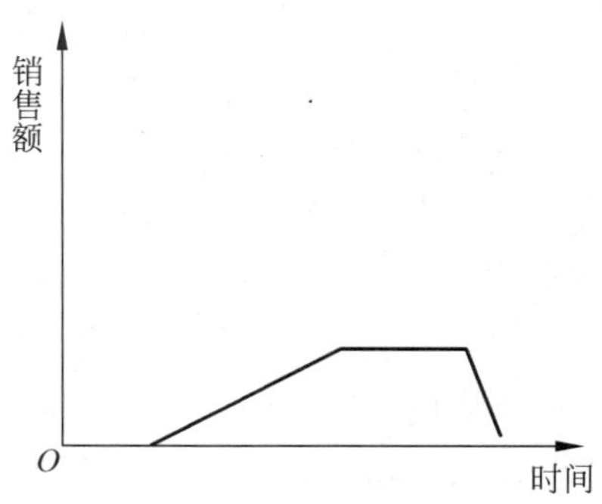

图 7-9　高科技产品生命周期曲线

三、产品生命周期各阶段的特征与营销策略

（一）引入期的市场特点与营销策略

1. 引入期的市场营销特点

引入期的市场营销特点包括以下几项。

（1）消费者对该产品不了解，大部分顾客不愿放弃或改变自己以往的消费行为，因此产品的销售量小，而单位产品成本相应较高。

（2）尚未建立理想的营销渠道和高效率的分配模式。

（3）价格决策难以确立。高价可能限制购买，低价可能难以收回成本。

（4）广告费用和其他营销费用开支过大。

（5）产品技术、性能还不够完善。

（6）利润较少，甚至出现经营亏损，企业承担的市场风险大。

但这个阶段市场竞争者较少，企业若建立有效的营销系统，即可以将新产品快速推进引入阶段，进入市场发展阶段。根据上述特点，引入阶段一般有四种可供选择的策略，如图 7-10 所示。

价格水平 \ 促销水平	高	低
高	快速掠取战略 (rapid-skimming strategy)	缓慢掠取战略 (slow-skimming strategy)
低	快速渗透战略 (rapid-penetration strategy)	缓慢渗透战略 (slow-penetration strategy)

图 7-10　引入期可选择的市场策略

2．引入期的市场营销策略

引入期的市场营销策略包括以下四种。

（1）快速掠取策略。即以高价格和促销费用推出新产品。实行高价格是为了在每一个单位销售款中获取最大的利润；实行促销是为了引起目标市场的注意，加快市场渗透。成功地实施这一策略，可以赚取较大的利润，尽快收回新产品开发的投资。实施该策略的市场条件是：市场上有较大的需求潜力；目标顾客具有求新心理，急于购买新产品，并愿意为此付出高价；企业面临潜在的竞争者的威胁，需要及早树立名牌。

（2）缓慢掠取策略。即以高价格、低促销费用将新产品推入市场。高价格和低促销水平的结合可以使企业获得更多利润。实施该策略的市场条件是：市场规模相对较小，竞争威胁不大；市场上大多数用户对该产品没有过多顾虑；适当的高价格能为市场所接受。

（3）快速渗透策略。即以低价格和高促销费用推出新产品。目的在于先发制人，以最快的速度打入市场，该策略可以给企业带来最快的市场渗透率和最高的市场占有率。实施这一策略的条件是：产品市场容量大；潜在的消费者对产品不了解，且对价格十分敏感；潜在的竞争比较激烈；产品的单位制造成本可随生产规模和销售量的扩大而迅速下降。

（4）缓慢渗透策略。即企业以低价格和低促销费用推出新产品。低价格是为了促使市场迅速地接受新产品，低促销费用则可实现更多的盈利。企业坚信该市场需求价格弹性较高，而促销弹性较小。实施这一策略的基本条件是：市场容量较大；潜在顾客易于或已经了解该项产品，并且对价格十分敏感；有相当的潜在竞争者准备加入竞争行列。

（二）成长期的特点与营销策略

1. 成长期的市场营销特点

成长期的市场营销具有以下几项特点。

（1）消费者对新产品已经熟悉，销售量增长很快。

（2）大批竞争者加入，市场竞争加剧。

（3）产品已定型，技术工艺比较成熟。

（4）建立比较理想的营销渠道。

（5）市场价格趋于下降。

（6）为了适应竞争和市场扩张需要，企业的促销费用水平基本稳定或略有提高，但占销售额的比率下降。

（7）由于促销费用分摊到更多销量上，单位生产成本迅速下降，企业利润迅速上升。

2. 成长期的营销策略

成长期的营销策略的核心是尽可能地延长产品的成长期，具体可以采取以下策略。

（1）根据客户需求和其他市场信息，不断提高产品质量，努力发展新产品的新款式、新型号，增加产品的新用途。

（2）加强促销环节，树立强有力的产品形象。促销策略的重心应从建立产品知名度移转到树立产品形象上面；主要目标是建立品牌偏好，争取新的顾客。

（3）重新评价渠道选择决策，巩固原有渠道，增加新的销售渠道，开拓新的市场。

（4）选择适当的时机调整价格，以争取更多顾客。

企业采用上述部分或全部市场扩张策略，会加强产品的竞争力，但也会相应加大营销成本。因此，在成长阶段面临着“高市场占有率”或“高利润率”的选择。一般来说，实施市场扩张策略会减少眼前利润，但可加强企业的市场地位和竞争力，有利于维护和扩大企业的市场占有率。从长期利润观点看，高市场占有率更有利于企业发展。

（三）成熟期的特点与营销策略

1. 成熟期的市场特点

成熟期是指产品进入大批量生产并稳定地进入市场畅销的时期，这一时期一般比较长，企业内部管理趋于合理完善，机器设备、劳动力发挥出最大的效率，产品成本降至最低值，利润达到最高水平，市场增长率下降。同时在这一时期，购买者最多，销售量达到最大，市场普及率高，销售增长率下降；后期行业内部生产能力开始出现过剩，市场竞争加剧，利润开始下降。

2. 成熟期的市场营销策略

鉴于上述情况，有三种基本策略可供选择，即市场改良策略、产品改良策略和营销组合改良策略。

（1）市场改良策略。也成市场多元化策略，即开发新市场，寻求新用户。这时公司可以通过以下方式实现：一是开发产品的新用途，寻求新的细分市场。如美国杜邦公司生产的尼龙产品，最初只用于军用市场，如降落伞、绳索等。“二战”以后，产品转入民用市场，开发尼龙衣料、蚊帐等日用消费品等。二是重新为产品定位，寻求新的顾客群。例如，强生公司把婴儿爽身粉和洗发水定位在成人市场上，从而找到了新的消费市场。

（2）产品改良策略。也称“产品再推出”，是指改进产品品质或服务后再投放市场。包括：①质量改进——在产品的功能特性上进行改良，如彩电厂家在画面的清晰度、立体声效果以及电磁辐射程度等方面所做的改善。②特点的改进——指注重产品的新特点，如尺寸、重量、材料、附件等，扩大产品的多功能性、安全性或便利性。如移动通信服务商为手机用户提供上网定制资讯信息的服务。产品的新特点通常能被迅速采用、迅速丢弃，因此只要花很少的费用就可供选择。但是由于特点改进很容易模仿，有时会得不偿失。③样式改进——在产品的美学方面进行改良，如服装行业经常推出新的流行款式。

假如产品主要是以性能进行归类，则企业应当设法取得高水平的产品性能优势，以保持持续的领先地位。例如，Intel 公司的 CPU 不断升级，由 8086 到 80286、386、486，一直到奔腾系列，现在仍然在不断开发。相应的操作系统也在不断地推陈出新，如微软公司早先推出了 DOS 1.0 到 DOS 6.22，然后又推出了 Wind 7、Wind 8、Wind 10 等。

（3）营销组合改良策略。是指通过改变定价、销售渠道及促销方式来延长产品成熟期。

（四）衰退期的特点与营销策略

1．衰退期的市场特点

衰退期的市场特点主要包括以下几个方面。

（1）产品销售由缓慢下降变为迅速下降，消费者的兴趣已完全转移。

（2）价格已下降到最低水平。

（3）多数企业无利可图，被迫退出市场。

（4）留在市场上的企业逐渐减少产品附带服务，削减促销预算，以维持最低水平的经营。

2．衰退期的营销策略

衰退期的营销策略主要包括以下几个方面。

（1）集中策略，即把资源集中使用在最有利的细分市场、最有效的销售渠道和最易销售的品种及款式上。简言之，缩短战线，以赢得尽可能多的利润。

（2）维持策略，即保持原有的细分市场和营销策略组合，把销售维持在一个低水平上。等到适当时机，便停止该产品的经营，退出市场。

（3）榨取策略，即大幅度降低销售费用，如将广告费用削减为零、大幅度精简推销人员等，虽然销售量有可能迅速下降，但是可以增加眼前利润。

如果企业决定停止经营衰退期的产品，应该在立即停产还是逐步停产问题上做慎重决策，并应处理好善后事宜，使企业有秩序地转向新产品经营。

产品生命周期各阶段的特点、目标和战略如表 7-2 所示。

表 7-2　产品生命周期各阶段的特点、目标和战略

	导入期	成长期	成熟期	衰退期
销售量	低	剧增	最大	衰退
销售速度	缓慢	快速	减慢	负增长
成本	高	一般	低	回升
价格	高	回落	稳定	降价/回升
利润	亏损	提升	最大	减少
顾客类型	创新者	早期使用者	中间多数	落伍者
竞争者	很少	增多	稳中有降	减少
广告	告知性	劝说性	提示性	少做/不做
营销目标	建立知名度 鼓励试用	最大限度地 占有市场	保护市场 争取最大利润	压缩开支 榨取最后价值

改进产品，延长生命周期

随着信息时代的发展，智能手机的普及已经成了大势所趋。苹果凭借其简约不简单的外观和系统创造了销售奇迹。

从 iPhone4 的开售前三天来看，我们不得不联想到这个时髦热潮型的生命周期。也就是苹果在面对疯狂的销量之后马上就会提前进入衰退期。

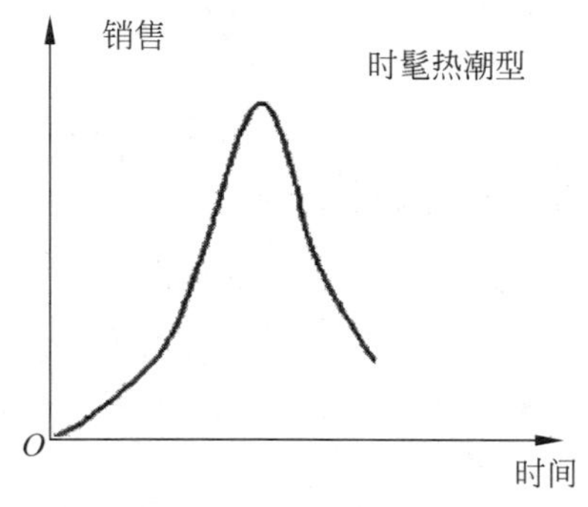

但事实不是这样。在之后的几个季度，苹果手机的销量一直保持良好的势头。4S 的出现虽然引起了市场的不满，不过其销量依旧良好。苹果另一个非常成功的决策那就是 APP STORE，说它是苹果手机的核心竞争力一点都不过分。据 CNN 网站报道，尽管谷歌 Android 系统在智能手机市场扩张迅速，但苹果仍将占有付费应用程序市场 70%以上的份额。Android 应用商店收益仅为苹果的 7%。随后，创新产品 iPhone5、iPhone6 及 iPhone6 plus 的推出，不断地延长了苹果品牌的生命周期。于是，苹果手机的生命周期呈扇贝型。

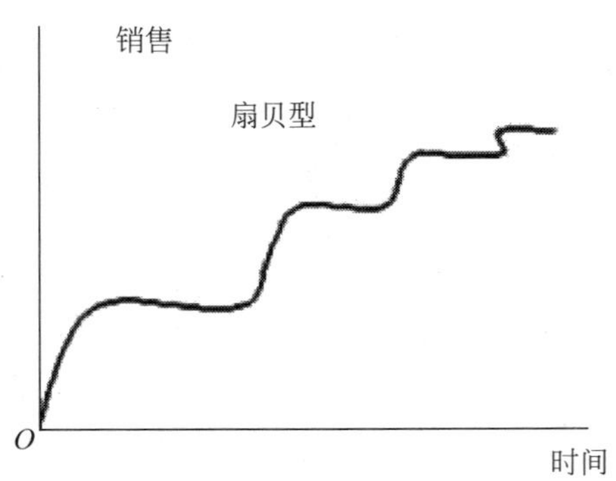

资料来源：http://wenku.baidu.com.

第三节 新产品开发

在现代社会，消费者的需求不断变化，技术也在迅速发展和传播，产品生命周期则相应缩短。顾客需要新产品；为了保持或提高销售，企业也需要积极寻找、发展新产品。因此，不断开发新产品是形成企业竞争优势的一个主要因素，是企业将来生命的源泉。如何缩短新产品开发周期，则是成功推出新产品的关键。

一、新产品的概念及种类

市场营销学中使用的新产品概念，不是从纯技术角度理解的。一种产品只要在功能或形态上得到改进，与原有产品产生差异，并为顾客带来新的利益，即视为新产品。它包括六种基本类型。

（1）全新新产品，即运用新一代科技革命创造的整体更新产品。

（2）新产品线，使企业首先进入一个新市场的产品。

（3）现有产品线的增补产品。

（4）现有产品的改进或更新，对现有产品性能进行改进或注入较多的新价值。

（5）再定位，进入新的目标市场或改变原有产品市场定位推出新产品。

（6）成本减少，以较低成本推出同样性能的新产品。

新产品开发的实质，是推出上述不同内涵与外延的新产品。对大多数企业来说，是改进现有产品而非创造全新产品。在索尼公司，80%以上的新产品是改进和修正的现有产品。

二、新产品开发的必要性

（一）产品生命周期缩短的现实要求企业不断开发新产品

企业同产品一样也存在着生命周期。如果不开发新产品，当产品走向衰落时，企业也同样走到了生命周期的终点。相反，企业若能不断开发新产品，就可以在原有产品退出市场时，利用新产品占领市场。一般而言，当一种产品投放市场时，企业就应当设计新产品，任何时期都有不同的产品处在周期的各个阶段，从而保证企业利润的稳定增长。

（二）消费需求的变化需要不断开发新产品

随着生产力的发展和人们生活水平的提高，需求也发生了很大变化，方便、健康、轻巧、快捷的产品越来越受到消费者的欢迎。消费结构的变化加快，消费选择更加多样化，产品生命周期日益缩短。一方面给企业带来了威胁，企业不得不淘汰难以适应消费需求的老产品；另一方面也给企业提供了开发新产品适应市场变化的机会。

（三）科学技术的发展推动企业不断开发新产品

科学技术的迅速发展导致许多高科技新产品的出现，并加快了产品更新换代的速度。科技的进步有利于企业淘汰过时的产品，生产性能更优越的产品，并把新产品推向市场。企业只有不断运用新的科学技术改造自己的产品，开发新产品，才会不至于被排挤出市场。

（四）市场竞争的加剧迫使企业不断开发新产品

现代市场上企业之间的竞争日趋激烈，要想保持竞争优势，只有不断创新、开发新产品，才能在市场中占据领先地位。竞争中没有疲软的商城，只有疲软的产品。定期推出新产品，可以提高企业在市场上的信誉和地位，提高竞争力，并扩大市场份额。

三、新产品开发组织

（一）新产品开发组织形式

新产品开发组织形式包括以下几种。

（1）产品线经理。有些实力雄厚、产品线丰富的大公司，将产品开发的主要职责委派给产品线经理。但是，产品线经理更多强调对现有产品线的管理，往往缺乏开发新产品的专业知识与技能。

（2）新产品经理。在国外，有些大公司设有隶属产品群经理领导的新产品开发经理，如美国强生公司。这被认为是比较成功的模式，一是能使新产品开发的功能专业化；二是能使新产品经理集中投入更多的时间与精力。

（3）新产品开发管理委员会。对于全球化公司来说，新产品开发战略关系到公司与其他全球竞争者的力量对比和在竞争中的地位，因此在产品线或产品群经理之上，设置了一个最高层次的新产品开发管理委员会，专门负责新产品开发的计划、组织及管理实施。

（4）新产品部。设立新产品开发专职部门，直接接受公司最高层管理领导。

（5）新产品开发小组。由公司各部门智囊人员组成，制定新产品开发预算、工作任务、期限和市场投放策略并组织实施。

（二）团队导向的“同时型产品开发”组织

传统的产品开发组织模式，虽然每个开发环节的管理责任分明，但彼此之间缺乏有组织的团队工作精神，使得“序列化的产品开发”引发了一些难以避免的问题。例如，试制车间经常把设计方案退还设计室，理由是不能按照预计的成本试制出样品，设计人员必须重新设计；由于产品研发期过长，顾客要求在不断地变化，加之激烈的竞争，新产品不得不以低于预定的价格出售。因此，销售部门对研发部门不满，研发部门则指责销售部门无能。

在新产品开发中，应引入团队导向的“同时型产品开发”组织体制。“同时型产品开发”是相对于“序列化的产品开发”而言的，即在整个开发过程中，研究部门、设计部门、技术部门、生产部门、采购部门、市场营销部门和财务部门自始至终通力合作，各种职能的交叉管理应始终贯穿于产品开发过程中。

（三）新产品开发与经营管理体制

一些公司特别是那些全球化公司，其经营管理体制在很大程度上决定新产品开发的组织体制。

四、新产品开发的程序

新产品开发是一项极其复杂的工作，从根据用户需要提出设想到正式生产产品投放市场为止，其中经历许多阶段，涉及面广、科学性强、持续时间长，因此必须按照一定的程序开展工作。由于行业的差别和产品生产技术的不同特点，特别是选择产品开发方式的不同，新产品开发所经历的阶段和具体内容并不完全一样。现以生产制造性质企业的自行研制产品开发方式为对象，来说明新产品开发需要经历的各个阶段，如图 7-11 所示。

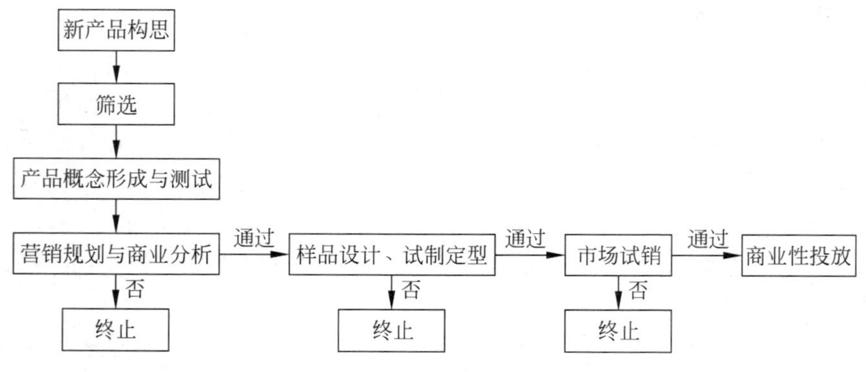

图 7-11　新产品开发程序

（一）新产品构思

新产品构思是在市场调查和技术分析的基础上，为满足一种新需求而提出的新产品的构想或有关产品改良的建议。企业新产品开发构思创意主要来自三个方面：①来自用户。企业着手开发新产品，首先要通过各种渠道掌握用户的需求，了解用户在使用老产品过程中有哪些改进意见和新的需求，并在此基础上形成新产品开发创意。②来自该企业职工。特别是销售人员和技术服务人员，经常接触用户，用户对老产品的改进意见与需求变化他们都比较清楚。③来自专业科研人员。科研人员具有比较丰富的专业理论和技术知识，要鼓励他们发扬这方面的专长，为企业提供新产品开发的创意。此外，企业还通过情报部门、工商管理部门、营销中介、竞争对手等渠道征集新产品开发创意。

（二）筛选

并非所有的产品构思都能发展成为新产品。有的产品构思可能很好，但与企业的发展目标不符合，也缺乏相应的资源条件；有的产品构思可能本身就不切实际，缺乏开发的可能性。因此，必须对产品构思进行筛选，剔除那些明显不适当的产品构思。

（三）产品概念的形成与测试

经过筛选后的构思，需进一步形成能够为消费者接受的、具体的、明确的产品概念。产品概念是指已经成形的产品构思，即用文字、图像、模型等予以清晰阐述，使之在顾客心目中形成一种潜在的产品形象。

一个产品构思能够转化为若干个产品概念。每一产品概念的形成过程实际上就是构思创意与消费者需求相结合的过程，可采用问卷方式将产品概念提交目标市场有代表性的消费者群进行测试、评估。

（四）营销规划与商业分析

企业选择了最佳的产品概念之后，必须制定把这种产品引入市场的初步市场营销规划，并在未来的发展阶段中不断完善。初拟营销计划后，应从经济效益角度来分析新产品概念是否符合企业目标。

（五）样品设计、试制定型

样品设计是将通过商业分析后的新产品概念送交研发部门或技术工艺部门试制成为产品模型或样品。样品设计完毕，即可进行样品试制和鉴定定型，同时进行包装的研制和品牌的设计。这是产品开发的一个重要步骤，只有通过产品试制，才能使产品概念实体化，并发现不足与问题，再经过改进设计，才能证明这种产品概念在技术、商业上的可行性如何。应当强调的是，新产品研制必须使模型或样品具有产品概念所规定的所有特征。

（六）市场试销

小批试制通过后，应尽快将新产品投放市场，进行市场试销。通过试销，可以将消费者的意见反馈回来，对产品加以改进。新产品试销时应对以下问题做出决策。

（1）试销的地区范围。试销市场应是企业目标市场的缩影。

（2）试销时间。试销时间的长短一般应根据该产品的平均重复购买率决定，再购率高的新产品，试销的时间应当长一些，因为只有重复购买才能真正说明消费者喜欢新产品。

（3）试销中所要取得的资料。一般应了解首次购买情况（试用率）和重复购买情况（再购率）。

（4）试销所需要的费用开支。

（5）试销的营销策略及试销成功后应进一步采取的战略行动。

（七）商业性投放

新产品试销成功后，就可以正式批量生产，全面推向市场。这时，企业要支付大量费用，而新产品投放市场的初期往往利润微小，甚至亏损。因此，企业在此阶段应对产品投放市场的时机、区域、目标市场的选择和最初的营销组合等方面做出慎重决策。

五洋纺织数字化智能化的成功转型

江苏常州五洋纺织机械有限公司也进行了数字化智能化的成功转型，它们的车间也已经升级成为一座“智能工厂”。董事长王敏其介绍，工厂生产的纺织设备不仅精度高，而且可以立体编织，每件成品甚至可以用“天衣无缝”来形容。“一台机床，实现 5 个面的立体加工，任何的平面、倒角、打眼、拱丝都是一次性完成的，整个加工精度一米都在一丝以内，一丝就是百分之一毫米，加工出来的光洁度都是像镜子一样的镜面。”与传统生产模式相比，五洋纺机数字工厂实现了“一人操作多机”乃至无人化操作，至少节省了 50%的人工，提高了 5 倍的生产效率，生产成本大幅下降；成品率达到 99%，提升了 3 个百分点，精度等级上了一个台阶，产品性能可以和国际巨头同台 PK。面对制造业的寒冬，很多知名企业相继遭遇困境甚至倒闭，王敏其认为，智能制造和转型升级是大势所趋，只有抢抓机遇主动迎战，企业才有生存和发展的可能。王敏其表示，创新是一个企业的灵魂，没有创新这个企业就没有任何竞争力。“我们在创新上面每年的创新投入在产值的 4%以上，虽然投资不一定马上产生效益，但是效益会持之以恒帮你产生，也就是说企业长期经营，可持续发展，是必须做的事。”

资料来源：http://china.cnr.cn/yaowen/20160823/t20160823_523060211.shtml.

五、新产品采用与扩散

（一）产品特征与市场扩散

（1）创新产品的相对优点。新产品的相对优点越多，在诸如功能、可靠性、新颖性等方面比原有产品的优越性越大，市场接受得就越快。

（2）创新产品的适应性。创新产品必须与目标市场的消费习惯，以及人们的产品价值观相吻合。当创新产品与目标市场消费习惯、社会心理、产品价值观相适应或较为接近时，则有利于市场扩散；反之，则不利于市场扩散。

（3）创新产品的简易性。这是要求新产品设计、整体结构、使用维修、保养方法必须与目标市场的认知程度相适应。一般而言，只有新产品的结构和使用方法简单易懂，才有利于新产品的推广扩散，消费品尤其如此。

（4）创新产品的明确性。这是指新产品的性质或优点是否容易被人们观察和描述，是否容易被说明和示范。凡信息便捷、易于认知的产品，其采用速度一般比较快。例如，流行服装不用说明即可知晓，因而流行较快。

（二）顾客购买行为与市场扩散

1. 消费者采用新产品的程序与市场扩散

人们对新产品的采用过程客观上存在着一定的规律性。美国学者罗吉斯调查了数百人接受新产品的实例，总结归纳出人们接受新产品的程序和一般规律，认为消费者接受新产品一般表现为以下五个重要阶段。

（1）认知。这是个人获得新产品信息的初始阶段。人们在此阶段获得的情报还不够系统，只是一般性了解。

（2）兴趣。指消费者不仅认识了新产品，并且发生了兴趣。在此阶段，消费者会积极地寻找有关资料，进行对比分析，研究新产品的具体功能、用途、使用等问题。如果满意，将会产生初步的购买动机。

（3）评价。这一阶段消费者主要权衡采用新产品的边际价值。如采用新产品获得的利益和可能承担的风险，从而对新产品的吸引力做出判断。

（4）试用。指顾客开始小规模、少量地试用新产品。通过试用，顾客评价自己对新产品的认识及购买决策的正确性。企业应尽量降低失误率，详细介绍产品的性质、使用和保养方法。

（5）采用。顾客通过试用收到了理想的效果，放弃原有的产品，完全接受新产品，并开始正式购买、重复购买。

2．顾客对新产品的反应差异与市场扩散

在新产品的市场扩散过程中，由于社会地位、消费心理、产品价值观、个人性格等多种因素的影响制约，不同顾客对新产品的反应具有很大的差异。

（1）创新采用者。也称为“消费先驱”，通常富有个性，勇于革新冒险，性格活跃，消费行为很少听取他人意见，经济宽裕，社会地位较高，受过高等教育，易受广告等促销手段的影响，是企业投放新产品时的极好目标。

（2）早期采用者。一般是年轻消费者，他们勇于探索，对新事物比较敏感并有较强的适应性，经济状况良好，对早期采用新产品具有自豪感。这类消费者对广告及其他渠道传播的新产品信息很少有成见，促销媒体对他们有较大的影响力，但与创新采用者比较，他们持较为谨慎的态度。

（3）早期大众。这部分消费者一般较少有保守思想，并接受过一定的教育，有较好的工作环境和固定的收入；对社会中有影响的人物，特别是自己所崇拜的“舆论领袖”的消费行为具有较强的模仿心理；不甘落后于潮流，但由于特定的经济地位所限，购买高档产品时持非常谨慎的态度。他们经常在征询了早期采用者的意见之后才采纳新产品。研究他们的心理状态、消费习惯，对提高产品的市场份额具有很大的意义。

（4）晚期大众。指比较晚地跟上消费潮流的人。他们的工作岗位、受教育水平及收入状况往往比早期大众略差，对新事物、新环境多持怀疑态度或观望态度，往往在产品成熟阶段才加入购买。

（5）落后的购买者。这些人受传统思想的束缚很深，思想非常保守，对新事物、新变化多持反对态度，固守传统消费行为方式，在产品进入成熟期后期甚至衰退期才能接受。

新产品的整个市场扩散过程，从创新采用者到落后购买者，形成完整的“正态分布曲线”，这与产品生命周期曲线极为相似，为企业规划产品生命周期各阶段的营销战略提供了有力的依据。

第四节　包装与包装策略

包装是商品生产的继续，商品只有经过包装才能进入流通领域，实现其价值和使用价值，商品包装可以保护商品在流通过程中品质完好和数量完整，同时还可以增加商品的价值。此外，良好的包装还有利于消费者挑选、携带和使用。产品包装作为重要的营销组合要素，在营销实践中成为市场竞争中的一种重要手段。

一、包装的含义、种类与作用

（一）包装的含义

包装是指对某一品牌商品设计并制作容器或包扎物的一系列活动。也就是说，包装有两方面的含义：其一，包装是指为产品设计、制作包扎物的活动过程；其二，包装即是指包扎物。一般来说，商品包装一般包括商标或品牌、形状、颜色、图案和材料等要素。

商标或品牌是包装中最主要的构成要素，应在包装整体上居于突出的位置。

适宜的包装形状有利于储运和陈列，也有利于产品销售。因此，形状是包装中不可缺少的组合要素。

颜色是包装中最具刺激作用的构成要素。突出商品特性的色调组合，不仅能够加强品牌特征，而且对顾客有强烈的感召力。

图案在包装中如同广告中的画面，其重要性、不可或缺性不言而喻。

包装材料的选择不仅影响包装成本，而且也影响着商品的市场竞争力。开发和选用新型材料是包装设计中的一项重要工作。

此外，在产品包装上还有标签。在标签上一般印有包装内容和产品所包含的主要成分、品牌标志、产品质量等级、生产厂家、生产日期和有效期、使用方法等。有些标签上还印有彩色图案和实物照片，以促进销售。

（二）包装的种类

包装是产品生产过程在流通领域的延续。产品包装按其在流通过程中作用的不同，可以分为运输包装和销售包装两种。

1．运输包装

运输包装又称外包装或大包装，主要用于保护产品品质安全和数量完整。运输包装可细分为单件运输包装和集合运输包装。

（1）单件运输包装，是指商品在运输过程中以箱、桶、袋、包、坛、罐、篓、笼、筐等单件容器对商品进行包装。按其使用的包装材料，又可分为纸、木、金属、塑料、化学纤维、棉麻织物等制成的容器和绳索；按其使用的包装造型又可细分为箱、桶、袋、包、捆、罐、篓、瓶等。

（2）集合运输包装，是指将一定数量的单件包装组合在一件大包装容器内而合成的大包装，有利于降低成本、提高工作效率。

常用的集合运输包装有集装包（或集装袋）、托盘和集装箱等。

2．销售包装

销售包装又称内包装或小包装，它随同产品进入流通环节，与消费者直接接触。销售包装实际上是零售包装，因此销售包装不仅要保护产品，而且更重要的是要美化和宣传商品，便于成列展销，吸引顾客，方便消费者认识、选购、携带和使用。

在市场竞争日益激烈的今天，厂商竞相以日新月异的包装装潢作为吸引消费者的手段，借以达到开创市场、拓展销路的目的。近些年来，随着超级市场的发展，销售包装的发展趋势日益呈现出小包装大量增加，透明包装日益发展，金属和玻璃容器趋向安全轻便，贴体包装、真空包装的应用范围越来越广泛，包装容器器材的造型结构美观、多样、科学，包装画面更加讲究宣传效果的发展趋势。这些都是营销企业应予研究的内容。

（三）包装的作用

1．保护商品

包装保护商品的作用主要表现在两个方面：其一是保护商品本身。有些商品怕震、怕压，需要包装来保护；有些商品怕风吹、日晒、雨淋、虫蛀等，也需要借助包装物来保护。其二是安全（环境）保护。有些商品属于易燃、易爆、放射、污染或有毒物品，对它们必须进行包装，以防泄漏造成危害。

2．便于储运

有些商品外形不固定，或是液态、气态，或者是粉状，若不对此进行包装，则无法运输和储藏。所以，良好的包装有助于储藏和运输，从而使商品保值，同时加快交货时间。

3．促进销售

商品给顾客的第一印象不是来自产品内在质量，而是它的外观包装。产品包装美观大方、漂亮得体，不仅能够吸引顾客，而且还能激发顾客的购买欲望。据美国杜邦公司研究发现，63%的消费者根据商品包装做出购买决定。可以说，包装是无声的推销员。

4．增加盈利

由于装潢精美、使用方便的包装能够满足消费者的某种心理要求，因而消费者乐于按较高的价格购买之；另外，包装材料本身也包含着一部分利润。因此可以说，包装能够增加企业的利润。

二、包装标签与包装标志

包装标签是指附着或系挂在商品销售包装上的文字、图形、雕刻及印制的说明。标签中载有许多信息，可以用来识别、检验内装商品，同时也可以起到促销作用。

通常说来，商品标签主要包括：制造者或销售者的名称和地址、商品名称、商标、成分、品质特点、包装内商品数量、使用方法及用量、编号、储藏应注意的事项、质检号、生产日期和有效期等内容。值得一提的是，印有彩色图案或实物照片的标签有明显的促销功效。

包装标志是在运输包装的外部印制的图形、文字和数字及它们的组合，包装标志主要有运输标志、指示标志和警告性标志。运输标志又称为唛头，是指在商品外包装上印制的反映收货人和发货人、目的地或中转地、件号、批号、产地等内容的几何图形、特定字母、数字和简短的文字等。指示性标志是根据商品的特性，对一些容易破碎、残损、变质的商品，用醒目的图形和简单的文字做出标志。指示性标志指示有关人员在装卸、搬运、储存作业中引起注意，常见的有“此端向上”“易碎”“小心轻放”等。警告性标志是指在易燃品、易爆品、腐蚀性物品和放射性物品等危险品的运输包装上刷制特殊的文字以示警告。常见的有“爆炸品”“易燃品”“有毒品”等。

三、包装的设计原则

一般来说，包装设计应遵循以下几个基本原则。

（1）安全。安全是产品包装（包括运输包装和销售包装）最核心的作用之一，也是最基本的设计原则之一。在包装活动过程中，包装材料的选择及包装物制作必须适合产品的物理、化学、生物性能，以保证产品不损坏、不变质、不变形、不渗漏等。一方面，保证商品质量完好、数量完整；另一方面，保护环境安全。

（2）适于运输、便于保管与陈列、便于携带和使用。在保证产品安全的前提下，应尽可能缩小包装体积，以利于节省包装材料和运输、储存等费用。销售包装的造型结构，一方面应与运输包装的要求吻合，以适应运输和储存的要求；另一方面要注意货架陈列的要求。此外，为方便顾客和满足消费者的不同需要，包装的体积容量和形式应多种多样；包装的大小、轻重要适当，以便于携带和使用；为适应不同需要，还可采用单件、多件和配套包装等多种不同的包装形式。

（3）美观大方、突出特色。销售包装设计得当，可以产生积极的促销作用。美观大方的包装给人以美的感受，有艺术感染力，进而使其成为激发顾客购买欲望的主要诱因。这就在客观上要求包装设计必须注重艺术性。与此同时，包装还应突出产品个性，这是因为包装是产品的组成部分，追求不同产品之间的差异化，是市场竞争的客观要求，而包装是实现产品差异化的重要手段。20 世纪初鲁德先生依其女友裙子造型为基础设计出的可口可乐瓶子就是妙笔之作。

（4）包装与商品价值和质量水平相匹配。包装作为商品的包扎物，尽管有促销作用，但也不可能成为商品价值的主要部分。因此，包装应有一个定位。一般来说，包装应与所包装商品的价值和质量水平相匹配。若包装在商品价值中所占的比重过高，会因容易产生名不副实之感而使消费者难以接受；相反，价高质优的商品自然也需要高档包装来烘托商品的高雅贵重。

（5）尊重消费者的宗教信仰和风俗习惯。由于社会文化环境直接影响着消费者对包装的认可程度，所以为使包装收到促销效果，在包装设计中，必须尊重不同国家和地区的宗教信仰和风俗习惯等社会文化环境下消费者对包装的不同要求，切忌出现有损消费者宗教情感、容易引起消费者忌讳的颜色、图案和文字。应该深入了解分析消费者特性，区别不同的宗教信仰和风俗习惯设计不同的包装，以适应目标市场的要求。

（6）符合法律规定、兼顾社会利益。法律是市场营销活动的边界。包装设计作为企业市场营销活动的重要环节，在实践中必须严格依法行事。例如，应按法律规定在包装上标明企业名称及地址；对食品、化妆品等与人们身体健康密切相关的产品，应标明生产日期和保质期等。不仅如此，包装设计还应兼顾社会利益，努力减轻消费者负担，节约社会资源，禁止使用有害包装材料，实施绿色包装战略。

此外，还应注意满足不同运输、不同分销商的特殊要求。

中国白酒独特的包装色彩和图案设计

色彩是包装设计中最能吸引顾客的，色彩搭配得当，会使消费者看后有一种赏心悦目之感，引起消费者的注意。调查中，我们发现白酒厂商在色调运用上基本固定在红、黄、金、白、黑这几种。中国人讲求喜气，特别是像白酒这种一般在重要节日的必备商品，喜庆色调更容易为大众接受。如茅台集团的产品多以明黄色为主色调，五粮液系列则多以红色为基调，还有一些白酒品牌主打淡雅色调，给人一种柔和清新的感觉，也给自己的酒定下主基调，相较之下，洋河蓝色经典的蓝盒蓝瓶（见图 7-12）倒是让人眼前一亮。酒类包装的形象设计方面。有创意的图案设计能够使商品更加形象化，生动有趣，引起消费者的兴趣，相较于传统的龙凤图案的设计，有几种倒给人们留下深刻印象：高炉家酒（见图 7-13）取意于徽居的建筑风格，整体背景的基调是清淡素雅，浓厚的徽文化底蕴是创意的源泉；天圆地方取景大草原，给人以空旷的美感，令人心驰神往；店小二酒外盒形似一个小酒铺，正面窗户开处，店小二热情吆喝跃然盒上，窗户上方店小二酒旗随风飘扬，瓶形更匠心独运，一个怀抱酒坛的店小二笑容可掬。品名与外形包装和谐统一，妙趣横生。

图 7-12　洋河蓝色经典梦之蓝

图 7-13　高炉家酒

资料来源：http://www.ycxingda.com/news/html/428.html.

四、包装策略

符合设计要求的包装固然是良好的包装，但良好的包装只有与科学的包装决策结合起来才能发挥其应有的作用。可供企业选择的包装策略有以下几种。

（1）类似包装策略。该策略是指企业对其生产的产品采用相同的图案、近似的色彩、相同的包装材料和相同的造型进行包装，便于顾客识别出本企业产品。对于忠实于本企业的顾客，类似包装无疑具有促销的作用，企业还可因此而节省包装的设计、制作费用。但类似包装策略只能适宜于质量相同的产品，对于品种差异大、质量水平悬殊的产品则不宜采用。

（2）等级包装策略。该策略是指企业对自己生产经营的不同质量等级的产品分别设计和使用不同的包装。即对高档产品采用精致包装，对低档产品采用简略包装，其做法适应不同需求层次的消费者的需求心理，便于消费者识别、选购商品，从而有利于全面扩大销售。当然，该策略的实施成本高于包装策略也是显而易见的。

（3）分类包装策略。分类包装是指根据消费者购买目的的不同，对同一种产品采用不同的包装。例如，购买商品用作礼品时，采用精致包装；若购买者自己使用，则简单包装。此种包装策略的优缺点与等级包装策略相同。

（4）配套包装策略。配套包装就是指企业将几种有关联性的产品组合在同一包装物内的做法。这种策略能够节约交易时间，便于消费者购买、携带与使用，有利于扩大产品销售，还能够在将新旧产品组合在一起时，使新产品顺利进入市场。但在实践中，还需要注意市场需求的具体特点、消费者的购买能力和产品本身的关联程度大小，切忌任意配套搭配。

（5）再使用包装策略。该策略也称双重用途包装策略，是指包装内的产品使用完后，包装物还有其他的用途。如各种形状的香水瓶可作装饰物，精美的食品盒也可被再利用等。这种包装策略可使消费者感到一物多用而引起其购买欲望，而且包装物的重复使用也起到了对产品的广告宣传作用。不过应谨慎使用该策略，避免因成本加大引起商品价格过高而影响产品的销售。

（6）附赠品包装策略。附赠品包装策略是指在包装物内附有赠品以诱发顾客重复购买的做法。在包装物中的附赠品可以是玩具、其他商品，也可以是奖券。该包装策略对儿童和青少年及低收入者比较有效。这也是一种有效的营销推广（销售促进）方式。如我国出口的“芭蕾珍珠膏”，每个包装盒附赠珍珠别针一枚，顾客购至50盒时，可串成一条美丽的珍珠项链，这使珍珠膏在国际市场十分畅销。

（7）更新包装策略。更新包装策略又称改变包装策略，就是改变和放弃原有的产品包装，改用新的包装。由于包装技术、包装材料的不断更新，消费者的需求偏好不断变化，采用新的包装以弥补原包装的不足，改变商品在消费者心目中的地位，进而收到恢复企业声誉之佳效。当然，企业在改变包装的同时必须配合好宣传工作，以消除消费者以为产品质量下降或其他的误解。

本章小结

产品是市场营销组合中最重要、最基本的因素。企业必须根据目标市场的情况决定发展什么样的产品，以满足特定顾客的需求。企业有必要从顾客真正的需求出发，诠释产品的概念和内容，包括产品的品牌、式样、包装等属性，并且提供顾客实现产品消费所需的良好的服务保证。同时，企业也要认识到，随着需求的不断变化，产品的消费、销售会出现一个周期性的变化，任何一种产品最终都会有淘汰的时候。企业在产品生命周期的不同阶段必须采用不同策略，并开发新产品以满足变化的需求。

包装是产品生产过程在流通领域的延续，它主要有运输包装和销售包装两大类。包装的营销作用主要表现在保护商品、便于储运、促进销售和增加赢利上。包装设计应遵循安全，适于运输、便于保管与陈列、便于携带和使用，美观大方、突出特色，包装与商品价值和质量水平相匹配，尊重消费者的宗教信仰和风俗习惯，符合法律规定、兼顾社会利益等原则。实践中，可供企业选择的包装策略主要有类似包装策略、等级包装策略、分类包装策略、配套包装策略、再使用包装策略、附赠品包装策略和更新包装策略等。

重要术语

产品、产品整体概念、产品组合、产品线、产品项目、产品生命周期、新产品开发、包装、包装标签、包装标志

复习思考题

1. 何谓产品整体概念？阐述产品整体概念的营销意义。
2. 什么是产品组合？阐述产品组合的宽度、长度、深度和关联度对营销活动的意义。
3. 优化产品组合可通过哪些途径实现？
4. 什么是产品线延伸？产品延伸的条件和风险是什么？
5. 什么是产品生命周期？产品生命周期各阶段的特征及其相应的营销对策是什么？
6. 什么是新产品？新产品有哪几种类型？
7. 新产品开发的必要性是什么？新产品开发的主要流程包括哪些？
8. 包装的种类有哪些？有何作用？

阅读推荐

[1] [美]菲利普・科特勒（Philip Kotler），凯文・莱恩・凯勒（Kevin Lane Keller）. 营销管理[M]. 第14版. 北京：中国人民大学出版社，2012.
[2] 吴健安. 市场营销学[M]. 第4版. 北京：高等教育出版社，2011.
[3] 张鸿. 市场营销学[M]. 北京：科学出版社，2009.
[4] 唐・亚科布奇. 营销管理[M]. 田志龙，译. 北京：机械工业出版社，2011.
[5] [美]迈克尔・埃特泽尔. 市场营销[M]. 第4版. 南京：南京大学出版社，2009.

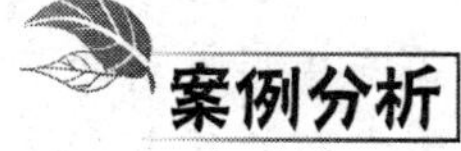

案例分析

华为是怎样成为全球信息与通信技术市场的领先者的

华为于 1987 年成立于中国深圳，是一家生产用户交换机（PBX）的香港公司的销售

代理。1990年开始自主研发面向酒店与小企业的PBX技术并进行商用，1992年开始研发并推出农村数字交换解决方案，1999年起，为实现更好地全联接世界，华为聚焦ICT管道战略，通过全球16个研究院/所、36个联合创新中心，在全球范围内开展创新合作，在关键技术、基础工程能力、架构、标准和产品开发等方向持续投入，致力于用更宽、更智能、更高性能、更可靠的“零”等待管道，为用户创造更好的体验。目前，华为支撑着全球1 500多张网络的运营，覆盖了170多个国家，服务全球超过三分之一的人口，以开放的姿态参与到全球化的经济竞合中，逐步发展成全球领先的信息与通信技术(ICT)解决方案供应商，越来越多的运营商视其为可信赖的战略合作伙伴。

坚持积累，这是华为制胜的法宝。在面向未来的基础研究和创新上，华为坚持每年持续加大投入，将10%以上的销售收入、投入研究与开发。2015年，从事研究与开发的人员约79 000名，占公司总人数45%；研发费用支出为人民币596.7亿元，占总收入的15.1%。近10年累计投入的研发费用超过人民币2400亿元。目前，华为的研发投入已取得丰硕成果。

在运营商业务领域，MBB时代运营商面临多制式长期并存的局面，2008年华为率先推出SingleRAN解决方案，帮助运营商解决多网共建、多网运营所面临的挑战，并连续4年在世界移动大会（MWC）上提供Single系列方案，其中第一年着重介绍设备基站；第二年则通过成熟的解决方案应用表明网络整体成熟度；第三年华为提供系统SingleRAN@Broad理念，从而帮助运营商盈利逐步实现商业化；2011年华为着重对具体商业案例进行展示，表明SingleRAN@Broad系统产业均已成熟。如今，SingleRAN已经成为业界多模建网标准。华为的4G设备在全球被广泛部署，已进入140多个国家的首都；承建了全球280多个400G核心路由器商用网络。2015年，运营商业务的营收超过了爱立信，除了美国的三大运营商和华为没有合作外，基本上其他大型运营商都是华为客户。

在企业业务方面，华为致力于存储、服务器、云计算、网络设备、交换机的研发与问题解决，均已取得了长足发展。华为践行业务驱动的ICT基础架构（BDII）行动纲领，引领企业IT向云架构和企业网络向SDN转型。全球众多《财富》500强企业已选择华为，包括工行、建行、德国铁路集团、奔驰、大众等。华为还参与建设了660多个数据中心，包括255个云数据中心，将继续携手伙伴，共建可持续发展的云计算产业生态圈。华为已经是5G创新领域的领跑者和产业建设的积极贡献者。华为面向业界率先发布5G的SCMA、F-OFDM以及Polar Code等新空口技术，灵活适配各类业务，同时在不增加天线和频谱的情况下，实现3倍频谱效率提升。

在消费者业务领域，得益于中高端产品、海外高端市场和荣耀模式的长足发展，年销售收入增长超70%，市场份额稳居全球TOP3阵营。继Mate 7、P7等精品智能手机的成功，P8、Mate 8进一步夯实中高端地位；荣耀品牌以亲和力与活力正联接起更多的消费者，收入翻番。海外市场渠道、零售、服务能力建设卓有成效。华为发布最新电池快充技术，3 000m Ah的手机电池5分钟可充入48%电量，在华为手机中可通话10小时。其快充技术的突破是采用新型分子结构的负极材料，具备高速的物理/化学双重储锂功能，充电速度是普通手机的10倍，同时能量密度和使用寿命均不会受到影响。海思麒麟处理器是华为的骄傲，也是中国本土芯片行业的骄傲，正是它一直坚持不懈地自主发展，树立了一面旗帜，令人敬仰，高通、联发科也不得不对其侧目。麒麟 920 采用了当前业界领先水平的 28 纳米 HPM 高性能移动工艺制程，满足了高性能和低功耗的双重特性。然而，任正非当年说海思项目就是年年亏损也得上，为的就是关键时候不被卡脖子，所以才有了海思今天的辉煌。华为手表手环引领时尚，车载领域成功与国际领先汽车品牌开展合作，软件体验和云业务快速进步，总体实现了围绕用户全场景生活体验的全面布局。

截至 2015 年 12 月 31 日，华为加入了 300 多个标准组织/产业联盟/开源社区，担任超过 280 个重要职位，在 IEEE-SA、ETSI、WFA、TMF、OpenStack、Linaro、OASIS 和 CCSA 等组织担任董事会成员。2015 年提交提案超过 5 400 篇，累计提交提案 43 000 余篇。华为累计共获得专利授权 50 377 件，累计申请中国专利 52 550 件，累计申请外国专利 30 613 件。其中，90%以上专利为发明专利。2015 年，华为实现销售收入 3 950 亿人民币（按年末汇率折为 608 亿美元），同比增长 37%。

资料来源：华为官方网站， http://www.huawei.com/cn/通过其历年年报整理而成。

思考题

1．分析华为成为全球信息与通信技术市场领先者的主要原因。

2．你认为，华为在未来的新产品开发中将面临哪些机遇和挑战？

第八章 品牌战略

学习目标

塑造独特的品牌形象，不断提升品牌资产价值，是提升企业竞争力的重要途径。通过本章的学习，应了解品牌的相关概念、品牌的构成要素，熟悉品牌、品牌资产的内涵、作用和特点，掌握品牌决策的主要内容、方法以及驱动品牌资产的主要途径。

导入案例

四季沐歌携《中国新歌声》再造品牌升级之路

2016 年夏天，一度创造现象级神话的大型励志专业音乐评论节目《中国新歌声》隆重登场。音乐导师周杰伦、那英、汪峰、庾澄庆依旧选择自己心仪的歌唱学员组成战队，为我们带来精彩纷呈的音乐对抗。

然而面对关于其名称、版权的几经波折，2016 年《中国好声音》更名为《中国新歌声》，同时，自 2016 年起，该系列节目不再引进版权，而是进行模式的全新原创。创新代表着变化，全新的《中国新歌声》将从节目名称、logo、主持人，到舞美设计、裸眼 3D 拍摄、VR 转播等一系列承载入手，为满足观众更高的观赏要求，注入科技手段、多样元素打造立体的视听盛宴，为观众带来全新的感官体验。“新歌声”从“好声音”脱胎而来，这一举动也意味着《中国新歌声》将完全摒弃海外引进模式，原创开发具有中国文化特色的电视综艺节目，走上国产娱乐节目创新之路。

无独有偶，牵手《中国新歌声》与中国蓝 TV 持续合作的四季沐歌，在品牌发展之路上走得风生水起，能够成为行业领军者，其内因也正源于其不断的创新。四季沐歌深知，在移动互联网时代，想要玩转营销，需要胆识、谋略、规划、创意、执行等多方支持，全面打造品牌的娱乐化、社交化、年轻化和国际化势在必行。

四季沐歌的营销有“四度”模型。

第一通过央视的高度、公信力，打造企业的高度。

第二为精度，以 2016 年为例，四季沐歌一举成为中国蓝 TV《奔跑吧兄弟》《中国好声音》《十二道锋味》三档强势栏目战略合作伙伴，在品牌活化和品牌年轻化过程中，聚焦精准客户，精准化的投放涵盖了百度、土豆、优酷以及搜狐等媒体平台。

第三是黏度，包装高铁和铁路资源列车，纳入四季沐歌的二维码入口，如 2016 年 6 月“世界环境日”，四季沐歌跑男团发起“高铁撕名牌欢乐赢礼品”活动，在高铁上大玩撕名牌，传递品牌绿色、环保、节能的理念，呼吁大众保护地球，爱护环境，与消费者亲密接触互动。

第四则是广度，四季沐歌通过网络常年推动客户面对面的促销，让消费者真正享受实惠，树立良好的品牌形象。

所谓“好的传播虽然要基于好的产品，同样需要建立在品牌之上”。四季沐歌“四度”模型的运用，何尝不是一种创新，这为四季沐歌带来了更多圈层消费者的认可与支持，大大加持了其品牌声量。正如2016《中国新歌声》的大胆创新，新元素、新风格、新面貌，势必会做出属于自己的品牌之道，走出属于自己的营销之路，满足大家渴望更多高品质体验享受需求。

火热7月，四季沐歌会同《中国新歌声》一起，活跃于屏幕之上，通过深度的合作、多样的形式、拓宽的传播渠道，引爆媒体单元裂变，激发受众激情，玩转品牌营销。

资料来源：http://news.pchouse.com.cn/163/1632913.html.

第一节　品牌概述

一、品牌的含义和构成要素

当我们口渴的时候，我们想到了汇源果汁、农夫山泉；当我们想买手机的时候，我们想到了苹果、联想；当我们饿了的时候，我们想到了麦当劳、真功夫……我们生活在一个品牌化的时代，品牌正日益成为我们选择商品的依据、情感的寄托、身份的象征，甚至成为我们生活的方式。

（一）品牌的含义

品牌（brand），源出古挪威文Brandr，意思是“烧灼”。人们用这种方式来标记家畜等需要与其他人相区别的私有财产。到了中世纪的欧洲，手工艺匠人用打烙印的方法在自己的手工艺品上烙下标记，以便顾客识别产品的产地和生产者，这就产生了最初的商标，并以此为消费者提供担保，同时向生产者提供法律保护。16世纪早期，蒸馏威士忌酒的生产商将威士忌装入烙有生产者名字的木桶中，以防不法商人偷梁换柱。到了1835年，苏格兰的酿酒者使用了“OldSmuggler”这一品牌，以维护采用特殊蒸馏程序酿制的酒的质量声誉。

工业革命导致产品大批量生产，产品需要卖给更广阔的市场。生产商需要说服非本地的市场，公众需要信任非本地的产品。于是，诞生了坎贝尔汤、可口可乐、桂格燕麦等名牌产品。到了20世纪40年代，制造商开始认识到消费者和他们的品牌发展的重要关系，于是开始打造品牌的年轻、有趣或奢侈品等身份和个性。现在，消费者越来越倾向于购买“品牌”，而不是产品。

1960年，美国市场营销协会（AMA）给出了品牌的经典定义：“品牌是一个名称、名词、符号或设计，或是它们的组合，其目的是识别某个销售者和某群销售者的产品或劳务，并使之与竞争对手的产品和劳务区别开来。”可见，品牌包括名称和标志两部分。

品牌名称是品牌中可以用语言称呼的部分，如“全聚德”“娃哈哈”等；品牌标志是品牌中可以通过视觉识别，但不能用语言称呼的部分，如“红旗”轿车的标志——红旗图形，“奥迪”的标志——四个圆环等。

菲利普·科特勒从六个方面揭示了品牌的深层内涵。

（1）属性。品牌属性是品牌产品在性能、质量、技术等方面的独特之处，如可口可乐的独特口感和配方等。品牌属性决定了品牌的独特性，是品牌竞争力的主要来源。

（2）利益。品牌利益是品牌给用户带来的价值，包括功能性利益和情感性利益。“立白”洗衣粉的“不伤手”，“海飞丝”的“去头屑”，突出的是功能性利益；“戴比尔斯”钻戒的“钻石恒久远，一颗永留传”，“孔府家酒，使人想家”传达的更多的则是情感性利益。

（3）价值。品牌价值是消费者对品牌的感知和评价，并成为品牌创造者资产的重要组成部分。全球品牌集团 Interbrand 发布的“2012 全球品牌价值排行榜”表明，2012 年世界上价值最高的品牌是可口可乐（价值 778.4 亿美元），而第 18 届“中国最具价值品牌”百强榜则表明，“海尔”以 962.8 亿元人民币的价值成为中国国内最有价值的品牌。

（4）文化。品牌的一半是文化。品牌是国家或民族文化的代表。可口可乐代表着自由、快乐的美国文化，奔驰代表着理性、认真的德国文化，同仁堂则代表着诚信、爱国的中国文化。

（5）个性。品牌个性是品牌形象人格化后所具有的独特性。品牌代言人常常是品牌个性的代表。万宝路用美国西部牛仔进行象征，展示了自由、奔放的个性；欧米茄手表用世界名模辛迪·克劳馥作为代言人，代表了欧米茄手表追求完美形象的个性。

（6）用户。品牌暗示了购买或使用产品的消费者类型。“动感地带”的使用者主要是 18～25 岁的年轻人，而“全球通”的用户则更多的是商务人士。

（二）品牌的相关概念

（1）牌子。“牌子”是人们对品牌、商标、名牌等的通俗称谓，含义与品牌相同。

（2）商标。商标是商品的标记，是识别某商品、服务或与其相关的个人或企业的显著标志。经过注册的商标用图形“®”表示，受法律保护。企业在工商行政管理部门登记注册某个商标以后，就享有对该商标的专用权。因此，商标实质上是一种法律术语。

（3）驰名商标。“驰名商标”最早出现在 1883 年签订的《保护工业产权巴黎公约》中。“中国驰名商标”是指经国家工商行政管理部门依照法律程序认定，在中国为相关公众广为知晓并享有较高声誉的商标。企业的商标，如果能够代表产品或服务的良好质量，具有较高的知名度、美誉度及顾客忠诚度，经过政府主管机构认定，就可成为驰名商标。

（三）品牌的构成要素

一个完整的品牌是由多个品牌要素构成的。

1．品牌的显性要素

品牌名称、品牌标志、品牌的标准字体和标准颜色、品牌的独特包装、品牌的广告歌曲等具象要素，可直接给消费者带来强烈的视觉或听觉上的冲击，构成了品牌的显性要素。

（1）品牌名称。品牌名称是品牌识别的最基本要素，是消费者记忆和传播品牌的主要依据。它不仅给产品带来方便的识别性，更通过带给消费者关于产品的功能（如“立白”“美加净”）、情感（如“红豆”“戴比尔斯”）、美好未来（如“步步高”“万利达”）等方面的丰富联想而激起对产品或服务的强烈欲望和憧憬。

（2）品牌标志。品牌标志是指品牌中可以被识别、易于记忆但不能用言语称谓的部分。如果说品牌名称是品牌的基本要素，那么品牌标志就是品牌的关键要素。品牌标志是一种“视觉语言”，通过一定的图案来向消费者传递品牌信息，以达到创造品牌认知、品牌联想和品牌偏好，进而影响顾客的品牌忠诚度的目的。看到麦当劳金色的“M”，就感受到它的美味、干净和舒适，苹果（Apple）公司“被咬了一口的苹果”的标志则带给人们无比的亲切感。

（3）品牌象征物。品牌象征物是品牌的人格化。通常利用人物、动物、植物等素材，通过象征、寓意、夸张、变形、拟人、幽默等手法塑造品牌形象。或生动活泼、或酷感十足的品牌象征物，能迅速拉近与受众的心理距离。如永和豆浆的永和豆宝、麦当劳的麦当劳叔叔，都以其生动、幽默而让人过目不忘（见图 8-1 和图 8-2）。

图 8-1　永和豆宝

图 8-2　麦当劳叔叔

（4）品牌标准字体。品牌标准字用独具特色的字体传递品牌的内涵和个性特征。如“coca-cola”字体为斯宾塞字体。这种字体在 19 世纪末的美国上流社会非常流行，选择这种字体的目的在于为可口可乐营造高档次饮品的形象。动感的波浪形飘带，是柔和顺滑的曲线，传递了一种和谐柔美的视觉感受。

（5）品牌标准色。品牌标准色是指为塑造独特的品牌形象而确定某一特定的色彩或一组色彩系统，运用在所有的视觉传达设计的媒体上，通过色彩特有的知觉刺激与心理反应，以表达品牌的独特理念和形象。它一般选择鲜明的色彩，将愉悦、欢快的情绪传递给消费者。如中国国航的红色、中国移动的蓝色、柯达的黄色等。

（6）品牌包装。在市场营销中，包装被称为“无声的推销员”，在刺激购买欲望、塑造独特形象等方面发挥着重要的作用。如可口可乐的曲线形玻璃瓶是其经典包装，其设计灵感来自一位穿着连衣裙的少女，造型十分美观，给人以甜美、柔和、流畅、爽快的视觉和触觉享受。

（7）品牌歌曲。品牌歌曲是用音乐的形式传递品牌价值和品牌主张。动听的旋律、优美的歌词，叩击着消费者的心灵，引起消费者的共鸣。如中国平安的主题歌曲《平安颂》：“让每一个早晨与平安相见，人生拥有温馨的家园；让每一颗心灵与平安相连，生命书写辉煌的诗篇。”旋律优美，歌词扣人心弦，让人印象深刻。

（8）品牌口号。品牌口号是能体现品牌理念、品牌利益，以及代表消费者对品牌感知、动机和态度的宣传用语。富有特色的口号，可以向受众传达品牌的精神理念和价值追求，使消费者对品牌形成非常深刻的印象。所以，消费者可能不知道海尔生产多少种产品，但一定知道海尔“真诚到永远”的承诺；可能不知道中国移动现在有多少用户，但一定知道“沟通从心开始”所表现的真诚。可见，品牌口号是品牌价值的最简洁表达，是消费者说得最多、记得最牢、认同度最高、对其行为影响最大的形象要素，是企业营销的最有效工具。

2．品牌的隐性要素

品牌的隐性要素是品牌中不能被视觉、听觉和触觉所感知，但是能够被心灵所认知、理解和认同的因素，是品牌的精神性要素，也是品牌的核心要素。包括品牌承诺、品牌个性和品牌体验。

（1）品牌承诺。品牌承诺表明了品牌对消费者所提供的价值，体现了品牌存在的意义。品牌承诺的多元化方向代表了品牌带给消费者多方面的价值。

品牌承诺的多种方式

从功能上进行承诺：“海飞丝去头屑。”

从质量上进行承诺：“乐百氏纯净水，27 层净化。”

从情感上进行承诺：“威力洗衣机，献给母亲的爱。”

从经营理念上进行承诺：“海尔，真诚到永远。”

（2）品牌个性。英国广告策划的奠基人斯蒂芬·金（Stephen King）指出：“用人作比喻很容易使消费者接受品牌。”将个性概念运用到品牌上，就有了品牌个性。品牌个性是品牌人格化的体现，是消费者对品牌在传播和接触的基础上所形成的独特性的感知，是品牌管理者与消费者之间沟通的结果，形成品牌独特的个性是品牌沟通的核心要求。正如美国广告大师奥格威所说，在与消费者进行品牌标志、品牌形象和品牌个性三个层面的传播与沟通中，个性是最高的层次。形象只是造成认同，个性则可造成崇拜。

著名品牌专家詹妮弗·艾克（Jennifer Aaker）认为，品牌个性是“与一个品牌相联系的人类性格特征的集合”。她以两种伏特加品牌为例说明了品牌的个性差异。绝对伏特加（Absolut）是一个比较酷的、时尚的 25 岁的小伙子；而斯特里伏特加（Stoli）则是一个知识型的、保守的、年龄较大的男士。2001 年，为了探索品牌个性维度的文化差异性，Aaker 对日本、西班牙和美国这三个国家的品牌个性进行了分析。结果发现，美国品牌个性维度的独特性维度在于“粗犷”（ruggedness），日本是“平和”（peacefulness），西班牙则是“激情”（passion）。

2003 年，我国学者黄胜兵和卢泰宏通过实证研究开发了中国的品牌个性维度量表，并从中国传统文化角度阐释了中国的品牌个性维度为“仁、智、勇、乐、雅”。

品牌个性既是形成品牌忠诚的基础，也是形成品牌差异化的条件。研究发现，当品牌个性与消费者个性形象相一致，或者能保护或提升消费者个性形象时，消费者对该品牌的认同感就比较高，并期待同该品牌形成一种长期关系，最终成为忠诚顾客。同时，好的品牌个性能够在顾客心目中形成差异化的品牌识别，进而形成差异化的竞争优势。

（3）品牌体验。品牌体验是顾客对品牌的某些经历所产生的感受，它产生于顾客和品牌或供应商之间接触过程中的每一次互动行为过程。富有亲和力的品牌标识、鲜明的品牌个性、丰富的品牌联想、充满激情的品牌活动能让顾客体验到“快乐”“奔放”“酷”的感觉，从而与品牌建立起强有力的情感关系，达到高度的品牌忠诚。

二、品牌的作用

品牌作为连接企业与消费者的纽带，作为一个国家经济发展水平的象征，无论对企业、消费者，还是对国家的经济发展，都发挥着多方面的作用。

（一）国家层面：品牌的象征作用

1. 国家经济水平的象征

一般来说，一个国家的经济发展水平越高，则消费者的品牌意识就越强，品牌的市场地位就越高。同时，国家的经济发展水平往往与企业的经济实力、市场竞争的激烈程度成正比。因此，世界级品牌高度集中的国家或地区往往也是经济发展水平较高的国家或地区，经济落后的国家或地区往往也是驰名品牌比较缺乏的国家或地区。据联合国工业计划署的一项不完全统计显示，当今世界品牌中90%以上归属工业发达国家和亚太新兴工业国家或地区。另据资料统计，目前国际市场上年销售额在130亿美元以上的大公司约1000家，而美国和日本各占1/3。可见，品牌，特别是名牌已经成为一个国家或地区经济实力的重要标志。

2. 国家形象的象征

品牌与国家形象之间存在着相互影响、相互作用的关系。一个国家的品牌实力雄厚、富有特色、世界级品牌众多，对该国的国家形象必然起到促进和提升作用。所以，“本田”“松下”代表了日本特色，“麦当劳”“可口可乐”反映了美国文化，“奔驰”“西门子”阐释了德国风格，“毒药”“欧莱雅”演绎着法国的浪漫，“全聚德”“同仁堂”则传递着中国式的经营理念和智慧。

（二）企业层面：创造竞争优势

品牌是企业的无形资产，其价值远高于企业的有形资产。因此，担任可口可乐总裁达50余年的伍德鲁夫曾经说过：即使可口可乐企业在一夜之间被一把火烧光，它也很快可以重建。因为它的品牌价值并未受损。品牌对于企业的根本意义在于其代表着很高的市场竞争力和市场占有率，具有很高的溢价能力。

1. 创造品牌忠诚，获得稳定的市场地位

品牌是一种市场定位。品牌通过独特的定位使其与众不同。如沃尔沃的“安全”、宝马的“驾驶的乐趣”、海飞丝的“去头屑”。这些独特的定位使其在市场上独树一帜。当品牌商品能很好地满足消费者的需要，品牌能充分适合消费者的情感、审美、个性和象征性需求时，消费者就会多次重复购买，从而形成品牌忠诚。苹果公司在发布手机iPhone和平板电脑iPad的时候，都上演了上千人通宵排队购买的盛况。“果粉”（苹果的

粉丝）的行为对品牌忠诚做了最生动的诠释。

品牌忠诚度高意味着消费者背离该品牌的可能性低。营销中的帕累托原理（Pareto principle）表明，商品的购买状况一般是 20%的购买者创造 80%的销售量，在其他因素不变的情况下也创造 80%的利润。因此，较高的品牌忠诚度往往代表着稳定的市场份额和稳定的利润来源。

品牌忠诚度高意味着品牌具有良好的口碑效应。研究表明，一个对某品牌满意的顾客会对 23 个人说它的好话。所以，品牌的忠诚消费者的口碑推荐和消费示范对品牌的潜在消费者具有重要的影响和刺激作用，使其从品牌的潜在消费者变成现实的消费者，从而为企业创造更加宽广的市场机会。

品牌忠诚度高意味着消费者对品牌商品具有较低的需求弹性。无论是竞争品牌的诱惑，还是品牌遇到严峻的经济环境（如 2008 年的全球金融危机），或者品牌本身遭遇危机事件（如 2012 年肯德基的“速成鸡”事件），消费者对品牌商品的需求都会或者持之以恒，或者出现短期波动后迅速恢复。

2．延伸业务范围，拓展市场空间

当品牌资产积累到一定程度，具有较高的市场地位和影响力之后，品牌就成为企业拓展业务的坚实基础。有效地运用品牌的力量，可以为企业带来异常广阔的市场空间。研究表明，80%以上的新产品进入市场后会失败，而利用现有品牌进行品牌延伸，把消费者对原有品牌的美好体验延伸到新产品上来，可以大大增加市场成功的机会。海尔从“海尔”冰箱开始，逐步把“海尔”品牌延伸到洗衣机、空调、电脑、手机等多种商品上；四川长虹从“长虹”电视机开始，将“长虹”品牌延伸到空调、手机、数码、电池等产品上。这些企业都很好地利用了品牌的力量，拓展了发展空间。

3．创造附加价值，提高溢价能力

产品的附加价值就是附加在产品原有价值上的新价值。一般来说，产品的附加价值有两个来源：通过企业内部的生产活动创造的产品附加值和通过市场战略在流通领域创造的附加值。品牌创造的附加价值属于后者。品牌因其能满足消费者特殊的心理需要而给他们带来额外的利益，从而极大地提高产品的附加价值。所以，一部“宾利”汽车在中国市场可以卖到一千多万元，是普通品牌车的上百倍；一瓶“飞天”茅台酒的价格在 2500 元以上，是普通品牌酒的 20～30 倍。品牌的这种溢价功能与消费者的心理需要密切相关。消费者的心理需要越强烈，品牌的溢价能力就越高。

4．利用强势地位，创造交易优势

强势品牌在市场上具有广泛的市场基础和溢价能力，在进行交易时，往往处于优势地位。这体现在：①品牌所有者在与经销商谈判时，经销商因看好该品牌的盈利前景而愿意以较高的价格获得商品的经销权。②当品牌被收购时，品牌所有者也因该品牌巨大的市场影响力和盈利能力而具有较强的讨价还价能力。例如，菲利普•莫里斯公司以 129 亿美元购买卡夫（Kraft）品牌，是其有形资产的 4 倍；2008 年广东美的以 16.8 亿元现金收购小天鹅 24.01%的股权时的收购价格就达到了小天鹅每股净资产的 5.14 倍，是扣除投资净收益后每股收益的 80 倍左右。

5．传递公司理念，激励员工斗志

品牌理念既体现企业的价值观，也反映企业追求的长远目标和前景。在员工高度认同品牌理念的前提下，品牌对员工具有重要的激励作用。法国品牌专家米歇尔（AMitchell）指出，员工参与企业品牌的建立过程就是他们接受品牌所代表的企业价值和文化的过程，企业可以利用员工得到的品牌意识对员工进行价值激励和文化管理。如美国第一劝业银行的品牌倡导一种尊重顾客、真诚待人和办事有计划的价值观。这种价值观得到员工的认同，因而对员工起到了重要的激励作用。

（三）顾客层面：降低风险，展示形象

1．降低消费风险

市场上的商品琳琅满目，参差不齐，消费者的消费行为也可能面临着多种风险：①财务风险。当购买不熟悉的商品时，有可能损失金钱。②性能风险。购买不熟悉的商品，性能可能达不到预期的要求。③社会风险。购买不熟悉的商品可能不能得到同一社会群体的认同。④心理风险。购买不熟悉的商品可能不能充分展现自己的形象。⑤时间风险。购买不熟悉的商品可能不得不浪费时间和精力进行多次退换。

2．展示自我形象

菲利浦•科特勒将消费者的消费行为分为三个阶段：一是量的消费阶段，即人们追逐买得到和买得起的商品；二是质的消费阶段，即寻求货真价实、有特色、质量好的商品；三是感性消费阶段，即注重购物时的情感体验和人际沟通，它以个人的喜好作为购买决策标准，对商品“情绪价值”的重视胜过对“机能价值”的重视。随着消费水平的提高，人们的消费日益进入感性消费时代，其最大特点就是人们在消费中更多地注重商品的质量和特色，追求个性的满足、精神的愉悦、舒适及优越感，注重商品所蕴含的精神意义，重视消费中的情感价值及商品的附加利益。正如日本营销学者小村敏峰所说：“现在如果我们不用感性观点来观察分析市场就根本无从理解市场。”也就是说，感性消费者越来越趋向于考虑商品的象征意义，即通过某种商品表现自己的身份、地位和生活情趣、价值观念及自身素质等个人特点和品质。例如，现在的消费者购买手表时，走时准确不再是选择的主要依据，手表的品牌、款式、色彩、装饰则成为更多考虑的因素。人们越来越倾向于通过一款独特的手表来张扬自己的个性。

与感性消费的潮流相适应，品牌选择成了消费者选择商品时的首要标准。因为品牌不仅是一个名称、一个标志，更是一种承诺、一种个性、一种象征、一种文化。消费者在消费中所追求的正是品牌所体现的。因此，喝可口可乐获得自由和快乐的感觉，戴劳力士手表感受到成功的自信，驾驶宝马汽车体会到驾驶的乐趣，用动感地带得到“我的地盘听我的”的个性体验。品牌成了消费中充分展示自我形象和理想追求的工具。

品牌定义了产品

“普拉达”——简约到极致的优雅。它卖优雅，它定义了产品的优雅，它不是在卖

服装，它卖的是优雅，并且它卖的是简约到极致的优雅。优雅令人神往，这极致的优雅构造了优雅的境界，这就是简约，所以“普拉达”这个产品的定义是优雅。

“雅诗兰黛”在卖娇宠，因为它发现女人都喜欢被娇宠，所以它将女人这一感动的自怜自爱演绎得淋漓尽致。它鼓励女性善待并娇宠自己的肌肤，它提出了令人惊叹的奢华护肤理念：它说女人只有一张脸，所以你要善待它，女人可以天天换衣服，甚至天天换首饰，但是只有脸上的皮肤你永远换不了，所以你在脸上花多少钱也是值得的。

“宝马”在卖速度，它有一个经典的广告语：“听，风声！”它在卖前排座位，它在卖操控性能，它是卖给有钱人开的，叫驾驶的乐趣。所以“宝马”将它的产品定义在“速度的乐趣”上。

“奔驰”在卖舒适、豪华、尊贵、有面子，它是卖给有钱人坐的，所以才有“坐奔驰开宝马”那句话。因此“奔驰”将它的产品定义为“成功、尊贵和豪华”。

资料来源：路长全. 教你如何做营销：品牌的两极法则[M]. 北京：机械工业出版社，2012.

第二节　品牌决策

品牌作用的发挥依赖于科学的品牌决策。品牌决策是对品牌要素、品牌定位、品牌个性、品牌归属、品牌延伸等相关品牌问题的筹划与决定。

一、品牌化决策

企业决定是否为其产品或服务建立品牌就是品牌化决策。虽然品牌在营销中具有重要作用，但并不是每一类产品或者服务都需要有品牌。是否为产品建立品牌，主要取决于下列因素。

1．产品的加工程度

未经加工的原材料，如原煤、矿石、木材等，较少地使用品牌。而加工制造品，如手机、电视机等，一般都使用品牌。

2．产品的差异化程度

一般而言，差异化程度较低的产品，生产者的差别不能带来产品差异化的附加价值，如普通钢材，较少地使用品牌；而差异化程度较高的商品，如汽车、空调等，一般都使用品牌。

3．消费需求的差异化程度

需求同质化程度较高的商品，如食盐，品牌不能成为消费者选择商品的首要依据，较少地使用品牌；而需求差异化程度较高的商品，如服装、饮料等，一般都使用品牌。

4．商品价值的高低

有时候，价值较低的商品，如纽扣、针线等，较少地使用品牌；而价值较高的深加工品则一般都使用品牌。

5．产品的耐用程度

有时候，临时性或者一次性使用的商品，如一次性筷子、一次性快餐盒等，较少地使用品牌；而经久耐用的加工制造产品则往往使用品牌。

当然，产品是否使用品牌并不是绝对的。这取决于企业的发展战略、品牌意识、市场环境等多种因素。近年来，在超级市场里，一些原来使用品牌的日用消费品出现了“无品牌”的倾向，其售价比品牌商品的售价低 30%~50%，很受低收入消费者的欢迎。

二、品牌归属决策

品牌使用者决策，是指企业决定使用制造商品牌，还是使用经销商的品牌，或两种品牌同时兼用。

一般情况下，品牌是生产者的产品标记，生产者决定产品的功能、质量、特色等，享有盛誉的生产者还常将其商标特许其他中小生产者使用以获得特许使用费。近年来，经销商的品牌日益增多。西方许多百货公司、超级市场、服装商店等都越来越多地使用自己的品牌，如美国的沃尔玛经销的 90%商品都用自己的品牌，英国的马狮百货经营的所有商品都用“圣米高”品牌。强有力的批发商中也有许多使用自己的品牌，以增强对价格、供货时间等方面的控制能力。

在市场上，生产者品牌和经销商品牌之间经常展开激烈的竞争，其实质则是双方实力的较量。在生产者具有良好的市场影响力和较高的市场份额的条件下，应多使用制造商品牌。相反，当生产者规模较小、财力有限，而经销商在市场上拥有良好的声誉和完善的销售体系时，利用经销商品牌则有利于更加迅速地将产品推向市场。因此进行品牌归属决策时，要结合具体情况，充分考虑生产者和经销商的实力对比，科学合理地做出决策。

有时，同时使用生产者品牌和中间商品牌的混合品牌策略也受到一些生产者的青睐。如惠尔浦公司（Whirlpool）生产的产品既用自己的品牌，又用经销商的品牌。而有些生产者生产的商品却既不使用自己的品牌，又不使用经销商品牌，而是使用委托人指定的“允许使用的品牌”，这称为“贴牌”，如 OEM（original equipment manufacture）、ODM（original design manufacture）和 OBM（original brand manufacture）等。

三、品牌数量决策

（一）个别品牌策略

当企业的各种产品或产品线分别采用不同的品牌，以便将不同规格、功能、档次的商品相互区别开的时候，采用的是个别品牌策略。如美国的菲利浦 • 莫里斯公司就分别采用了“万宝路”香烟、“卡夫”酸奶、“果珍”饮料、“麦斯维尔”咖啡及“米勒”啤酒等多种品牌。个别品牌策略可以分别针对不同的消费者设计不同的品牌形象，有利于严格区分企业不同档次的产品，提高产品的市场占有率，增强企业抗风险的能力。但是，个别品牌策略也会使企业广告费加大，资源难以集中，同时不利于企业建立统一的形象。

（二）多品牌策略

多品牌策略是指企业在同一产品上使用两个以上的具有不同利益定位的品牌。这种品牌策略为宝洁公司所首创。宝洁的洗发水品牌有潘婷、海飞丝、飘柔、沙宣等；洗衣粉品牌有汰渍、碧浪等；化妆品品牌有 SK-Ⅱ、玉兰油、威娜、伊卡璐、妮维雅等。每种品牌的定位都不一样。以洗发水为例，“飘柔”以柔顺为特长；潘婷则突出“拥有健康，当然亮泽”，以全面营养吸引公众；海飞丝则是“头屑去无踪，秀发更出众”，具有良好的去屑功效；“沙宣”强调的是头发亮泽。采用多品牌策略能够及时地抓住市场机会，具有较强的灵活性；能够较好地适应不同消费者的差异化需求，从而有效地占领各个细分市场，提高市场占有率。但是，多品牌策略也存在着管理难度大、运作成本高、各品牌之间易竞争过度、难以形成在市场上占主导地位的强势品牌等缺陷。

（三）统一品牌策略

当企业对其提供的所有商品都使用一个品牌的时候，采用的就是统一品牌策略。如四川长虹公司从电视机到空调，从手机到电池，都用“长虹”品牌。使用统一品牌便于公众识别，有利于统一产品形象，有利于新产品迅速进入市场，有利于节约品牌与商标的设计费用和促销费用。但是，当企业采用统一品牌时，如果某个产品的声誉不好，就会对其他产品产生“株连效应”，影响整个企业的形象。

（四）分类品牌策略

分类品牌策略介于个别品牌策略和统一品牌策略之间，是指企业对不同类别的产品分别采用不同的品牌。美国的西尔斯·罗巴克公司就对其经营的器具类产品、妇女服装类产品、主要家庭设备类产品分别使用不同的品牌。

（五）企业名称加个别品牌策略

企业在产品之间既有相对同一性又有各自独立性的情况下，可以在企业名称后再加上个别品牌的名称，以公司名称表明产品的出处，以品牌名称表明产品的特点，这样既可以使产品享受企业的声誉，又可以使不同的产品保持自己的特色，具有相对独立性。例如，美国凯洛格公司推出“凯洛格米饼”“凯洛格葡萄干”，柯达公司根据性能不同将其胶卷分别命名为“柯达万利”胶卷、“柯达金奖”胶卷、“柯达至尊”胶卷等，采取的都是这种策略。

四、品牌的核心价值决策和品牌个性决策

（一）品牌的核心价值决策

品牌核心价值是指一个品牌承诺并兑现给消费者的最主要、最具差异性与持续性的利益诉求点，品牌核心价值是品牌的灵魂和精髓，它代表一个品牌最核心、最独一无二、最不具时间性的要素。随着市场竞争日趋同质化，高度差异化、个性化已成为品牌脱颖而出的主要途径。品牌核心价值正是品牌差异化、个性化的标志，它在激烈的市场竞争中为品牌构筑起一道竞争对手难以逾越的鸿沟。世界知名的品牌，无一例外地都拥有个性鲜明的品牌核心价值，如可口可乐的“自由、快乐”、诺基亚的“科技以人为本”、宝马（BMW）的“驾驶的乐趣”、迪斯尼的“创造欢乐”……

一般来说，品牌核心价值包含三个层面，即功能性价值、情感性价值和象征性价值。

1. 功能性价值

功能性价值主要体现产品的功能性利益或物理属性，如洗衣粉的去污能力、药品的

疗效、手机的超长待机时间、食品的营养等。功能性价值是品牌立足的基础，没有功能性价值，品牌就是空中楼阁。

2．情感性价值

情感性价值主要表达品牌所表现的亲情、友情、爱情、乡情等情感内涵。品牌的情感性价值能赋予产品生命力和感染力，让消费者获得美好的情感体验，从而极大地提升品牌的附加价值。例如："孔府家酒，使人想家"，传递了思乡之情；"钻石恒久远，一颗永留传"（戴比尔斯钻戒），则诉说着爱情的永恒；"好东西要和好朋友一起分享"（MM朱古力），则表达了诚挚的友情；"就像妈妈的手温柔依旧"（美加净），则演绎着亲情的温馨。品牌的情感价值总是叩击着消费者的心灵，激起无限的共鸣。

3．象征性价值

象征性价值主要诠释品牌所蕴含的身份地位、审美品位、生活态度、价值观念、独特个性等。人们往往通过使用品牌产品，体验人生追求，张扬自我个性，寻找精神寄托。如百事可乐的"年轻一代的选择"，张扬"青春活力和激情"；动感地带的"我的地盘听我的"，凸显个性的释放；"劳力士手表，可能是世界上最贵的手表"，体现着身份和地位；国际影视巨星"我只用力士"，则成就了力士香皂的滋润和高贵。

可见，品牌的核心价值既可以是功能性价值，也可以是情感性价值和象征性价值。对于具体的品牌而言，它的核心价值究竟应以哪一种为主？这应按品牌核心价值对目标消费者起到最大的感染力并与竞争者形成鲜明的差异性为依据。一个品牌的核心价值既要充分贴近消费者的内心需求，了解他们的价值观、审美观、喜好、渴望和未满足的需求，又要与众不同，形成特色。总体而言，随着科技水平的不断进步，产品的同质化程度越来越高，社会文化中强调自我、张扬个性的趋势越来越强烈。因此，品牌的功能性价值趋于弱化，情感性价值与象征性价值则越来越被消费者所重视。而情感性价值和象征性价值在与竞争性品牌的差异性方面也比功能性价值具有更广阔的拓展空间。另外，要特别注意，品牌的功能价值是品牌的一切价值的基础。而且，对于生活必需品、低端消费品而言，品牌的功能性价值则占主导地位，应特别予以突出。

（二）品牌个性决策

1．品牌个性的驱动因素

品牌个性的驱动因素包括以下几方面。

（1）产品。品牌的个性要以产品的特性为基础。如果品牌个性是安全，产品就必须真正安全。

（2）包装。产品包装是品牌个性的体现。特别的包装材料、别致的造型、精美的图案等，都是塑造品牌个性的重要因素。

（3）价格。高价位的产品一般会被认为是尊贵、高档、势利的；低价产品则被认为是平民、低端、俭朴的。

（4）广告。广告有助于塑造品牌形象，显示品牌个性。绝对伏特加多年来坚持在平面广告中以怪状瓶子的特写为中心，总是以"Absolut"为首词，在表现题材上与产品、城市、艺术、口味、时事新闻等相结合，塑造了时髦、独特、风趣、现代、年轻的品牌个性。

（5）品牌符号。品牌符号对品牌个性具有强化的效果。雀巢的鸟巢图案，突出了慈爱、温馨、信任的情感个性。

（6）历史。品牌经历的时间也会影响品牌的个性。一般说来，新生品牌具有年轻、时尚、现代的个性特征，传统品牌则给人经典、成熟、稳重的感觉。

（7）企业领导人的个性。企业领导人的性格往往会转移到品牌上，如乔布斯之于苹果公司、周鸿祎之于奇虎 360 公司。

（8）使用者形象。经常使用某一品牌的消费者往往具有类似的背景和个性特征，久而久之，其共有的个性就被附着在该品牌上，从而形成该品牌稳定的个性。

（9）品牌代言人。品牌形象代言人最能代表品牌个性，诠释品牌和消费者之间的感情、关系。如欧米茄手表选择世界超级名模辛迪·克劳馥为代言人，因其优雅、高贵的气质与外表而让欧米茄手表倍显尊贵，相映生辉。

（10）来源地。历史、经济、文化的沉淀形成了一个国家或地方的特色，也造就了品牌的独特个性。一般认为，法国品牌的汽车造型优雅、线条简练、精巧灵活、热情浪漫、充满活力，德国品牌的汽车传统沉静、工艺精细、造型严谨，美国品牌的汽车宽敞舒适、豪华气派、强劲有力，日本品牌的汽车外形简洁、注意细节、使用经济。

2．塑造独特的品牌个性

美国营销专家林恩·阿普绍（Lynn B.Upshaw）在《塑造品牌特征——市场竞争中通向成功的策略》中认为可以通过七个步骤来建立品牌个性。

第一，从消费者角度出发，考虑不同的品牌个性方案。在设计品牌个性方案时，一定要对消费者进行广泛深入的调研。

第二，从品牌定位出发，展望品牌个性。品牌定位是过程，品牌个性则是结果。品牌定位与品牌个性联系越紧密，则消费者被品牌吸引住的可能性也就越大。

第三，从情感出发，考虑品牌个性。品牌个性与人类的丰富情感是密不可分的，情感是品牌个性产生的基础。

第四，优先考虑顾客对品牌个性的喜欢程度。毫无疑问，顾客对品牌个性的喜欢程度越高，则品牌个性所产生的营销结果就越积极。

第五，发掘品牌个性的潜力，增强对顾客的信心。企业在开发品牌个性时，必须要有足够的信心，只有这样，顾客才能有信心去选择该品牌。

第六，注重投资。品牌个性需要一个成长过程，不是一蹴而就的，在这个过程中，保证投资到位是很重要的。

第七，设立品牌个性监督员。品牌监督员的作用在于发现、报告甚至纠正品牌个性创建和维护过程中可能出现的与品牌定位不一致的失误和偏差。

五、品牌识别要素决策

品牌名称、品牌标志、品牌的标准字体和色彩、品牌的象征物等构成了品牌识别的基本要素。企业进行了品牌归属、品牌核心价值和品牌个性的决策之后，就要对品牌的识别要素进行选择和设计。

（一）品牌名称决策

美国营销专家阿尔·里斯在《打造品牌的 22 条法则》中说："从长远观点来看，对一个品牌来说，最重要的就是名字。"品牌名称是品牌形象中最基本的识别要素。孔子说："名不正则言不顺，言不顺则事不成。"恰当的品牌命名对于树立品牌形象、建立和提升品牌价值具有十分重要的作用。

1．品牌命名的原则

品牌命名的原则有以下几条。

（1）合法。品牌名称必须符合法律的相关规定，这是品牌命名的首要原则。我国商标法规定，品牌名称不得同中华人民共和国的国家名称相同或者近似，不得同外国的国家名称相同或者近似；不得同政府间国际组织的名称相同或者近似，不得同"红十字""红新月"的名称相同或者近似，不得采用本商品的通用名称，不能直接表示商品的质量、主要原料、功能、用途、重量、数量及其他特点，不能带有民族歧视，不能夸大宣传并带有欺骗性，不能有害于社会主义道德风尚或者有其他不良影响。除已经注册的使用地名的商标外，不能使用县级以上行政区划的地名或者公众知晓的外国地名作为品牌名称。

（2）方便传播。这要求品牌必须：①简洁。据调查，4 个字品牌的认知率为 11.3%，5～6 个字的认知率为 5.96%，7 个字的认知率为 4.86%，8 个字以上为 2.88%。因此，品牌要力求文字简洁。②好读。这一方面要求品牌名称必须尽量不使用过于偏僻的文字；另一方面要求品牌名称必须尽量使用开口音的文字，如"立白"、"宝马"之类，读起来响亮。③新颖独特。类似于"娃哈哈""柯达"这样独特的品牌才能让人过目不忘，口耳相传。

（3）启发正面联想。激起人们丰富的正面联想的品牌能够对消费者的购买欲望起到积极的促进作用。"立白""美加净"使人们想到产品的性能，"步步高""好日子"让人们联想到美好的未来，"白加黑"告诉人们产品独特的使用方法和效果，"同仁堂""全聚德"则使人们感受到企业对消费者的承诺和责任。品牌名称要避免带给消费者消极、负面的联想。通用汽车的品牌"NOVA"，在英语里的含义是美好，但在西班牙语中却是"走不动"的意思，这款车在说西班牙语的拉丁美洲国家中无人问津也就不足为怪了。

（4）适应性。一方面，品牌名称要适应产品的属性，对产品属性起到积极的暗示作用。因此，奔驰、宝马作为汽车品牌很贴切，但如果说"奔驰"牌西服、"宝马"牌纯净水就未必恰当；"苹果"作为服装、电脑、手机等消费品的品牌具有极强的亲和力，但如果说"苹果"牌挖掘机或起重机则难以让人产生这类产品应有的力量感了。另一方面，品牌名称要适应市场的文化环境，不与消费者的审美观、价值观发生冲突。"双喜""好日子""步步高"等品牌体现了中国人的理想追求和价值观念，但法国香水"毒药"（Poison）在中国市场上却不得不改为"百爱神"才能适应中国人的文化观念。

2．品牌命名的策略选择

（1）利益策略。以产品给消费者带来的不同利益进行命名。①功效性品牌。以产品的某一功能效果作为品牌命名的依据，如奔驰（汽车）、飘柔（洗发水）、佳能（相机）、美加净（香皂）等。②情感性品牌。以产品带给消费者的精神满足作为品牌命名的依据，如登喜路（服装）、金利来（服装）、美的（家电）、七喜（饮料）、吉利（汽车）等。③中性品牌。这类品牌无具体意义，呈中性，但具有极强的个性特点。如海尔（家电）、索尼（电器）、埃克森（石油）、柯达（相机）等。

（2）来源策略。以品牌的来源作为品牌命名的依据。①人名品牌。以产品创始人的姓氏或人名命名，给人以或者历史悠久、或者产品专业、或者声誉卓著的感觉，如李宁（体育用品）、章光 101（护发用品）、福特（Ford，汽车）、百威（Budweiser，啤酒）、卡迪拉克（Cadillac，汽车）等；以文学作品中的人物、歌星、影星、体育明星的人名命名，则充分利用了其广泛的知名度，如孔乙己（酒）、太阳神（口服液）、猪八戒（网络）、艺建联（书店）、兆本衫（服装）等。②地名品牌。以地名作为品牌名称，其一可以利用地名广泛的知名度，如青岛（啤酒）、鄂尔多斯（服装）、长城（汽车）等；其二可以传递产品的质量、特色等信息，如昆仑山（矿泉水）、香格里拉（酒店）等。③动植物品牌。以动植物命名一方面可以将人们对动植物的喜好转嫁到品牌身上，如熊猫（手机）、小天鹅（洗衣机）、大白兔（糖果）等；另一方面可以利用动植物的特性暗示产品的属性，如美洲豹（Puma，汽车）、毛毛虫（Caterpillar，履带拖拉机）、芳草（牙膏）等。④时间品牌。以某些标志性的时间作为品牌名称，如千禧龙（鞋）、千禧宝宝（服装）等，具有特别的纪念意义；而 7-11 连锁店的品牌名称则表明了从早上 7 点到晚上 11 点的营业时间。⑤特别词汇品牌。这有两种选择：其一，选择具有特别含义的现有词汇作为品牌名称，如联想（电脑）、鸿运（电风扇）、东风（汽车）、英雄（钢笔）等。其二，创造新词汇。新词汇既可以用缩略语（如 TCL），也可用组合词（如蓝带啤酒，Blue Ribbon）；既可以用拼缀（如海信，Hisense，源于 High 和 sense），也可以用变异（雅戈尔，Youngor，源于 Younger 的变形）等多种方式。⑥数字品牌。有时候，数字品牌也能独树一帜，让人浮想联翩。如 999（药业）、505（保健品）、555（香烟）、4711（香水）等。

中国古代商号用字歌

我国老字号多以吉祥、喜庆、和谐的字眼来起名，如元、恒、亨等，体现了我国传统人文思想。清代学者朱寿彭曾把商号取名常用的字总结成《商号用字歌》：

顺裕兴隆瑞永昌，元亨万利福丰祥；春和茂盛同乾德，谦吉公仁协鼎光；

聚义中通全信义，久恒大美庆安康；新泰正合生成广，润发洪源福厚长。

短短八句，56 个字，包含了丰富的含义：数量众多（万、广、丰）；规模巨大（元、泰、洪）；发展顺利（亨、和、协）；生意兴隆（隆、昌、茂）；事业持久（长、恒、永）；万事吉利（瑞、祥、福）；公平信用（义、仁）等。

（二）品牌标志决策

品牌标志就是将品牌的精神内涵以生动化、形象化的方式表达出来。心理学的研究表明，人们接受到的信息中，83%来源于视觉，11%来源于听觉，3.5%来源于触觉，其余来源于味觉和嗅觉。可见，一图顶万言，品牌标志以其独特的造型设计能够创造品牌认知、品牌联想和品牌偏好，进而形成顾客的品牌忠诚。

1．品牌标志的类型

依据品牌标志的形态差别，可以将品牌标志分为表音标志、表形标志和组合标志三类。

表音标志就是表示语言因素及其拼合的语音的视觉化符号。以汉字、数字、字母等元素构成的标志都是表音标志。

表形标志是通过几何图案或具象图案来表示品牌精神的标志物，包括抽象标志、形征标志和象形标志等。

组合标志由文字和图形共同构成的品牌标志。这类标志克服了单纯的表音标志和表形标志的不足，既形象生动又不会产生歧义。

2．品牌标志的设计方法与要求

一般来说，品牌标志的设计有以下几种思路。

（1）表述法。直接用产品、服务项目等作为品牌标志，如商务印书馆用一本书作标志、广州海洋馆用两只海豚作标志等。

（2）表征法。使用抽象图案表现品牌的特征和性质，如日本三菱的、奥迪的等。

（3）会意法。借图形形象从侧面表达或引申品牌的内容和性质，如中国南方航空公司用木棉花作标志、七匹狼服装用狼作标志等。

（4）纯标示法。直接运用表音符号或单纯的图形作为标志，对品牌名称的字首进行特别的视觉化设计，成为许多企业的选择，如中国银行的、工商银行的等。

（三）品牌标准字决策

品牌标准字体是指经过特别设计、用以表现品牌特征和个性的规范性字体。标准字的设计不但是信息传达的手段，也是重要的视觉表现要素。

按照字体给人的感觉不同，一般可分为刚性字体、中性字体和柔性字体。不同的字体可以用于表现不同的品牌个性，以适应不同目标消费者的需求。设计专家们发现：由细线构成的字体易让人联想到纤维制品、香水、化妆品类，圆滑的字体易让人联想到香皂、糕饼、糖果，角形字体易让人联想到机械类、工业用品类。

（四）品牌标准色决策

品牌标准色是用来象征品牌精神和品牌个性的指定颜色，是品牌标志、品牌标准字等的专用色彩。俗话说“远看颜色近看花”，色彩对人的视觉来说是最敏感的，能给人留下深刻的第一印象。品牌标准色具有科学性、差别性和系统性的特点，具有突出的视觉识别效应和品牌形象塑造效果。因此，可口可乐的红色与白色、麦当劳的黄色与红色、雪碧的绿色、IBM 的蓝色、中国国航的红色等都使这些品牌在市场上别具一格。

色彩的心理感应

色彩专家公认，色彩所能引起的感情倾向如下。

红色：力量、热情、喜悦、危险、残暴；橙色：渴望、自由、妒忌、华美、不安；
黄色：庄严、高贵、和平、放荡、嫉妒；绿色：胜利、和平、青春、安全、新鲜；
青色：深远、寂寞、神圣、理智、信仰；蓝色：森严、高尚、沉着、冷静、神秘；
紫色：高贵、神圣、温厚、诚恳、嫉妒；白色：纯洁、神圣、清廉、朴素、光明；
黑色：神秘、黑暗、沉默、死亡、忏悔；灰色：谦逊、凄凉、烦恼、寂寞。

（五）品牌歌曲决策

在感性消费时代，消费者对品牌的感知和认识不仅依赖于品牌的视觉要素，以品牌歌曲为核心的听觉要素在传递品牌价值、塑造品牌形象方面发挥着越来越重要的作用。一方面，企业通过创作或选择品牌歌曲，并在企业中广泛传唱，能极大地提高员工的凝聚力和自豪感；另一方面，品牌歌曲的歌词往往集中表达了品牌的价值追求，优美的旋律传递着品牌的精神，叩击着人们的心灵。因此，品牌歌曲是最能激起消费者心灵共鸣的品牌传播手段。2007 年腾讯公司推出的《腾讯之歌》就体现了腾讯人激情时尚的精神风貌和对消费者的承诺：“腾飞的这片天空里，传递着爱的信息”“真心去奉献，快乐到永远”。

品牌歌曲要根据品牌的核心价值和精神来设计，歌词要充分体现品牌理念和精神，旋律要充满激情，具有良好的传唱特性。如当我们听到“没有人问我过得好不好，现实与目标哪个更重要，一分一秒一路奔跑，烦恼一点也没有少……”时，我们马上就会想到“步步高”。

（六）品牌口号决策

在品牌化时代，品牌口号越来越成为塑造品牌形象的重要工具。品牌口号必须把最能打动消费者的东西表现出来，使消费者通过品牌口号感受到品牌的独特价值。品牌口号一般可采取以下几种方式：①表现产品特色，如摩托罗拉的“飞跃无限”；②表现品牌的服务水平和承诺，如海尔的“真诚到永远”；③表现品牌的进取精神，如步步高的“我们一直在努力”；④表现品牌的市场拓展目标，如北京日化公司的“走遍天涯海角，人间处处有大宝”；⑤表现品牌的经营方针，如 TCL 的“科技美学化”；⑥表现品牌的社会责任，如太阳神的“振兴民族工业，提高中华民族的健康水平”；⑦表现品牌的服务对象，如金利来公司的“金利来，男人的世界”。

六、品牌延伸决策

品牌延伸是指将已有相当知名度与市场影响力的品牌运用到新产品或服务上的一种营销策略。当一个品牌取得成功后，该品牌就具有强大的市场影响力。企业在推出新产品时，可以利用该品牌的市场影响力，品牌延伸就成为自然的选择。这样不但可以减少新品牌推出的费用，还可以借助已有品牌的市场影响力，将人们对品牌的认识、评价和情感扩展到新产品上，从而使新产品更快地进入市场。许多知名品牌都是通过品牌延伸获得成功的。如海尔公司将冰箱品牌“海尔”延伸到空调、洗衣机、微波炉、电视机、电脑、手机等多种品类的产品上，四川长虹将电视机品牌“长虹”延伸到空调、数码、电池等产品上等。美国超级市场上每年新出现的产品有 40%是采用品牌延伸的。国际市场研究公司（Research International）对 22 000 件产品进行调研后发现，82%的产品都是原有品牌的延伸，而且这一趋势不会改变。

（一）品牌延伸的影响因素

（1）消费者对原品牌的态度。消费者对原品牌的态度是决定他（她）如何看待延伸产品的重要因素。消费者认为原品牌质量越高，他（她）对延伸产品的评价也越高，反之则越低。但是，“认知质量”受品牌延伸的跨度的限制。如果原产品与延伸产品缺乏充分的“相似性”或“关联性”，即使原品牌具有很高的认知质量，也不能保证延伸产品获得消费者的认可。

（2）原产品与延伸产品的关联性。消费者是否视新产品与原品牌一致是品牌延伸成功与否的关键因素。延伸产品与原产品之间如果缺乏关联性，不但会妨碍正面联想的转移，而且会刺激负面信念或负面联想的滋生。品牌专家艾克和凯勒提出了测量相关性的三个途径：①互补性。延伸产品与原产品共同满足同一需要的可能性。②替代性。两产品可以相互替代来满足同一需要的可能性。③转移性。原产品在开发、制造、营销等方面的技能转移到延伸产品上的可能性。

（3）品牌联想。品牌能够激起消费者的某些独特的联想。这些联想可以是产品抽象的属性，如典雅、高贵、时潮等，也可以是具体的产品属性，如特定的颜色、风味、耐腐、防水等。当品牌联想与延伸产品的联想一致时，消费者对延伸产品的评价会提高。

（4）其他因素。包括：①生产的难易程度。将容易制造的产品使用到具有高品质形象的品牌上，可能引起消费者的反感，从而不利于品牌延伸。②消费者的介入程度。对于介入程度高的延伸产品，消费者主要根据供应商的能力进行评价，而对介入程度低的延伸产品，消费者则更多地根据产品之间的相关性进行判断。

（二）品牌延伸的策略

（1）产品线延伸策略。指在相同等级或种类的产品中增加新口味、新规格、新款式、新颜色等产品项目。如苹果推出 MINI PAD、康师傅推出老坛酸菜牛肉面等。

（2）纵向延伸策略。指推出与核心品牌在价格、质量上有一定差别的产品。如美国派克公司推出 2 美元一支的钢笔。品牌纵向延伸能扩大市场机会，使产品线更加完整，但是有可能会损害核心品牌。

（3）多元化延伸策略。指利用现有品牌推出与原产品完全不同的产品线。如 TCL 利用“TCL”电视机品牌推出冰箱、手机、洗衣机等。

（4）联合品牌策略。指两种品牌联合起来推广它们的产品。如 TCL 网络公司 2001 年与亚洲最大的网络设备供应商中国台湾智邦科技建立战略联盟，以“TCL-Accton”联合品牌进军中高端设备市场；海尔公司与万达集团共同进军房地产行业，推出其联合品牌产品“万达·海尔房”。联合品牌能有效地为两种品牌带来协同作用，但前提是要选择恰当的品牌进行合作，并与合作者有效地协调品牌合作战略的实施。

（5）品牌特许策略。品牌特许策略是以契约方式将品牌的使用权授权给被特许人，允许其在一定的时间和区域范围内使用特许品牌进行经营的方式。例如，路虎（Land Rover）通过品牌特许，已经成为包括外衣、探险工具、手表等许多产品的品牌。公司不仅获得了特许收入，而且强化了“粗犷的生活方式”的品牌个性。

（三）品牌延伸的风险及其规避

在营销实践中，许多品牌延伸成功，成绩卓著，但也有不少品牌延伸失败，损失巨大。品牌延伸既可能是甜美的馅饼，也可能是巨大的陷阱，需要理性对待。下列陷阱是进行品牌延伸时要特别小心的。

（1）损害原品牌的高品质形象。品牌的垂直延伸，如由高档产品向低档产品延伸，就极有可能损害原品牌的高品质形象。派克推出 2 美元的钢笔失败就是典型例证。

（2）模糊品牌定位。品牌定位是品牌对消费者的承诺，是充满意义的。品牌延伸如果使品牌定位模糊，就会使消费者对品牌产生疑惑，失去信心。美国施乐公司曾经是复印机的代名词，但它进入办公自动化设备市场时就影响了“复印机专业供应商”的定位，造成定位模糊。所以，虽然投入了 20 亿美元，历时 25 年，最终还是失败了。

（3）淡化品牌个性。品牌延伸不能淡化或稀释品牌个性，破坏消费者对品牌的好感与信赖。

（4）产生心理冲突。品牌延伸应该让消费者感到自然、舒服，不应该产生心理矛盾或心理冲突。如美国斯科特纸业集团的产品舒洁牌卫生纸本是卫生纸市场的头号品牌，但推出舒洁餐巾纸以后，消费者心理就发生了变化。对此，美国广告学家艾·里斯幽默地评价说：“舒洁餐巾纸与舒洁卫生纸，究竟哪个品牌才是为鼻子策划的？”

（5）跷跷板效应。当延伸产品在市场竞争中处于绝对优势时，消费者就会把原强势产品的心理定位转移到延伸产品上，从而削弱了原强势产品的优势。这种原强势产品和延伸产品竞争态势此消彼长的变化，就是“跷跷板效应”。

规避品牌延伸的风险，必须从战略高度审视品牌延伸的必要性和条件，理智权衡利弊得失。菲利普·科特勒在其《营销管理》第 14 版中提出了品牌延伸应注意的若干问题：①母品牌有强大的品牌资产吗？②是否存在匹配的强大基础？③该延伸是否具有最优的共同点和差异点？④营销方案如何能加强延伸资产？⑤该延伸对于母品牌资产和盈利性有何影响？⑥应该如何最好地管理反馈效应？

麦当劳衰落原因不是竞争而是品牌延伸

快餐连锁巨头麦当劳日前宣布，将在总部裁员 600 人，这一计划在未来几个月时间内开始执行。

与此同时，最新发布的财报显示，麦当劳 2014 财年全球同店销售下滑 1%，全年营收为 274 亿美元，比 2013 财年下滑 2%，全年总运营利润为 79.5 亿美元，比 2013 财年下滑 9%。

过去一年，麦当劳的市场份额下滑，业绩也没以前那么漂亮，很多人将其面临的挑战归结为形象老化，但这显然不是问题的本质。

十年之前，麦当劳能够登上快餐连锁店的巅峰靠的是其舒适、亲切和便捷，而且为了宣传公司的品质，麦当劳在美国市场就花了大约10亿美元。

但是随着健康饮食的观念深入人心，越来越多的外出就餐者倾向选择更新鲜、更健康、更多样化的食品，麦当劳经典产品的脂肪和热量含量也许低于它的主要竞争对手，不过消费者仍然不相信麦当劳“更健康”。

在最近的一次盈利预告会上，麦当劳前首席执行官唐·汤普森承认：“世界正在出现更多的转变，可是麦当劳对此反应缓慢。在一些市场上，我们改变的速度确实没有跟上顾客对外出就餐的期望，或者说是他们对于麦当劳的期望。”

当下，除了一系列外部压力，麦当劳自身还面临哪些挑战？

和很多其他公司一样，麦当劳将自己的业绩不佳归咎于公司之外的外部因素。例如，BetterBurger 连锁的兴起，提供新鲜的肉食和熟三明治。

事实上，引起麦当劳衰落的原因并不是竞争，而是麦当劳的品牌延伸。多年前，麦当劳聚焦于汉堡，如今，麦当劳的菜单上有145个单品，包括鸡肉、鱼肉、沙拉和很多其他选择。消费者走进麦当劳餐厅，看看菜单上的所有选择，就会认为“他们不可能卖这么多东西的同时，还能做出健康又美味的食物”。

很多其他公司都面临同样的问题。当试图用同一个品牌名去出售所有产品时，最终将毁了你的品牌，只不过那可能是很多年之后才会看到的结局。

索尼出售电视机、音响设备、智能手机、视频游戏机和电脑，都用了索尼这个品牌名。在过去6年中，索尼只有一年实现盈利，而亏损总额则达到680亿元。

和麦当劳一样，亚马逊一直在扩张它的品牌。亚马逊网站不仅出售几乎所有的商品，还推出了自己的产品线，包括计算机和智能手机。

1月，亚马逊宣布将在一年中制作12部动画电影(索尼也同时身处动画电影业务中)。亚马逊发展迅猛，但盈利并没有正比增长，去年，亚马逊营业收入增长19.5%，但公司却亏损123亿元。自1994年成立以来，亚马逊的营业总收入为25 480亿元，但净利润率只有0.5%。

总有一天亚马逊的销售额增长将触顶放缓，那个时候，公司就会深陷困境。京东正处于与亚马逊同样的危险轨迹，我们十分质疑京东在线上出售百货商品的同时提供供应链金融服务的做法。

IBM曾经出售全线计算机产品，从主机计算机、中型机到个人计算机，全线产品都使用IBM这个品牌名，但是在经历大量亏损之后，公司卖掉了主机计算机产品之外的所有计算机产品线。通用电气是另一个正在砍掉多项业务，以聚焦于其最为盈利的B2B电子产品业务的公司。

麦当劳唯一的希望就是做同样的事情，即精减菜单，试着重新夺回最初成就这个品牌的业务市场——汉堡。

我们看到，麦当劳也推出了一系列调整措施，比如，提出全新的Campaign—ChooseLovin’，调整产品结构（比如，推出红豆派、扭扭薯条等充满中国年味的产品以及增加麦咖啡产品），通过可定制菜单顾客可以DIY喜欢的汉堡等。

这些调整措施在短期内或许会有效果，但长期来看没什么作用。这是实行产品线延伸的公司的常规路径。当一个像麦当劳这样的公司陷入麻烦的时候，每个人都会认为是产品出了问题，它们提供的食物不再像过去那样高质量了。

事实并非如此。我们认为这是一个认知的问题，当你的菜单上有145个选择时，消费者会认为你无法提供高质量的食物，因为你失去了你的核心。

随着消费者健康意识的增强，无论是快餐连锁巨头，还是细分领域的中小快餐企业都在遭遇市场寒流，以麦当劳为代表的老式快餐厅该如何转型？

随着时间推移，公司都需要做出改变以紧随消费者最新的需求。苹果公司1975年首先推出个人计算机，如今，40年之后，苹果公司仍然被认知为是这个品类中质量最好的品牌，它的计算机售价比竞争对手高出相当一截。但是，假设苹果公司的做法和索尼一样，进入许多不同的电子产品领域，包括电视机、音响设备甚至制作动画、电影。苹果公司这个品牌还会有今天的影响力吗？我们可不这么认为。

麦当劳不该延伸它的品牌；相反，它应该聚焦于汉堡并不断升级它的产品，推出脂肪含量更低的牛肉和更健康的汉堡，使用新鲜牛肉替代冷冻牛肉。如果麦当劳当初这么做了，或许到今天它仍然会被认知为是一个提供健康餐食的餐厅。

就在1月，麦当劳辞去了它的CEO唐·汤普森（DonThompson）。也许在不久的将来，麦当劳就会有一些大的改变。

资料来源：http://hotel.chinairn.com/news/20150303/084757354.html。本书有删节。

第三节　驱动品牌资产

科学合理的品牌决策及实施，有效的品牌营运和品牌管理，使品牌在市场上获得优异的市场份额、广泛的知名度、良好的口碑和顾客忠诚度，逐渐积累为品牌资产。建立和提升品牌资产是企业最有价值的长期投资。

一、品牌资产的内涵和特点

品牌资产是20世纪80年代在营销研究和实践领域新出现的一个重要概念。20世纪90年代以后，艾克、凯勒等人逐步提出并完善了基于消费者的品牌资产（customer-based brand equity）概念。品牌资产（brand equity）是附加在产品和服务上的价值。这种价值反映在消费者如何思考、感受某一品牌并做出购买行动，以及该品牌对公司的价值、市场份额和盈利能力的影响上。大卫·艾克于1991年从品牌——消费者关系的角度提出了品牌资产五星模型。品牌资产五星模型包括品牌资产的五个主要方面，即品牌认知度、品牌感知质量、品牌联想、品牌的其他专有资产（如商标、专利、渠道关系等）、品牌忠诚度，这些资产通过多种方式向消费者和企业提供价值，是企业最重要的无形资产，如图8-3所示。

（1）品牌认知度是消费者想到或接触到某一种类别的产品时，脑海中想起或辨识某一品牌的程度，一般可分为不知名品牌、可识别品牌、可回想品牌和第一提及品牌四个层次。品牌资产随品牌认知度层次的提高而提高。

（2）品牌感知质量是品牌产品功能属性、品牌文化、消费者使用利益、情感利益等元素的综合体验。品牌感知质量是决定顾客满意度和忠诚度的基础。

图 8-3　大卫·艾克的品牌资产五星模型

（3）品牌联想是指消费者在接触某一品牌时所勾起的所有印象、联想和意义的总和。凯勒认为，品牌联想分为三种形态：品牌属性联想、品牌利益联想和品牌态度联想。品牌引起的联想越正面、越丰富，消费者对品牌的态度和行为就越积极，品牌的资产就越高。

（4）品牌的其他专有资产包括品牌标志、品牌象征物、品牌专用色、品牌的渠道关系等，它们构成了消费者接触和认知品牌的接触点，是激发品牌联想的基础。

流行品牌的品牌联想

苹果（电脑）：色彩的、独特的、时尚的。

沃尔沃（汽车）：安全的、高品质的。

诺基亚（手机）：人性化的、科技的。

招商银行：关爱的、亲切的。

百事可乐：有朝气的、时尚的、外向的。

（5）品牌忠诚度是指消费者在购买决策中所表现出来的对某个品牌的偏向性（而非随意）的行为反应。它既是一个行为过程，也是一个心理（决策和评估）过程。品牌忠诚度的形成依赖于产品的品质、功能、品牌传播、品牌知名度、品牌联想及品牌的个性特点，同时也与消费者本身的特性密切相关。营销专家理查德·奥利弗将品牌忠诚按程度差别分为四种类型：基于意向的冲动型忠诚、基于偏好的情感型忠诚、基于信息的认知型忠诚和基于行动的行为型忠诚。品牌忠诚度是品牌价值的核心，提高品牌的忠诚度是提升品牌资产的主要途径。据统计，一个成功品牌的利润，有80%来自20%的忠诚消费者。美国运通公司负责信息管理的副总裁詹姆斯·范德·普顿指出，最好的顾客与其余顾客消费额的比例，在零售业来说约为 16∶1，在餐饮业是 13∶1，在航空业是 12∶1，在旅店业是 5∶1。

品牌资产可以看做是企业对商品进行品牌化后所产生的额外收益，也可以看做是品牌给商品带来的附加价值。如果品牌给消费者提供的价值（功能性价值、情感性价值和象征性价值）越大，则品牌对消费者的吸引力就越大，品牌的资产价值也就越高。因此，从消费者的角度看，品牌资产是消费者对品牌的认知、评价和行为的体现。离开了消费者对品牌积极的心理和行为反应，品牌就没有任何价值。从这个意义上说，品牌资产的核心是顾客资产。从企业的角度看，品牌资产是企业一切生产和经营行为的体现，是企业的产品质量与特色、技术和管理水平、品牌识别要素的设计与选择、品牌传播等方面综合作用的结果，是一种超越企业所有有形资产的外在价值。

2016年中国最具价值10大品牌

排名	品牌名称	品牌拥有机构	品牌价值/亿元	主营行业	发源地
1	国家电网	国家电网公司	3 055.68	能源	北京
2	腾讯	腾讯控股有限公司	2 875.92	信息技术	广东
3	工商银行	中国工商银行股份有限公司	2 748.32	金融	北京
4	中国人寿	中国人寿保险（集团）公司	2 536.28	金融	北京
5	海尔	海尔集团	2 218.65	家电	山东
6	华为	华为技术有限公司	2 196.45	通信电子	广东
7	中化	中国中化集团公司	2 025.72	能源	北京
8	CCTV	中国中央电视台	2 018.53	传媒	北京
9	中国一汽	中国第一汽车集团公司	1 918.28	汽车	吉林
10	中国移动	中国移动通信集团公司	1 875.23	通信服务	北京

资料来源：http://news.china-10.com/457011.html.

与有形资产相比，品牌资产具有自身的特点：①无形性。品牌资产是依附于特定的实体产品的无形资产。②波动性。品牌资产的价值随经营者的经营水平的变化而起伏波动。③累积性。品牌资产的积累是一个长期的累积过程。④估价的复杂性。品牌资产的构成和影响因素纷繁复杂，准确地评估其价值比较困难。

二、驱动品牌资产

品牌资产是企业品牌决策及其实施的结果，是通过与消费者进行充分的品牌沟通，从而建立稳定的品牌关系所形成的。这个过程依赖于消费者与品牌产生关系的所有接触点。消费者在与品牌的每一次接触过程中所获得的美好体验和感受是驱动品牌资产的条件。因此，驱动品牌资产，要从消费者与品牌的每一个接触点开始。

1. 建立品牌知名度

品牌认知度的实质是品牌识别及品牌回忆。品牌认知度的建立既能使消费者从众多品牌中辨识出目标品牌，又能使消费者对该品牌的内涵、个性等有充分了解。驱动品牌认知度的途径包括以下几个方面。

（1）创建独特且易于记忆的品牌元素。包括创建好读、好记的品牌名称；节奏感强、富有韵味的品牌口号；个性独特、亲和力强的品牌象征物；夺目、悦目的品牌色彩；旋律优美、意境深邃的品牌歌曲等。

（2）建立个性鲜明的品牌识别系统（BIS）。BIS 是“brand identity system”的简称。品牌识别系统是以品牌的核心价值与定位为中心，以独特的品牌标志、标准字、标准色、广告语等品牌元素构成的具有鲜明识别性的识别体系。品牌的统一形象有利于消费者对品牌的快速识别和准确理解。

（3）充分运用广告和公关传播手段。广告是提升品牌认知度的有效手段。在当代的媒体环境中，特别要注意微博、博客、视频网站等社会化媒体的应用。同时，通过策划公关活动或者利用公关事件，制造公众话题，以吸引目标消费者的关注，常常可以达到事半功倍的传播效果。

（4）强化消费者与品牌接触点的管理。依据舒尔茨的观点，品牌接触点就是顾客与品牌接触的途径，主要包括人际接触点、媒体接触点和体验接触点三种类型。人际接触点是消费者与企业的业务人员在营销活动中的接触，媒体接触点是消费者在企业的广告宣传及促销活动中通过相关媒体对品牌的接触，体验接触点是消费者在购买及消费产品的过程中对品牌的接触。每一个接触点都是企业向消费者传递品牌信息的一个窗口，是消费者有机会接触品牌信息的情境，是品牌信息的来源。加强品牌接触点管理，让每一个接触点充分地向消费者传递品牌价值，是提升品牌认知度的关键。

（5）恰当运用品牌延伸。运用产品线的延伸，用更多的产品可以扩大品牌的市场影响力，强化品牌认知度。

2．提高品质感知度

品质感知度是消费者对某一品牌在质量上的整体印象，是消费者对产品适用性和其他功能特性适合其使用目的的主观理解。消费者主要从产品的性能、特色、可靠性、耐用性、适用性和服务的有形性、服务能力、响应速度等方面建立对产品品质的认知。因此，驱动品质认知度要从以下几方面着手。

（1）承诺严格的品质标准。如通用电气提出的“六个西格玛”标准，让人对产品质量充满信心。

（2）建设品质文化，传播品牌故事。企业建立起品质至上的文化是产品品质保证的基础。在创造质量文化的过程中产生的动人经历是极易传播的品牌故事。如海尔的张瑞敏通过砸毁 76 台不合格冰箱强化员工质量意识的品牌故事，就赢得了消费者对海尔产品质量的充分信任。因此，企业要不断提炼能生动化传播的品质管理“故事”，以强化消费者的品质认知。

（3）传播消费者易感知的质量标准。只有量化的具体的质量标准，消费者才能对质量具有比较清晰、明确的感觉。如小天鹅洗衣机建立的运行 7 500 次无故障标准，乐百氏纯净水提出的“27 层净化”的质量标准等。

（4）进行质量认证。当品牌产品获得了权威机构（如 ISO）的质量认证，或者夺得了质量评比中名列前茅的荣誉（如“建筑工程鲁班奖”等）时，往往能赢得很好的质量口碑。

（5）利用产品中某些部件的质量声誉。当电脑打上“Intelinside”的标志，手机标称使用了高通公司的“Snapdragon（骁龙）”处理器以后，消费者对其信息处理方面的质量就信心满满了。

3．建立品牌联想

品牌联想是消费者在接触到某一品牌的相关要素时大脑中所呈现出来的所有与该品牌相关的信息。领导品牌、强势品牌的一个重要特征就是能引发消费者丰富多彩的品牌联想。下列方法是驱动品牌联想的有效方法。

（1）为品牌起一个充满想象的名称。消费者能够很容易地通过 “立白”“美加净”“黑又亮”等名称联想到产品的功效，通过“万利达”“好运来”“百事可乐”联想到美好的未来。品牌名称是激发品牌联想的基本要素。

（2）讲述精彩的品牌故事。品牌需要故事，就像一个有魅力的人需要传奇的经历一样。品牌故事是品牌与消费者之间成功的情感传递。一个积极正面的品牌故事被广泛传播时，能有效地增加品牌的说服力和亲和力，诱发消费者对品牌的好奇心和认同感。品牌专家、品牌理论创始人杜纳 • E.科耐普曾说：“品牌故事赋予品牌以生机，增加了人性化的感觉，也把品牌融入了顾客的生活……因为，人们都青睐真实，真实就是真品牌得以成功的秘籍。”同仁堂给少年康熙治病的故事、可口可乐 7X 神秘配方的故事等，都使品牌充满了传奇、神秘的色彩。

（3）设计强有力的品牌口号。品牌口号能体现品牌理念和品牌利益，突出品牌的特色或竞争优势，具有较强的情感色彩、赞誉性和感召力，能有效地激发消费者对品牌的联想。“Just do it”“我的地盘听我的”使消费者感受到耐克、动感地带的个性；“真诚到永远”，“努力，让顾客感动！”使消费者体会到海尔、格兰仕强烈的责任感；“让我们做得更好”“我们一直在努力”使消费者看到了飞利浦、步步高的积极进取的精神；“钻石恒久远，一颗永留传”则让消费者感受到戴比尔斯钻戒所传递的爱情的永恒。

（4）恰当地利用名人效应。米开朗基罗说：艺术真正的对象是人体。在现代社会，品牌最好的载体就是人。与品牌定位、品牌个性特征一致的名人往往带给人们无限的遐想。美国巨星玛丽莲 • 梦露的一句“A few drops of Chanel NO.5（我只穿着香奈儿 5 号入梦）”使香奈儿 5 号充满了无限的魅力。

4．维持和提升品牌忠诚度

品牌忠诚度是来自于消费者对产品的满意并形成忠诚的程度。维持和提升品牌忠诚度的有效途径如下。

（1）建立员工忠诚。营销实践表明，具有高层次客户忠诚度的公司都具有较高的员工忠诚度。因此，提升客户忠诚的核心原则是：服务好企业的员工，通过员工的忠诚赢得客户的忠诚。

（2）不断优异顾客价值。优异顾客价值的要求是，企业能够比竞争对手更好地满足顾客的需要。因此，应该建立翔实有效的客户数据库，提高市场感知能力和顾客关联能力，充分洞察顾客，使顾客的个性化需求能够得到充分的满足。

（3）努力加强与客户的联系。一旦与客户建立了重要的联系，就要找出能够强化这种联系的方式和途径，不断提升与顾客关系的层次。如建立客户俱乐部、定期举行会员PARTY、实施顾客忠诚计划等。

（4）提高顾客转换成本。“转换成本”（switching cost）是迈克尔 • 波特在 1980 年提出来的概念，指当消费者从一个产品或服务的提供者转向另一个提供者时在经济、时间、精力和情感上所付出的代价。它是构成企业竞争壁垒的重要因素。显然，顾客转换成本越高，其忠诚度也就越高。

（5）超越顾客期望，提高顾客满意度。顾客的期望是顾客希望企业提供的产品和服务能满足其需要的水平。产品或服务达到顾客期望是顾客满意的条件。当企业不仅达到顾客的期望，还能使顾客有意外的惊喜，从而超过顾客预期的要求时，顾客会在情感上对企业形成依恋，成为忠诚顾客。

（6）有效地解决客户投诉。研究发现，50%~70%的投诉顾客，如果投诉得到解决，他们还会再次与公司做生意；如果投诉得到快速解决，这一比重上升到92%。因此，顾客投诉为企业提供了恢复顾客满意的最直接的补救机会，鼓励不满意的顾客投诉并妥善处理，能够有效地阻止顾客流失。

（7）加强顾客退出管理，减少顾客流失。顾客退出是指顾客不再购买企业的产品或服务，终止与企业的业务关系。顾客退出可能是单一因素引起的，也可能是多种因素共同作用的结果。企业要认真分析顾客退出的原因，总结经验教训，改进产品和服务，最终与这些顾客重新建立起稳定的业务关系。

5．有效地利用品牌的其他专有资产

利用品牌的其他专有资产提升品牌资产的途径包括以下几个方面。

（1）通过品牌延伸提升品牌资产的价值。合理的品牌延伸能够提高品牌的市场占有率，从而提高品牌知名度；能够进一步强化品牌形象和定位，促进品牌联想；延伸的新产品能够满足现有顾客新的需求，提高品牌忠诚度；能够促进品牌活化，避免品牌老化。可见，合理的品牌延伸是提升品牌资产的有效途径。

（2）进行品牌授权。品牌所有者授权他人使用品牌的名称、标识等品牌要素，可以为品牌创造更大的市场空间。通过授权给不同种类的制造商，品牌可以涵盖种类丰富的系列产品，从而增加消费者与品牌直接接触的机会，有效地扩大品牌的市场影响力。

（3）进行资产并购。利用品牌资产实施兼并与合作是资本运营的一个重要方式，也是企业实现规模经济、实现低成本扩张、提升品牌资产价值的有效手段。需要注意的是，公司并购等品牌扩张战略是一项风险相当大的业务，为了有效地促进并购后公司业绩的增长和品牌资产价值的提升，必须理性地制定并有效地实施并购策略。

三、管理品牌资产

（一）品牌运作中的风险

1．品牌名称风险

品牌名称风险表现为：①品牌名称由于谐音或文化差异等原因引起消费者的负面联想。如“健民药店”被消费者戏谑为“贱民药店”，“Fang Fang”在西方文化中是“毒蛇的牙”等。②品牌名称由于没有及时注册而缺少法律保护。近年来，我国的许多知名品牌由于没有在国外注册而遭抢注，如“同仁堂”、“狗不理”在日本遭抢注，“红塔山”“阿诗玛”在菲律宾被抢注，“青岛”啤酒在美国被抢注，“竹叶青”酒在韩国被抢注等。

③品牌名称由于用字过于生僻而缺少传播性。品牌名称是传播的基本工具，如果用字过于生僻，尽管它有丰富的底蕴，也会因为不易传播而难以成为名牌。

2．品牌老化风险

品牌老化意味着品牌失去活性。品牌活性的丧失主要根源于：①产品质量下降，品牌不再是产品质量的保证。在产品的实际质量与品牌所代表的质量之间存在较大差距的时候，消费者对品牌就逐渐失去了信心。②品牌包装的吸引力降低。品牌的包装如果不能随着消费者的审美观念和审美趣味的变化而变化，品牌就会失去生命力。③品牌形象不能随着营销环境的变化而改变。特定的消费者总是从特定的文化来理解品牌，文化的差异必然导致消费者对同一个品牌理解的差异。所以，适应目标市场的特点对品牌策略进行调整，是品牌永葆青春的关键。④企业未注重产品开发，产品衰落导致品牌衰落。⑤品牌由于受假冒伪劣的侵害而老化。知名品牌由于其巨大的利润诱惑往往成为被假冒的对象。在消费者屡遭假冒伪劣侵害后，对于品牌的信心也就荡然无存。⑥不恰当的价格策略使品牌失去吸引力。企业在调整价格时，如果降低价格降低了产品在消费者心目中的档次，提高价格使消费者形成对品牌“高处不胜寒”的感觉，都会使品牌失去对消费者的吸引力。

3．品牌的“三度”风险

品牌的“三度”是指品牌的知名度、美誉度和忠诚度。它们是衡量品牌价值的基本指标，也是品牌管理的核心内容。知名度是衡量品牌形象量的指标，美誉度是衡量品牌形象质的指标，忠诚度是综合反映品牌形象的指标。品牌“三度”风险的产生，是品牌老化的必然结果。当企业的广告预算减少、促销力度减弱时，品牌知名度就会降低；当企业的营销策略不能真正以消费者需要为中心，切实履行对消费者、对社会的责任的时候，品牌的美誉度就会下降；当品牌失去活力，不能满足消费者对品牌的心理预期，不能成为消费者理想形象的象征时，消费者就会对品牌产生背离。在品牌的“三度”保持一定的水平并稳步上升时，品牌是安全的。如果“三度”出现下降，并超过一定的警戒线，品牌风险就产生了。

（二）有效地管理品牌资产

有效地管理品牌资产需要做好以下几点。

1．做好品牌命名

品牌命名要求做到易读、易念、易传播、易引起消费者积极和正面的联想。这要求品牌命名必须能超越时空，既反映不同时代的要求，又能适应不同的文化环境。在经济国际化的背景下，要充分考虑国际市场的要求，做好品牌的国际命名。如“美加净”（MAXAM）、“海信”（HISENSE）、“方正”（FOUNDER）、“四通”（stone）等品牌的国际命名，不仅中文含义美好，英文也给人以积极、正面的联想，对企业走向国际市场起到了巨大的促进作用。因此，品牌命名一定要有战略眼光。

2．进行品牌注册，加强品牌保护

对品牌进行法律注册是维护品牌资产的基本手段。不仅在国内注册，而且在国外注册；不仅对现在所从事的行业注册，也对将来准备进入的行业注册；不仅对品牌本身注册，也对与品牌相同或相近的名称，如“娃哈哈”“哈哈娃”“娃娃哈”之类进行注册；不仅对品牌名称注册，也对作为品牌重要组成部分的品牌标志、图案甚至特定的色彩进行注册，从而构筑一个全方位的品牌防护体系。

3．做好品牌运作，积累品牌资产

进行科学的品牌决策，有效地进行品牌运作，是不断提升品牌价值、积累品牌资产的关键。具体要求如下：①加强企业的质量文化建设，提高产品的质量水平。当消费者觉得对品牌产品的选择就是对效用最大化的选择，是放心的选择的时候，对品牌的信赖感和忠诚感就会不断强化。②塑造独特的核心价值，提升品牌的文化含量。品牌的一半是文化。品牌的生命力正是靠独特的文化来维系的，独特的品牌文化构成了品牌独特的个性，形成了吸引消费者并为之倾倒的根本。因此，塑造品牌独特的核心价值是提升品牌资产的重中之重。③妥善处理消费者的投诉。消费者对品牌的背离起源于消费者对品牌所代表的产品和服务的不满。企业一方面要创造与消费者进行多方面沟通的渠道，及时了解消费者的感觉，尽可能减少消费者对品牌产生不满的机会；另一方面，在顾客产生不满后，企业要积极主动地帮助顾客解决问题。经验表明，顾客的不满如果能够及时得到妥善解决，顾客不仅不会背离企业，而且许多时候还会对企业抱有感激之情。

4．保持品牌活性化

可以通过以下方法使品牌始终充满活力：①不断推出新产品。产品是有生命周期的，而品牌则是永恒的。品牌的永恒依靠日新月异的产品来推动。企业只有不断开发新产品，才能使品牌永葆青春。②适时改变产品的包装。产品包装的改变会使消费者对品牌产生全新的感觉。③合理运用广告策略。广告是塑造品牌形象的基本手段。所以，品牌的活力离不开富有活力的广告。可口可乐能够长盛不衰，与它100多年来恰当的广告策略是分不开的。所以，企业必须处理好产品广告与品牌广告的关系，既要保持一定量的品牌广告，又要在产品广告中注意突出品牌；就像可口可乐不同时期的广告始终突出“欢乐”这一永恒的广告主题一样，广告必须能充分展示品牌的核心价值并保持广告主题的一贯性；同时，一个品牌并不是存在于每一个人的心里，它只是对目标消费者产生作用。所以，必须进行准确的广告定位，要针对目标市场，适应目标消费者的消费心理和媒体习惯。任何使某一品牌成为所有人的最爱的想法都是不现实的。当然，企业的目标市场也在随着营销环境的变化而改变，所以企业的广告定位也要随之改变。

5．及时进行品牌诊断

就像投资的首要目的是保值一样，品牌资产管理的首要目的是保证品牌的安全。品牌安全的保障既依靠品牌风险发生后的亡羊补牢，更依赖于平常对品牌的维护。所以，做好品牌诊断，防患于未然，是保障品牌安全、提升品牌资产的基础性工作。

本章小结

现代营销最关键的能力体现在企业创建、维护、增强并保护品牌的能力上。品牌名称、品牌标志、品牌象征物等构成了品牌的显性要素，品牌承诺、品牌个性、品牌体验则构成了品牌的隐性要素。品牌是国家形象和经济水平的象征，是企业竞争优势的源泉，是消费者降低消费风险、展示个性形象的工具。品牌作用的发挥依赖于科学的品牌决策。品牌决策是对品牌化、品牌归属、品牌数量、品牌价值、品牌个性、品牌识别要素和品牌延伸等相关品牌问题的筹划与决定。科学合理的品牌决策及实施，逐渐积累为品牌资产。品牌认知度、品牌感知质量、品牌联想、品牌的其他专有资产、品牌的忠诚度是品牌资产的主要构成部分，也是驱动品牌资产的主要途径。设计基于顾客的市场营销活动和营销组合策略，是驱动品牌资产的有效手段。品牌风险的存在对品牌资产的提升构成制约，做好品牌命名、加强品牌注册、强化品牌运作、保持品牌活性化、及时进行品牌诊断是加强品牌风险管理、提升品牌资产的有效手段。

重要术语

品牌、品牌个性、品牌承诺、品牌体验、品牌策略、品牌核心价值、
品牌延伸、品牌资产、品牌认知度、品牌联想、品牌忠诚度

复习思考题

1．在你心目中，品牌意味着什么？请举例说明。

2．请从国家、企业和顾客的角度讨论品牌的作用。

3．你能描述下列品牌的品牌个性吗？

① 苹果（电脑）；②诺基亚（手机）；③联想（电脑）；④海尔（家电）；⑤中国移动（通信）。

4．请运用品牌资产五星模型，分析你所熟悉的某一品牌，并提出进一步提高其品牌资产价值的主要措施。

5．你能说出下列品牌的核心价值吗？

① 三星（电子）；②海飞丝（洗发水）；③南方航空；④民生银行；⑤中国石化。

6．下列品牌如果进行品牌延伸，你觉得延伸到什么类型的商品上比较恰当？

① 天地一号（饮料）；②美的（家电）；③五粮液（白酒）；④例外（服装）。

7．你能列举一个呈现老化特征的品牌的例子吗？请提出品牌活化的具体途径。

8．在你的消费经历中，哪个品牌的营销活动给你留下了最深刻的美好印象？该营销活动如何影响了你对该品牌的认知、态度及行为？

阅读推荐

[1] [美]凯文·莱恩·凯勒. 战略品牌管理[M]. 第3版. 北京：中国人民大学出版社，2009.

[2] [法]让·诺尔·卡菲勒. 战略性品牌管理[M]. 第2版. 北京：商务印书馆，2000.

[3] [美]道格拉斯·B.霍尔特. 品牌如何成为偶像[M]. 北京：商务印书馆，2010.

[4] [英]西尔斯·拉福雷. 现代品牌管理[M]. 北京：中国人民大学出版社，2012.

[5] 林恩·阿普绍. 塑造品牌特征——市场竞争中通向成功的策略.[M]. 戴贤远，译. 北京：清华大学出版社，1999.

案例分析

茅台“大酱香”亲民名酒——赖茅品牌塑造

赖茅是我国国民及业内广为流传的民族品牌，它不仅自带忠实的消费者还拥有广为人知的知名度，从 2014 年 1 月茅台最终获得“赖茅”商标后，茅台一直以赖茅品牌重塑国民酱香为己任。

赖茅 20 世纪初成为民族品牌，在业内一直被称为现象级品牌，一段永不落幕的国民记忆。它不仅有着广泛的知名度、忠实的消费者，而且它还自带话题，每每谈及赖茅，很多消费者都津津乐道于它的传奇故事。赖茅商标自新中国成立以来，一直是茅台集团防御性注册商标。赖茅是茅台的知识产权，也是茅台历史、文化以及技艺的有机组成部分。在商标权属之争的 9 年期间，茅台一直为复兴与弘扬赖茅品牌，为消费者再度奉上一杯高品质的赖茅酒而持续努力。

茅台作为酱香型白酒的领头羊，在其坚持不懈的推动之下，酱香型白酒的品类价值与影响力有了大幅提升，得到了消费者的高度认可。2014 年 1 月，北京市高级人民法院做出终审判决，判定“赖茅”商标归属茅台集团。这一切都为赖茅的复兴提供了最佳的机遇。2014 年 10 月，茅台集团和中石化集团合资成立了贵州赖茅酒业有限公司，加大开放合作、共谋创新发展，为“赖茅”谋定新坐标，开启了百年品牌的“新征程”。赖茅成为茅台集团“大酱香”版图的重要组成部分。茅台集团“十三五”和中长期发展战略规划中，提出大力实施“133 品牌战略”，倾力打造 1 个世界级核心品牌、3 个战略品牌、3 个重点品牌，打造大茅台品牌集群。赖茅作为茅台集团重点扶持和培育的全国性战略品牌之一，到 2020 年赖茅期望实现销售额超 10 亿元的目标。

品牌重塑：从国民记忆到国民酱香

赖茅在消费者心目中一直以来都是以“品质符号”形式存在，早期“赖茅不赖，享誉中外”的佳话也在社会上广为流传。结合这一品牌基因，赖茅品牌定位于“国民酱香”。如果说国酒茅台承载了中国白酒傲立全球的品牌使命的话，那么赖茅则承载着成为深受社会大众热爱、有着高度的亲和力、有着充分的品质信赖的国民品牌。

在品牌的关系上，赖茅与茅台品牌之间既有着不可分割的关联，又有着自身的独立性。通过对赖茅“国民酱香”这一品牌价值的塑造，我们希望当消费者提及赖茅的时候能形成类似“三叶草与阿迪达斯”之间关系的认知，使赖茅成为茅台“大酱香”战略版图上的名酒亲民力作。

产品线重塑：从次高向中高延伸

上市之前，赖茅已经将产品线定位于 100～500 元价格带，并从历史与酱香核心工艺的角度对产品线进行了完整设计与规划。

在产品定位上，三支战略产品分别为传承、重沙和端曲。其中“重沙、端曲”命名都来自赖茅酱香“端午制曲，重阳下沙”的核心工艺。传承、重沙、端曲的终端零售价分别定位于 379 元、269 元、179 元上下，传承与重沙旨在满足次高端商务接待与社交聚会的饮用需求，口感上相对适合酱香型白酒爱好者，而端曲的价格则接近于各地域主流饮用价格带，口感上相对适合于酱香型白酒的尝试与培育性消费。

在产品上市节奏上，赖茅采取了两步走的策略。在 2015 年首先从次高端切入，率先推出了赖茅传承，同年下半年再推赖茅重沙。之所以选择从次高端切入，基于两点考虑：一是与低劣伪赖茅形成鲜明区隔；二是率先影响处于社会中坚的那部分酱香爱好者与赖茅拥护者，激发这类消费者成为赖茅的意见领袖，形成赖茅消费者的示范效应。从 2015 年的市场表现和消费者饮用体验来看，赖茅的品质得到了消费者的高度认可，赖茅以品质赢得了这个品牌应有的尊重与信赖。2016 年 8 月，以“正本清源、赖茅归真”为主题的 2016 赖茅品牌战略暨新品上市推介会上，赖茅正式推出了“百元价位，茅台亲民力作”——赖茅端曲和赖茅传禧（易捷渠道专供）两支战略单品。至此，赖茅完成了 100 ~ 500 元价格带战略产品的完整布局。

另外，赖茅产品在生产方面也采取了两大强有力的举措。一是坚持赖茅“贵州茅台酒股份有限公司”出品；二是茅台推进基酒分级，对库存基酒分级利用，释放部分优质基酒配额用于赖茅生产，充分确保“赖茅”产品质量稳定。

渠道创新：跨界与融合

到目前为止，赖茅已经形成了易捷渠道、社会渠道及个性定制的三驾马车效应。

易捷渠道。目前易捷便利店 2.5 万家，每天为客户提供服务 2 000 万人次，有强大的综合服务与销售网络优势。预计用两到三年时间，赖茅将全面覆盖这 2.5 万家易捷店，易捷渠道为赖茅品牌提供了营销网络、客户资源和品牌宣传等全方位优势。

社会渠道。聚焦华中、华南两大区域，全面打造城市样板市场。目前已经成了贵州、广州、山东与北京等重点市场。

个性定制渠道。以个性定制实现赖茅渠道的跨界创新与融合，其中包括电商渠道定制、传统区域大商定制、区域零售部经销商的联合定制、跨界系统的定制、大型企业的个性定制及收藏纪念定制。目前已与新华大宗、星美控股、歌德盈香、视觉中国等多家机构达成了跨界合作意向。

推广创新：双管齐下正本清源

对于市场上“侵权赖茅”的清理是赖茅当下品牌推广的首要任务，2015—2016 年赖茅除了坚守“品质赢得信赖”的理念，在消费主权教育与工商联合治理两个层面，双管齐下开启了“正本清源”的推广战役。

消费者自我保护及其消费主权维护意识的觉醒与提升，是市场良性秩序建立的核心推动力量。自 2015 年上市开始，赖茅便以“真赖茅，茅台造”为核心诉求展开全方位的消费者宣传。不仅仅在媒体层面展开广告宣传，而且在移动互联网及线下活动上都采取了一系列有效的创新动作。在移动互联网端，开展了“赖茅通缉令”的互动活动，通过激发消费者自觉举报侵权赖茅的互动活动，一方面为工商联合治理提供了线索；另一方面提升了消费者对赖茅的认知及消费者主权维护的意识。同时，还结合着猴年热点以消费者喜闻乐见的娱乐化方式，创意了“四大神仙教辨别真假美猴王”“大圣火眼金睛识赖茅”等教育消费者如何识别真伪赖茅的互动传播。在线下活动上，针对意见领袖群体开展“赖茅鉴真之旅”的活动，让消费者们到茅台亲眼鉴别、亲身体会赖茅的生产环境、生产流程。

同时联合茅台打假办，在各地工商等部门的大力支持下，加大了各地市场侵权赖茅的打击与治理活动。在2016年8月“正本清源，赖茅归真”赖茅品牌战略暨新品上市推介会的基础上，赖茅在重点市场积极推进“正本清源，赖茅归真”的区域发布会，加大各地市场治理与消费者宣传的力度，提升消费者对“真赖茅，茅台造”的认知以及对赖茅“国民酱香”价值内涵的理解。

资料来源：http://rum.1nongjing.com/a/201610/150864.html.

思考题

1．请依据案例，提炼出“赖茅”品牌的核心价值。

2．“赖茅”品牌在茅台集团的品牌战略中，处于什么样的地位？茅台集团为复兴与弘扬“赖茅”品牌，采取了哪些措施？你如何评价这些措施？

3．你对茅台重塑“赖茅”品牌有哪些行之有效的建议？

4．从“赖茅”品牌的经历与现状，企业在品牌建设与维护方面可以得到哪些启发？

第九章 价格策略

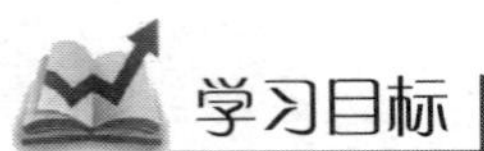

学习目标

价格是市场营销组合中最为敏感而又难以控制的因素，它直接关系着市场需求量的多少和企业利润的高低，影响着营销组合的其他因素。因此，定价策略一直是营销管理者所面临的最重要的问题之一。通过本章学习，应了解并掌握影响企业定价的因素，熟悉定价的基本程序，掌握企业定价的基本方法和定价策略。

导入案例

香奈儿等进口化妆品高价离谱并非只因关税

正在电视上热播广告的香奈儿“分时保养系列”早安赋活露、晚安修护露与周末焕肤露三件产品，引起43岁的爱美女士张燕（化名）的极大兴趣，近日在上海新世界逛街时，香奈儿专柜售货员告诉她，该系列是2013年8月1日在中国上市，价格分别是800元、800元与1 000元。

张燕留了个心眼，并没有马上购买，回家后登录香奈儿美国官网，她看到该系列三件产品的价格分别为85美元、85美元、115美元，按照9月25日汇率，1美元兑换6.1213元计算，相当于520元、520元、703.87元，也就是说，其在中国销售的该系列产品价格比美国高出42%～54%。

让张燕留此心眼的是一次在美国旅游购物的经历。张燕一直想买香奈儿最经典的5号香水，但是在上海永安百货香奈儿专柜中，她曾问询过一款15ML香奈儿5号的点式香水价格为1 750元。直到她在美国看到同款产品的价格为120美元，惊异于价差巨大的她毫不犹豫就出手购买了。按照当时汇率计算，仅相当于734.5元。也就是说，其在中国销售的该款产品价格比美国高出138%。

也有去过法国的国内消费者表示，原产于法国的雅漾舒护活泉水（300ML）在法国当地药妆店售价不到6欧元，而在国内，同款产品在雅漾官方网站上的标价为180元，国内售价比法国高出260%多。

虽然张燕一直知道国内的进口化妆品与境外同款产品的差价普遍存在，也能理解销售人员告诉她的关税原因，但她不明白的是为什么有些商品价格差距如此之大。

进口化妆品除免税店外，一般贸易都要交关税、消费税、增值税。上海财经大学公共经济与管理学院教授刘小兵此前对《第一财经日报》表示，根据化妆品的种类和产地，税率会有所不同。

相对于其他进口护肤品的价格，进口香水和彩妆的内外价差更大，部分与关税有一定相关性。2006 年起，中国调整进口化妆品消费税政策，只对“高档护肤类化妆品”按 30%征收消费税，对象主要是“香水”“彩妆”和成套化妆品。

记者 9 月 28 日在中国海关的网上服务大厅查询到，商品编码为 3303000000 的雅诗兰黛香氛珍藏系列被列在“香水与花露水”品类，关税税率为 10%，增值税为 17%，消费税 30%；此外，化妆品套装（其他美容或化妆品）的关税税率为 6.5%，增值税税率为 17%，消费税税率为 30%；相比而言，商品编码为 3304990010 的露华浓美白精华素、露华浓美白面膜，被列在“护肤品”（包括防晒油或晒黑油，但药片除外）中，关税税率为 5%，增值税税率为 17%，消费税税率为零。

但是，“品牌贯彻给消费者的概念中，将化妆品内化价差的原因推给关税，不太靠谱。”财富品质研究院院长周婷对记者表示，一个表现就是中国对化妆品的进口关税在变动调整中，总体呈下降趋势，但进口化妆品却一直在提价。

自 2013 年 1 月 1 日起，中国对进出口关税进行部分调整，其中护肤品的进口关税税率从 6.5%降到 5%。但是，2013 年上半年，在 SK-II 年初调高 80%的在华产品售价后，迪奥、香奈儿等品牌也表示因原料、人工等成本上涨压力，陆续调高部分产品价格，调价幅度为 7%～10%。而在 2013 年 6 月，资生堂、欧舒丹、娇韵诗等品牌的部分高端化妆品也在中国市场掀起了年内的第二轮涨价，涨价幅度最高的达两成之多。

尽管如此，中国产业信息网数据显示，2012 年全国美容化妆品及护肤品累计进口数量 32 570 千克，同比增长 12.1%；进口金额 11.49 亿美元，同比增长 7.3%。2016 年 1—4 月中国进口美容化妆及护肤品 3.91 亿美元，与上年同期相比增长 1.8%；进口均价 37.5 美元/千克，增长 2.5%。

周婷表示，据财富品质研究院的监测，高档进口化妆品的平均内外价差区间在 50%～100%，但关税等相关成本在高档进口化妆品的价格中实际所占比例非常小，不到 10%。

“高档进口化妆品在中国采取的是‘撇脂定价法’（market-skimming pricing，又称高价法，即将产品的价格定得较高，尽可能在产品生命初期，在竞争者研制出相似的产品以前，尽快地收回投资，并且取得相当的利润）的策略。”周婷表示，利用中国是初级市场，对品牌的认知度不够成熟，而人为地采取价格高估的方式来获取高额利润。与此同时，又通过市场推广手段，塑造品牌光环，为实施“撇脂定价策略”做准备。也就是将自己包装成高端产品，让部分愿意为高价买单的消费者先掏钱。

当然，实施该策略的前提之一是，市场上存在一批购买力很强并且对价格不敏感的消费者。目前，国内化妆品消费人群明显划分出高、中、低三个层次，高档进口化妆品的主要消费者是大中城市高收入的人群。

周婷发现，尽管 2013 年受经济形势影响，化妆品市场受到不小的冲击，一些中低档化妆品牌采取促销手段拉动销售，但一些高档进口化妆品牌依然在提价，避免在经济恢复时，品牌形象下降。一些国际一线化妆品也依靠提价来维系大牌地位，拉开与中低端品牌差距。

上海一家进出口贸易公司代理了不少美国和欧洲二线品牌化妆品的进口报关等业

务，该公司首席物流分析师张璇（化名）告诉记者，假设进口价为 100 元的化妆品，一般贸易的清关各种费用占比约为 28.5%，再加上物流的费用，成本价为 130 元左右，但是摆上柜台的销售价格通常是这个成本价的 300% ~ 500%。

在张璇看来，即便有如此大的品牌溢价空间，国内消费市场热度不减，在充分竞争的化妆品市场，这也是市场竞争的结果。“在本土高端化妆品牌没有形成竞争力之前，短期内这种内外价差的现象不会有大的改变。”张璇认为。

尽管内外价差不会短期内消失，毕竟还存在贸易和经营的成本，周婷认为，未来缩小内外价差，需要政府在促进贸易方面的努力，更重要的是需要市场的力量。

资料来源：刘琼. 香奈儿等进口化妆品高价离谱并非只因关税[OL]. 第一财经. http://www.yicai.com/news/3036404.html. 本书有删改。

第一节　影响定价的主要因素

价格决策既是市场营销活动的重要组成部分，也是市场营销策略规划的重要内容，它关系到企业的利润、成本补偿及是否有利于产品销售、促销等问题。价格又是营销组合中唯一能创造收益的因素，其他因素都代表着成本。价格也是营销组合中最灵活的因素之一。与产品特色和销售渠道不同，价格会很快地发生变化。同时，定价和价格竞争是许多高级营销人员所面临的第一大问题。但是，许多企业对定价处理得不是很好。最常见的错误是：定价过于强调成本导向；不能经常根据市场变化调整价格；定价脱离营销组合的其他要素；以及没有根据不同的产品、细分市场和购买时机对价格做出调整。

企业的任何决策，除了首先由决策者根据自身的考虑而提出设想外，还必须顾及可能对其制约或促成的各种客观条件。因此一个公司的价格决策，既受到公司内部因素的影响，也受到外部环境因素的影响。内部因素包括公司的营销目标、营销组合策略、成本和定价组织。外部因素包括市场和需求的性质、竞争以及政府。

一、定价目标

所谓定价目标，是指企业通过制定一定水平的价格所要达到的预期目的。它与企业战略目标一致，并为企业经营战略目标服务。

公司的营销目标是影响公司定价的一个首要因素。由于企业定价要考虑的因素很多，因此企业定价的具体目标也多种多样。不同公司的营销目标，或同一公司不同时间的营销目标是多种多样、极其不同的，但归结起来，最通常的目标有下列几种。

1．维持生存

当公司受到生产能力过剩、激烈竞争和顾客需求变化困扰时，往往会把求生存作为主要的追求目标。此时生存比利润更重要，只要它们的价格能补偿变动成本和部分固定成本，它们就可以继续生产经营，以等待情况改变或其他问题得到克服时再求发展。

2．当期利润最大化

许多企业把当期利润最大化作为它们的定价目标。它们估计不同价格所对应的需求和成本，然后选择能够产生最大现期利润、现金流动和投资回报的价格。总之，企业要的是现期财务成果，而不是长期的业绩。

3．市场占有率最大化

以此为目的的公司为获得占统治地位的市场占有率，往往把价格尽可能定得最低，以便把竞争者的顾客吸引到自己这边来，使自己产品在市场上的占有率达到绝大多数的份额。它们之所以这样做，是因为享有最大市场占有率的公司可把成本降到最低，并获得最大的长期利润。实际上也是这样，随着市场占有率的不断提高，公司可以积累更多的生产和营销经验，从而可使成本大大降低，而成本的降低则可进一步导致利润的增加。

4．产品质量最优化

一些公司为了在市场上树立一个产品质量最优的形象，往往在生产成本、产品开发研究以及促销方面做了较大的投入，为补偿这些支出，它们往往都给自己的产品或服务制定一个较高的价格。反过来这种较高的价格又进一步提高了产品的优质形象，增加了对追求高档产品的那部分高消费者的吸引力。

二、产品成本

成本给出企业对产品定价的下限。企业希望所制定的价格能够补偿生产、分销、促销的全部成本，并能带来适当的利润，以回报公司所做出的努力和承担的风险。因此，成本是影响定价决策的一个重要因素。许多企业力图降低成本，以期降低价格，扩大销售和增加利润。如果企业经营的某种产品的成本高于竞争者的成本，该产品在市场上就会处于十分不利的竞争地位。

企业的成本有两种形式：固定成本和变动成本。固定成本（也称为企业日常管理费）是指那些不随生产或销售水平变化的成本。例如，企业必须支付每月的租金、水电费、利息、管理人员的薪金，以及其他开支。变动成本直接随生产水平发生变化。每台康柏个人电脑都包括电脑芯片、电线、塑料、包装及其他投入成本。每台电脑上，这些成本都趋向于一致。它们被叫作变动成本，是因为其总量会随着生产的电脑数而变化。总成本是指在任何生产水平下固定成本和变动成本之和。管理部门希望制定的价格至少能够补偿在既定生产水平下的生产总成本。

三、市场需求

与成本决定价格的下限相反，市场需求决定价格的上限。消费者和产业购买者都会在产品或服务的价格与拥有产品或服务的利益之间，做一番权衡比较。因此，在设定价格之前，营销者必须理解产品价格与产品需求之间的关系。

在价格与需求的关系方面，营销者需要了解需求的价格弹性，即产品价格变动对市场需求量的影响。不同产品的市场需求量对价格变动的反应不同，也就是弹性大小不同。

一般情况下，企业每制定一种产品价格，该产品的需求量都会发生不同程度的变化。通常价格与需求量成反比例变化，即价格越高，需求量越少。

$$\text{需求价格弹性}（E）=\frac{\text{需求量变动的百分比}}{\text{价格变动的百分比}}$$

按上述公式计算出来的具体数值称为需求弹性系数。价格高，买的人少；而价格低，买的人多。价格与需求是呈反方向变动的，所以通常需求价格弹性 E 为负值。为应用方便，在上述公式中引入一个负号，使 E 成为正数。需求价格弹性的大小，一般以 E 的值大于 1 或小于 1 来表示。如果需求量变化的幅度小于价格变化的幅度，即 $E<1$，称为需求价格弹性小或称缺乏弹性，见图 9-1（a）。如果 $E>1$，称为需求价格弹性大或称富于弹性的需求，见图 9-1（b）。

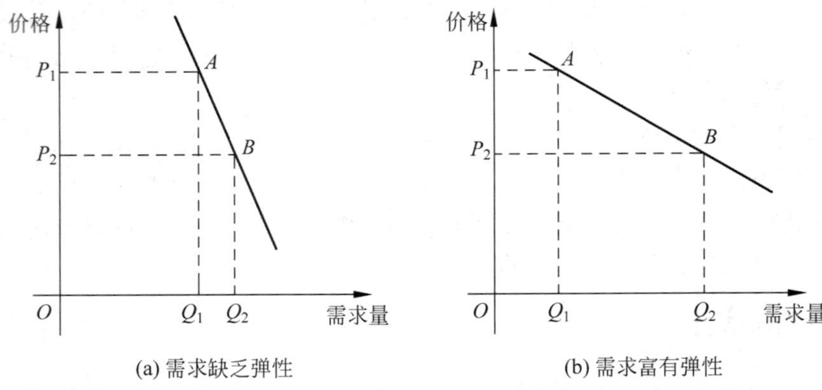

图 9-1　需求弹性

需求价格弹性在企业决定某一产品是提价或降价时特别有用。如果该产品的需求价格弹性系数大于 1，也就是价格只要稍微上升或下降，需求量就会大幅度下降或增加，则企业往往可采取降价策略，这时产品的单位利润虽有所下降，但产品的销售总收入和总利润却会大大增加；如果该产品的需求价格弹性系数小于 1，也就是即使价格大大提高或下降，需求量也不会显著减少或增加，则企业可采取提价策略，这时需求量虽有减少，但由于价格大大提高，产品的销售总收入和利润总量仍会增加。当然，不论提价或降价都是有一定限度的。

通常影响需求价格弹性大小的因素主要有商品的可替代性、商品的供求状况、商品在消费支出中所占的比重等。

为什么猪肉和食用油的价格变化会出现不同的结果

2009 年新闻中经常会报道两类新闻。一类就是某天猪肉价格又上涨了。记者在菜市场中采访猪肉档主的时候，最常见的现象就是档主在抱怨，肉价涨了，买肉的人少了，以往一天能卖两头猪的，现在只能卖一头。而采访买菜的居民的时候，居民们都说，猪肉涨了，那就少吃点猪肉了，多吃点鸡蛋什么的。为什么会这样呢？为什么猪肉价格涨了，人们就买的少了呢？

另一类就是某天国内食用油集体调价了，结果人们一方面怨声载道；另一方面又赶快买点屯在家里，预防后面再涨。记者采访的时候，居民的反应就是，涨价都没办法了，也要买的了。这又是为什么呢？为什么食用油价格涨了，人们却没有减少购买呢？

资料来源：百度文库，作者：佚名。本书有删改。

四、竞争者的产品和价格

竞争者的产品和价格是影响公司价格决策的另一重要外部因素。公司在做价格决策时，必须考虑竞争者的成本、价格及对公司本身价格变动可能做出的反应。一个消费者当其想购买一台华凌电冰箱时，往往会把华凌冰箱的价格和价值与科龙、海尔等相近产品的价格和价值相对比来进行评估。此外，公司的价格策略还可能影响到它所面对的竞争性质。如果华凌奉行高价格高利润策略，就可能吸引更多的竞争者。而低价格、低利润策略则可阻止竞争者或将它们赶出市场。

公司必须对照竞争者的成本来检查自己的成本，看自己是按有利的成本进行经营还是按不利成本经营。它还必须了解各个竞争者产品的价格和质量。一旦弄清了竞争者的价格和产品之后，就可利用它们作为自己定价的出发点。如果与竞争者相似，就可制定一个与竞争者相近的价格，否则销量就会受到影响；如果优于竞争者，就可以制定较高的价格。总之，可以利用价格来为其产品做竞争性的定位。

五、政府的政策法规

企业制定价格还需要考虑政府有关政策、法令的规定。政府对价格决策的影响主要体现在各种有关价格禁止的法规上。有关规范企业定价行为的法律和相关法规有《价格法》《反不正当竞争法》《中华人民共和国明码标价法》《制止牟取暴利的暂行规定》《价格违反行为行政处罚规定》《关于制止低价倾销行为的规定》等。

第二节　定价的一般方法

公司制定价格是一项很复杂的工作，必须全面考虑各个方面的因素，采取一系列步骤和措施。一般来说，要采取六个步骤：①选择定价目标；②测定需求的价格弹性；③估算成本；④分析竞争对手的产品与价格；⑤选择适当的定价方法；⑥选定最终价格，见图 9-2。

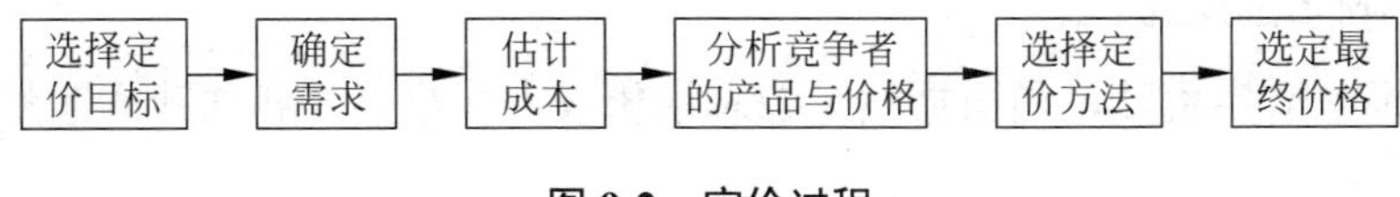

图 9-2　定价过程

在分析了产品的市场需求、产品成本及竞争者的价格后，企业就可以选定一个价格，这是企业在制定价格时考虑的三个主要因素。产品成本决定了价格的下限（低于该价格则不可能获利），市场需求往往决定了产品的上限，即最高价格（在该价格上不可能有需求），而竞争者的价格则提供了企业在制定其价格时必须考虑的参照价格。企业一般通过这三种因素的一个或几个来决定定价的方法，这样就形成了三种基本的定价导向：成本导向、需求导向和竞争导向。

一、成本导向定价法

成本导向定价法是一种以成本为中心的定价方法，包括成本加成定价法和目标收益定价法两种具体方法。其特点是简便、易用。

（一）成本加成定价法

成本加成定价法是指按照单位成本加上一定百分比的加成来确定产品的销售价格。加成的含义就是一定比率的利润。成本加成定价的公式为

$$P=C(1+R)$$

其中，P 为单位产品售价；C 为单位产品成本；R 为成本加成率。

零售企业普遍采用成本加成定价法，其加成率的衡量方法有两种：一种是按照进货成本进行衡量；另一种是按照销售价格进行衡量。如果采用售价的一定比率为加成率，则公式为

$$P=C/(1-R)$$

加成率的确定要考虑商品的需求弹性和企业的预期利润。一般而言，经营稳定、风险小的加成率低，需求变化快、经营风险大或损耗大的加成率则高，季节性产品加成较高，周转慢、储存和搬运成本高的产品加成也较高。在实践中，同行业往往形成一个为大多数企业接受的加成率。如美国一些商品的加成率一般为照相机 28%、书籍 30%、服装 41%、珠宝饰物 46%、烟草 14%、贺年卡 50%等。

例如，某零售店经营某种手表，其进货价为 120 元/只，加成率 50%，则每只手表的零售价格为 120 元×（1+50%）=180 元，毛利 60 元。

这种方法的优点在于计算方便，在成本没有多大波动的情况下，有利于价格的稳定。缺点在于不能反映市场需求状况和竞争状况。

应用成本加成进行定价是否合乎逻辑?答案是否定的。在制定价格过程中，任何忽视现行价格弹性和竞争关系的定价方法都不可能制定出一个最适宜的价格。需求弹性总是处在不断变化之中，最合适的加成也应随之调整。最合适的加成与价格弹性成反比，如果某产品的价格弹性较高，则最合适加成就应相对低些；如果某产品价格弹性较低，则最合适加成应相对高些。

（二）目标收益定价法

所谓目标收益定价法，是根据估计的总销售收入（收益）和估计的产量来制定价格的一种方法。

例如，假设一家面包机制造商的固定成本为 30 万元，变动成本 10 万元，企业计划投资 100 万元，预计销售量为 50 000 台，想要制定能获得 20%利润的价格，下列公式可以求出目标收益价格：

$$目标收益价格=单位成本+\frac{目标利润率\times投资成本}{销售量（单位）}$$

$$=16+\frac{0.2\times1\ 000\ 000}{50\ 000}=20(元)$$

如果企业的成本和预测的销售量都计算得很准确，这家制造商就能实现20%的投资收益率。但是，销售量如果达不到50 000 台的话，则无法实现预期的投资收益率。所以，采用目标收益定价法需要绘制一张保本图，以便了解在不同销售水平上的收益变化，见图 9-3。不论销售多少，固定成本都是 30 万元，在固定成本上附加上变动成本，变动成本随着销售量成直线上升趋势。总收入曲线从零开始，每销售一个单位，它就直线上升。

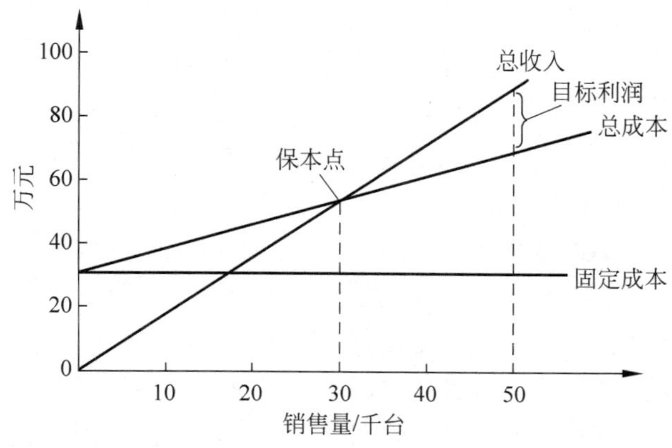

图 9-3　确定目标收益价格和保本产量

总收入曲线和总成本曲线在 30 000 台处相交，这就是保本点，保本销售量计算公式如下：

$$保本销售量=\frac{固定成本}{价格-变动成本}=\frac{300\ 000}{20-10}=30\ 000(台)$$

该企业当然希望在市场以 20 元的价格销售 50 000 台，这种情况下，其 100 万元的投资将盈利 20 万元。然而，这在很大程度上也取决于价格弹性和竞争者的价格，但目标收益定价法却不考虑这些因素。

目标收益定价法是一种确定型定价方法。当其所依据的预计销量等于实际销量时，才能保证利润目标的实现。然而，由于实际销量本身还受到价格的影响，需求价格弹性大的产品，在此价格下便难以保证预期销售量的实现。因此，此定价方法较适用于需求价格弹性较小的产品，适用于市场份额较高或具有垄断性质的企业。

二、需求导向定价法

需求导向定价法是以消费者的需求为中心的定价方法，即根据消费者对商品的需求强度和对商品价值的认识程度来制定公司价格。其定价的指导思想是首先通过研究市场需求确定产品的价格，然后减除目标利润，以进一步确定企业成本控制目标。主要有三种方法：认知价值定价法、反向定价法和需求差异定价法，其中需求差异定价法（又叫差别定价法）既是一种定价方法，又涉及灵活多变的定价策略，本章将做专门论述。

（一）认知价值定价法

所谓认知价值定价，就是根据购买者对产品的认知价值制定价格。认知价值定价与现代市场定位观念相一致。企业为目标市场开发新产品时，在质量、价格、服务等各方面都需要体现特定的市场定位。因此，企业首先要决定所提供的价值及价格；其次，要估计依此价格所能销售的数量，再根据销售量决定所需产能、投资及单位成本；最后，还要计算依此价格和成本能否获得满意的利润。若能获得满意的利润，则继续开发这一新产品，否则就放弃这一产品概念。

杜邦公司是主要实施认知价值定价法的典型之一。当杜邦公司为地毯业开发了它的新合成纤维时，它向地毯制造商论证：它能够负担得起杜邦公司每磅 1.40 美元的新纤维的价格，并且依然获取它的当期利润。杜邦公司称此为价值使用定价。然而，杜邦公司意识到新原料以每磅 1.40 美元定价将使市场对它不感兴趣。所以，制定了一个低于 1.40 美元的价格来适应它。杜邦公司没有用它的单位制造成本去制定这个价格，而是首先判断继续生产是否会有足够的利润。

卡特彼勒公司也使用认知价值观念为它的建筑设备制定价格。它可能定价一台拖拉机为 10 万美元，虽然其他公司同样的拖拉机可能定价 9 万美元，而卡特彼勒公司却会获得比竞争者多的销售额！当一个潜在的顾客问一位卡特彼勒公司的经销商为什么要为卡特彼勒公司的拖拉机多付 1 万美元时，这个经销商回答说：

90 000 美元	拖拉机的价格，这仅是相当于竞争者的拖拉机价格
7 000 美元	为产品优越的耐用性增收的溢价
6 000 美元	为产品优越的可靠性增收的溢价
5 000 美元	为优越的服务增收的溢价
2 000 美元	为零配件的较长期的担保增收的溢价
110 000 美元	包括一揽子价值的价格
−10 000 美元	折扣额
100 000 美元	最终价格

卡特彼勒的经销商能向顾客解释为什么卡特彼勒的拖拉机贵于竞争者。顾客认识到虽然他被要求为卡特彼勒公司的拖拉机付 1 万美元的溢价，但事实上他增加了 2 万美元的价值！他最终选择了卡特彼勒公司的拖拉机，因为他确信卡特彼勒公司的拖拉机在使用期内的操作成本将较小。

认知价值定价的关键在于准确计算产品提供的全部市场认知价值。企业如果过高估计认知价值，便会定出偏高的价格；过低地估计，则会定出偏低的价格。如果价格大大高于认知价值，消费者会感到难以接受；如果价格大大低于认知价值，也会影响产品在消费者心中的形象。为了建立起市场的认知价值，作为有效定价的一种指南，市场调研是必要的。

（二）反向定价法

所谓反向定价法，是指企业依据消费者能够接受的最终销售价格，计算自己从事经营的成本和利润后，逆向推算出产品的批发价和零售价。这种定价方法不以实际成本为依据，而是以市场需求为出发点，力求价格为消费者接受。分销渠道中的批发商和零售商多采取这种定价方法。相应的计算公式如下：

销售价格=市场可接受的零售价格×（1−批零差价率）×（1−进销差价率）

例如，消费者对某品牌数码照相机可接受的价格是 2 000 元，若零售商要求的毛利率为 20%，批发商要求的毛利率为 10%，则该数码照相机的销售价格应为

零售商可接受价格=消费者可接受价格×（1−20%）=2 000×0.80=1 600（元）

批发商可接受价格=零售商可接受价格×（1−10%）=1 600×0.90=1 440（元）

三、竞争导向定价法

竞争导向定价法以市场上相互竞争的同类产品价格作为定价基本依据，并随竞争状况的变化确定和调整价格水平。具体形式主要有随行就市定价法和投标定价法。

（一）随行就市定价法

所谓随行就市定价法，是指企业根据行业的平均价格制定本公司的商品价格。在测算成本有困难或者竞争者不确定时可以采用该方法进行定价。随行就市定价法是同质产品市场的惯用定价法，也是一种与同行和平共处、比较稳妥的定价方法，可避免风险。

在完全竞争的市场上，销售同类产品的各个企业在定价时实际上没有多少选择余地，只能按照行业的现行价格来定价。企业如果把价格定得高于市场市价，产品就销售不出去；反之，如果把价格定得低于市价，将遭到降价竞销。

在寡头竞争的市场上，企业也倾向于和竞争对手制定相同的价格水平。因为在这种条件下，买主就会转向价格较低的企业。当需求有弹性时，一个寡头企业不能通过提价而获利；当需求缺乏弹性时，一个寡头企业也不能通过降价而获利。

在异质产品的市场上，企业有较大的自由来决定其价格，产品的差异化使购买者对价格差异的存在不甚敏感。但企业也想相对于竞争者确定自己的适当位置，或充当高价企业角色，或充当中价企业角色，或充当低价企业角色，制定自己产品的价格定位。

猴姑饼干价格回归没选择

2013 年江中猴姑饼干的广告一面世，就给大家留下了深刻的印象。有人测试过一般消费者要记住一个广告至少要看 7 遍以上，而好的广告穿透力强，很多人看一遍就有印象。用这个标准来看，2013 年我认为做得最好的广告之一，就是江中猴姑饼干，广告注定会让这个产品热销。

但是江中的猴姑饼干还停留在品类运作上。因为品类很难被企业独占，势必造成大量的跟风者，江中虽然把“菇”改成了“姑”并进行了注册，但这种定位视同没有定位，反而有误导消费者之嫌。品类之争的最终结果是一定会落入同质化的价格战中。

猴姑饼干上市零售价挺到了 110 元左右，这个价格吓退了很多消费者，高额的利润又引来了趋之若鹜的跟随者，但是江中似乎还在用卖药的思路卖食品，对日益波澜壮阔的市场无处下手，结果竞争对手三九的渠道扩张速度远远快于江中，三九的价格定位在 88 元，明眼人都知道这个价格仍然有高额的回报，有人甚至质疑一盒猴姑饼干比一斤猴菇还贵。但只要江中高扛价格大旗，就一定会带给烘焙行业生机。

猴姑的案例警示了很多企业，不仅要会开发产品，还要学会保护自己，适应市场的竞争。

只要江中猴姑饼干的广告还在播，猴菇类的产品就会繁荣。但食品不像药品，食品是快速消费品，人人都消费得起，消费频次高是营销的终极目标，这样才能有规模，靠规模赚钱才能有真正的品牌地位，才能提升品牌的尊重度。

随着"养胃"概念的教育和普及，如果养胃的成本高过了吃猴菇，大多数消费者就会感觉是在吃广告而不是在吃饼干，就会找替代品牌。江中要夺回市场，最好的办法就是用价格空间换市场空间，快速扩充经销商渠道，挤出大批的跟随者，而维持第一品牌的理性价格应该在 30 ~ 50 元。这或许是江中没有选择的选择，而且越早做出选择对自己越有利。

资料来源：李临春. 猴姑饼干价格回归没选择[J]. 销售与市场（渠道版），2015(5):18.

（二）投标定价法

这是投标者参与招标活动时采用的定价方法。招投标交易方式多用于建筑工程承包、大型设备制造、政府大宗采购等商业活动。其过程一般是招标者首先发出公开招标信息，说明招标的内容和要求，所有的投标者在规定的期限内投标，将密封报价提交给招标者；招标者在规定的时间召集所有投标者将报价当众启封，并选择最合适的投标者确定为中标者，与之签约成交。

企业参加投标的目的是为了中标，所以它的报价应低于竞争对手的报价。一般来说，报价高，利润大，但中标机会小，如果投标失败利润为零；反之，报价低，中标机会大，但利润低，其机会成本可能大于其他投资方向。因此，企业在确定报价时，一方面要根据生产成本进行估价，确定几个报价方案，并测算各个方案的获利情况；另一方面要进行调查分析，了解竞争者投标报价的动向，估计竞争者的可能报价，预测自己各个方案的中标概率，从有中标机会的方案中选择期望利润最大的方案作为投标方案。

第三节　定 价 策 略

企业定价策略是指企业为实现其定价目标在定价方面采取的谋略和措施。在市场竞争中，企业除了根据不同的定价目标选择不同的定价方法来确定产品的初始价格外，还要善于根据市场环境和企业内部条件正确选择定价策略，以确定产品的最终价格。定价策略是为实现企业定价目标在特定的经营环境下采取的定价方针和价格竞争方式。企业必须善于根据市场状况、产品特点、消费者心理和营销组合等因素，正确选择定价策略，保持价格的适应性。

一、新产品定价策略

新产品定价合理与否，不仅关系到新产品能否顺利地进入市场、占领市场、取得较好的经济效益，而且还关系到产品自身的命运和企业的前途。根据新产品在投放市场时定价水平的高低，有以下两种类型的定价策略。

（一）撇脂定价

撇脂定价又称为取脂定价，是指在新产品上市之初，以较高的价格推向市场，以便在产品生命周期的开始阶段尽快收回投资和获取最大利润，犹如从鲜奶中撇取奶油。

撇脂定价策略是采用了消费者对新产品的求新好奇心理，以产品的新奇弱化消费者对产品价格的敏感，强化对追求时尚的满足感来定价的。如 1945 年圣诞节前夕，美国雷诺公司以 10 美元的价格将仅有 0.5 美元成本的新产品圆珠笔推向市场并大获成功，就是这种策略应用的最好例证。

撇脂定价策略对企业有很大的吸引力。首先，它有利于树立企业名牌产品的形象。由于新产品的独特性和优越性，在需求弹性小的上市之初，利用消费者求新、炫耀的心理能满足部分追求价高质优的消费者的要求，提高了产品的声誉。其次，有利于企业在市场竞争中掌握调价的主动权。价格定得高，日后下调的空间就大，当竞争者闻讯而来时，企业既可主动降价与之竞争，也可另辟蹊径。最后，高价高利润，有利于企业筹集资金，扩大生产规模。

但是，撇脂定价策略也给企业带来较大的威胁：一是在新产品的市场形象未树立之前，定价过高会使大多数消费者难以接受，从而不利于开拓市场；二是过高的市场售价所带来的丰厚利润会引起大量的竞争者进入，从而加剧竞争，迫使价格提前下跌，不利于企业的长期经营。

因此，采用撇脂定价策略需满足一定的条件：有充足的市场需求量，或企业的生产能力有限，短期内不能满足市场需求；市场价格敏感度低，需求弹性小；有良好的产品品质和功能，对消费者有较强的吸引力；新产品具有明显的技术经济优势，竞争者短期内无法与其相抗衡；在小规模的生产成本下，企业有较大的盈利空间。

此外，生产新产品的企业还要有较强的营销能力，善于与社会公众进行沟通，赢得广大消费者的理解和支持。该种定价策略主要适用于化妆品、仿真装饰品、流行的服装鞋帽、特殊品及高档品。

苹果 iPod 的撇脂定价法

苹果 iPod 是近几年来最成功的消费类数码产品之一。第一款 iPod 零售价高达 399 美元，即使对于美国人来说，也是属于高价位产品，但是有很多“苹果迷”既有钱又愿意花钱，所以纷纷购买；苹果认为还可以“撇到更多的脂”，于是不到半年又推出了一款容量更大的 iPod，定价 499 美元，仍然销路很好。苹果的撇脂定价大获成功。

资料来源：杨剑英. 市场营销学[M]. 南京：南京大学出版社，2010.

（二）渗透定价

渗透定价与撇脂定价刚好相反，是在新产品上市时以微利、无利甚至亏本的低价向市场推出，待产品在市场上打开销路和站稳脚跟后，再逐步将价格提到一定水平，犹如往海绵里渗水一样。它以低价迅速打开产品销路，夺取较大的市场份额，取得市场的支配地位，并以阻止竞争者进入市场为目的，主要利用消费者求廉求实的心理，以低价刺激消费者需求，从而在消费者心目中树立起价廉物美、经济实惠的形象，以赢得消费者的信赖。例如日本本田摩托车在美国本地摩托车售价为 1 000～1 500 美元时，以低于美国摩托车价格数倍的 250 美元的低价打入美国市场，几年后一举夺得美国市场，就是利用渗透定价策略的成功范例。

渗透定价策略的最大优点就是有利于产品尽快地被市场接受，扩大市场占有率，并借助大量销售来降低成本，获得长期稳定的市场地位。与此同时，价低利微，使许多竞争者望而却步，减缓了市场竞争的激烈度，增强了企业自身的市场竞争能力。此外，渗透定价还比较容易赢得经销商和消费者的支持，有助于企业获得规模经济效益，增加利润。因而，在新产品定价中得到广泛的运用。

但是，这一策略也有其不足，一是风险较大，一旦销量达不到预期水平，就会给企业造成亏损；二是在价低利微的情况下，研制新产品的投资及费用不可能短时期收回，这就会影响到企业资金的周转和使用效率，在目前资金仍然是企业中一种稀缺资源的条件下，会危及企业的经营；三是过低的价格容易使消费者对产品的质量和性能产生怀疑和不信任感，从而影响销量的扩大，有可能达不到薄利多销的目的。渗透定价策略的实施是要在低价占领市场的基础上，再使价格逐步回升到一定的水平。如果长期低价，会使消费者形成一种价格习惯，一旦调高价格很可能会引起消费者心理上的反感情绪，甚至产生抵制行为，这更不利于企业产品的销售。如果新产品进入的是国际市场，还有可能招致进口国的反倾销报复，得不偿失。

从上述的分析中可以看出，渗透定价策略是通过牺牲短期利润来获取长期利益的，为了达到这一基本要求，就要使企业生产的产品销售规模达到足够的量，以保证企业在规模经济效益的前提下来获得利润。

因此，要实现企业的目标，采用该策略是有条件的，最基本的条件就是：新产品有足够的市场需求，并能替代市场上已存在的同类产品，且长期发展趋势较好；有高度的价格敏感度和需求弹性；企业具有大批量生产的能力，并且大批量生产能显著降低产品成本；企业经营的着眼点是长期获利，而不是追求短期利益等。因此，在正常情况下，渗透定价策略多用于一些低档商品、易耗商品、专用性不太强的商品和生活必需品。

二、心理定价策略

心理定价策略，是指企业定价时利用消费者不同的心理需要和对不同价格的感受有意识地采取多种价格形式，以促进销售。心理定价实际上就是顾客能接受什么价格就定什么价格。某企业开发出一款非常好的产品，按成本定价只有八九十元。后经过消费者调研后发现，客户所能接受的心理价位在 200 元以内，于是最终定价为 188 元，比原来高出 100 元的新产品推出市场后，价格并未成为顾客购买的障碍，反而本着好货当然价高的心理，认为这是一款品质相当好的产品。定价中高出的 100 元实际上成为厂家的纯利润。常见的心理定价策略有以下几种。

（一）声望定价法

企业利用消费者仰慕名牌商品或名店的声望所产生的某种心理把产品定在高价位，以彰显其高品质、高格调、高级身份等。质量不易鉴别的商品的定价最适宜采用此法，因为消费者有崇尚名牌的心理，往往以价格判断质量，认为高价格代表高质量。据报道，手工布鞋在美国市场上很受欢迎，但质量好、价格低的中国货却竞争不过质量相对差、价格却高的韩国货，原因在于美国人认为低价意味着低档次、低质量。声望定价方法在零售业、饮食业、服务业、医疗卫生教育等行业运用非常广泛。

（二）尾数定价法

尾数定价法也称零头定价法，就是利用消费者数字认知的某种心理，定价时故意保留小数点后的尾数，增强消费者对定价的信任感，并使其感到价廉的一种定价方法。例如把价格定为 99 元、198 元等，尾数给人有打折和特价的味道，心理上感觉这个价格比较便宜，比整数价格少很多。但追求高价形象的公司应慎用此方法。

（三）招徕定价法

零售商利用部分顾客追求廉价的心理，将一些产品以接近成本或低于成本的价格出售，吸引顾客上门。这些特价产品一般都是知名度和使用频率较高的日用品，低价吸引顾客过来后，期望顾客顺便购买其他正常售价的商品，因此特价往往会搭配限量购买等限制条件。例如，在节假日期间，一些超级市场和百货商店采用对几种商品进行低价、打折等促销手段，如超市里 0.99 元的鸡蛋、99 元名牌风扇等，以招徕顾客，顾客多了，不仅卖出去了低价商品，更重要的是带动和扩大了一般商品和高价商品的销售。

采用这种策略时应注意以下问题。

第一，招徕定价的产品必须是消费者经常使用的产品，为消费者所熟悉，其价格应对消费者有相当的吸引力。

第二，招徕定价的产品必须是真正的削价产品，不能带有对消费者的欺骗，只有这样，才能取信于消费者。

第三，企业所经营的产品必须品种繁多，这样才能达到消费者在购买招徕定价品的同时能选购其他产品的目的。

第四，招徕定价的产品品种和数量要适当，所降价格的幅度要适中。因为降价商品的品种和数量较多，降幅太大，可能导致企业亏损；而品种和数量太少，降幅小，又难以起到促销的作用，无法吸引消费者购买。

三、折扣定价策略

为了鼓励消费者及早付清货款、大量购买或者在淡季购买，许多企业会适当降低其价格，比原定价格少收一定比例的现款或采取用其他东西替换比原定价格少收一定数量的价款的定价方式，这些价格调整策略被称为折扣或折让。折扣或折让的主要形式有以下几种。

（一）现金折扣

现金折扣是对及时付清货款的购买者的一种价格折扣。最典型的例子是“2/10，30天”，意思是必须在30天内付清货款，但如果在交货后10天内付款，则按照价格给予2%的现金折扣。西方国家许多行业都采用这种做法，其目的是尽快收回资金，减少坏账损失。

（二）数量折扣

数量折扣是指卖方根据买方购买数量的多少，分别给予不同的折扣，购买数量越大，折扣越高，买方获利也越多。其目的是鼓励大量购买，或集中向卖方企业购买。

数量折扣包括累计数量折扣和一次性数量折扣两种形式。累计数量折扣是指顾客在一定时间内，购买商品若达到一定数量或金额，则按其总量给予一定折扣，其目的是鼓励顾客经常向本企业购买，成为可信赖的长期客户。一次性数量折扣是指一次购买某种产品达到一定数量或购买多种产品达到一定金额，则给予折扣优惠，其目的是鼓励顾客大批量购买，促进产品多销、快销。

（三）功能折扣

功能折扣也叫贸易折扣，是指生产商根据中间商在产品分销过程中所承担的责任大小、风险差异、功能的不同而给予不同的折扣。折扣的多少，主要依据的是中间商在分销渠道中的地位、购买批量、完成的促销功能、承担的风险、服务水平及产品在市场上的最终售价等。功能折扣的结果是形成购销差价和批零差价。其主要目的是鼓励中间商大批量订货，扩大销售，与生产企业建立长期、稳定的合作关系，并对中间商经营企业有关产品的花费进行补偿，让中间商有一定的盈利。

（四）季节折扣

经营季节性商品的企业向销售淡季来购买的顾客所给予的一定价格折扣，叫作季节折扣。这种定价策略可以有效地调节供需矛盾，减轻企业仓储压力，加速资金周转，使企业的生产和销售在一年四季保持相对稳定。它主要适用于一些季节性较强的商品。例如，啤酒生产厂家对在冬季进货的商业单位给予较大幅度让利，羽绒服生产企业则在夏季对购买其产品的客户提供较多折扣。

（五）价格折让

价格折让是指根据价目表给顾客以价格折扣。当顾客购买新商品时，允许交还同类商品的旧货，在新货价格上给予折让，典型的就是以旧换新。例如，一台冰箱标价2 000元，顾客以旧冰箱折价300元，则只需付1 700元，这就是以旧换新折让。如果某中间商同意某生产企业的促销活动，则某生产企业卖给中间商的货物可以打折，这就是促销折让。

四、地区定价策略

一般来说，一个企业的产品不仅卖给当地，同时也可能卖到外地。如果卖给外地顾客，企业要把产品从产地运到顾客所在地，这时就需要进行装运。所谓地区性定价策略，就是在将产品卖给不同地区（包括当地和外地）的顾客时，是分别制定不同价格还是相同价格。也就是说，是否制定地区差价。

（一）FOB 原产地定价

FOB 原产地定价就是顾客（买方）按照厂价购买某种产品，企业（卖方）负责将这种产品运到产地某种运输工具（如卡车、火车、船舶、飞机等）上交货。交货后从产地到目的地的一切风险和费用概由顾客承担。这样定价对企业的不利之处，是远地顾客可能不愿购买这个企业的产品，转而购买其附近企业的产品。

（二）统一交货定价

这种形式和前者相反。所谓统一交货定价，就是企业卖给不同地区顾客，按照相同的厂价加相同的运费（按平均运费计算）定价。不同地区的顾客不论远近，实行一个价格。这种定价又叫邮资定价。

（三）分区定价

这种形式介于前面两者之间。企业把整个市场（或某些地区）分为若干价格区，卖给不同价格区顾客的产品分别制定不同的地区价格。距离较远的价格区定价较高，较近的价格区定得较低，同一价格区范围实行统一价格。

采用分区定价存在的问题如下。

（1）即使在同一价格区，也有的顾客距离企业较近，有的距离企业较远，前者就会感觉不合算。

（2）处在两个相邻价格区边界上的顾客，相距不远，但要按不同价格购买同一产品。

（四）基点定价

所谓基点定价，就是企业选定某些城市作为定价基点，然后按一定的厂价加从基点城市到顾客所在地的运费定价，而不管货物实际是从哪个城市起运。有些企业为了提高灵活性，选定多个基点城市，按照离顾客最近的基点计算运费。基点定价的产品价格结构缺乏弹性，竞争者不易进入，有利于避免价格竞争。顾客可在任何基点购买，企业也可将产品推向较远市场，有利于市场扩展。

基点定价方式比较适合下列情况。

（1）产品运费成本所占比重较大。

（2）企业产品市场范围大，许多地方有生产点生产。

（3）产品的价格弹性较小。

（五）运费免收定价

企业负担全部或部分运费。有些企业认为如果生意扩大，平均成本就会降低，足以抵偿这些开支。运费免收定价可使企业加深市场渗透，并在竞争日益激烈的市场上站住脚。

五、差别定价策略

所谓差别定价，是指企业按照两种或两种以上不反映成本费用的比例差异的价格销售某种产品或服务。

（一）差别定价的主要形式

差别定价主要有以下几种形式。

（1）顾客差别定价。即企业按照不同的价格把同一产品或服务卖给不同的顾客。例如有的公共交通工具对学生和老人的收费较正常票价低。

（2）产品形式差别定价。即企业对不同型号或形式的产品，分别制定不同价格，但是不同型号或形式产品的价格差额和成本费用之间的差额并不成比例。例如，在市场上销售的一种自动控温电熨斗，其价格比一般电熨斗高出几十元，这种高级电熨斗只是多安装了一个指示灯，可以表示电熨斗的温度是否恰到好处，可是这个额外装置的成本还不到 10 元。

（3）产品地点差别定价。企业对处在不同位置的产品或服务，分别制定不同价格，即使这些产品或服务的成本费用没有任何差异。例如，剧院中的不同位置的座位，其价格都是互不相同的，因为在不同的位置观众所得到的欣赏效果是不同的，他们愿意为某些好的位置多付些钱。

（4）销售时间差别定价。企业对不同季节、不同日期甚至不同钟点的产品或服务分别制定不同价格。例如，电信服务的电话资费在一天中的某些时段、周末或平常收费不同。

（二）实行差别定价必须具备的条件

实行差别定价必须具备以下几项条件。

（1）市场必须是可以细分的，这些细分市场必须显示出不同的需求程度。

（2）支付低价的细分市场无法将有关产品转手给需付高价的细分市场。

（3）竞争者不可能在企业以较高价格销售的市场上低价竞销。

（4）细分市场和控制市场的成本费用，不应超过因实行差别价格而得到的额外收入，否则得不偿失。

（5）差别价格不会引起顾客反感，以至于放弃购买。

（6）差别价格的形式必须合法。

比较优势下的“物超所值”

中间价位是大多数人都会去做的选择，选中间价位的人会跟你说，他们这样决定“比较安全”，是一个“折中”的选择。最便宜的商品说不定质量有问题，最贵的那种则有敲竹杠的嫌疑，居中的应该没啥问题。

往往就是这样，不卖的东西影响正在卖的东西。如果说想要提高廉价商品 A 的市场份额，你只需要提供一种更便宜的选择商品 C 即可。C 成了诱饵，它本身可能不会得到太多市场份额，但它会产生一种吸引效应，把消费者的选择转移到原先的廉价品牌 A 上。类似地，增加一种高价诱饵 D，会把消费者的眼光往上拉，扩大高档品牌 B 的市场份额。

有一则关于百威的故事就充分验证了消费者在这种比较优势下“物超所值”的心理：20 世纪 60 年代安海斯—布希公司在全国范围内积极推广它旗下的超高档品牌“米狮龙”，百威却借力登上了销量第一的位置。要是啤酒消费者们真的知道他们要什么、该出多少钱，那“米狮龙”肯定会冲击百威的市场。可结果是，百威和米狮龙的总销量却都增加了。因为米狮龙让百威显得“不那么极端，不那么昂贵，又不那么精英”。一部分百威的买家改喝了更高档的米狮龙，但平常买更便宜品牌啤酒的人却有不少换成了百威，两者扯平了。换句话说，米狮龙的广告让一些米勒啤酒的买家改喝百威了。

根据尼尔森所公布的报告显示，全球消费者对消费性包装商品采取不同的省钱购物策略。消费者一旦决定购买地点后，物超所值的重要性略高于单纯的价格便宜。

2011 年尼尔森全球消费者购物省钱策略在线调查，有来自全球 51 个市场，超过 25 000 位网络受访者参与，有六成全球网络消费者在决定到特定消费性包装商品零售店购物时，将“物超所值”视为最具影响力的因素，胜于“价格便宜”（58%）。

“‘价格便宜’的重要性是毋庸置疑的，但透过尼尔森调查显示，‘物超所值’对全球消费者而言也极为重要，只不过，‘价值’并非只与价格有关，在经济艰困时期，如果零售商及制造商在对消费者沟通时能更加突显产品优点，并提供超越价格的价值，将可获得消费者在寻求省钱之道时的共鸣。”尼尔森全球消费者洞察副总裁 James Russo 说。

资料来源：叶茂中. 比较优势下的“物超所值”[OL]. http://blog.sina.com.cn/s/blog_496f70540102e59b.html?tj=2.

六、产品组合定价策略

当某种产品成为产品组合的一部分时，企业必须对定价方法进行调整，因为各种产品之间存在需求和成本的相互关系，而且会带来不同程度的竞争，那么对这种产品的定价不能只考虑个别产品的价格，而应综合考虑产品组合中的各种产品，制定出整个产品组合的价格策略。一般来说有以下几种主要形式。

（一）产品线定价法

通常企业开发出来的是产品大类，而不是单一产品。当企业生产的系列产品存在需求和成本的内在关联性时，需要采用产品线定价法。对产品线的产品品项按成本差异、顾客的不同需求而设定几个“价格点”作为定价的基准。如某品牌的男士西装定三个价格水平：1 500 元、2 500 元、4 000 元。有了这三个价格点，顾客就会联想到低质量、中质量和高质量的西装。产品线定价的价格区间意味着市场中不同的细分市场，价格点之间的差距不可过大或过小。价格间距的目标是要建立能向价格差异提供证据的认知质量差异。

（二）选择品定价法

许多企业在提供主要产品的同时，还会附带一些可供选择产品或具有特色的产品，如汽车购买者可以选购电动窗户控制器、去雾装置和灯光调节器等。但对选择品定价，企业必须确定需要定价的产品中包括哪些产品，又有哪些产品可作为选择对象。例如饭店定价，有些饭店将酒水的价格定得高，菜肴价格定得低；也有的饭店酒水免费，但菜肴价格却很高。

（三）附带产品定价法

某些产品需要附属或补充产品才能使用，如打印机与墨盒、剃须刀与刀片等。有些企业会为主要产品（如打印机）制定较低价格，给附属品（墨盒、色带）制定较高价格。

然而，附属产品在后期市场定价太高也有危险。例如，打印机公司通过提供高价的打印耗材在后期市场上获得高额利润，因此，那些仿制其耗材的“非法仿制者”便应运而生，它们将墨水、墨粉销售给顾客，使公司丧失了销售额。

（四）两段定价法

服务性公司常常采用两段定价法（又叫分部定价法），即收取固定费用另加一笔可变的使用费进行定价。如电话用户可能每月要支付固定的月租费和相应的通话费；游乐园先收入场券费用，如果增加一些具体游玩项目，还要再收费等。

（五）副产品定价法

在生产加工食用肉类、石油产品和其他化学产品过程中，常有副产品。如果这些副产品对某些顾客群具有价值，则必须根据其价值定价。副产品的收入多，将使公司更易于为其主要产品制定较低价格，以便在市场上增加竞争力。

（六）捆绑定价法

企业经常将一组产品组合在一起，定价销售。这一组合产品的价格低于单独购买其中每一产品的费用总和。因为顾客可能本来无意购买全部产品，但由于在这个组合的价格中节约的金额相当可观，就会吸引他们购买。如家电连锁企业苏宁、国美等经常在节假日推出家电套餐，将空调、冰箱、彩电、洗衣机等打包组合销售，比消费者单独购买这些产品要节省近千元，企业由于增加了销售量，总利润也在增加。

第四节　价格调整及价格变动反应

企业处在一个动态变化的环境中，产品定价不可能一劳永逸。随着市场环境的变化，企业对价格也要不断进行调整。在竞争的市场上，企业的价格调整有两种情况：一是根据市场条件的变化主动进行调价；二是当竞争对手价格变动以后进行的应变调价。无论企业出于什么原因要调价，都要充分考虑调价后消费者和竞争者的反应，针对不同情况选择适当的策略。

一、企业降价与提价

（一）企业降价

企业降价的主要原因有以下几方面。

（1）企业的生产能力过剩，产品供大于求，大量积压，占用资金，仓储压力大，其他营销手段不能发挥作用时，企业需要降价。

（2）企业面临激烈竞争，产品的市场占有率逐渐下降，为了夺回失去的市场，企业需降价销售。

（3）企业的成本费用比竞争对手低，为了进一步控制市场，扩大生产和销售量，也可以主动降价销售。

（4）当经济不景气，产品销售困难时，企业主动调低价格，可以使企业在短期内摆脱困境，提高市场占有率。但是，降价有可能导致同行业内竞争加剧，如果降价不当，反而会给企业造成损失。

（二）企业提价

虽然提价会引起消费者和中间商的不满，但在某些情况下企业不得不提价。企业提价的主要原因如下。

（1）由于通货膨胀，物价上涨，企业的成本费用不断提高，而生产效率不能相应提高，导致利润下降，企业就需要调高价格。

（2）企业产品供不应求，不能满足所有顾客的需要，企业可以调高价格以调节供需平衡。

企业要提高价格可以一次性大幅度提价，也可以多次小幅度提价。一般来说，消费者较容易接受后一种调价方式。

企业提高价格的方法有多种，还有其他方法可以不必提价而弥补高额成本或满足大量需求。企业可以有以下选择。

（1）压缩单位产品的分量，价格不变。

（2）使用便宜的材料或配件做代用品。

（3）减少或改变产品的某些含量与成分，降低成本。

（4）改变或减少服务项目。例如，取消安装、免费送货、长期保修等售后服务。

（5）使用价格较低廉的包装材料，推出更大包装的产品，以降低包装的相对成本。

（6）创造新的经济品牌或者使用无品牌产品。

二、价格调整的反应

公司无论提价或降价，这种行动必然影响到购买者、竞争者、分销商和供应商的利益，也会引起政府的注意。因此，公司在调整价格时必须考虑这些因素的反应。

（一）顾客对价格变化的反应

顾客经常在价格变化后提出质疑，对产品的降价可能这样理解：产品质量有问题，因而降价处理；新产品即将上市，老产品降价是清理积压存货；企业资金紧张，可能倒闭或转产，今后零配件将无处购买。特别是企业在短期内连续几次降价，更容易使顾客产生价格还会再降的想法，推迟购买。所以不适当地降价，反而影响产品的销售量。

一般来说，购买者对于价值不同的产品价格的反应有所不同。对于价值高、经常购买的产品的价格变动较为敏感；对于价值低、不经常购买的小商品，即使价格变动很高，购买者也不怎么注意。另外，购买者虽然关心价格的变动，但更关心获得、使用和维修产品的总费用。

（二）竞争者对价格变化的反应

企业调整价格时，还要认真对待竞争者的反应。企业面临的竞争形势有两种：一是面临一个强大的竞争对手；二是面对几个竞争者。

当企业面对一个竞争对手时，可从两方面预测竞争者对企业变价的反应。一是假定竞争者以常规方式对价格变动做出反应，在此情况下，其反应是可以预测的。二是假设竞争者将每一次价格调整都看做是新的挑战，并根据自身的利益做出相应的反应。那么，企业必须弄清当时竞争对手的利益是什么，调查了解竞争者的财务状况、生产能力和销售情况，还应分析竞争者的经营目标。如果竞争者的目标是扩大市场占有率，那么很可能跟随价格调整；如果竞争者的目标是追求利润最大化，则可能在其他方面做出反应，例如加强促销、改进产品质量、调整渠道系统等。总之，企业应尽可能利用各种信息，分析判断竞争者的意图反应，以便采取相应的对策。

当企业面临若干个竞争者时，必须对每个竞争者的反应做出预测。如果这些竞争者的反应相似，只需分析一个典型的竞争者即可。如果各个竞争者在经营规模、市场占有率和营销目标等方面差异较大，那么他们对企业变价将做出不同的反应，需要逐一进行分析。当一部分竞争者相继调整价格后，其他的竞争者会闻风而动，随之变价。

（三）公司对竞争者价格变化的反应

在市场竞争中，企业经常遇到竞争者调价的挑战，因此，如何对竞争者调价做出适当的反应，是一个十分重要的问题。

在同质产品市场上，如果某一企业率先提价，一般情况下，其他企业不会随之提价，除非提价将为行业带来利益。如果有一个企业坚持原价，那么最先发动提价的企业和其他追随者将不得不取消提价。如果某一企业带头降价，其他企业除了降价外别无选择，否则就会失去市场。在异质产品市场上，企业对竞争者调价的反应有更多的选择。因为在这种市场上，顾客在购买时不仅仅考虑价格，还要考虑产品的质量、功能、外观和服务等多方面的因素。在很多情况下，顾客对较小的价格差异并不在意。

当竞争者调价时，企业必须调查了解竞争者调价的原因，是暂时调价还是永久调价？将对企业的市场占有率和利润产生什么影响？其他企业会做出什么反应?如果企业采取相应的对策，会产生怎样的连锁反应？面对竞争者降价，企业不可能花大量时间去调查、分析及研究对策。竞争者降价往往是准备已久，经过反复权衡才决定的，而企业必须在最短时间内做出最佳反应。唯一可行的办法是，预先准备好几种对策方案，一旦遇到竞争者降价的情况，马上按照一定的程序进行反击。一般来讲，企业面对竞争者攻击性降价，可以采取以下对策。

（1）维持价格不变。因为，降价会损失利润。保持原价，对市场占有率有一定的影响，但如果影响不大的话，日后还能恢复。当然，在维持原价的同时要改进产品质量、提高服务水平、加强促销宣传、运用非价格竞争手段来反击对手。一些企业认为，这样做比降价更为有利。

（2）降价。与竞争者保持相同的价格水平。产品的需求价格弹性较大，不降价会丧失大量的市场份额，而日后很难恢复；降价可增加销售量、降低成本、提高经济效益。

（3）提价。这是一种针锋相对的策略，提价的同时要提高产品的质量，并通过各种传播媒介树立优质名牌的产品形象，与竞争者争夺市场。

（4）推出廉价产品进行反击。即在企业原有的产品线中增加低档产品，或另外推出一个廉价品牌，这种对策对价格敏感的细分市场十分有效。

定价战略和战术是企业市场营销组合中的一个重要因素。在设定价格的时候，企业必须在选择价格之前审慎地考虑众多内部和外部因素，使选定的价格能够为企业带来在目标市场中的最大竞争优势。但是，企业通常并不是想设定什么价格就能设定什么价格。若干部法律限制着定价实践，还有许多道德因素影响着定价决策。

定价高于西门子，方太跳出“价格战怪圈”

如果其他的竞争者也可以像你一样降价，那么降价通常并非明智之举——迈克尔•波特。

方太身处价格战频发的中国家电市场：一方面，缺乏创新能力让大多数企业只能竞相以低价来贿赂消费者，扰乱市场；另一方面，一轮又一轮的价格战，也把中国消费者培养成了价格敏感型客户。但，方太一直通过产品竞争力和品牌价值营销，将产品定价高于西门子，跳出价格战的怪圈。

方太作为高端油烟机，不跟随降价，对销售人员严格管理，避免私自降价甩卖冲业绩的情况。为此方太调整了对前线销售人员的管理方式：不考核销售数量，只考核金额。如果促销员降价卖掉 2 台，还不如原价卖掉 1 台更快完成任务。方太确定品牌影响力，营销能力和终端能力是国际巨头优势所在，将营销战重点放在如何让销售终端的形象与高端产品的定位更加匹配，提升广告精致程度以匹配自身定位，而非打价格战！

方太茅忠群认为：“消费者真正希望的是买到好产品，而非打折或赠品。所以，我们应该做的是提供好产品，并让消费者感到这种优势，让销售回归营销的本质：将产品的独特价值传递给消费者。”

资料来源：叶茂中. 定价高于西门子，方太跳出“价格战怪圈”[OL]. http://blog.sina.com.cn/s/blog_496f70540102 e59b.html?tj=2.

本章小结

影响定价的因素包括定价目标、成本、需求、竞争者的产品与价格水平，以及政府的政策法规等。企业定价目标主要有维持生存、当期利润最大化、市场占有率最大化和产品质量最优化。

定价过程要采取的步骤是：选择定价目标、测定需求的价格弹性、估算成本、分析竞争对手的产品与价格、选择适当的定价方法、选定最终价格。企业定价有三种导向，即成本导向定价法（包括成本加成定价法和目标收益定价法）、需求导向定价法（包括认知价值定价法和反向定价法）和竞争导向定价法（包括随行就市定价法和投标定价法）。

定价策略是为实现企业定价目标在特定的经营环境下采取的定价方针和价格竞争方式。企业定价策略包括新产品定价策略、心理定价策略、折扣定价策略、地区定价策略、差别定价策略及产品组合定价策略。

企业处在一个不断变化的环境之中，为了生存和发展，有时需要主动降价或提价，有时候又要对竞争者的变价做出适当的反应。

重要术语

定价目标、成本导向定价、需求导向定价、竞争导向定价、撇脂定价、渗透定价、折扣定价

复习思考题

1. 企业在定价时要考虑哪些因素？
2. 简述撇脂定价策略及其使用条件。
3. 竞争对手采取降价策略之后，企业该怎样应对？
4. 企业利用价格进行竞争时，要注意哪些问题？
5. 企业在哪些情况下可能需要采取降价策略？

阅读推荐

[1] 汤姆·纳格，约瑟夫·查莱. 定价战略与战术[M]. 第 5 版. 北京：华夏出版社，2012.
[2] 贾格莫汉·拉古，张忠，让顾客自己来定价：世界最盈利公司的创新定价策略[M]. 北京：中国人民大学出版社，2012.
[3] 卢强. 定价[M]. 北京：机械工业出版社，2006.

案例分析

价格的尽头——你的产品准备好“免费”了吗

中国白酒行业是一个传统行业，也是一个比较矛盾的行业。它有很强的地域性，区域之间差异性非常明显，区域内部又是一个同质化严重的行业，竞争非常充分。行业运转完全以竞争为导向，甚至有时一个企业的策略制定完全是以对手为蓝本，在市场运作中，有的环节进行复制，有的环节进行拔高阻击，以此来获得竞争优势。在这些营销要素里面，价格表现最为活跃，最为显性。以下就区域白酒价格策略来做一个简单的分析。

首先，在市场调研时，价格就被列为重点关注的指标。由调研反馈回来的数据很大程度上决定了产品设计的走向。初入市场，首先摸排的就是这个市场的主流价格区间。通过实地走访和资料收集，很快就能拎出该地区的主导价格，如 20 元、40 元或 108 元等，这些黄金价格为广大消费者所接受，市场需求巨大，而且以自然销售为主，资源耗费少。厂家的投入产出比在这些区间能达到最大。如果在这些价格段能站稳脚跟，也就意味着能在整个市场站稳脚跟了。这些至关重要的价格段成为每一个有想法的厂家必须抓住的要素，要在新产品的价格体系设计中得到体现，而且占据核心位置。我们在进行价格设计时，就会以这些价格段为整个新产品价格体系的骨架，以它们作为整个价格体系的支撑点，从而形成一个初步价格体系。

其次，在确定主流价格区间、初步搭建价格体系后，下一步就是根据竞争对手的情况调整主流价位。既然是主流的价格区间，那么在这个区间上，一定存在引导潮流的既得利益者，新产品要想在这些黄金区间有所作为，就要从这些既得利益者手中抢夺市场份额。

至于如何虎口夺食，需要从营销的多个层面下功夫，这里引导出如何通过对价位的调整来获得竞争优势。方法一，设置相接近的价格+提供相对高的产品溢价，取得竞争优势。也就是说，在价格设计上追随主流定价，不进行区分，但在产品设计上则要设计出与主流竞品档次类似某些元素如包装、年份、文化等明显拔高的产品。这样一方面可以减少对消费者的培育环节，快速切入市场；另一方面又可以与竞品形成有效对比，让消费者感受到购买本产品获得的额外增值，快速获得竞争优势。方法二，设计系统化的主流价格组合，通过对主流竞品的价位实现上下打压、中路跟进的方法进行压制。从主流价位 B 向下和向上各小幅度延伸出一个价位 A 和价位 C，价位 A 和价位 C 作为侧翼来保护主价位 B。价位 B 的产品实现常规政策销售，而 A 和 C 这两个价位产品则配套强有力的促销。当消费者从价格角度选择时，注重实惠的可能会选择价位 A 的产品，而注重档次的消费者则会选择价位 C 的产品，三个不同价位的产品对主流价位进行了分解，分散了消费的注意力，对在这个价位竞品就会产生分而化之的功效。而本品连续的三个价位段则形成一个更密集的价格区间，给消费者选择的空间加大，从而变相达到获得竞争优势、扩大市场份额的作用。

再次，在完成上述步骤后，一个结构比较合理的价格框架就形成了，但还需要寻找空白的价格机会点来对价格体系进行补充，尤其在一些市场竞争程度不高、市场开发不充分的区域，这个步骤会显得更有价值。但有一个问题非常重要和关键。价格机会有时候也被称为价格陷阱，它是指市场上不存在产品或产品分布很稀疏的价格段。这是价格体系设置中的一个难点，但也可能是一个机会点，运用得当，可以使新品与竞品产生错位，独享一个空白区间，判断失误，则会使资源投入方向错误，造成重大浪费，甚至会影响整个价格体系的稳定。所以在这一点上要慎之又慎！关键是要识别。笔者认为可以从几个方面入手：一是看当地的经济消费水平。贫穷地区和贫富两极分化严重地区产生价格陷阱的可能性比较大些，因为这个类型的地区消费档次容易出现断层，形成的黄金价格段数量会相对少些，所以形成价格机会的可能性就小些。经济发展均衡和整体富裕的地区，消费需求多元化，消费的层次也比较多，价格带多，更容易产生价格机会。二是看消费者消费观念。如果一个地区的消费观念比较保守的话，该地的消费者一方面会显得缺乏多样化的消费个性，而更倾向于甘于平庸，追随主流；另一方面还会墨守成规，安于现状，不乐于尝试新事物。在这种情况下，让消费者接受一个独特的全新定价是很难的，企业容易踏入价格陷阱。如果这个地区的消费者观念比较开放的话，那么情况就可能相反，新鲜的个性的事物会相对容易地被消费者接受，企业通过合理的设置和耐心的培育，就会开辟出一片崭新的天地来。

以上所说的其实只是比较狭义的价格体系，它主要针对的是消费者，它与渠道价格体系组合，才能形成完整的价格体系，但是，消费者价格体系在整个价格体系中占主导作用，企业对它进行精确的把握和合理的设置，一定会在起跑线上领先一步！

资料来源：梅亚军. 白酒新品定价:跟着主流走[J]. 销售与市场（评论版），2011(2):33-34.

思考题

1. 请举出我国几种著名白酒品牌的市场价格。
2. 分析中国白酒行业的市场背景。
3. 在此案例中，白酒产品采用了什么样的定价方法？为什么？

第十章 营销渠道设计与管理

学习目标

高效且便利的营销渠道是企业保持竞争优势的重要源泉。通过本章的学习，应理解营销渠道的定义、功能，以及渠道权力、渠道冲突及电子营销渠道的含义；熟悉渠道设计的步骤及产生渠道冲突的根源；掌握解决渠道冲突的策略及协调电子营销渠道与传统渠道的策略。

导入案例

蓝月亮渠道转型

2015 年 6 月，蓝月亮的产品在广州、成都、西安等地的大润发、人人乐、家乐福等大型超市下架；7 月，商超渠道危机进一步升级，随着与家乐福的谈判失败，蓝月亮产品在北京家乐福超市全线下架。在其他品牌抢占商超市场时，蓝月亮似乎一度决心与传统商超渠道背道而驰，选择缩减费用，砍掉地推和促销员的投入，完全依靠自然销售。业内人士预计，蓝月亮 2015 年在商超卖场的整体销售可能将下滑 50%以上。

尼尔森发布的市场数据显示，蓝月亮在 2010 年就占到了洗衣液 44%的市场份额。但是这一份额不断遭到“蚕食”，如今已经下降到约 30%。此外，随着市场的竞争，洗衣液的毛利率虽然达到 30%左右，但是利润率并不高，只有 10%～15%。有业内人士分析，毛利中的绝大部分贡献给了广告营销以及终端降价促销。

据蓝月亮内部人士透露，蓝月亮目前特别看重互联网渠道的发展，建社区直营店和专卖店也是未来发展的重点。目前，蓝月亮负责教育方面的业务员已经进入社区入户讲解洗涤产品的使用方法和特色，但并没有开展直接销售。“蓝月亮已经与京东商城签订了独家协议，大约 5 月中旬开始做旗舰店。”蓝月亮内部人士说。

营销专家蒋军表示，在线下卖场渠道的成本居高的情况下，厂家还要让利给消费者，其利润空间大幅减少。目前大卖场费用至少在 30%左右，加上人员成本接近 40%，于是厂家会通过改变营销模式去寻找新的增长点。对于蓝月亮选择的线上销售和直营模式，他认为，洗衣液这样的快消品在线上销量还是比较少的，80%的销量都是来自线下，尤其是大卖场。中国消费者习惯了在大卖场家庭式一站式购物，不会专门为了购买一瓶洗衣液而上网。蓝月亮转向线上是没有错的，但需要慢慢来，分阶段过渡，但现在一下子撤出卖场渠道，风险特别大，会造成渠道的震动。而直营店的开设需要大量的人员，同样会造成成本的增加。

资料来源：http://news.cb.com.cn/html/business_13_25837_1.html.

第一节　营销渠道的定义与功能

一、营销渠道的重要性

产品好，还愁卖不掉吗？在买方市场环境下，如果营销渠道不顺畅，企业将无法及时满足消费者的需求。长期以来，许多企业忽视作为营销组合要素之一的营销渠道在市场竞争中的重要作用。随着营销环境的变化，营销渠道在市场竞争中的重要性逐渐显现。这些变化主要有：企业通过产品、价格、促销这些战略来获取竞争优势已经变得越来越困难；分销商，特别是零售商的权力日益强大；削减分销费用的压力增大；获取增长变得更加困难；互联网的应用越来越广泛。

营销渠道的重要性在我国家电行业中日益凸显。由于产品同质化程度高，长期以来，家电企业只能通过降价来争夺市场。而随着国美、苏宁等家电连锁规模的不断扩张，家电企业在渠道权力的对比中处于了劣势。在家电连锁的压榨下，家电企业利润不断下降、经营更加艰难。格力、美的、海尔等企业在借助家电连锁的同时，以开设专卖店的方式建立自主渠道来争夺市场；为适应消费者的网购习惯，家电企业又纷纷与京东、亚马逊等电商合作，形成了传统实体渠道与现代电子渠道相结合的多渠道系统，营销渠道成为驱动家电企业利润增长的重要因素。企业逐渐认识到，优势的渠道系统是保持竞争优势的强有力来源。

二、营销渠道的定义

营销渠道也被称为分销渠道、销售通路或流通渠道。关于营销渠道的定义，有代表性的如下。

菲利普·科特勒认为：“营销渠道是指某种货物或劳务从生产者向消费者移动时取得这种货物或劳务的所有权的所有企业和个人。”

伯特·罗森布罗姆认为：“营销渠道是与公司外部关联的、达到公司分销目的的经营组织。”

美国市场营销协会给出的定义是：“营销渠道是企业内部和外部的代理商和经销商（批发和零售）的组织机构，通过这些组织，商品才得以上市行销。”

本书采用路易斯·W.斯特恩对营销渠道给出的定义：“营销渠道是一系列相互依赖的组织，它们致力于使一项产品或服务能够被使用或消费的过程。”

由图 10-1 可知，营销渠道具有以下特征：①营销渠道由一系列的组织构成，存在于企业外部，并非企业组织内部机构的一部分。②运作营销渠道是一个过程，是产品或服务价值实现的全过程。③这个过程的目的是促使一个产品或服务被使用和消费。

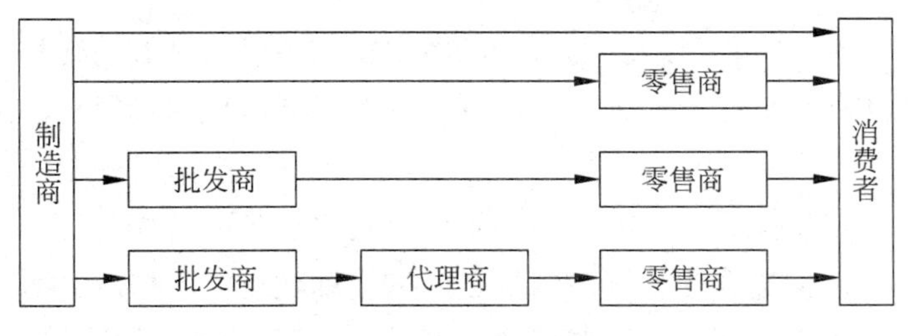

图 10-1　消费品营销渠道

三、营销渠道的功能

由图 10-1 可见，营销渠道始于制造商，止于消费者，其功能是使产品从生产者转移到消费者的整个过程顺畅、高效，消除或缩小产品供应与消费需求之间在时间、地点、产品品种和数量上存在的差异。而上述功能由具体的渠道流来实现（见图 10-2），包括实体流、所有权流、促销流、谈判流、财务流、风险流、订单流和支付流。

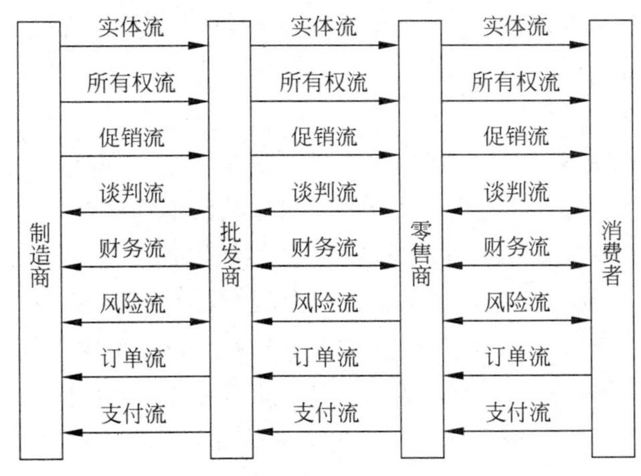

图 10-2　渠道流

（1）实体流，是指产品实体与服务从生产商转移到终端用户的活动与过程，包括产品储存活动及渠道成员间的运输活动。

（2）所有权流，是指产品所有权从一个渠道成员转移到另一个渠道成员的活动与过程。

（3）促销流，是指一个渠道成员通过广告、人员推销、公共关系、销售促进等活动对另一个渠道成员施加影响的过程。

（4）谈判流，是指产品实体和所有权在各成员之间转移时，对价格及交易条款所进行的谈判活动与过程。

（5）财务流，是指各渠道成员之间伴随着所有权转移所形成的资金融通活动与流程。例如，制造商与零售商约定，在收到货物的 90 天内结款，即账期为 90 天，这等于制造商为零售商提供了流动资金从事经营活动。

（6）风险流，是指各种风险伴随着产品所有权在各成员之间的转移。这些风险包括产品可能发生的各种有形无形的损失，如价格保证、质量担保、保险、维修和售后服务成本。

（7）订单流，是指渠道下游成员向上游成员发出订单的过程。

（8）支付流，是指货款在各渠道成员之间的流动过程。实体流、所有权流、促销流在渠道中的流向是从制造商指向终端用户；支付流、订单流是从终端用户指向制造商；财务流、谈判流和风险流则是双向的。

四、渠道参与者的类型

营销渠道由一系列的组织构成，基于组织是否需要就产品的买卖或所有权转移进行谈判，可以将这些组织分为两类：一类是成员性参与者，即渠道成员；另一类是非成员性参与者。

1. 成员性参与者

成员性参与者包括制造商、中间商和终端用户。中间商介于制造商和终端用户之间，可以分为批发商、零售商。

1）批发商

批发商是不直接服务于最终消费者，只是实现商品在空间上、时间上的转移，以实现再销售为目的的中间商。其类型各式各样，可以按照不同标准和方法进行分类。目前，最常用批发商的分类是按所有权关系和基本经营方式的不同，将批发商分为以下几类:① 商人批发商。商人批发商是独立经营者，对所经营的商品有产权，是批发商中最主要的部分。② 经纪人和代理商。经纪人和代理商与独立批发商的主要区别在于:他们没有商品所有权，只是在买卖双方之间起媒介作用，促成交易，从中赚取佣金。③ 制造商与零售商的分销部和办事处。分销部有一定的商品储存，其形式如同商人批发商，只不过隶属关系不同，它是属于制造商的。办事处没有存货，也不具有法人地位，是企业驻外的业务代办机构。制造商自己设立分销部和办事处，有利于掌握当地市场动态和加强促销活动。有些零售商也在中心城市及商品集散地设立采购办事处，其职能与代理商和经纪人类似。④ 其他批发商。除上述几种批发商外，还有农产品采购批发商、石油产品装运站、拍卖行等。

2）零售商

零售是指将产品或者服务直接卖给最终消费者，满足其个人和非商业性使用的所有活动。零售商指的是其销售额主要来自零售的商业公司。国家质量监督检验检疫总局、国家标准化管理委员会联合颁布国家标准《零售业态分类》（GB/T18106—2010）标准，按照零售店铺的结构特点，根据其经营方式、商品结构、服务功能，以及选址、商圈，将零售业态明确划分为食杂店、便利店、折扣店、超市、大型超市、仓储会员店、百货店、专业店、专卖店、家居建材店、购物中心、厂家直销中心、电视购物、邮购、网上商店、自动售货亭、电话购物共 17 种。

2. 非成员性参与者

非成员性参与者包括保险公司、金融机构、广告公司、物流公司、营销调研公司等。这些参与者虽然不参与产品出售的核心业务，但它们参与到特定的渠道流中，可以帮助企业更有效地实现渠道目标。例如，快钱是一家第三方支付企业，由于快钱参与到航空客票渠道中，大大提升了支付流的效率，航空公司票款的回收周期从一个月缩短为一秒钟，加快了航空企业资金的周转速度，提高了航空企业的利润率。

营销渠道管理主要考虑对成员性参与者的管理和控制。

五、中间商的作用

在多数情况下，制造商会把产品的销售交给中间商做，而非自己去完成，即便有些制造商有能力自己完成产品转移到终端用户的全过程。中间商之所以会存在，有以下几方面的原因。

1. 减少交易次数

如果没有中间商，每个终端用户将不得不直接与每个制造商相互交易，这样会使交易效率变得极为低下。假设有 3 个制造商和 5 个消费者，这 5 个消费者需要从这 3 个制造商处购买产品，如果没有中间商的参与，他们之间的交易次数为 15 次。如果有一个中间商，交易次数减少为 8 次。见图 10-3。

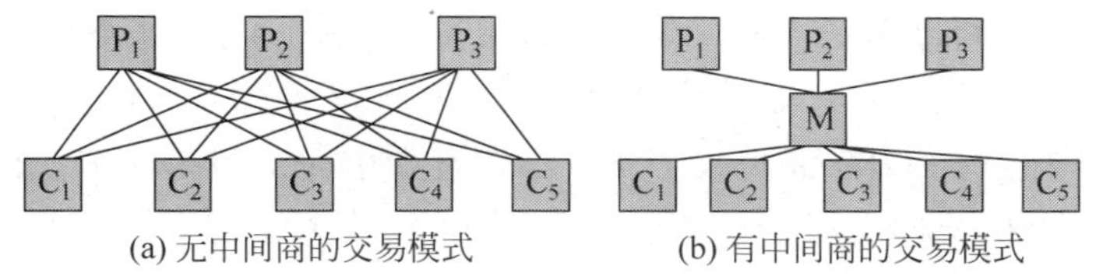

图 10-3　有无中间商的交易模式

2. 简化搜寻

终端用户和制造商双方的搜寻都带有不确定的特点。终端用户不能肯定在哪里能够发现他们需要的产品或服务，制造商也不确定怎样才能到达终端用户。有了中间商，中间商作为交易的中介，制造商可以将产品交给中间商，终端用户到中间商处购买产品。每个中间商自身都有定位，并根据其定位进行相应的运营活动，终端用户可以根据中间商的经营特点，选择合适的中间商来满足自己的需求。

3. 整理功能

由于制造商一般属于有限品种的大批量生产，消费者通常需要有限数量的多种产品，中间商通过整理过程解决了两者在数量和类别上的矛盾。整理过程包括以下几项。

（1）聚集。将不同来源的商品集中到一起，供消费者或用户选择。

（2）挑选和分类。将聚集来的商品按照类别分开，分类储存、保管和供应。

（3）分装。将大批量的商品分解成小批量的过程。例如，零售商将成箱购买的产品分解成单个的形式，以便于消费者购买。

中国台湾茶叶中间商

中国台湾茶叶工业始于19世纪中期，到20世纪20年代后期，台湾地区共有20 000名茶农。他们通过280名茶叶中间商中的一位销售他们的产品（所谓的生茶），然后中间商将茶叶卖给60个坐落在大稻埕海滨的加工厂，准备进行贸易和出口。

台湾地区中间商扮演的角色有三个：第一，促进了市场搜寻。一个中间商会访问很多茶庄，找到可以卖的茶叶，即为产品供应搜寻了渠道上游。然后，中间商带着茶叶样本去加工厂寻求订单。访问很多的加工厂也是必要的，因为每个加工厂对相同茶叶的用途不同，对相同质量和品种茶叶的报价也会不同。中间商既为茶农的茶叶找到了买家，也为加工厂找到了茶叶的供应来源。第二，中间商从事多种分类工作。生茶是一种非常多样化的产品，即便是同一种茶树，由于种植环境的差异也会产生质量不等的茶叶。更为重要的是，台湾地区有25种不同的茶树科目。中间商和加工厂都会进行挑选，因此需要相当的专业技术。中间商起到的作用是将不同茶农生产的茶叶聚集和分类，然后送往加工厂。第三，中间商减少了渠道系统的接触次数。假设有20 000名茶农和60个加工厂，总共要进行1 200 000次接触来确保每个茶农以最优价格卖出他们的茶叶。相反的是，每个茶农只需要将茶叶卖给一个中间商，他们在茶农和中间商渠道层面要完成20 000次接触。如果一个中间商平均收集n种茶叶，让280名中间商分别代表茶农和60个加工厂进行谈判，会产生$60\times280\times n$次谈判。所以在存在中间商的情况下，整个渠道当中共发生$20\,000+60\times280\times n$次谈判。只有当$n$大于70的时候，渠道中的谈判次数才会超过1 200 000次。然而，台湾地区当时只有25种茶叶，所以中间商将渠道接触次数从1 200 000次降到了440 000次。

资料来源：安妮•T.科兰. 营销渠道[M]. 第7版. 北京：中国人民大学出版社，2008.

第二节 营销渠道设计

营销渠道设计是指在创建全新营销渠道，或改进现有渠道的过程中所做的决策。

优势的渠道系统是企业保持竞争优势的强有力来源。因此，如何设计渠道对获取竞争优势至关重要。营销渠道设计可以分为五个阶段：①确认渠道设计的必要性；②确定渠道目标；③明确渠道任务；④制定可行的渠道结构；⑤评估影响渠道结构的因素。

一、确认渠道设计的必要性

与营销组合中其他三个要素相比，渠道调整的灵活性较低，建立渠道的成本又较高，因此，企业需要认真评估是否需要设计和改革营销渠道。否则，一旦渠道决策失误，企业需要承担很大的成本和风险。

在以下情况下，企业有必要进行渠道设计决策。

（1）从头开始建立新企业，或建立兼并或购置后的新企业。

（2）产品与市场的变化。例如，为现有企业确立新的目标市场，开发新产品或产品系列。

（3）产品生命周期的变化。

（4）对营销组合其他部分做出重要变革。例如，产品价格策略发生重大变化。

（5）中间商的政策发生变化。

（6）商业格局发生改变，适应特定种类中间商的变化。

（7）竞争者的渠道。

（8）宏观营销环境的变化。例如，互联网技术的发展和应用，使企业建立网络渠道成为可能。

娃哈哈卖酒错在哪

2013 年 11 月 5 日，娃哈哈集团在北京召开新闻发布会。在发布会上，一款以贵州茅台镇为原产地的酱香型白酒——“领酱国酒”正式宣告上市。2014 年 3 月底，在成都春季糖酒会上，宗庆后携旗下白酒品牌领酱国酒亮相，并将在饮料销售领域的“联销体”模式引入白酒销售领域，计划招募 200 名经销商参股领酱国酒业公司。

从 2013 年 11 月上市至今，领酱国酒已经入市 10 个月。娃哈哈集团凭借雄厚的资本、“联销体”模式以及“健康的酒、有机的酒，老百姓喝得起的茅台镇好酒”的诉求，这个闪亮的明星是否已经在变革的中国白酒行业中找到了新路呢？近日，微酒对此进行了深入调查。

调查中微酒发现，领酱国酒招商计划是以地市为单位，按区域划分，每个省 30 ~ 50 家不等。某酒商告诉记者，目前领酱国酒的招商政策很宽松，首单打款 60 万元就可以代理该产品，不过，基本上很少有人愿意接招。谈到原因，该经销商表示，5 年前做一个新品品牌还行，现在这样的环境，加上娃哈哈和领酱国酒两个品牌之间，对消费者来说关联度不高。即使消费者知道领酱国酒是娃哈哈集团的，但是，做饮料的能卖酒吗？始终是个疑惑。所以很难看好这次娃哈哈“饮”酒。

对娃哈哈集团来说，也许对于白酒行业招商工作不顺也有预测。据娃哈哈内部人士介绍，公司从 2013 年 11 月开始招商时就确定了“首选专业做酒的经销商，招不到就用原来的饮料经销商”的招商思路。娃哈哈完善的网络体系赫赫有名，在酒商普遍不接招的情况下，饮料经销商经销情况又会怎样呢？为何时隔 10 个月之后，在渠道上很难看到领酱国酒的身影？

据娃哈哈内部人士透露，2013 年 12 月，娃哈哈集团给各个片区下达任务，要求娃哈哈每名经销商打款进货，局部地区被要求打款 20 万元。某娃哈哈经销商告诉微酒，全国大部分经销商要求购进 20 ~ 30 件产品。不过，当饮料经销商购进产品，将其摆上渠道后，却发现了无人问津、无法动销的情况。该经销商告诉微酒，最后，他把 20 件产品全部用来送礼了。在他看来，领酱国酒的价格定位在60～500多元，而自己长期运作的是几元、十余元的快消产品，根本不知道该如何销售价位较高的产品。

资料来源：http://business.sohu.com/20140905/n404090742.shtml.

二、确定渠道目标

渠道目标是营销目标的组成部分，它必须为营销目标服务，并与营销目标保持一致。而营销目标是企业总体目标的组成部分，营销目标必须服务于企业总体目标，并与之保持一致。因此，渠道目标的确定，需要考虑企业总体目标和营销目标，并与两者保持一致。渠道目标、营销目标和企业总体目标的关系如图10-4所示。

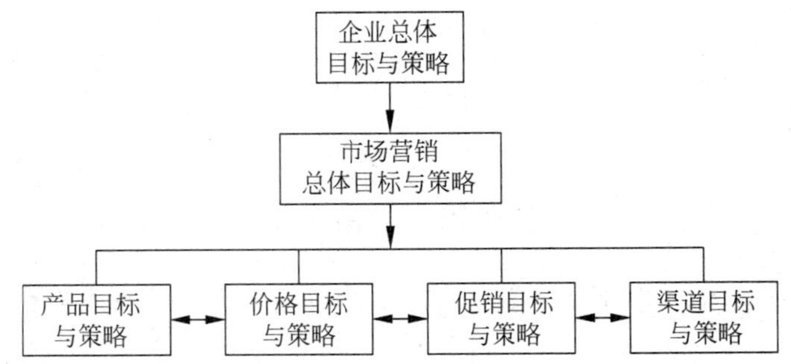

图10-4 渠道目标、营销目标和企业总体目标的关系

渠道成员协作的目的是促使产品或服务能够被终端用户使用和消费，因此，确定渠道目标应当以目标市场顾客的需求为核心。此处需求并非指顾客需要什么样的产品或服务，而是指顾客在购买产品或服务时所期望得到的服务类型及其水平，即服务需求。服务需求的内容包括购买批量、空间便利性、等待时间和选择范围。购买批量是指营销渠道许可顾客购买的最小单位。空间便利性是指顾客购买产品的容易程度。等待时间是指顾客下订单到拿到商品中间需要等待的时间。选择范围是指营销渠道提供给顾客选择的产品花色品种数量。下面以某个计算机折扣商店（下文简称为CDW）为例进行说明。

中小企业规模较小、资金较为有限，因此在采购计算机时，中小企业通常采购量较小、需要技术方面的建议和指导、不能持有较多存货。如果直接从某个计算机制造商处购买，通常需要较大的采购量，订单周期较长，可供中小企业选择的产品花色品种也较为有限。从服务需求的角度来讲，计算机制造商直接销售这一渠道服务产出水平较低，不能满足中小企业的需求。CDW作为一个计算机折扣商店，其客户主要是中小企业，为了满足中小企业的需求，CDW制定的渠道目标是，快速送达、为中小企业提供重要的建议和指导以及提供较多的品牌和产品种类。因此，在计算机制造商和中小企业之间，CDW成为一个有价值的渠道成员。

三、明确渠道任务

渠道目标是通过一系列渠道任务的执行得以实现的。渠道任务是渠道需要履行的功能。下面仍以CDW为例来说明如何将渠道目标细化为渠道任务。

为实现“快速送达、提供重要的建议和指导以及提供较多的品牌和产品种类”的渠道目标，CDW 需要承担一系列的渠道任务，下面以实体流和促销流为例进行说明。

1．实体流

CDW 的订单当天送达率为 99%，实现如此高的订单履约率，CDW 在实物流上投入巨大：拥有 40 000 平方英尺的仓库，每次从制造商处大量购买，储存多个品牌、极其丰富的产品线。

2．促销流

CDW 为每笔业务配备销售人员，客户可以与销售员交谈，讨论技术需求、系统配置、售后服务等各种问题。CDW 的销售人员通常要接受六个半星期的基础培训和六个月的在职培训，然后是为期一年的培训课程。

四、制定可行的渠道结构

明确渠道任务后，渠道设计的下一步就是制定渠道结构。渠道结构是指参与完成商品所有权由制造商向消费者或用户转移的组织或个人的构成方式。其本质是渠道任务在渠道成员之间的分解与分配。制定渠道结构包括确定渠道长度、渠道密度和渠道广度这三个方面的问题。

（一）渠道长度

渠道长度是指处于制造商与消费者或用户之间的中间商的层次数。

制造商直接将产品销售给消费者或用户，构成零级渠道。一级渠道是指在制造商与消费者或用户之间只存在一个层次的中间商。例如，一个零售商直接从制造商处进货。包括两个层次的中间商如批发商和零售商的渠道，为二级渠道。包括批发商、代理商、零售商的渠道为三级渠道。图 10-5 和图 10-6 分别为消费品渠道结构和工业品渠道结构。

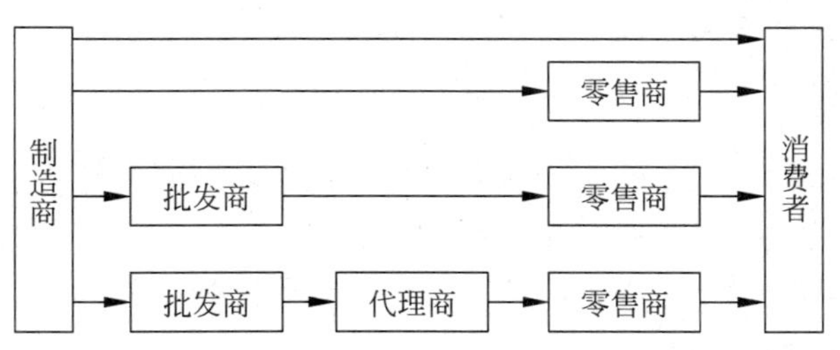

图 10-5　消费品渠道结构

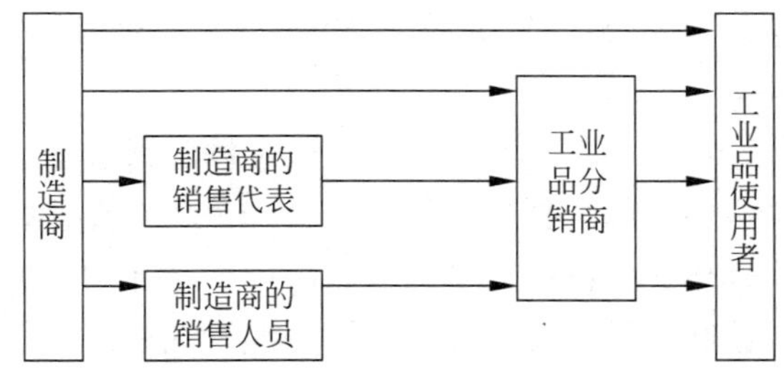

图 10-6　工业品渠道结构

与消费品渠道相比，工业品渠道一般来说要短一些。

（二）渠道密度

当企业决定渠道长度后，接着就要决定每个渠道层次上使用的中间商的数量。同一层次上中间商的数量称为渠道密度或宽度。企业通常有三种基本的选择方案：密集分销、独家分销和选择分销。

1．密集分销

密集分销是指使用尽可能多的中间商，以达到最大的市场覆盖率。是否采用密集分销，取决于产品的属性、终端用户的特点以及渠道设计者想要对渠道施加的控制程度。当终端用户对购买地点的便利性要求较高，或者产品消费比较简单、对服务的要求很低时，制造商会采用密集分销方式。如零食、饮料等对便利性要求较高的消费品，通常采用密集分销。

2．独家分销

与密集分销相对的另一端是独家分销。独家分销是指在相对较大的地理范围内只利用一家中间商。当制造商想要保持对提供给顾客的服务质量的控制能力，并要求中间商不销售竞争者产品时，通常会采用独家分销。消费品中的特殊品，尤其是著名品牌，常常使用独家分销策略。对于制造商而言，采用独家分销可以对渠道实施有效控制，提高企业声望。对于中间商而言，由于在本地没有其他中间商参与该品牌的竞争，因而可以获取较高的利润。

3．选择分销

选择分销是介于密集分销和独家分销之间，在特定地理范围内，企业选择部分中间商销售其产品。与密集分销相比，选择分销对中间商来说，意味着同品牌的竞争对手有限，因而销量和利润适度提高；对制造商而言，也可以比较好地控制渠道成员的行为。消费品中的选购品和特殊品，以及需要经销商大力推销的工业品，常常使用选择分销。

（三）渠道广度

渠道广度是指市场上共存的不同类型渠道的数目。不同类型可以是基于所有权的不同、使用技术的不同或者中间商类型的不同。

采用多种渠道进行销售可以为制造商带来一系列好处，如扩大市场覆盖与销售量，降低分销成本，更好地适应顾客需求的变化，获得更多、更准确的市场信息。例如，随着越来越多的消费者开始在网上购物，一些企业纷纷设立网络渠道，一方面，网络渠道可以覆盖实体店铺无法到达的目标市场，提高销量；另一方面，网络渠道较实体店铺成本低，可以降低企业的分销成本。

但多渠道之间可能会产生冲突。例如，同一产品同时通过实体店铺和网络店铺进行销售，当网络店铺的价格比实体店铺价格低时，一些消费者会选择在实体店铺试货、回到网络店铺购买。当实体店铺与网络店铺所有权不同、并非同一家企业时，消费者线下试货、线上购买的行为就会引发实体店铺的不满。线下的中间商租赁了营业场所、雇用了销售人员并在商店里摆放了各种产品，但却没有获得订单，线上的中间商搭了线下中间商的便车。如果生产商不能处理好线下、线上的关系，冲突严重时，不满的线下中间商可能会退出渠道。制造商需要在更大的市场覆盖面和冲突成本之间进行权衡，来决定是否采用多渠道系统。

五、评估影响渠道结构的因素

影响企业选择渠道结构的因素主要有四个方面：市场、产品、企业和中间商。

（一）市场因素

1．市场区域

市场区域是指市场的地理位置，以及与制造商的距离。面对市场区域，主要考虑是否能够充分覆盖目标市场，以及如何为目标市场提供产品。

通常，制造商与其市场之间的距离越远，使用中间商比直接销售花费少的可能性就越大。

2．市场规模

市场规模是指一个市场内购买者的数量。通常，市场规模越大，企业就可能越需要中间商；市场规模越小，企业可能越倾向于直接销售。

3．市场密度

总体上讲，市场密度越小，分销的难度就越大，使用中间商的可能性就越大；相反，市场密度越高，越可能不使用中间商。

4．市场行为

市场行为包括客户购买频率、购买量、购买的季节性和购买介入程度等。

客户购买量越大，单位分销成本越低，可以考虑短渠道；相反，购买量越小，越需要利用长渠道。购买频率高的产品，需要通过中间商。若客户的购买受季节影响较大，则应在渠道中添加中间商，以担负起存货职责，减少生产过程中的高峰与低谷现象。当介入程度高时，可采用短而窄的渠道，否则应采用长而宽的渠道。

（二）产品因素

产品的特点对渠道结构的选择也有重要影响。最重要的产品因素包括体积与重量、易腐性、单位价值、标准化程度、技术性和时尚性。

1．产品的体积与重量

体积大且分量重的产品相对应的装卸和运输费用也高，此类产品的制造商就应努力通过向少数几处大批量运输的方式来降低费用。因此，相对于这类产品的渠道结构，通常应该越精简越好——一般由制造商直接供货给用户，只有当客户所需量少且要求快速交付时，才会采用中间商。

2．产品的易腐性

对于易腐产品，如新鲜食品，制造商应当迅速将其交到最终用户手中，以降低因易腐性而产生的风险。渠道设计原则是，如果产品极易腐烂，其渠道结构应被设计成能使制造商迅速向最终用户交付的形式。

3．产品的单位价值

产品的单位价值越低，其所需的渠道就越长，这是因为低单位价值所能提供的分销费用也较低。此类产品在消费者市场中，通常为日常便利商品。通常，在此类产品的渠道结构中包含一个或一个以上的中间商，以便于中间商通过销售其他产品来分担其分销费用，并最终产生一定的规模效益。

4．产品的标准化程度

产品的标准化程度越高，其对应的渠道就越长，所需要的中间商也越多。例如，完全定制的产品，如工业机械等，通常由制造商直接提供给用户。半定制产品，如工业市场中的配件和消费者市场中的家具等，通常需要一个中间商。相反，高度标准化的产品，如消费者市场上的日常便利商品，通常需要拥有一个以上的中间商。

5．产品的技术性

产品的技术性越强，渠道应越短。在工业市场中，高技术性的产品通常采用直接分销的方式。这主要是因为制造商需要一些有能力将其产品的技术性介绍给潜在客户，并能在产品出售以后，继续提供联系、建议和服务的人员。同样，在消费者市场中，一些相对技术含量较高的产品，如个人电脑，也采用相对较短的渠道结构。

6．产品的时尚性

时尚性强的产品应采用短渠道，短渠道可以缩短流通时间，从而加快产品进入市场的速度。

（三）企业因素

影响渠道设计最重要的企业因素是：①规模；②经济实力；③管理才能；④控制渠道的愿望。

1．规模

总的来说，企业规模的大小决定了它对渠道结构的选择范围。大企业的实力（尤其是报酬、控制和专业方面的实力）使得它们能对渠道进行强有力的管理，也使它们在选择渠道结构时会比小企业有更大的余地。因此，大企业在发展渠道，或至少在合理分配分销任务上，会比小企业做得更好。

2．经济实力

总体上，企业的资本越雄厚，它对中间商的依赖性也就越小。为了能直接向最终消费者或工业用户销售产品，企业通常需要拥有自己的销售队伍和各项支持性服务、零售商店、仓储和订单处理能力。大企业更有能力承担所有这些项目的高额费用。

3．管理才能

一些企业缺乏完成分销任务的管理才能。在这种情况下，渠道设计必须包含中间商的服务，即批发商、制造商代表、销售代理商和中间商等。

4．控制渠道的愿望

当企业试图高度控制产品和服务时，短而窄的渠道更容易控制。

（四）中间商因素

与渠道结构相关的主要中间商因素为：①可得性；②成本；③所提供的服务。

在一些情况下，无法获得适宜的中间商，制造商不得不自建渠道。使用中间商所需的成本一直是选择渠道结构时必须考虑的一项内容。如果渠道管理者认为，为了提供一定的服务而使用中间商所需的成本过高，在渠道结构中就可能减少使用中间商。但过分看重成本是渠道设计的一个误区，可能导致企业倾向于利用成本最低的中间商，可能导致产品不能有效覆盖市场和提供必要的服务，进而造成顾客满意度下降和销售不力。考察中间商提供的服务，就是比较中间商提供的服务与顾客对中间商服务要求之间的关系。

第三节　渠道管理

渠道管理，是指对现有渠道进行管理以保证渠道成员之间相互协作，实现企业的分销目标。渠道成员不会仅仅因为它们都是渠道中的成员就自动地相互协作。因此，为了使渠道运转有效、高效，渠道成员中必须有人出面协调，以保证它们相互协作。

一、渠道领导

渠道领导是指一个渠道成员为了控制营销渠道运行的各个方面，而影响其他成员的营销政策和策略的活动。渠道领袖则是指在一条营销渠道中发挥领导作用的企业或组织。不过，渠道领导活动，需要通过渠道领袖企业或组织中的渠道经理及渠道管理人员来完成。

在一条营销渠道中，渠道领导与渠道领袖不会自动出现。虽然在现实生活中，经常有一些渠道成员对其他渠道成员使用权力，影响后者做一些其原本不愿做的事情，但前者并不一定是渠道领袖，其行为也并不一定就是渠道领导行为。渠道领袖和渠道领导行为的要点在于：通过指导、沟通、先行（包括计划、决策和榜样）、情感培养和激励等领导行为，协调整个营销渠道的运行过程，增进渠道合作，提高渠道效率，获取渠道竞争优势，使每一个渠道参与者都能得到应有的利益。

当然，一条营销渠道并不一定非要有渠道领袖发挥领导作用才能运行。不过，在没有渠道领袖的营销渠道中，渠道参与者的联系往往是松散的，很难形成合力，因此也很难达到较高的渠道效率和获得持久的竞争优势。一旦发生矛盾，各方都不愿承担责任时，或有较大的利益引诱时，渠道很容易解体。

二、渠道权力

渠道领袖要协调渠道关系，影响其他渠道成员做其原本不愿意做的事情，就需要拥有渠道权力。

（一）渠道权力的定义

权力是一个渠道成员使另一个渠道成员去做他原本不会去做的事情的一种能力。例如，当渠道成员 A 使渠道成员 B 干了一件 B 原本不会干的事，我们就说 A 对于 B 有权力。

权力是一种工具，它在价值方面是中性的。如果权力运用得当，被用来协调渠道运营的话，可以产生巨大的利益。但如果运用不当，则会对渠道关系造成巨大的破坏。例如，当权力被用来强迫某个成员协助创造价值而不给予它应得的报酬。

阅读资料

家电连锁的“渠道霸权”

伴随中国电子制造企业上半年业绩报表几乎全军覆没，以家电为代表的中国制造企业的情绪从躁动到汹涌，怨愤之声不断。其怨声所指，既非上涨的原材料价格，也非国外反倾销的壁垒，而集中在流通环节所受的盘剥。一些大型家电连锁企业的“渠道霸权”正成为家电厂商的众矢之的。

制造厂家眼中家电连锁商们的“第一宗罪”：横征暴敛，收取名目繁多的各种费用，进场费、选位费、节庆费、管理费、促销费、新店开张庆贺费。前两年，家电连锁商要厂家提供12%左右的扣点（厂家按照销售金额的12%提留给卖场），现在这一费用水涨船高，已经达到19%。目前所有“苛捐杂税”加起来，占到销售成本的35%。也就是说，厂家卖100元的商品，就有35元流入了连锁商的腰包。

“第二宗罪”：无节制开店。按照家电连锁商们的计划，到2005年年底，全国已有1 000家左右的家电卖场。如果在每家卖场投入10万元进场费，1 000个店就是1亿元。如此失血，使得不少企业原本用来进行品牌建设的计划资金预算泡汤。目前中国的家电卖场已经开到了很多二、三线城市，连新疆库尔勒这样的地方也开出了卖场。

“第三宗罪”：当了“坏榜样”。国外很多流通连锁企业原先是不收进场费的，也没有太多的其他费用，但是“近墨者黑”，在一些国内同行的“熏陶”下，这些企业也有样学样，入乡随俗地变得嘴刁了。例如百安居这类企业，原来不收进场费，现在也收了。

“第四宗罪”：不守商业规则，变着法子敛财。如果说很多费用属于事先约定，你情我愿倒也罢了；最让厂家头疼的莫过于商家的突然袭击。现在，装修已经成为商家们的时尚。并不是这些商业爱“美”，而是每次装修之后，商家常常重新让厂家“竞争上岗”，为争夺更好的位置和更大的面积而“大面积出血”。这种装修后的重新定位就像抢凳子的游戏一样，让厂家疲于奔命；此外，很多商家热衷于搞冰洗节、数码节之类的促销活动，短短几天动辄几万元到几十万元的投入让厂家进退两难。

“第五宗罪”：不作为。商家收钱之后并不需要做太多的事情。产品销售，由各个厂家自己掏钱招聘并派出导购员。物流配送，货物由厂家负责送到消费者手中。售后服务，更是责无旁贷地落在了厂家肩上。在厂家眼中，商家无疑成为“坐着收钱”的轻松角色，而厂家则是脏苦累全揽全包。

“第六宗罪”：账期漫长，这使得厂家的资金周转率不得不减速。过去，按照传统的经销模式，厂家经常是款到提货，或者是商家享受十几天的账期。“现在，基本上要65天的账期（即厂家的货卖出65天之后，商家跟厂家结算，付款）。”而商家往往用这笔资金进行其他投资。

资料来源：http://finance.sina.com.cn/chanjing/b/20050822/01421904630.shtml.

（二）渠道权力的来源

关于渠道权力的来源有两种说法：依赖-权力说和权力基础说。

1．依赖-权力说

依赖-权力说认为，渠道权力来源于依赖。当 A 依赖于 B，在一个程度上，B 就对 A 拥有权力。相反，当 B 依赖于 A，A 就或多或少对 B 拥有权力。

渠道成员之间的相互依赖，是渠道成员功能专业化的必然结果。由于成为一个渠道的成员这件事本身就意味着这个成员既依赖于别人同时又被别人依赖，所以从理论上讲，每个渠道成员都多多少少地对其他渠道成员拥有一定的权力——依赖别人使别人拥有权力，而被别人依赖又使自己拥有权力。

假定一个生产商 P 通过 2 个分销商 A 和 B 销售其产品。生产商 P 有三个竞争对手生产相同的产品，而 A 是一个规模大、实力强的分销商，B 是一个努力在市场上站稳脚跟的小型分销商。在 P 与 A 的渠道关系中，P 对 A 的依赖要大于 A 对 P 的依赖，因而 A 拥有较大的权力；而在 P 与 B 的渠道关系中，P 对 B 的依赖要小于 B 对 P 的依赖，因而 P 拥有较大的权力。

2．权力基础说

权力基础说认为，与其他权力一样，渠道权力也有六种基础，即奖赏权、强迫权、法定权、认同权、专家权和信息权。

（1）奖赏权来源于一个渠道成员能够给予另一个渠道成员某种有价值的东西以帮助它们实现其目标的能力。例如，苏宁所具有的提供给某家电企业更多或更佳的展位的能力，而生产商具有的为苏宁提供质量更好、款式更新、优先供货等能力。

（2）强迫权基于一个渠道成员惩罚另一个渠道成员的能力。实际上，奖赏权和强迫权是可以相互转化的。当一个渠道成员为另一个渠道成员提供某种优惠时，这是在用奖赏权；而当它撤销或威胁要撤销这种优惠时，则是在用强迫权。

（3）法定权产生于渠道内部成文或不成文的规则，这些规则规定一个渠道成员有权影响另一个渠道成员的行为，而后者有义务接受这种影响，如合同或协议规定的权力或义务。法定权与强迫权的区别在于：法定权一般是有法律保证的，一方违法时另一方实施的惩罚也是通过法律机构进行的；强迫权则无法律保证，一方对另一方的惩罚是直接的，无须法律机构或其他机构插手。

（4）认同权来源于一个渠道成员的形象，其形象对其他成员具有较大的吸引力，获得其他成员的尊重和认同。例如，J.C.Penney 为了加强自身的时尚形象，打算销售 Levi's 的牛仔装，并承诺会为了突出 Levi's 牛仔装以时尚为导向的产品形象而做出巨大调整。在两者的合作中，Levi's 的权力来源就是认同权。

市场权力对角线转移理论

营销学专家唐·E.舒尔茨教授认为，半个多世纪以来企业正在经历一个由早期的制造商主导市场，到发展中期的中间商主导的市场，最终步入成熟期将由消费者主导的市场演变过程，在市场环境变化的同时，企业的商业运作模式也发生着深刻改变。由于在市场演变过程中交易的控制权呈现“制造商→中间商→消费者”的对角线转移状，所以称为市场权力的对角线（marketing diagonal）转移。见图 10-7。

有学者认为中国市场已经进入商业主导的时代，大多数的产业链中都表现出中间商利用市场势力对制造业形成较强的纵向渠道控制，处于产业链下游的大型零售商对进入渠道内的上游制造商已经形成了强大的买方势力。

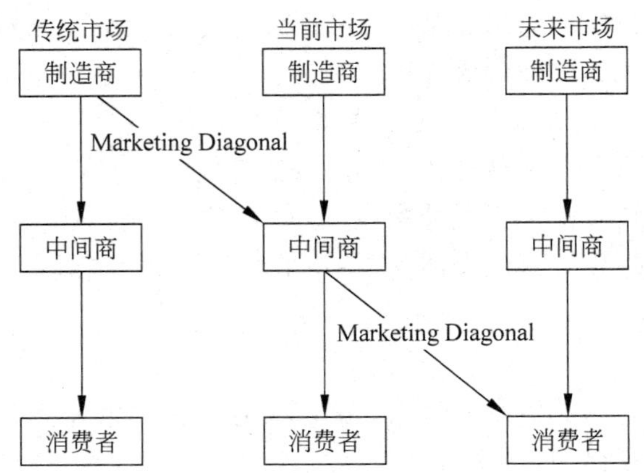

图 10-7 市场权力的对角线转移

资料来源：于萍. 市场权力对角线转移形成机理的逻辑解析[J]. 财经问题研究，2009（9）.

（5）专家权来源于一个渠道成员在某一方面所具有的专业知识。专家权与奖赏权的区别在于：作为一种资源，专业知识一旦提供给合作伙伴，就不能再撤回；而奖赏权是可以撤回的。

（6）信息权产生于一个渠道成员提供某一类信息的能力。信息权与专家权很相近，两者在提供出去后都不能再收回。两者的区别在于，专家权是长期经验积累或专业训练的结果，而信息权则只是由于一个渠道成员容易接触到某一类信息而对于某一类事物具有更多的知识。例如，零售商具有的对于各种商品销售情况的信息。

三、渠道冲突

（一）渠道冲突的定义

渠道成员之间要进行合作，矛盾或冲突就难以避免，合作与冲突是一枚硬币的两个面，谁也离不开谁。

渠道冲突描述的是这样一种状态：一个渠道成员正在阻挠或干扰另一个渠道成员实现自己的目标或有效运作；或一个渠道成员正在从事某种会伤害、威胁另一个渠道成员的利益，或者以损害另一个渠道成员的利益为代价而获取稀缺资源的活动。

物美宁夏新华百货遭遇百余专柜撤货

2012 年 2 月 29 日，物美集团在宁夏银川的新华百货 100 多家专柜不满连年看涨的销售保底和返点，选择了暂停营业。

新华百货在与供应商签订的合同中，包含强制促销、保底返利和销售返点。强制促销规定：供应商必须无条件参加新华百货组织的促销活动。“通常我们从厂家的进货价是4~5折，而在节庆期间，商场甚至能要求我们以5折销售，此时，我们只能牺牲自己的利益。”一位不愿透露姓名的供应商表示，往年综合各种节庆费和销售返点，全年的平均返点能达到25%左右，再加上17%的增值税，以及员工工资、电费等开支，利润已经是微乎其微。保底返利，这一指标要求成为商场销售业绩的保险。据介绍，所谓保底，是指商场连年增加供应商销售任务，如果供应商不能完成销售指标，未完成部分需要由供应商自己承担。打一个比方：如果前一年某供应商销售额达到100万元，在第二年合同中，销售任务可能会调高到150万元，如果供应商只完成了120万元，则未完成部分（30万元）需要由供应商自己买单。

而新华百货在2012年的新合同中还硬性提出了排他性竞争的要求。虽然在宁夏，新华百货在当地处于核心商圈，销售有垄断地位，但在近年，新进驻的万达、世纪金花等通常会给予供应商各项优惠，比如垫付资金、提供装修费，比其他商场低10%左右的销售返点等政策。为了保持自己的绝对优势地位，新华百货在新合同中明确要求：供应商在新华百货经营，则不允许在其他百货卖场中经营专卖店。

据供应商透露，此外在2012年的新合同中，各项指标再次上浮，其中销售任务上涨30%~80%，返点上浮1%~5%，还强制实施季度现金双买单、银行卡费等，以及全年几十项节庆鲜花、地毯、空飘等庆典费用。

在一直寻求与新华百货的协商无果的情况下，无奈之下，100多家专柜才决定暂停营业。在暂停营业4天后的3月5日凌晨，在当地相关部门以及新华百货、供应商等各方的共同努力下，供应商和新华百货达成和解，取消了之前关于保底返利、排他性竞争、强制性促销的内容。

资料来源：http://biz.cb.com.cn/12716612/20120309/348177.html.

（二）渠道冲突的类型

渠道冲突有多种不同的类型，这是因为营销渠道涉及横向、纵向、类型间和多渠道等多种关系。与横向关系相对应的是水平冲突，例如，某家电企业通过国美和苏宁销售其产品，国美和苏宁之间的冲突属于水平冲突。与纵向关系相对应的是垂直冲突，例如，生产商与批发商之间、批发商与零售商之间，由于各种矛盾而引发的冲突。与类型间关系和多渠道关系相对应的是交叉冲突，例如，前面提到的实体店铺与网络店铺之间的冲突。

渠道冲突理论中更多的是研究垂直冲突。这是因为在营销渠道中：①垂直冲突不仅经常发生，而且通过冲突的调解能够更好地满足消费者需求，从而提高企业的竞争实力；②良好的纵向渠道关系是一个渠道顺利且有效运行的前提条件，而关系的好坏取决于双方的行为（包括冲突与冲突的解决）。因此，下文所指的渠道冲突是指垂直冲突。

（三）渠道冲突的根源

1．目标不一致

每个渠道成员的目标体系都与其他成员大不相同。当渠道成员的目标之间不一致或不相容时，就容易产生冲突。例如，在财务目标方面，制造商希望给零售商更高的价格、更低的津贴来提高自身的利润；而零售商则希望从制造商那里获得更低的价格、更多的津贴、更少的开支来提升他自己的利润。

2．感知差异

在营销渠道中，针对同一种刺激，不同的渠道成员可能会有不同的感知或对感知有不同的理解。一个主要的原因是各方关注的焦点不同。制造商关注产品和流程，特别容易忽略消费者；而下游渠道成员则关注自己的功能和消费者，特别容易忽视制造商。这些差异使渠道成员接触不同的信息和影响，从而带给他们的只是整幅图画中不同的碎片。例如，生产商会认为自己在超市里进行促销活动，既有利于自己的销售，也会为超市带来人气，超市应该大力支持。但是，超市却常常向生产商收取促销费用，因为超市认为生产商利用了超市的资源(空间)为自己做了效率更高的宣传。

3．领域冲突

1）决策领域冲突

由于发挥不同的功能，承担不同的责任，扮演不同的角色，渠道成员都有自己的决策领域——某一方面的话语权。例如，在价格决策方面，零售商一般认为，这是他们的决策领域，但是有的生产商为了更好地控制终端，则严格限制零售商的定价或打折权力。当零售商感觉到生产商试图通过操纵定价侵入其决策领域时，就会产生不满，严重时会导致较为激烈的冲突。例如，2010 年年底，康师傅宣布调整方便面零售价后，由于家乐福拒绝上调康师傅袋面的供货价，依然按照原来的价格进行采购，导致该类商品在全国家乐福门店“缺货”。这实际上是生产商和零售商双方在争夺产品的定价权。

2）市场领域冲突

为了实现各自的目标，渠道成员在一些稀缺资源的分配问题上有时会产生分歧，从而导致冲突的产生。例如，2009 年的“携格之争”实质上就是作为渠道商的携程网与作为供应商的格林豪泰酒店之间对游客这一稀缺资源的争夺。又如，零售商对制造商和批发商而言都是重要而稀缺的资源，当制造商要保留一批销售业绩好的零售商作为直供客户，就会引发制造商与批发商之间的冲突。

（四）渠道冲突的解决

渠道冲突不可避免，但如果能够引导冲突从不一致到互相交换思想观点，渠道成员就能采取更协调一致的思路，冲突就会变成一种学习、变革和成长的机会。解决冲突的方法有如下几种：问题解决法、劝说法、讨价还价法、第三方介入法和退出。

1．问题解决法

这一方法是通过讨论或商谈找到使双方都能够接受的解决冲突的方案，其前提是冲突双方有一些事前约定好的共同目标，双方都有维持良好关系的意愿。一般的程序是，冲突双方或一方提供一些新的信息，支持或说明自己的主张与行为，然后双方围绕着这些新的信息进行思考、回顾、讨论和协商，最后设计出使双方都能够接受的方案或条款。在使用问题解决法时，通常情况下，关系双方本着互惠互利的原则都要做出一些让步，因此属于一种合作性的冲突解决法。

2．劝说法

该方法是指调解渠道冲突时，通常，一个渠道成员试图通过说服的方式改变另一个渠道成员对于一些重要问题的看法或决策标准，例如，一个渠道成员劝说另一个渠道成员要顾全大局，不要因为只考虑自己的利益而忘记了大家共同的利益。劝说法与问题解决法的区别在于：前者是一个渠道成员劝说另一个渠道成员意识到它们共同的利益，在他们之间建立一些共有的目标；后者则是在双方已有共同目标的基础上，调解矛盾。

3．讨价还价法

当冲突双方各自强调其目标，并在目标上存在较大差异时，就需要使用讨价还价法来解决冲突。通常，冲突双方都会利用自己所拥有的权力迫使对方在相关问题上做出让步；只有一方或双方都做出某种程度的让步，冲突才能解决。这时，冲突的解决通常是由权力较大的一方或者诱使（使用非强制性权力）、或者迫使（使用强制性权力）另一方做后者原本不愿做的事情；在后者不愿妥协时，前者则往往有后续手段，对后者实施惩罚。采用这种方法解决冲突，冲突双方实际上是在通过讨价还价的程序为双方寻找一个得与失的平衡点。但是，如果谈判破裂，则意味着更大的冲突。

4．第三方介入法

该方法一般适用于在冲突达到较高水平且冲突双方感觉到难以在它们之间达成妥协的时候。具体方法有：第一，沟通，由独立的第三方将冲突双方召集起来让它们面对面心平气和地交换意见；第二，调解，由独立的第三方帮助冲突双方确定问题所在，并找到双方都可以接受的解决方案；第三，司法介入，由司法机构作为独立的第三者介入为双方解决矛盾。

5．退出

解决冲突最后的一种方法就是退出该渠道。事实上，退出是解决渠道冲突的普遍方法。若企业想继续从事原行业，必须有其他可供选择的渠道。对该企业而言，可供选择的渠道成本至少不应比现在大，或者它愿意花更大的成本来避免现有矛盾。在渠道处于不可调和的情况下，退出是一种可取的方法。从现有渠道中退出可能意味着中断与某个或某些渠道成员的合同关系。例如，2009 年 3 月，国美在解决与格力之间的冲突时，采取的方法就是退出。国美电器向各地分公司下发了一份“关于清理格力空调库存的紧急通知”，要求其各地分公司把格力空调的库存和业务清理完毕后，暂停销售格力产品。

解决冲突最好的办法就是不让有害的或高水平的冲突产生。关系营销是企业预防营销渠道发生有害冲突的一种有效的方法。信任和承诺是关系营销的两个关键的中间变量，具体的做法有：第一，确立共同的目标和价值观。通过确立共同的目标和价值观，增进各个成员对环境威胁、渠道合作和渠道互依的认识，防止恶性冲突的发生。第二，组织共商共议活动。合作不能靠强制、威胁来维持。相互认可、共同参与非常重要。通过共商共议活动，确立共同目标，让每个成员明确自己的权利、义务和责任，能够提高合作水平，减少冲突发生的可能性。第三，倡导相互咨询。彼此尊重，多多沟通，是渠道合作的基础，也是减少冲突的有效方法。第四，交换管理人员以增进相互了解。同一渠道的成员之间往往由于各自的特殊情况而缺乏了解，即使进行沟通有时也难以消除误会。解决的办法之一就是成员之间相互派遣管理人员到对方处去工作一段时间，让有关人员亲身体验对方的特殊性。第五，对渠道中的弱者提供帮助。提供帮助以扶助弱者，不仅可以尽快恢复渠道功能，也能让其他成员产生好感，增强合作的信心，从而减少恶性冲突的可能性。

物美建立沟通与合作机制

在中国从传统商业转向现代商业的过程中，零供关系一直是比较敏感的话题。为了建立和谐的零供关系，零售商要尽早建立和维护零供关系。物美从2007年就开始关注这个问题，并专门设立了一组人员——特约观察员。特约观察员来自供应商或代理商，他们代表供应商群体，可以对零供关系中的重点环节进行监督，并直接与物美高层对话。

通过特约观察员，物美建立了一个零供双方高层对话的沟通机制，对影响零供和谐的问题进行了积极探讨，解决了不少矛盾，不仅与供应商建立了一种健康关系，而且也规范了内部管理。如物美把收费项目从最多的30多种减少到当前的6种，对合同管理也全部进行了规范。物美特别要求，在合同中承诺要办的事情一定要做到，包括到期结账问题、促销问题，要严格按照供应商的促销协议去执行。

资料来源：http://www.cb.com.cn/1634427/20110219/185944_4.html.

第四节 电子营销渠道

一、电子营销渠道的定义

电子营销渠道是指企业以互联网方式或其他与互联网相连接的电子设备寻找、接近顾客或用户，或是顾客或用户通过互联网或其他与互联网相连接的电子设备寻找供应者，进行购买的营销渠道。

这个定义包括几层意思：①目标市场是那些使用互联网或其他与互联网相连接的电子设备的消费者或用户；②互联网或其他与互联网相连接的电子设备是产需沟通的主要方式；③既可以是供方主动（电子网络销售），也可以是需方主动（电子网络采购）。

二、电子营销渠道的类型

电子营销渠道主要有以下两种类型。

1. 网络直接营销渠道

网络直接营销渠道是指生产商和终端用户通过互联网直接联系和沟通完成交易，交易本身无须任何中介组织参与。例如，戴尔采用的就是典型的网络直接营销渠道模式，顾客直接在该公司网站查看选择自己需要的电脑类型，并进行订购，戴尔随后会送货上门，收取货款。电脑的很多售后服务和技术支持也都通过公司网站进行。在网络直接营销渠道中，虽然不使用批发商、零售商等中间商分销产品，但仍然需要许多提供服务的辅助商，如提供货物运输配送服务的专业物流配送公司、提供货款网上结算服务的网上银行，以及提供产品信息发布与网站建设的服务商等。

2．网络间接营销渠道

网络间接营销渠道是指生产商通过网络中间商把产品销售给顾客的营销渠道。我国的网络中间商有很多，其中规模比较大、知名度较高的有京东、当当、亚马逊等。

上述两种网络营销渠道类型如图10-8所示。

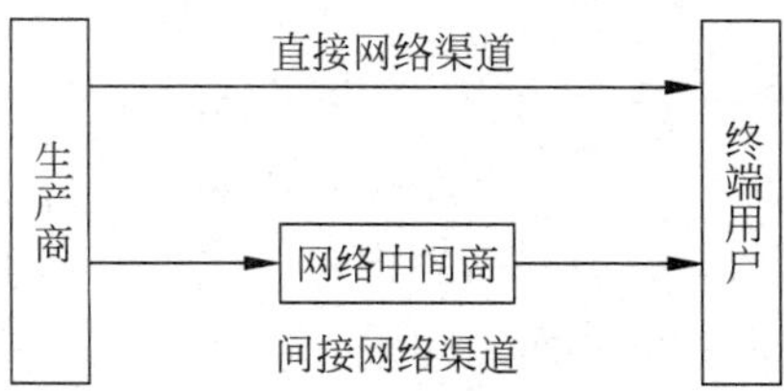

图 10-8　网络营销渠道类型

以上两种类型各有优缺点。直接网络渠道的优点有：使生产商与终端用户直接接触，买卖双方均能得到快速回应；借助互联网的交互特性，可以实现双向信息沟通；省去了中间商，既可以提高对渠道的控制程度，又可以有效降低渠道成本。但直接网络渠道也有其缺点：企业进行网络直销，需要投入较大的资金和大量的相关专业人才；单个企业网站也无法解决终端用户较高花色品种、低购买批量等问题。间接网络渠道中的网络中间商是专门从事网络营销活动，无论在成本还是效率方面都比企业自建网络渠道更具优势。此外，通过发挥网络中间商的聚集、分拆功能，间接网络渠道可以更好地满足终端用户在花色品种方面和购买数量方面的需求。

三、电子营销渠道的特点

电子营销渠道是以互联网为基础发展起来的。互联网具有快速、高效、低成本、一对一互动等特点，拥有传统媒体所不具备的优势。以互联网为基础的电子营销渠道与传统营销渠道相比，具有以下特点。

1．突破了空间和时间的限制

互联网打破了地域和国界的限制，因此基于互联网的电子营销渠道使企业覆盖到更为广阔的全球市场，而非局限于局部区域市场。此外，电子营销渠道不受时间的限制，可以实现每天24小时在线服务。

2．实现更加精准的营销

互联网具有追踪浏览企业网页的顾客的能力，随时发展持续的对话和关系。这些顾客访问过网页的电子标记同顾客原先购买、登记，或在线调查中的人文统计数据与心理数据相连接，就能够使企业实现更加精准的营销。企业不仅仅可以瞄准大规模的目标顾客群，也可以瞄准小的利基，甚至可以实现一对一营销。

3．整合性强

电子营销渠道以电子信息技术为工具，把企业价值链和供应链的活动整合在一起。当顾客在网上购物时，下订单、支付、配送、售后服务等环节都可以利用互联网进行整合，除了最后的实物配送外，其他过程都可以在网上实现。顾客因而可以享受到方便、快捷的交易过程。

4．降低成本

电子营销渠道可以降低分销成本。第一，电子营销渠道通过减少中间商的层次，实现流通环节的成本的降低。第二，网上虚拟化经营可以节省一系列的开店费用。第三，通过信息的共享，可以有效减少渠道中的库存，降低库存成本。第四，通过网络发行促销信息，不用再印刷、包装、邮寄发送宣传材料，因而降低了促销成本。

虽然电子营销渠道在上述几个方面具有传统营销渠道无法比拟的优势，但电子营销渠道也有其劣势。顾客在购买前缺乏实体接触，只能根据展现在网页上的有限信息来了解产品的功能、判断产品的质量。由于订单执行和物流工作的滞后，在大多数情况下，顾客支付了货款后并不能马上得到产品。此外，顾客还存在对网上支付安全性和个人隐私保护等方面的担忧。电子营销渠道也无法满足顾客在购物过程中的一些个人和社会购物动机方面的需求，例如，享受购物的过程。

四、电子营销渠道与传统营销渠道的协调

网络正成为人们购物的一个重要渠道，越来越多的企业开始试水网购。但将电子营销渠道纳入传统营销渠道后，如何发挥两者的协同作用，是很多企业面临的一个难题。

（一）线上线下的冲突根源

造成线上线下冲突的根源主要是以下两个方面。

1．两个渠道的客户群体存在重叠

除非在网上购买产品的客户与在线下实体店铺购买产品的客户是完全不同的、线上线下渠道能够将两者有效地区隔开来，否则当这两个渠道的客户群体存在重叠时，线上线下就会因为争夺客户而产生冲突。新兴渠道对传统渠道的变革是客观存在的，如同专卖店渠道和商超渠道也是直接存在竞争一样，网络渠道作为新兴的渠道模式对传统渠道的挤压是必定存在的，而且网络渠道携互联网的传播快速的优势及中间环节简化带来的价格优势，让传统渠道从直观上对网络渠道有敌意。

2．价格冲击

线上销售的产品由于无须负担昂贵的营销成本，因此同样的产品在线上售卖的价格比线下零售店的要低。淘宝数据显示，网上开店的营销成本比传统的线下商店低 55%，渠道成本低 47%。以天猫为例，品牌厂商直接在网上开店，同款产品的网络零售价往往能比线下零售价便宜 15%以上。网络环境下，比较商品的价格变得更加便利，这使得网络渠道对线下实体店铺的冲击越加明显。

（二）冲突的解决策略

1．在不同渠道提供差异化的产品、品牌

企业可以针对网络渠道开发新的品牌、新的产品。夏普、海尔、美的、海信、TCL、创维、奥克斯、九阳、奔腾等，数码品牌惠普、宏碁、联想等 40 多个家电 3C 品牌都已在天猫电器城试水网络专供款，推出专供机型近 500 个。由于价格上的优势，很多专供产品创造了惊人的销售业绩，九阳的一款专供豆浆机曾在短短几个小时内创下近万台销量的业绩；奥克斯线上定制款空调 10 000 台，创造的销售速度是线下卖场的 28 倍。除

了开发网络专供的产品外，有些企业还推出了网络专供的品牌。例如，家纺品牌富安娜不仅一年中会推出 90 多个网络专供款，还推出了专供网络销售的子品牌“圣之花”，罗莱家纺也有专供网络销售的子品牌“LOVO”。

2．实现利益分享

从根本上来说，两种渠道的冲突无非是利益分配的问题，要实现双渠道的协同，最根本的就是在建立网络通路时和传统渠道做好充分沟通，建立起一套双方都可以接受的利益分配和分享机制。

例如，Ethan Allen 是美国最大的家具零售商，成立于 1932 年。Ethan Allen 的传统渠道结构分为半独立的零售商和独立零售商（特许零售商）两种。所谓半独立的零售商，是指只销售 Ethan Allen 的产品，而特许零售商不仅销售产品，而且还要提供高水平的售前和售后服务（包括室内装饰、送货、组装等）维护。Ethan Allen 在双渠道运营过程中，最有可能发生利益冲突的便是在特许零售商渠道与其自有的网络通路之间。Ethan Allen 创新性的做法是与特许零售商共享市场信息，通过网络通路销售的产品所获得的收益与特许零售商分享。如果是 Ethan Allen 自己送货，则顾客所在区域的特许零售商可以分得销售额 10%的佣金，以缓解区域性的“领地”冲突；如果特许经营店提供了帮助（如送货、维修、组装和退货等），则该商店可以得到 25%的销售佣金。此外，Ethan Allen 在网络通路网站为顾客提供室内设计服务，如果有顾客需要此类服务，Ethan Allen 会将需要帮助的顾客推荐到离他们最近的特许零售商店。

3．利用网络渠道的媒体属性

网络渠道除了传统的渠道属性外，还带有相当程度的媒体属性。互联网广阔的覆盖范围、强大的互动性，使企业能够更有效地对品牌进行传播、与消费者进行沟通，提升品牌知名度和美誉度，通过网络营销传播来带动线下渠道的销售。

为降低线上渠道对线下渠道带来的冲击，有专家归纳了 11 种做法：①不要在网络上提供比一般渠道成员更低的产品价格；②将网络上接到的订单转交传统渠道成员；③仅在网站上提供产品信息和服务而不提供产品本身；④使用企业网站为渠道成员促销；⑤鼓励渠道成员利用其网站进行广告宣传；⑥仅在网络中提供网络客户感兴趣的某几类产品，而非所有产品；⑦为通过网络销售的产品创建一个新品牌；⑧利用网络销售处于产品生命周期早期的产品，这样等到市场需求快速增长时，网络渠道不太会蚕食渠道成员的利润；⑨将企业的分销策略对内对外进行沟通，使渠道成员了解网站所起的作用；⑩努力协调分销策略的各组成部分；⑪将电子渠道看做是完成更高目标的手段。

Gap 在中国实践全渠道战略

2016 年 7 月，盖璞集团旗下 Gap 品牌推出门店发货服务，联合天猫商城在中国实践全渠道战略。

据了解，Gap 品牌天猫旗舰店联合中国 12 座城市的 57 家门店参与了此次活动。活动期间，消费者在Gap品牌的天猫商城旗舰店下单后，系统便会自动帮助选择距离其最近的门店或发货仓进行配送，有效地提升了货物配送效率。此外，消费者也可通过网页查询附近门店中是否有他们喜欢的商品，亲自到店铺进行试穿和购买。

Gap 电商部门负责人 May Ng 表示：“门店发货服务，不仅帮助消费者购买到所有位于 Gap 各个门店和配送中心的货品，同时也增强了货物配送效率、提升了客户满意度。”

据悉，盖璞集团始终致力于为消费者打造无缝的、全渠道购物体验。通过实体店、网上商城和手机客户端等全方位营销渠道的整合，顾客随时随地都能以最便捷的方式购买心仪的产品。为实现这一目标，盖璞集团一直在努力布局全渠道战略，通过结合实体店和数字技术平台，打造一流的购物体验。

在中国，盖璞集团也将继续探索如何在中国市场更有效地部署全渠道战略，为消费者提供更加优质的购物体验。自2010年进入中国市场开设门店的同时，盖璞集团便同步建立了自己的电商平台，并相继加盟了天猫商城等国内领先的第三方电商平台。到目前为止，Gap品牌在中国拥有约140家门店，并通过电子商务渠道覆盖了内地所有省份。

资料来源：http://info.gongchang.com/f/fangzhi-3703308.html.

本章小结

随着营销组合中产品、价格、促销等要素在构建企业持久竞争优势方面的作用变得越来越有限，渠道的重要性开始凸显。营销渠道是一系列相互依赖的组织，它们致力于使一项产品或服务能够被使用或消费的过程。要设计出最佳的渠道，企业需要遵循一定的程序。影响渠道设计的因素很多，但渠道设计者需要明确终端用户的渠道需求是渠道设计中的核心因素。渠道成员不会仅仅因为它们都是渠道中的成员就自动地相互协作。因此，渠道管理者必须运用渠道权力使渠道运转有效、高效。渠道权力是一个渠道成员使另一个渠道成员去做它原本不会去做的事情的一种能力。渠道权力的来源有六种基础，即奖赏权、强迫权、法定权、认同权、专家权和信息权。这六种权力又可以分为两大类：强制权和非强制权。运用强制权较运用非强制权会产生更高水平的冲突。渠道冲突是渠道的常态，有合作就不可避免地会产生冲突。解决冲突最好的办法就是不让有害的或高水平的冲突产生。关系营销是企业预防营销渠道发生有害冲突的一种有效的方法。在网络购物盛行的背景下，很多试水网络销售的企业发现，电子营销渠道与传统营销渠道之间的冲突是摆在它们面前迫切需要解决的难题。对此，企业可以采用差异化手段、建立利益共享机制、发挥网络渠道的媒体属性等途径来降低电子营销渠道给传统营销渠道带来的冲击，发挥两者的协同作用。

重要术语

营销渠道、中间商、渠道设计、渠道结构、渠道管理、渠道权力、渠道冲突、电子营销渠道

复习思考题

1. 谈谈对营销渠道在企业营销活动中的地位和重要性的认识。
2. 营销渠道设计的步骤是什么？
3. 什么是渠道密度？指出密集分销、选择分销及独家分销的主要区别。
4. 渠道管理者获取渠道权力的途径有哪些？
5. 渠道冲突的根源是什么？
6. 电子营销渠道有哪些主要特点？
7. 解决电子营销渠道与传统营销渠道之间冲突的策略有哪些？

阅读推荐

[1] 王国杨，侯乐. 破解网络渠道与线下渠道冲突难题[J]. 销售与市场（评论版），2009（12）.
[2] 安妮・T.科兰. 营销渠道（第 7 版）[M]. 北京：中国人民大学出版社，2008.
[3] 庄贵军. 营销渠道管理[M]. 北京：清华大学出版社，2004.

案例分析

娃哈哈渠道优势难助“启力”上位

作为娃哈哈强势进军保健饮料市场的“主力军”，“启力”担负着娃哈哈这艘饮料业航母冲击功能性饮料王座的使命。因此上市开始，娃哈哈即以强大的广告宣传及大规模的促销力度为“启力”开路，试图一举打破该领域原有的市场格局。

然而，在经历重金广告轰炸之后，“启力”这一被寄予厚望的新品牌并没重现娃哈哈的渠道强势地位。《中国经营报》记者深入娃哈哈经销商群体调查后发现：由于娃哈哈自身定位与“启力”的差异性，导致了娃哈哈本身的品牌和渠道难以让“启力”借力。

押宝《中国好声音》的火爆，“喝启力，添动力”成为刚刚过去的这个夏天消费者最耳熟能详的广告语之一。然而，随着这一节目的收官和夏季饮料销售旺季的结束，“启力”的市场声音也跟着一起淡去。

多名业内专家指出，娃哈哈强大的渠道优势并不适合功能性饮料的市场开拓，加之“启力”的产品定位并不清晰，从而导致“启力”上市后表现平平。目前来看，虽然坐拥国内饮料老大的地位，但娃哈哈还需要长期的市场培育，才能真正分得功能性饮料这一细分市场的一杯羹。

经销商动力不足

从 2012 年 4 月份开始，在电视、互联网及户外广告上频频亮相的娃哈哈“启力”，在广告宣传上不吝重金，追随加多宝赞助热门选秀节目《中国好声音》，并冠以“正宗”身份打出“喝启力，抗疲劳！启力，正宗保健饮品！”的广告，在全国各大媒体大量投放，赚足了眼球。7 月 13 日，娃哈哈在其官网发布新闻称，截至 6 月底，“启力”产品两个月热销 2000 万罐。

但是，河北某地娃哈哈“启力”的经销商盛超并没有感受到这股热浪来袭。作为娃哈哈全品代理公司，盛超自然也拿到了“启力”的代理权。但是，经过一个销售旺季的市场开拓，他并未取得期盼中的效果。盛超告诉记者：“‘启力’在北方市场表现不是太好，销售量也比较小。”

与盛超遭遇相同情形的代理商不在少数。记者在同期采访的多家饮料批发商均表达了相类似的感受：“销量不大，根本就没有去太注意这款新产品。”一位“启力”的一级经销商告诉记者，“启力”产品没有给他具体的渠道政策，他主要凭自己的能力去铺货。

深圳一名为“启力”促销做招聘的负责人也告诉记者，“启力”上市半年多时间了，但市场反应并不理想。“启力”原本定位的消费群是白领和学生，但这些消费者大部分都不知道“启力”是什么产品。虽然娃哈哈可以为“启力”提供品牌保障，但是在包装和宣传上，却只强推“启力”，使“消费者根本不清楚‘启力’与娃哈哈的关系，对它的品牌信任度不够”。

作为“启力”的竞争对手，广州红牛的分销商黄磊告诉记者，“启力”上市后，自己一度也担心会影响红牛的销量。因为娃哈哈的渠道比较强势，一般其新品出来后，都会通过原有渠道铺货，通过庞大的销售网络将货物压下去，从而造成娃哈哈新品在一开始都会出现一个迅猛的销售业绩。但是，在一个旺季周期下来，红牛的销售并没有受影响。

一位接近娃哈哈的知情人士向记者爆料称，娃哈哈董事长宗庆后曾在开会的时候公开表示：不满意“启力”当前的市场发展状况。然而，到底是什么原因导致了“启力”在强势推出后，终端渠道并未取得预期的效果呢？

渠道选择有偏差

对于目前“启力”的发展情况，娃哈哈集团企业品牌总监任威风向《中国经营报》记者宣称：“截至 11 月底的最新数据显示，‘启力’的销售达到了 1.4 亿罐。”

暂且以此数据真实而论，“就娃哈哈目前的企业规模及市场开拓实力来讲，它的一个单品当年要卖到 10 亿元才能算是成功，否则就没有必要去做了。”曾担任宗庆后 4 年贴身营销秘书、现任浙江传媒学院营销讲师的罗建幸告诉记者。以“启力”单品市场价 5~6 元的价格来算，“启力”目前的营业额约为 7 亿~8 亿元，与 10 亿元的规模仍有一定的距离。

罗建幸表示，这 1.4 亿罐产品是被压到渠道商手中了，还是被消费者买走了，还需要打一个问号。以娃哈哈庞大的渠道网络来讲，光是把货物铺下去，就会是一个惊人的数字。据了解，娃哈哈目前在全国 31 个省份有 6 000 多家强势经销商，组成了一个几乎覆盖中国每一个乡镇的联合销售体系。

娃哈哈官网曾在“启力”上市 3 个月后，即 7 月 13 日发布新闻称，截至 6 月底，“启力”产品销售火热，已实现销售 2 000 万罐的销量，以后便再无更新数字。以此推断，若至年底“启力”实现了 1.4 亿罐的销量，则意味着后面 5 个月完成了 1.2 亿罐的销售，完全能称得上销售火热。但是，娃哈哈官网却没有任何相关数据更新。

刚刚从娃哈哈经销商大会上回来的常青，是娃哈哈联销体中的一员，其公司的年营业额超过 1 亿元。他告诉记者，虽然企业没有对“启力”的销量下硬性指标，但是自己也要全力去开拓市场，因为自己的利益是跟娃哈哈的利益捆绑在一起的。“我现在的做法是：只要有红牛的地方，就去铺货，但是太难了。因为受目前市场环境和经济形势的影响，不光‘启力’，其他的产品也不是太好做。”

那么，到底是什么原因导致即使在娃哈哈强势渠道保驾护航之下，“启力”也难以交出被市场认可的成绩单呢？盛超认为，娃哈哈一直注重渠道下沉，很看重城县、乡镇等市场的投入和开拓，对高端市场的投入相对较少。而“启力”是适合高端人群消费的产品，主要应该在商超、品牌店等渠道销售。“可能是因为高端市场的投入大，利润回报率低，企业不愿意去投入。”盛超说。

据罗建幸介绍，娃哈哈的强势渠道是大流通渠道，比较适合普通饮料，如可乐、水、果汁等，其产品属性满足消费者便利、解渴等基本需求，很少有人为了买一瓶水专门去某个超市或终端，而功能性饮料的运作却与此有很大的不同。“功能性饮料需要瞄准的是特殊需求人群，包括白领、学生、司机等用脑和熬夜人群，所以连锁便利、商业办公区域的终端、夜场和加油站，才是这类产品应该主攻的渠道。”

“‘启力’目前用的是娃哈哈原有的渠道在销售，另外我们也在加大加油站等渠道的开拓。”任威风表示。但是，近日记者在大广高速路河北段上的多个服务区便利店观察，均未发现“启力”的踪影，仍然只有红牛独占功能饮料货架。

“娃哈哈”难助力

中投顾问食品行业研究员向健军认为，“启力”采用的是大流通、大广告的“快营销”宣传模式，这样的效应只能是一时的，而保健饮料的市场是需要长期培育的。因此“启力”宣传模式的不持久，也导致了“启力”名噪一时，但渠道难以给力。

或者说，“启力”并不是没有市场，只是这个市场需要一个长期培养的过程。值得注意的是，娃哈哈的品牌和渠道在助力“启力”发展的同时，或将成为其未来发展的障碍。

向健军表示，因为娃哈哈的品牌影响力主要集中在一般饮料，而在功能保健饮料方面尚属“新兵”首次进入，市场信服力欠缺；而“启力”定位在白领、学生群体中的亚健康人群，其主力市场应该是一、二线城市，但娃哈哈走的是农村包围城市的渠道路线，其一、二线城市的渠道优势并不明显。

据此，向健军认为，“启力”的市场潜力存在，但还需要在以下几方面做出努力。首先是娃哈哈应尽快将“启力”的市场定位精准化，并迅速地传导至目标消费者，尽快实现“启力”与红牛的差异化竞争，进而在市场上站稳脚跟；其次，娃哈哈应投入资金，增强其在一、二线城市的渠道优势，并在品牌形象和团队能力方面进行强化。

“继营养快线之后，娃哈哈希望寻找到第二个百亿元的销售单品。”娃哈哈集团前策划总监肖竹青认为，“启力”具有先天优势，在娃哈哈强大的渠道优势下，铺货、消费者体验及重点渠道陈列等方面都能获得巨大的帮助。

但是以目前“启力”的市场表现来看，与“第二个百亿元的销售单品”的理想，还有着天壤之别。

资料来源：http://finance.sina.com.cn/roll/20121208/023413938534.shtml.

思考题

1. 分析“启力”在市场终端表现不佳的原因。
2. 运用所学渠道理论对改进“启力”渠道设计提出对策建议。

第十一章

设计和管理整合营销传播

学习目标

市场营销不仅是产品、价格和渠道的竞争，更是营销传播与沟通的竞争。在媒体不断细分化的市场环境中，如何有效地进行整合营销传播，是营销人员面临的重要挑战。通过本章的学习，应了解营销传播及其组合的相关概念、营销传播的基本方式，理解营销传播、整合营销传播的核心思想，掌握整合营销传播的基本程序和整合营销传播活动的主要决策方法和运作技巧。

导入案例

杜蕾斯的网络营销

杜蕾斯每年生产约 10 亿只避孕套，在 150 多个国家销售，并在 40 多个市场中占据领导地位，占据世界 40 亿避孕套约 26%的份额。

但杜蕾斯令人瞩目的成绩还不止这些，在互联网时代，杜蕾斯也是为数不多的能把企业形象和新媒体应用结合的天衣无缝的商家之一:新浪官方微博粉丝数超过 110 万人，是同类品牌微博粉丝数的几十倍，腾讯微博粉丝也超过 50 万人，据估计杜蕾斯官方微博在一个月内的曝光人次可达 1.3 亿。

杜蕾斯将其官方微博定位为一个有点绅士又有点坏、很懂生活又会玩的人，就像夜店里的翩翩公子。在这里，杜蕾斯最重要的职责就是聆听，迅速获得用户的反馈并做出反应。它总是能敏锐地把握热点信息，机智地推出与品牌定位十分契合的、幽默的、有趣的原创微博来吸引粉丝的参与互动。例如，“北京今日暴雨，幸亏包里还有两只杜蕾斯，有杜蕾斯下雨不湿鞋”，这些令人忍禁不禁的段子让许多网友在大呼有才的同时顺手转发。不夸张地说，杜蕾斯官方微博本身已经成为一个强大的传播媒介，成为业界公认的微博明星，在其品牌营销中功不可没，在 App 的推广中自然更是前锋。

杜蕾斯制作了《疯狂 App：杜蕾斯宝贝计划》视频，展示 Dulex Baby App 的玩法和可能出现的各种画面，以吸引年轻恋人们。这个视频通过微博、人人、微信等社交平台进行有奖传播。众多照顾宝宝的技能都在玩家之间进行分享，不仅增大了用户黏性，更是吸引了不少潜在用户。该视频点击量超过百万次，杜蕾斯宝贝计划有奖转发活动，有 3 176 人参与。微博用户都有自己的粉丝圈，当用户转发参与时，杜蕾斯的品牌曝光率便以幂级数增长。

资料来源：http://www.win8f.com/wangluotuiguang/658.html.

第一节 设计整合营销传播

在现代营销环境中，市场竞争是产品、价格和通路的竞争，更是传播与沟通的竞争！企业仅有一流的产品、合理的价格、畅通的渠道是远远不够的，还需要有一流的营销传播与沟通能力。

一、营销传播的实质与作用

1．传播过程模型

传播（communication）源于拉丁文，具有“共享”的意思。传播是人们之间信息交流的一种活动，是传播者与受传者之间的信息传递和分享的过程，是人与人、人与群体、群体与群体之间借助于语言和非语言工具直接或间接地对信息进行的传递、接受和反馈的活动。

传播的一般过程可以表述为：传播者在获得信息后，把信息编制成一定的符号，通过媒介将信息输送给目标受众。目标受众再把得到的符号进行解码，并做出一定的反馈。信息在传递过程中，还可能受到主观和客观因素的干扰。如图 11-1 所示。

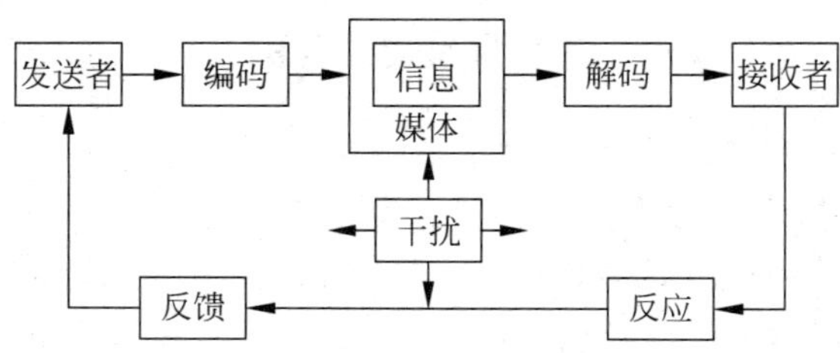

图 11-1 信息传递的一般模式

从传播过程可以看出，信息的传播是由传播者、信息符号、信息接收者、传播媒介、干扰因素和信息反馈等因素共同组成的。

2．营销传播的实质

营销传播（market communication）是指企业通过人员和非人员的方式把产品和服务的有关信息传递给顾客，以激起顾客的购买欲望，影响和促成顾客购买行为的全部活动的总称。

在市场经济中，社会化的商品生产和商品流通决定了生产者、经营者与消费者之间存在着信息上的分离，企业生产和经营的商品与服务信息常常不为消费者所了解和熟悉，或者尽管消费者知晓商品的有关信息，但缺少购买的激情和冲动。这就需要企业通过对商品信息的专门设计，再通过一定的媒体形式传递给顾客，以增进顾客对商品的注意和了解，并激发起购买欲望，为顾客最终购买提供决策依据。因此，营销传播从本质上讲是一种营销信息的传播和沟通活动。

二、设计有效的营销传播活动

为了成功地把企业及产品的有关信息传递给目标受众，企业必须有步骤、分阶段地进行营销传播活动，如图 11-2 所示。

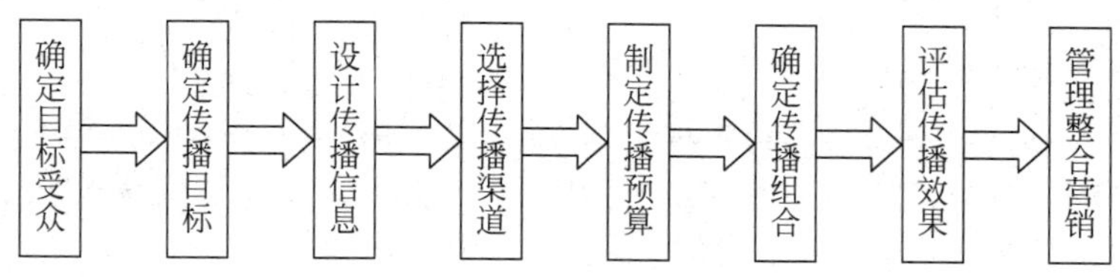

图 11-2　设计有效传播的步骤

（一）确定目标受众

设计有效的营销传播计划的第一步，是准确地界定目标受众。企业要明确目标受众是谁，是潜在购买者还是正在使用者，是老人还是儿童，是男性还是女性，是高收入者还是低收入者。确定目标受众是传播沟通的基础，它决定了企业传播信息应该说什么（信息内容）、怎么说（信息结构和形式）、什么时间说（信息发布时间）、通过什么说（传播媒体）和由谁说（信息来源）。

（二）确定传播目标

确定传播目标就是确定传播所希望得到的反应。传播者应明确目标受众处于购买过程的哪个阶段，并将促使消费者进入购买过程的下一个阶段作为传播沟通的目标。

消费者的购买过程一般包括六个阶段。

（1）知晓。当目标受众还不了解产品时，传播沟通的首要任务是引起消费者的注意并使其知晓。这时沟通的简单方法是反复重复企业或产品的名称。

（2）认识。当消费者对企业和产品已经知晓但所知不多时，企业应将建立消费者对企业或产品的清晰认识作为沟通目标。

（3）喜欢。当消费者对企业或产品的感觉不深刻或印象不佳时，传播沟通的目标是着重宣传企业或产品的特色和优势，使之产生好感。

（4）偏好。当消费者对企业或产品已比较喜欢但还没有特殊的偏好时，传播沟通的目标是建立受众对本企业或产品的偏好，这是形成顾客忠诚的前提。这需要特别宣传企业或产品较其他同类企业或产品的优越性。

（5）确信。消费者对企业或产品已经形成偏好，但还没有发展到购买它的信念，这时传播沟通的目标就是促使他们做出或强化购买决策，并确信这种决策是最佳决策。

（6）购买。当消费者已决定购买但还没有立即购买时，传播沟通的目标是促进购买行为的实现。

（三）设计传播信息

1. 信息内容

信息内容是信息所要表达的主题，也被称为诉求。其目的是促使消费者做出有利于企业的良好反应。一般有以下三种诉求方式。

（1）理性诉求（rational appeals）。针对消费者的兴趣，指出产品能够产生的功能效用及给购买者带来的利益。例如，洗衣粉宣传去污力强、空调宣传制冷效果好、冰箱突出保鲜功能等。一般工业品的消费者对理性诉求的反应最为敏感，生活用品的消费者特别在购买高价物品时也容易对质量、价格、性能等诉求做出反应。

（2）情感诉求（emotional appeals）。这是通过使消费者产生正面或反面的情感来激励其购买行为的一种诉求方式。例如，使用幽默、喜爱、欢乐等促进购买和消费，也可使用恐惧、羞耻等促使人们去做应该做的事（如刷牙、健康检查等）或停止做不该做的事（如吸烟、酗酒等）。

（3）道德诉求（moral appeals）。诉求于人们心目中的道德规范，促使人们分清是非，弃恶从善，如遵守交通规则、保护环境、尊老爱幼等。这种诉求方式特别用在企业的形象宣传中。

2. 信息结构

信息结构主要解决三个问题：一是是否做出结论，即是提出明确结论还是由受众自己做出结论；二是单面论证还是双面论证，即是只宣传商品的优点还是既说优点也说不足；三是表达顺序，即沟通信息中把重要的论点放在开头还是结尾的问题。

3. 信息形式

信息传播者必须为信息设计有吸引力的形式。信息形式的选择对信息的传播效果具有至关重要的作用。例如，在印刷广告中，传播者必须决定标题、文案、插图和色彩，以及信息的版面位置；通过广播媒体传达的信息，传播者要充分考虑音质、音色和语调；通过电视媒体传达的信息，传播者除要考虑广播媒体的因素外，还必须考虑信息传播者的仪表、服装、手势、发型等体语因素；若信息经过产品及包装传达，则特别要注意包装的质地、气味、色彩和大小等因素。

4. 信息来源

由谁来传播信息对信息的传播效果具有重要影响。如果信息传播者本身是接受者信赖甚至崇拜的对象，受众就容易对信息产生注意和信赖。在实践中，信息由可信度较高的信息源进行传播会更具有说服力。例如，玩具公司请儿童教育专家推荐玩具，高露洁公司请牙科医生推荐牙膏，冰箱厂请科学院院士推荐冰箱等，都是比较好的选择。

信息源的可信度取决于信息源的专业性、可信性和可爱性。专业性是指传播者所拥有的专业知识，可信性是指消息来源被认为客观和公正的程度。在消费者收集消费信息的商业来源、公共来源、个人来源和经验来源这四种信息来源中，商业来源的可信性最低，经验来源的可信性最高。可爱性是指信息源对受众的吸引力。幽默风趣、生动形象、自然纯真等特性会使信息源更有魅力。无疑，最好的信息源应该同时在专业性、可信性和可爱性三方面受到受众的高度评价。

（四）选择传播渠道

1. 人员传播渠道

人员传播渠道是指涉及两个或更多的人的相互之间进行的直接传播。人员传播可以是当面交流，也可以通过电话、信件甚至QQ网络聊天等方式进行。这是一种双向沟通，能立即得到对方的反馈，并能够与沟通对象进行情感渗透，因此效率较高。在产品昂贵、风险较大或不常购买及产品具有显著的社会地位标志时，人员的影响尤为重要。

2．非人员传播渠道

非人员传播渠道是指不经人员接触和交流而进行的一种信息传播方式，是一种单向传播方式，包括大众传播媒体（mass media）、气氛（atmosphere）和事件（events）等。大众传播媒体包括印刷媒体（报纸、杂志等）、广播媒体（广播、电视等）、网络媒体及展示媒体（广告牌、显示屏等）。大众传媒面对广大的受众，传播范围广。气氛是指设计良好的环境因素营造氛围，如商品陈列、POP广告、营业场所的布置等，促使消费者产生购买欲望并导致购买行动。事件是指为了吸引受众注意而制造或利用的具有一定新闻价值的活动，如新闻发布会、展销会等。

（五）制定传播预算

营销传播预算是企业面临的最难做出的营销决策之一。行业之间、企业之间的传播预算差别相当大。在化妆品行业，传播费用可能达到销售额的20%~30%，甚至30%~50%，而在机械制造行业中仅为10%~20%。企业制定传播预算常用的方法主要有以下几种。

（1）量力支出法。这是一种量力而行的预算方法，即企业以本身的支付能力为基础确定传播活动的费用。这种方法简单易行，但忽略了传播与销售量的因果关系，而且企业每年财力不一，从而传播预算也经常波动。

（2）销售额百分比法。即依照销售额的一定百分比来制定传播预算。如企业今年实现销售额100万元，如果将今年销售额的10%作为明年的传播费用，则明年的传播费用就为10万元。

（3）竞争对等法。主要根据竞争者的传播费用来确定企业自身的传播预算。

（4）目标任务法。企业首先确定传播目标，然后确定达到目标所要完成的任务，最后估算完成这些任务所需的费用，这种预算方法即为目标任务法。

（六）确定传播组合

现代营销学认为，传播的方式包括人员推销、广告、公共关系、营业推广、直销与互动营销、事件营销、体验营销和口碑营销等。其中，广告、公共关系、营业推广、事件营销和体验营销属于大众传播方式，人员推销、直销与互动营销、口碑营销属于人员传播方式。企业把这些传播形式有机结合起来，综合运用，形成一种组合策略或技巧，即为营销传播组合。如图11-3所示。

（七）评估传播效果

传播方案实施后，企业需要评价其效果。信息传播者需要目标顾客回答下列问题：是否接触到所传播的信息，是否能够识别或记住该信息，接触该信息的次数，记住的内容，对信息的感觉如何，对公司和公司的产品的态度如何等。信息传播者需要收集受众

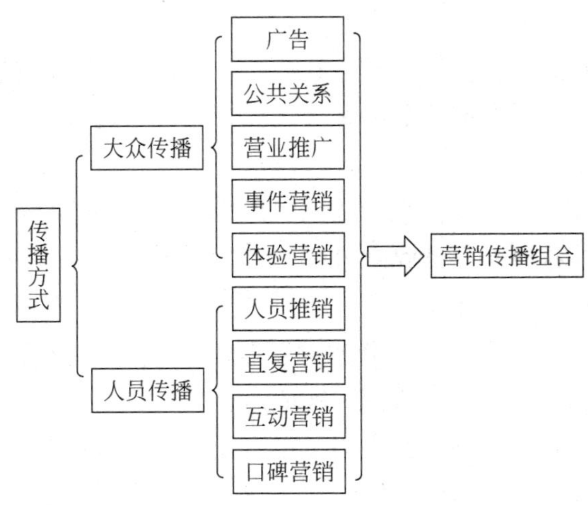

图 11-3 营销传播组合

反应的行为数据，如多少人购买了产品、多少人喜爱并乐意与别人谈论该产品等。假设通过实施传播方案，有 80%的目标顾客知晓产品的有关信息，其中 60%的人有试用经历，但试用的人中仅有 10%的人对产品感到满意。上述数据说明，信息传播方案在创造产品的知名度方面是有效的，但所传递的信息则可能使消费者产生了超出产品实际特性的消费预期。但是，如果仅有 40%的目标顾客知晓该产品的有关信息，其中有 30%的人试用过它，在试用的人中有 80%的人对产品感到满意。这时，则需要改进产品的传播方案以加强对产品的认知度。

（八）管理整合营销传播过程

随着大众市场的日益分众化、新兴媒体形式的不断涌现，以及消费者的知识日益丰富和成熟度的不断提高，企业只有采用整合营销传播的方法，综合运用多种传播手段和形式，才能达到预期的传播效果。正如菲利浦·科特勒所说，“多种传播工具、信息和受众，需要公司整合营销传播工具。公司必须采用消费者的‘360 度视野’，这样才能在日常事务中，全面理解影响消费者行为的不同传播方式”。[①]

整合营销传播是以消费者为核心重组企业行为和市场行为，综合协调地使用各种传播方式，以统一的目标和统一的传播形象传递一致的产品信息，实现与消费者的双向沟通，迅速树立产品或品牌在消费者心目中的地位，建立品牌与消费者长期密切的关系，更有效地达到传播信息和销售产品的目的的活动。

整合营销传播可以从横向整合传播和纵向整合传播两个方面进行。

1. 横向整合

横向整合包括以下几项。

（1）媒体信息的整合。媒体信息的整合，主要要求语言、图片、声音、视频等各种

① 菲利浦·科特勒. 营销管理[M]. 第 14 版. 上海：格致出版社，2012：470.

媒体所传达的信息在内容上要高度一致，即“多种媒体，一个声音”。

（2）营销传播工具的整合。营销工具的整合，实质上要求企业在运用广告、公关、人员推销、营业推广、直接营销、体验营销等各种传播工具时具有高度的协调性，传达的信息具有高度一致性。

（3）接触管理（contact management）。舒尔茨把“接触”界定为：凡是能够将品牌、产品类别和任何与市场相关的信息等资讯传输给消费者的过程和经验。“接触”包含了媒体、营销传播工具与其他可能与消费者接触的形式。显然，顾客接触信息的次数越多，这些信息又具有高度一致性，对顾客的认知、态度或行为的影响就越大。因此。选择消费者的最佳接触点作为传播信息的落脚点，就成为接触管理的重点问题。

（4）对各类目标受众的信息传达整合。不同的目标受众具有不同的媒体习惯，有不同的利益追求，在商品购买中也扮演着不同的角色（发起者、影响者、决策者、购买者和使用者）。因此，企业进行营销传播必须实行差异化，针对不同的受众运用不同的传播方式来传达不同的信息。差异化传播是整合营销传播的基本要求。

2．纵向整合

纵向整合就是在不同的传播阶段运用各种形式的传播手段进行传播，从而产生协调一致、渐进加强的效果，以实现传播目标。

（1）营销活动各环节中的整合。营销活动是一个包含市场研究、市场细分、选择目标市场、进行市场定位、设计营销组合、进行营销管理等一系列活动的过程。企业营销活动的每一个环节，都是向消费者展示企业文化、与消费者进行沟通的环节。因此，需要整合，以保持相同的理念、个性和风格。

（2）与消费者关系发展过程中的整合。消费者与品牌的关系，就像一对陌生的男女经相识、初恋、热恋，最后走进婚姻的殿堂一样，也要经过一个逐步发展的过程，并最终形成一个品牌忠诚阶梯。在这个过程中，整合营销传播的主要任务就是要在品牌忠诚阶梯的不同阶段，传达与消费者所处阶段相适应的信息，并使信息前后所体现的精神和风格高度一致。

消费者的品牌忠诚阶梯可大致分为知晓、兴趣、欲望、行动和重复购买等阶段。知晓阶段传播的主要任务是让消费者意识到品牌的存在，并对品牌的个性和特色有初步的认识。在这一阶段，高品质的广告和公关活动、独具特色的营业推广活动是引起消费者关注的重要手段。兴趣的产生来源于对对象的比较充分的了解，因而，比较详细的广告和媒体报道、体验营销等都是比较适宜的传播手段。欲望产生于对消费需求满足的期待与渴望，因此，较高的性价比优势、意见领袖的倡导、D M、独具特色的销售促进活动等都是激发顾客购买欲望的手段。人员推销、营业推广活动、卖场氛围的营造则在促使顾客把欲望转化为行动的过程中发挥着重要作用。重复购买阶段传播的主要目标在于维持消费者与品牌的稳定关系，使顾客成为企业的忠诚顾客。因而，协调一致、持续出现的广告和公关活动是主要的传播方式，良好的口碑和售后服务也扮演着非常重要的角色。

第二节　设计和管理大众传播活动

一、开发和管理广告活动

广告是广告主以付费的方式，通过一定的媒体有计划地向公众传递有关商品、劳务和其他信息，借以影响受众的态度，进而诱发或说服其采取购买行动的一种大众传播活动。

在营销传播活动中，无论是建立对某种产品的品牌偏好，还是展示企业独特的经营理念和文化，广告都是一种有效的传播手段。“商品如果不做广告，就好像一个少女在黑暗中向你暗送秋波。”西方流行的这句名言充分表现了广告在营销中的独特地位。

在市场早已走出了“酒好也怕巷子深”的时代，在媒体不断细分化的时代，在消费者的成熟度不断提高、对广告的信任度不断降低的时代，在许多企业发出“不做广告是等死，做广告是找死”的时代，如何进行科学的广告决策，是广告传播的关键所在。

企业在进行广告活动时，必须进行五个重要的决策，简称“5M”：广告目标（mission）、广告预算（money）、广告信息（message）、广告媒体（media）和广告效果（measurement）。

（一）确定广告目标（mission）

企业广告决策的第一步是确定广告目标。广告目标是企业通过广告活动要达到的目的，其实质就是要在特定的时间对特定的目标受众完成特定内容的信息传播，并获得目标受众的预期反应。

根据产品生命周期不同阶段中广告的作用和目标的不同，一般可以把广告的目标大致分为告知、劝说和提示三大类。

1．告知性广告（information advertising）

告知性广告主要用于向市场推销新产品、介绍产品的新用途和新功能、宣传产品的价格变动、推广企业新增的服务，以及新企业开张等。告知性广告的主要目标是促使消费者产生初始需求（primary demand），而不在于宣传某种品牌。

2．劝说性广告（persuasive advertising）

在产品进入成长期、市场竞争比较激烈的时候，企业广告的主要目标是建立消费者的选择性需求（selective demand），促使消费者对本企业的产品产生“偏好”。具体包括劝说顾客购买自己的产品、鼓励竞争对手的顾客转向自己、改变消费者对产品属性的认识，以及使顾客有心理准备乐于接受人员推销等。劝说性广告一般通过现身说法、权威证明、比较等手法说服消费者。

3．提示性广告（reminder advertising）

提示性广告是在产品的成熟期和衰退期使用的主要广告形式，其目的是提示顾客购买。例如，提醒消费者购买本产品的地点，提醒人们在淡季时不要忘记该产品，提醒人们在面对众多新产品时不要忘了继续购买本产品等。

（二）确定广告预算（money）

广告目标确定后，企业必须确定广告预算。确定广告预算的方法，主要也是前述的量力支出法、销售额百分比法、目标任务法和竞争对等法四种。基本操作如前所述。企业在确定广告预算时必须充分考虑以下因素。

（1）产品生命周期。产品在投放期和成长期前期的广告预算一般较高，在成熟期和衰退期的广告预算一般较低。

（2）市场占有率的高低。市场占有率越高，广告预算的绝对额越高，但面向广大消费者的产品的人均广告费用却比较低；反之，市场占有率越低的产品，广告预算的绝对额也较低，但人均广告费并不低。

（3）竞争的激烈程度。广告预算的多少与竞争激烈程度的强弱成正比。

（4）广告频率的高低。广告频率的高低与广告预算的多少成正比。

（5）产品的差异性。高度同质性的产品，广告的效果不明显，广告预算低；高度差异性的产品，具有一定的垄断性，不做广告也会取得较好的销售效果，广告预算也不用太高；而具有一定的差异性，但这种差异又不足以达到垄断地位的产品，因为市场竞争激烈，广告预算反而比较多。

（三）设计广告信息（message）

广告的效果并不主要取决于企业投入的广告经费，更关键的是在于广告表现的内容和创意。广告主题决定广告表现的内容，广告创意决定广告表现的形式和风格。只有广告内容迎合目标受众的需求，广告表现新颖独特，广告才能引人注意，并给目标受众带来美好的联想，从而促进产品的销售。

广告的信息决策一般包括以下三个步骤。

1．设计广告主题

广告主题是广告所要表达的中心思想。广告主题的作用是为消费者创造购买商品的理由。因此，广告主题应当显示产品的主要优点和用途以吸引消费者。对于同一类商品，可以从不同角度提炼不同的广告主题，以满足不同消费者的需要和同一消费者的不同需要。广告主题的确定，可以通过对顾客、中间商、有关专家甚至竞争对手的调查获得创意。在企业广告活动中，快乐、方便、传统、健康、3B（宠物、小孩和美女）等都是常用的广告主题。

2．评估与选择广告信息

一个好的广告总是集中于一个核心的促销主题，而不必涉及太多的产品信息。“怕上火喝加多宝”，就以异常简洁的信息在受众心目中留下深刻的印象。如果广告信息过多过杂，消费者往往不知所云。

广告信息载体的主要形式之一就是广告文案。一份广告文案一般由广告标题、广告正文、广告标语和广告附文四部分组成。广告文案要符合三点要求：其一，具有吸引力。即广告信息首先要使人感兴趣，引人入胜。其二，具有独特性。即广告信息要与众不同，独具特色，而不要人云亦云。其三，具有可靠性。广告信息必须从实际出发，实事求是，而不要以偏概全，夸大其词，甚至无中生有。只有全面客观的广告传播，才能增加广告的可信度，持久地建立企业和产品的信誉。

3．广告信息的表达

广告信息的效果不仅取决于说什么，更在于怎么说，即广告信息的表达。广告表现的手段包括语言手段和非语言手段。

语言在广告中的作用是其他任何手段所不及的，因为语言可以准确、精练、完整、扼要地传达广告信息。如腾讯的“弹指间，心无间”，利郎服饰的“简约而不简单”，万科地产的“建筑无限生活”，旅游卫视的“身未动，心已动”等，既简明扼要，又朗朗上口，都取得了极好的传播效果。

非语言手段就是语言以外的可以传递信息的一切手段，包括构图、色彩、音响、体语等。

进行广告表现，要做到图文并茂，善于根据不同产品的不同广告定位，把语言手段和非语言手段有机地结合起来。

独具特色的广告语

- 你不理财，财不理你。——《理财》周刊
- 请不要和刚刚走出本院的少女调情，她或许就是你的外祖母。——某美容院广告
- 晚报不晚报。——北京晚报广告
- 如果你听课后不喜欢这门课程，那你可以要求退回你的学费，但必须用法语说。——某法语学习班招生广告
- 早进来晚进来早晚进来，多吃点少吃点多少吃点。——某小吃店广告
- 让你心跳，不如尖叫。——尖叫饮料广告

（四）选择广告媒体（media）

广告表现的结果就是广告作品。广告作品只有通过恰当的广告媒体投放才能实现传播目标。

广播、电视、报纸和杂志是传统的四大传播媒体，互联网和手机被称为第五大媒体。除大众媒体外，还有招牌、墙体等户外媒体，车身、车站等交通媒体，信函、传单等直接媒体等。

广告媒体的选择，主要依据下列因素进行。

1．广告商品的特征

一般生产资料适合选择专业性的报纸、杂志和产品说明书；而生活资料则适合选择生动形象、感染力强的电视媒体和印刷精美的彩色杂志等媒体。

2．目标市场的特征

其一，目标市场的范围。全国性市场适合选择全国性媒体，如中央电视台、经济日报等；区域性市场适合选择地区性媒体，如广州日报、广州电视台等。其二，目标市场的地理区域。农村市场需要选择适合农民的媒体，如《南方农村报》等；城市市场则适合选择都市类媒体，如《南方都市报》。其三，目标市场的媒体习惯。每种媒体都有自己独特的定位，每类消费者也都有自己的媒体习惯。所以，媒体选择要有针对性。例如针对中产阶级的广告，适合选择专门定位于白领阶层的《新快报》等时尚类媒体。

3．广告目标

以扩大市场销售额为目的的广告应选择时效性快、表现性强、针对性强的媒体；树立形象的广告则适合选择覆盖面广、有效期长的媒体。

4．广告信息的特征

情感诉求的广告适合选择广播、电视媒体等媒体；理性诉求的广告适合选择报纸、杂志等印刷类媒体。

5．竞争对手的媒体使用情况

一般情况下，应尽可能避免与竞争对手选择同一种媒体，特别是同种媒体的同一时段或同一版面。如果中国移动和中国联通的广告登在同一种报纸的同一版面上，或者在电视的同一时段投放，效果就可能大打折扣。

6．广告媒体的特征

各类广告媒体都有各自的广告适应性，例如，电视的优势是生动形象、时效性强、多手段传播、但不易保存、费用高；报纸价格便宜、易保存，但不生动等。选择广告媒体一定要对各类媒体的广告属性进行充分的把握。

7．国家广告法规

广告法规关于广告媒体的规定是选择广告媒体的重要依据。

（五）评估广告效果（measurement）

广告效果主要体现在传播效果、销售效果和社会效果三方面。广告的传播效果是前提和基础，主要评估广告是否将信息有效地传递给目标受众；广告的销售效果是核心和关键，主要评估广告所引起的产品销售额及利润的变化状况；广告的社会效果主要评定广告的合法性及广告对社会文化价值观念的影响，一般可以通过专家意见法和消费者评判法进行。

二、设计和管理销售促进活动

（一）销售促进及其适用性

销售促进是刺激消费者迅速购买商品而采取的各种促销措施，其目的是扩大销售和刺激人气。简单来说，广告提供了购买的原因，销售促进则提供了购买所需的激励。由于市场竞争的激烈程度加剧、消费者对交易中的实惠的日益重视、广告媒体费用上升、企业经常面临短期销售压力等原因，销售促进受到企业越来越多的青睐。

销售促进比较适合于对消费者和中间商开展促销工作，一般不太适用于产业用户。对于个人消费者，销售促进主要吸引三类人群：一是已经使用本企业产品的消费者，促使其消费更多；二是已使用其他品牌产品的消费者，吸引其转向本企业的产品；三是未使用过该产品的消费者，争取其试用本企业的产品。对于中间商，销售促进主要是吸引中间商更多地进货和积极经销本企业的产品，增强中间商的品牌忠诚度，争取新的中间商。

在产品处于生命周期的投放期和成长期时，销售促进的效果较好；在成熟阶段，销售促进的作用明显减弱。对于同质化程度较高的产品，销售促进可在短期内迅速提高销售额，但对于高度异质化的产品，销售促进的促销作用相对较小。

一般来说，市场占有率较低、实力较弱的中小企业，由于无力负担大笔的广告费，对所需费用不多又能迅速增加销量的销售促进往往情有独钟。有时，企业也可以将销售促进与广告、公共关系等促销方式结合起来，以销售促进吸引竞争者的顾客，再用广告和公共关系使之产生长期偏好，从而争取竞争对手的市场份额。

（二）销售促进的主要决策

企业进行销售促进活动，应重点做好以下决策。

1．确定销售促进的目标

企业在进行销售促进活动之前，必须确定明确的推广目标。推广目标因不同的推广对象而不同。对消费者来说，推广目标主要是促使他们更多地购买和消费产品，吸引消费者试用产品，吸引竞争品牌的消费者等。对中间商而言，推广目标主要是吸引中间商经销本企业的产品，进一步调动中间商经销产品的积极性，巩固中间商对本企业的忠诚度等。对推销员来说，推广目标就是激发推销员的推销热情，激励其寻找更多的潜在顾客。

2．选择恰当的销售促进方式

1）塑造适宜的商业氛围

商业氛围对于激发消费者的购买欲望具有极其重要的作用。因此，商店布局必须精心构思，营造出一种能够激发目标消费者购买激情的氛围，从而使消费者乐于购买。

（1）营业场所设计。在当代，购物环境的好坏已经成为消费者是否光顾的重要条件。优美的购物环境体现在视觉、听觉、嗅觉等多方面。营业场所富有特色的店堂布置、宽广宜人的购物空间、井井有条的商品陈列、轻松悦耳的音乐，总使消费者流连忘返。一位女士这样描绘她心中的购物环境：空气像大自然一样清新，环境像五星酒店一样优雅，购物像海边散步一样轻松……

（2）商品陈列设计。商品陈列既可以将商品的外观、性能、特征等信息迅速地传递给顾客，又能起到改善店容店貌、美化购物环境、刺激购买欲望的作用。商品陈列设计要达到以下要求：引起顾客的注意和兴趣；允许顾客自由接触、选择和观看，具有亲和力；独特的造型和色彩搭配，具有美感；传达的信息简单、明确，使顾客容易理解；品种丰富，消费者具有较大的选择空间。

2）选择恰当的销售促进工具

企业可以根据市场类型、销售促进目标、竞争情况、国家政策以及各种推广工具的特点灵活选择推广工具。

（1）生产商对消费者的推广形式。如果企业以抵制竞争者的促销为推广目的，则企业可设计一组降价的产品组合，以取得快速的防御性反应；如果企业的产品具有较强的竞争优势，企业促销的目的在于吸引消费者率先采用，则可以向消费者赠送样品或让其免费试用样品。

（2）零售商对消费者的推广形式。零售商促销的目的是吸引更多的顾客光临和购买。因此，促销工具的选择必须能够给顾客带来实惠。实惠就是吸引力。在推广中，零售商经常采用商品陈列和现场表演、优惠券、特价包装、抽奖、游戏等推广形式。

（3）生产商对中间商的推广形式。生产商为了得到批发商和零售商的合作与支持，主要运用购买折扣、广告折让、商品陈列折让和经销奖励等方式进行推广。

（4）生产商对推销员的推广形式。生产商为了调动推销员的积极性，经常运用销售竞赛、销售红利、奖品等工具对推销员进行直接刺激。

3）制订合理的销售促进方案

一个完整的销售促进方案必须包括以下内容。

（1）诱因的大小。即确定使企业成本/效益最佳的诱因规模。诱因规模太大，企业的促销成本就高；诱因规模太小，对消费者又缺少足够的吸引力。因此，营销人员必须认真考察销售和成本增加的相对比率，确定最合理的诱因规模。

（2）刺激对象的范围。企业需要对促销对象的条件做出明确规定，例如赠送礼品，是赠送给每一个购买者，还是只赠送给购买量达到一定要求的购买者等。

（3）促销媒体的选择。即决定如何将销售促进方案告诉给目标对象。例如，企业可以采用以下方式对将要举行的赠送礼品的推广活动进行宣传：一是印制宣传单在街上派送；二是将宣传单放置在销售终端供顾客取阅；三是在报纸等大众媒体上做广告；四是邮寄给目标顾客等。

（4）促销时机的选择。企业可以灵活地选择节假日、重大活动和事件等时机进行促销活动。

（5）确定推广期限。推广期限要恰当，不可太短或太长。根据西方营销专家的研究，比较理想的推广期限是三个星期左右。

（6）确定促销预算。一般有两种方式确定预算：一种是全面分析法。即营销者对各个推广方式进行选择，然后估算它们的总费用。另一种是总促销预算百分比法。这种比例经常按经验确定，例如奶粉的推广预算占总预算的30%左右、咖啡的推广预算占总预算的40%左右等。

4）测试销售促进方案

为了保证销售促进的效果，企业在正式实施推广方案之前，必须对推广方案进行测试。测试的内容主要是推广诱因对消费者的效力、所选用的工具是否恰当、媒体选择是否恰当、顾客反应是否足够等。

5）执行和控制销售促进方案

企业必须制订具体的实施方案。实施方案中应明确规定准备时间和实施时间。准备时间是指推出方案之前所需的时间，实施时间是从推广活动开始到95%的推广商品已到达消费者手中这一段时间。

6）评估销售促进的效果

销售促进的效果体现了销售促进的目的，企业必须高度重视对销售促进效果的评价。评价销售促进的效果，一般可以采用比较法（比较推广前后销售额的变动情况）、顾客调查法和实验法等方法进行。

三、设计和管理公共关系

（一）公共关系的构成要素

公共关系是企业利用各种传播手段，沟通内外部关系，塑造良好形象，为企业的生存和发展创造良好环境的经营管理艺术。社会组织、传播和公众是公共关系的构成要素，它们分别作为公共关系的主体、中介和客体相互依存。

社会组织是公共关系的主体，它是指执行一定社会职能、实现特定的社会目标、构成一个独立单位的社会群体。在营销中，公共关系的主体就是企业。

公众是公共关系的客体。公众是面临相同问题并对组织的生存和发展有着现实或潜在利益关系和影响力的个体、群体及社会组织的总和。企业在经营和管理中必须要注意处理好与员工、顾客、媒体、社区、政府、金融等各类公众的关系，为自己创造良好和谐的内外环境。

社会组织与公众之间需要传播和沟通。传播是社会组织利用各种媒体，将信息或观点有计划地与公众进行交流的沟通过程。社会组织开展公关活动的过程实际上就是传播沟通过程。

（二）公共关系决策

进行公共关系活动需要进行以下决策。

1. 确定公共关系目标

进行公共关系活动要有明确的目标。目标的确定是公共关系活动取得良好效果的前提条件。企业的公关目标因企业面临的环境和任务的不同而不同。一般来说，企业的公关目标主要有以下几类：①新产品、新技术开发之中，要让公众有足够的了解；②开辟新市场之前，要在新市场所在地的公众中宣传组织的声誉；③转产其他产品时，要树立组织新形象，使之与新产品相适应；④参加社会公益活动，增加公众对组织的了解和好感；⑤开展社区公关，与组织所在地的公众沟通；⑥本组织的产品或服务在社会上造成不良影响后，进行公共关系活动以挽回影响；⑦创造一个良好的消费环境，在公众中普及同本组织有关的产品或服务的消费方式等。

2. 确定公共关系对象

公关对象的选择就是公众的选择。公关的对象决定于公关目标，不同的公关目标决定了公关传播对象的侧重点的不同。如果公关目标是提高消费者对本企业的信任度，毫无疑问，公关活动应该重点根据消费者的权利和利益要求进行。如果企业与社区关系出现摩擦，公关活动就应该主要针对社区公众进行。选择公关对象要注意两点：一是侧重点是相对的。企业在针对某类对象进行公关活动时不能忽视了与其他公众的沟通。二是在某些时候（如企业出现重大危机等），企业必须加强与各类公关对象的沟通，以赢得各方面的理解和支持。

3. 选择公共关系方式

公共关系的方式是公共关系工作的方法系统。在不同的公关状态和公关目标下，企业必须选择不同的公关模式，以便有效地实现公共关系目标。一般来说，供企业选择的公关方式主要有以下两类。

（1）战略性公关方式。下列五种公关方式，主要针对企业面临的不同环境和公关的不同任务，从整体上影响企业形象，属于战略性公关。①建设性公关。主要适用于企业初创时期或新产品、新服务首次推出之时，主要功能是扩大知名度、树立良好的第一印象。②维系性公关。适用于企业稳定发展之际，用以巩固良好企业形象的公关模式。③进攻性公关。企业与环境发生摩擦冲突时所采用的一种公关模式，主要特点是主动。④防御性公关。企业为防止自身公共关系失调而采取的一种公关模式，适用于企业与外部环境出现了不协调或摩擦苗头的时候，主要特点是防御与引导相结合。⑤矫正性公关。企业遇到风险时采用的一种公关模式，适用于企业公共关系严重失调，从而企业形象严重受损的时候，主要特点是及时。

（2）策略性公关方式。下列五种公关方式，属于公共关系的业务类型，主要是公共关系的策略技巧，属于策略性公关。①宣传性公关。运用大众传播媒介和内部沟通方式开展宣传工作，树立良好企业形象的公共关系模式，分为内部宣传和外部宣传。②交际性公关。通过人际交往开展公共关系的模式，目的是通过人与人的直接接触，进行感情上的联络。其方式是开展团体交际和个人交往。③服务性公关。以提供优质服务为主要手段的公共关系活动模式，目的是以实际行动获得社会公众的了解和好评。这种方式最显著的特征在于实际的行动。④社会性公关。利用举办各种社会性、公益性、赞助性活动开展公关，带有战略性特点，着眼于整体形象和长远利益。其方式有三种：一是以企业本身为中心开展的活动，如周年纪念等；二是以赞助社会福利事业为中心开展的活动；三是资助大众传播媒介举办的各种活动。⑤征询性公关。以提供信息服务为主的公关模式，如市场调查、咨询业务、设立监督电话等。

4．实施公共关系方案

实施公共关系方案的过程，就是把公关方案确定的内容变为现实的过程，是企业利用各种方式与各类公众进行沟通的过程。实施公关方案是企业公关活动的关键环节，需要做好以下工作。

（1）做好实施前的准备。做好充分的准备是保证公共关系实施成功的关键。公关准备工作主要包括公关实施人员的培训、公关实施的资源配备等方面。

（2）消除沟通障碍，提高沟通的有效性。公关传播中存在着方案本身的目标障碍，实施过程中语言、风俗习惯、观念和信仰的差异以及传播时机不当、组织机构臃肿等多方面形成的沟通障碍和突发事件的干扰等影响因素。消除不良影响因素，是提高沟通效果的重要条件。

（3）加强公关实施的控制。企业的公关实施如果没有进行有效的控制，就会产生偏差，从而影响到公关目标的实现。公关实施中的控制主要包括对人力、物力、财力、时机、进程、质量、阶段性目标以及突发事件等方面的控制。公关实施中的控制一般包括制定控制标准、衡量实际绩效、将实际绩效与既定标准进行比较和采取纠偏措施四个环节。

5. 评估公共关系效果

公共关系评估，就是根据特定的标准，对公共关系计划、实施及效果进行衡量、检查、评价和估计，以判断其成效。公共关系评估贯穿于整个公关活动之中，包括：①公共关系程序的评估。即对公共关系的调研过程、公关计划的制订过程和公关实施过程的合理性和效益性做出客观的评价。②专项公共关系活动的评估。主要包括对企业日常公共关系活动效果的评估、企业单项公共关系活动（如联谊活动、庆典活动等）效果的评估、企业年度公共关系活动效果的评估等。③公共关系状态的评估。企业的公共关系状态包括舆论状态和关系状态两个方面。企业需要从企业内部和企业外部两个角度对企业的舆论状态和关系状态进行评估。

四、设计和管理事件营销

事件营销是企业通过策划或利用具有新闻价值及社会影响的人物或事件，引起公众的关注，以提高企业或产品的知名度、美誉度，树立品牌形象，促进商品销售的手段和方式。简而言之，事件营销就是通过制造或利用具有新闻价值的事件，并使事件得以广泛传播，从而达到传播效果的活动。事件营销集新闻效应、广告效应、公共关系、形象传播和客户关系于一体，是一种能快速提升品牌知名度与美誉度的营销手段。

（一）事件营销的基本模式

企业事件营销运作的模式可归结为两类：利用事件和制造事件。

（1）利用事件是企业借用已有的社会热点事件或话题，结合企业或产品在销售或传播上的目的而展开的一系列活动，又称“借势”。借势要实现好的传播效果，企业必须遵循相关性、可控性和系统性的原则。相关性就是指社会议题必须与企业的自身形象定位密切相关，与产品的目标市场密切相关。可控性是指企业利用热点事件进行的传播能够在企业控制的范围内。系统性是指企业借助外部热点话题进行传播时，必须策划和实施一系列与之配套的公共关系策略，整合多种手段，实现外部议题与组织议题相结合，促使公众从对外部议题的关注转向对企业议题的关注。

（2）制造事件是企业通过策划、组织和制造具有新闻价值的事件，整合自身资源，以吸引媒体、社会团体及消费者的兴趣和关注，又称“造势”。造势要取得好的传播效果，必须遵循创新性、公共性和互惠性的原则。创新性是指企业所策划的事件或制造的话题必须新颖。事件的新颖性是获得公众关注的前提条件。正如西方名言所说：“狗咬人，不是新闻；人咬狗才是新闻。”公共性是指企业策划的事件或话题必须是公众关注的，符合公众的价值观和利益要求。互惠性是指要想使事件获得人们持续地关注，必须实现双赢。

（二）事件营销的策略

1. 利用明星效应

按照法兰克福学派的观点，明星是大工业化时代的产物，从其一诞生就贴着商品的标签。因此，这个源自远古图腾崇拜的现代镜像从来就不乏商业的土壤。到了今天，明星效应更是被企业充分地作为传播的有效手段。近年来，新浪微博就巧妙地利用了明星强大的号召力与大众窥探公众人物日常生活隐私的心理，在短短几年内成长为国内最重要的信息分享交互平台，并被冠以“中国版 Twitter”的美誉。

2．利用体育活动

主要就是借助赞助、冠名等手段，通过所赞助的体育活动来推广自己的品牌。体育营销作为一种软广告，具有沟通对象量大、传播面广和针对性强等特点，具有极好的传播效果。例如，吉利汽车通过参与 F1 方程式赛车的方式加入体育营销的行列，通过方程式赛车这一顶级的体育赛事，全面打消已经习惯技术引进模式的汽车业界对于吉利自主研发汽车核心技术的怀疑，从而提高了品牌的知名度和信任度。

3．利用新闻事件

企业利用广受社会关注、影响面广的新闻，不失时机地将其与自己的品牌联系在一起，来达到借力发力的传播效果。

百事可乐的猴年贺年广告

随着一句“猴赛雷”，百事可乐打响了猴年营销战役的第一枪！以用户情感为纽带，请来了“80 后”“90 后”的童年偶像六小龄童来拍摄微电影《把爱带回家之猴王世家》，影片一推出，便吸睛无数。随着“六小龄童节目被毙”的话题持续升温，百事微电影更是吸引了众多网友目光，同时百事在 2016 上半年的百度热搜指数也达到了最高峰值。

资料来源：http://www.meihua.info/a/67245.

4．利用软文制造舆论

企业通过与相关媒体合作，发表大量介绍和宣传企业的产品或服务的软性文章，以理性的手段传播自己。“软文”，就是指通过特定的概念诉求、以摆事实讲道理的方式使消费者走进企业设定的“思维圈”，以强有力的针对性心理攻势迅速实现营销信息的广泛传播。软文是基于特定产品的概念诉求与问题分析对消费者进行针对性心理引导的一种传播模式，从本质上来说，它是企业软性渗透的商业策略在广告形式上的实现，通常借助文字表达与舆论传播使消费者认同某种概念、观点和分析思路，从而达到企业品牌宣传和产品销售的目的。

5．策划推广活动

企业为推广产品而组织策划一系列宣传活动，吸引消费者和媒体的关注来达到传播推广的目的。

雪花啤酒策划系列主题活动提升品牌影响力

从 2005 年开始，雪花啤酒连续七年策划了以见证雅鲁藏布江大峡谷的湍流深渊、穿越了柴达木盆地和塔克拉玛干沙漠、攀登乔戈里峰等以“勇闯天涯”为主题的系列推广活动。2013 年，雪花啤酒再次策划了雪花纯生古建筑摄影大赛活动。这些活动有效地传递了雪花啤酒的品牌价值，提高了品牌的影响力。

6．创造流行

企业着眼于消费者的理性认知与积极情感的结合，为自己的产品或服务创造一种“新理念”“新潮流”，通过导入消费新观念，使消费者对新产品建立起鲜明的效用概念、特色概念、品牌概念和形象概念和服务概念，从而形成一种消费潮流。

白加黑通过独特的概念创造流行

1995 年，“白加黑”上市仅 180 天销售额就突破 1.6 亿元，在感冒药市场上分割了15%的份额，登上了行业第二品牌的地位，堪称奇迹。其关键在于其崭新的产品概念所制造出来的流行。“白加黑”不仅在品牌的外观上与竞争品牌形成很大的差别，更重要的是它与消费者的生活形态相一致，达到了引发联想的强烈传播效果。“白加黑”的品牌名称和“白天服白片，不瞌睡；晚上服黑片，睡得香”的广告口号都清晰地传递着产品概念。因此，得了感冒就选择“白加黑”成为一种流行。

五、设计和管理体验营销

体验营销以满足消费者的体验需求为目标，以服务为平台，以产品为载体，以密切企业和消费者之间的距离为主要目的。

（一）科学设计体验营销的要素

1．设施

设施也可以称为“体验景观”，它是体验发生的物理环境的各个方面。设施的设计、背景、设备配备、装饰风格及其他有形线索，形成了消费者对企业的第一印象。

2．产品

产品的功能、独特的包装、个性化的造型、特别的色彩等使产品具有丰富的体验价值。

3．服务

服务体验表现由许多细节融合而成，体验表现的许多要素发生于后台而不为消费者所知。如商店给顾客提供个性化的服务体验，就需要在后台做大量的关于顾客的偏好、消费习惯等信息的收集与分析工作。

4．体验过程

体验过程是指为提供产品、服务和商业体验而进行的一系列活动的顺序。从消费者被某个产品或服务的广告宣传吸引时起，消费者的体验过程就开始了。要使客户的体验始终处于“美好”的状态，企业必须对体验表现进行周密的设计，包括描绘体验蓝图、编写体验剧本等。

（二）灵活选择体验营销的模式

体验营销包括以下模式。

1. 情感体验模式

情感体验模式是指个人和集体通过创造情感产品并利用情感化的促销手段进行交换来满足对方物质和情感需要的一种过程。消费者在选购商品的过程中，对于那些符合心意、满足实际需要同时又能触及心灵的产品和服务会产生积极的情绪和情感，进而产生依恋的情结，这种情结能增强购买的欲望，促进购买行为的发生。

2. 审美体验模式

审美体验模式就是以迎合顾客审美情趣为目标的体验营销，是通过知觉刺激让顾客感受到美的愉悦、兴奋和满足，从而有效地实现营销目的的方式。

3. 情景体验模式

情景体验模式是指在营销活动中，商家根据消费者的不同心理诉求，通过各种手段为顾客创造一个全新的、心情得以充分释放的情景或氛围，从而获取超值效应的体验营销模式。良好的情景会使消费者内心深处的心理诉求得到充分的满足。

4. 过程体验模式

出于不同的消费心理，越来越多的人对消费过程的体验产生了浓厚的兴趣。他们渴望体验产品的生产、加工、再加工过程。有的甚至想参与产品的设计过程，使产品体现出自身的个性与思想。

5. 文化体验模式

文化体验模式的特点是针对企业的产品特点和顾客的心理诉求，在营销活动中运用文化观念，建立起“产品——文化”的思维定式，使消费者在接触该产品时能获得丰富的文化体验。

6. 生活方式体验模式

生活方式体验模式是指以满足消费者享受不同的生活方式、扮演不同生活角色为目标的体验营销模式。在这一模式中，企业通过刺激消费者的感官，促使他们在消费的同时实现对自己所追求的生活方式的心理满足。

7. 虚拟体验模式

虚拟体验是企业通过网络推出可以引起消费者“情感共鸣”的虚拟产品，从而达到推广产品和建立关系的目的。在虚拟平台上，企业必须与虚拟世界的个人用户进行充分的互动，充分释放消费者的控制欲望，使用户充分感受到个人价值。

因此，企业在进行体验营销时，需要综合考虑体验营销的四大要素，从体验设施、体验产品、体验服务及体验过程方面入手，采用恰当的体验模式，帮助顾客形成或完成某种内心渴望的体验。

玩转3D体验营销 深层泉水把天然健康植入人心

夏天是瓶装饮用水的销售旺季，无论是细分市场的老品牌，还是迅速崛起的新品牌都纷纷使出浑身解数抢占市场份额。因此各个水品牌的营销活动也是“乱花渐欲迷人眼”，但真正能吸引消费者的好活动又有几个呢？崇尚天然健康的今麦郎深层泉水可谓是瓶装水的一匹黑马，利用极易被消费者接受的体验营销把产品特性软植进消费者心中。

系列活动深度体验:全感官带动看、听、用、参与是体验营销的核心，真切地看到产品，听到身边人的评价，自己亲身去使用，并充分地参与到品牌活动中体验品牌的内涵。让消费者多面了解产品和品牌，形成全感官带动，从而刺激他们的情感、思考、联想和行动。而要达到如此有效的营销效果，就需要一个能让消费者喜欢并参与其中的活动。

2016年夏天，今麦郎深层泉水举办的“天赋好水易路向前”万人健康走大型系列体育公益活动，就是一次有效的体验营销。这场4月从山东开始，跨越三个省多个市的大型活动，每场都引来数千名消费者的参与。

6月5日，今麦郎深层泉水万人健康走活动来到河北沧州站，这个被称为武术之乡的城市也一样崇尚健康。从各地赶来的上千名消费者聚集在名人植物园内。刚刚用深层泉水补充完水分的参赛者说：“大品牌就应该做些有利于大家的大事件，今天我朋友、家人都来参加这个活动，周末集体活动又健康，大家都觉得深层泉水非常不错，以后就是家里的指定用水了。”

深入体验才能深入了解，利用体验营销刺激消费者感性和理性的认同，这就是深层泉水万人健康走大型系列活动的成功之处。

产品特性心智占位：天然健康好水

好的活动当然要有好的产品来支撑，经营品牌是“收买人心”的过程，也是产品特性在消费者心智中占位的过程，而好产品是基础。今麦郎深层泉水不仅在产品本身下功夫，找到历经大地百年层层过滤，天然原生态清凉甘甜的深层水，也强调品牌与消费者的情感沟通。随着人们生活质量的改变，喝水变成了一种生活品质的象征，今麦郎深层泉水强调，水是生命的基础，好水决定了生命的质量，也决定了生活的品质，这些是时下消费者最在乎的，而这样的同步情感认知也是心智占位的必要因素

有好的产品，好的品牌理念，如何将其植入消费者心中？这是品牌运作过程中要思考的问题，而深层泉水万人健康走活动显然已经做到了这一点。在瓶装水市场乱象丛生的市场环境下，提到天然健康好水，消费者就会联想到这次大型的万人健康走活动，也自然认同产品所传递的天然健康的理念。因此，不难推测，随着活动的持续推进，今麦郎深层泉水也将迎来最好的销售业绩。

资料来源：http://news.china.com/finance/11155042/20160606/22814238.html.

第三节　设计和管理人员传播活动

一、设计和管理人员推销策略

（一）人员推销及其特点

1．人员推销及其要素

根据美国市场营销协会的定义，人员推销是指企业通过派出销售人员与一个或一个以上的潜在消费者通过交谈，做口头陈述，以促进和扩大商品销售的活动。推销主体、推销客体和推销对象构成推销活动的三个基本要素。商品的推销过程，就是推销员运用各种推销术说服推销对象接受推销客体的过程。

2．人员推销的特点

相对于其他促销形式，人员推销具有以下特点。

（1）注重人际关系，与顾客进行长期的情感交流。情感的交流与培养必然使顾客产生惠顾动机，从而与企业建立稳定的购销关系。

（2）具有较强的灵活性。推销员可以根据各类顾客的特殊需求，设计有针对性的推销策略，容易诱发顾客的购买欲望，促成购买。

（3）具有较强的选择性。推销员在对顾客调查的基础上，可以直接针对潜在顾客进行推销，从而提高推销效果。

（4）及时促成购买。推销员在推销产品和劳务时，可以及时观察潜在顾客对产品和劳务的态度，并及时予以反馈，从而迎合潜在消费者的需要，及时促成购买。

（5）营销功能的多样性。推销员在推销商品的过程中，承担着寻找客户、传递信息、销售产品、提供服务、收集信息、分配货源等多重功能，这是其他促销手段所没有的。

（二）人员推销决策

1．确定推销目标

人员推销的目标，决定于企业面临的市场环境及产品生命周期的不同阶段。主要包括：①发现并培养新顾客；②将企业有关产品和服务的信息传递给顾客；③将产品推销给顾客；④为顾客提供服务；⑤进行市场调研，收集市场情报；⑥分配货源。

2．选择恰当的推销方式

企业可以根据实际灵活选择以下推销方式：①推销员对单个顾客。推销员当面或通过电话等形式向某个顾客推销产品。②推销员对采购小组。一个推销员对一个采购小组介绍并推销产品。③推销小组对采购小组。一个推销小组向一个采购小组推销产品。④会议推销。通过洽谈会、研讨会、展销会或家庭聚会等方式推销产品。

3．确定推销队伍的组织结构

一般说来，可供选择的推销组织形式有以下几种。

（1）区域性结构。指每一个（组）推销员负责一定区域的推销业务。这适用于产品和市场都比较单纯的企业。

（2）产品型结构。每个推销员（组）负责某种或某类产品的推销业务。其最大优点是能为顾客提供相对比较专业的服务。这种结构比较适用于产品技术性较强、工艺复杂、营销技术要求比较高的企业。

（3）顾客型结构。主要根据不同类型的顾客配备不同的推销人员，其主要优点是能更深入地了解顾客的需求，从而为顾客提供差异化的服务。

（4）复合式结构。即将上述三种结构形式混合运用，有机结合。例如按照“区域—产品”“产品—顾客”“区域—顾客”，甚至“区域—产品—顾客”的形式进行组合，配备推销员。其优点是能吸收上述三种形式的优点，从企业整体营销效益出发开展营销活动。这种形式比较适合那些顾客种类复杂、区域分散、产品也比较多样化的企业。

4．建立给力的推销队伍

（1）确定推销队伍的规模。企业推销队伍的规模必须适当。西方企业一般采用工作负荷量法确定推销队伍的规模。这种方法包括五个步骤：①将顾客按年销售量分类；②确定对每类客户的访问频率；③每一类客户的数目乘以各自所需的访问数，便是总的年度访问工作量；④确定每个销售人员每年可进行的平均访问次数；⑤将总的年访问数除以每个销售人员的平均年访问数，即得到所需要的销售人员的数目。例如，设某企业有 250 个客户，若每个客户每年平均需要 20 次登门推销，则全年就需要 5 000 次登门推销。若平均每个推销员每年能上门推销 500 次，则该企业就需要 10 名推销员。

（2）选拔、培训推销员。推销员主要有两个来源，即企业内部选拔和向外部招聘。不管推销员来自何方，一个合格的推销员都要具备良好的思想素质、文化修养和较强的实际工作能力，以及适宜的个性。西方营销专家麦克墨里列出的超级推销员应具备的五项特质是：“精力异常充沛，充满自信，经常渴望金钱，勤奋成性，并有把各种异议、阻力和障碍看做是挑战的心理状态。”

（3）合理评价和激励推销员。对推销员的合理评价决定了推销员的积极性。企业必须建立一套合理的评估指标体系，并随时注意收集有关的信息和资料。

（三）设计有效的推销步骤及策略

人员推销一般经过以下七个步骤。

1．寻找潜在顾客

寻找潜在顾客，即寻找有可能成为潜在购买者的顾客。潜在顾客是一个“MAN”，即具有购买力（money）、购买决策权（authority）和购买欲望（need）的人。寻找潜在顾客线索的方法主要有：①向现有顾客打听潜在顾客的信息；②培养其他能提供潜在顾客线索的来源，如供应商、经销商等；③加入潜在顾客所在的组织；④从事能引起人们注意的演讲与写作活动；⑤查找各种资料来源（工商企业名录、电话号码黄页等）；⑥用电话或信件追踪线索等。

2．做好访问准备

在拜访潜在顾客之前，推销员必须做好必要的准备。具体包括了解顾客、了解和熟悉推销品、了解竞争者及其产品、确定推销目标、制订推销的具体方案等。不打无准备之仗，充分的准备是推销成功的必要前提。

3．接近顾客

接近顾客是推销员征求顾客同意接见洽谈的过程，其能否成功是推销成功的先决条件。接近顾客要达到三个目标：给潜在顾客留下一个良好的印象，验证在准备阶段所得到的信息，为推销洽谈打下基础。

4．洽谈沟通

这是推销过程的中心。推销员向准客户介绍商品，不能仅限于让客户了解所推销的商品，最重要的是要激起客户的需求，产生购买的行为。养成J E B的商品说明习惯，能使推销事半功倍。

“J E B”就是首先说明商品的事实状况（just fact），然后将这些状况中具有的性质加以解释说明（explanation），最后再阐述可能带给客户的利益（benefit）。熟练掌握商品推销的三段论法，能让推销变得非常有说服力。

5．应付异议

推销员应随时准备应付不同意见。顾客异议表现在多方面，如价格异议、功能异议、服务异议、购买时机异议等。有效地排除顾客异议是达成交易的必要条件。一个有经验的推销员面对顾客争议，既要采取不蔑视、不回避、注意倾听的态度，又要灵活运用有利于排除顾客异议的各种技巧。

6．达成交易

达成交易是推销过程的成果和目的。在推销过程中，推销员要注意观察潜在顾客的各种变化。当发现对方有购买的意思表示时，要及时抓住时机，促成交易。为了达成交易，推销员可提供一些优惠条件。

7．事后跟踪

现代推销认为，成交是推销过程的开始。推销员必须做好售后的跟踪工作，如安装、退换、维修、培训及顾客访问等。对于VIP客户，推销员要特别注意与之建立长期的合作关系，实行关系推销。

推销中的3H1F

推销是由三个H和一个F组成的。第一个“H”是“头”(head)。推销员需要有学者的头脑，必须深入了解顾客的生活形态、顾客的价值观，以及购买动机等，否则不能成为推销高手。第二个“H”代表“心”(heart)。推销员要有艺术家的心，对事物具有敏锐的洞察力，能经常地对事物感到一种惊奇和感动。第三个“H”代表“手”(hand)。推销员要有技术员的手。推销员是业务工程师，对于自己推销产品的构造、品质、性能、制造工艺等，必须具有充分的知识。“F”代表“脚”(foot)。推销员要有劳动者的脚。不管何时何地，只要有顾客、有购买力，推销员就要不辞劳苦，无孔不入。

因此，具有“学者的头脑”“艺术家的心”“技术员的手”和“劳动者的脚”是成为一个推销员的基本条件。

二、设计和管理直复营销与互动营销

（一）直复营销

随着 1872 年第一家邮购商店蒙哥马利·华尔德在美国的成立，经过 100 多年的发展，直复营销在西方发达国家已成为一种趋势。我国自 20 世纪 80 年代开始出现直接信函营销以来，直复营销也呈现快速发展的趋势。

1．直复营销的特点

直复营销（direct marketing），即“直接回应的营销”。它是以赢利为目标，通过个性化和大众沟通媒介向目标市场成员发布发盘信息，以寻求对方直接回应（问询或订购）的社会和管理过程。这个定义中包含着如下五个方面。

（1）直复营销是一个互相作用的体系。直复营销人员和目标顾客之间是以“双向信息交流”的方式进行联系的。营销者通过特定的媒介（电话广播、电话、互联网、目录、邮件、印刷媒介等）向目标顾客传递信息，顾客通过邮件、电话、在线等方式对企业的发盘进行回应，订购企业发盘中提供的产品或服务，或者要求提供进一步的信息。

（2）直复营销为目标顾客提供了直接反应的机会。由于直复营销的市场细分已经落实到了个人，因此，每位顾客都可通过多种方式（如打电话、邮购等）将自己的反应回复给营销人员。

（3）直复营销的双向交流不受时空的限制。在直复营销中，通过通信工具的运用，使企业与目标顾客之间的时空障碍被彻底打破，只要某一媒体能将顾客和直复营销公司联系起来，信息双向交流就可随时随地进行。

（4）直复营销活动的效果容易测定。在直复营销活动中，营销人员能很确切地知道何种信息交流方式使目标顾客产生了反应行为，并了解反应的具体内容，从而使自身的营销活动具有很强的针对性和实效性。

（5）直复营销强调与顾客建立长远的关系。直复营销强调直复营销人员与顾客的关系并不因一次交易的终止而终止，直复营销人员不断将从目标顾客的反应中得到的信息存入数据库，这些数据成为下一次制订直复营销计划和策略的依据。

上述分析表明，实施直复营销的公司一般以目录、报纸、杂志等印刷媒体或电话、电视、广播等电子媒体直接向目标顾客进行商品或服务信息的传达。顾客一旦产生购买欲望，则以通信、电话、传真等方式表达购买意愿，公司再以邮寄、送货上门或顾客到指定地点自取等方法完成商品交易。当然，不是任何产品都适合直复营销。在美国，通过直复营销销售的产品主要包括服装（36%），书籍、音带、录像带（14%），家具（9%），美容和保健产品（6%），照片和电影（4%），家居用具（13%），鞋（3%）和花园用品（2%）。

2．直复营销的类型

直复营销有以下几种类型。

1）直接邮购营销

直接邮购营销是指营销者制作宣传信函，直接邮寄或者分发给目标顾客，以引起顾客对商品的兴趣，再通过信函或其他媒体进行订货和发货，最终完成销售行为的营销过程。这是最古老的直复营销形式，也是应用最广泛的形式。

2）目录营销

目录营销是指运用目录作为传播营销信息的载体，并通过直邮渠道向目标顾客发送，从而获得目标顾客直接反应的营销活动。目录营销实际上是从邮购营销演化而来的，两者的最大区别就在于目录营销适用于经营一条或多条完整产品线的企业。

3）电话营销

电话营销是指以电话作为信息沟通的媒介，以获得目标对象直接反应的营销活动。随着人们生活水平的提高，电话营销的地位日渐重要。

在营销实践中，电话营销主要有七种用途。①推销。推销是电话营销最有利的用途。既可以向现有顾客寻求再订购，又可以激活那些曾经购买但长时间未买本公司产品的“休眠顾客”，还可以向新的准顾客进行推销。②约定会晤。通过电话营销，销售人员可以获得精确的访问对象，准确约定会晤时间，提高推销效率。③获得销售线索。销售线索是开展直复营销的前提和基础，电话营销是企业建立销售线索数据库的重要途径。④调研。运用电话营销可以收集目标顾客的相关信息。⑤提供顾客服务。通过电话营销，营销人员可以回答顾客关于其订购商品的查询，接受顾客的投诉，为解决顾客消费中遇到的问题提供帮助。⑥公关性广告。利用电话营销进行公关性广告，是指营销人员给目标对象打电话，向他们描述本公司可以给他们提供的机会。⑦催收账款。电话营销也常被财务部门用于催收货款。

4）电视营销

电视营销是指营销者购买一定时段的电视时间，播放产品的录像，介绍产品功能，告示产品价格，使顾客产生购买意向并最终达成交易行为，其实质是电视广告的延伸。唤起目标顾客的某种行动是电视营销的目的。这种行动有两种方式：通过拨打电话订货或来函索取进一步的信息。

3．科学地进行直复营销的决策

（1）建立顾客数据库。建立目标顾客的数据库是直复营销的起点和终点。“决战的不是地点，而是数据库！”这是美国营销专家史丹·瑞普和汤姆·柯林斯在《市场营销伟大的转变》中表达的观念。数据库是直复营销成败的关键。没有精准的客户数据，创意再精美的直邮广告也不知道寄给谁。建立目标顾客的数据库，一般要经历数据采集、数据存储、数据处理、寻找理想的目标对象、使用数据和完善数据库六个基本阶段。

（2）选择目标市场。确定目标市场是直复营销的重点。企业要在明确营销目标的前提下，通过对客户数据库的分析，选择最合适的客户和潜在客户，确定目标市场。

（3）选择恰当的直复营销方式。直复营销包括前述的多种营销方式，每种方式都有自身的优势和不足。企业要根据各种营销方式的特性、自身条件和目标市场的特点选择效益最佳的营销方式。企业选择的营销方式也会随着营销环境的变化而改变。戴尔计算机公司最初使用电话对目标顾客进行营销；进入互联网时代，网络营销成为戴尔营销的重要方式。

（4）创造性地设计直复营销方案。选择营销方式后，企业必须创造性地设计营销的实施方案。直复营销的方案主要包括脚本平台、图片设计、参与机制设计和制作等方面。脚本平台是某个特定直复营销媒介向顾客传递信息的具体表现，公司与目标顾客间的互动就是以这个平台为基础的。图片设计是为了增强脚本平台的信息传递功能，增加其表现力和感染力。参与机制设计是指通过设计信息和其他辅助性措施，旨在激励目标顾客参与公司的直复营销项目。制作是指所有传递信息的脚本平台的制作，例如，电视广告、广播广告、印刷广告、直邮件、目录和网页等。创造性就表现为在这些方面的创作。

（5）恰当地选择直复营销的时机。时机选择是指营销人员与目标顾客沟通和发布信息的时间、频次等方面的决策。例如，营销信息是作为一个整体的信息，还是化整为零以多个信息向目标顾客进行沟通；一项直接回应广告运动是脉冲式投放，还是连续性投放，以及信息沟通需要重复的次数和时间间隔等。一个良好的时机选择决策应该是能够以最经济的投入产生最大的回应率的决策。

（6）提供满意的顾客服务。直复营销的成功主要依靠顾客的重复购买，因此，能否留住顾客是决定赢利性的关键。建立顾客忠诚度的主要途径就是向其提供满意的顾客服务。因此，许多成功的直复营销者都将在顾客服务上的开支视做一种无形资产投资，将顾客本身看做是公司最大的无形资产。

麦考林：把温馨寄给顾客

麦考林公司成立于1996年1月8日，由美国著名风险基金——Warburg Pincus投资，是中国首批获得政府批准的从事邮购业务的三资企业，是目前中国投资规模最大的邮购公司。麦考林与全国各地6万个邮政分局和400个城市的特快专递紧密合作，业务覆盖全国31个省、自治区和直辖市，在一些城市还提供24小时送货上门的快递服务。

在起初的四年内，麦考林是一家以经营女装及家庭用品为主的中国最大的邮购公司。随着互联网在中国的广泛使用，同样是一种直销模式的网上商店也不断出现，这不仅对麦考林构成了潜在的威胁，更重要的是，互联网给了麦考林一个难得的机遇，可以利用自己的业务优势，完成又一次飞跃。

“麦网”（http://www.M18.com）是麦考林于2000年4月开通的一家电子商务门户网站。“麦网”包括四大板块：“麦考林百货”“品牌空间”“消费必读”和“慧心美人”。在线商品超过两万种。随之而来的改变是，麦考林的用户可以更便宜的价格订购更丰富的产品，而且比以前更方便，收到货物的时间也更及时。

在过去，麦考林的250万个客户可以定期收到麦考林邮寄给他们的邮购目录，然后根据目录选择他们的订货。不过，由于印刷、邮递需要很长的时间，成本也比较高，麦考林的邮购目录三个月更新一次，而且一些用户会因为住址或工作单位的变化而无法及时收到。但互联网可以改变这种状况。麦考林可以一天 24 小时随时更新产品目录，用户也可以将个人信息的改变随时通知麦考林。重要的是，用户可以比以前更快地收到他们订购的货品。

在未来的发展战略中，麦网将凭借其对零售环节和消费者的把握，不断丰富其支付、配送、服务、货源体系，扩大与已有合作伙伴的关系，以建立一个高效运作的麦考林电子商务平台。

资料来源：佚名. 麦考林：把温馨寄给顾客.［EB/OL］. http://course.shufe.edu.cn/course/marketing/allanli/maikaolin.htm.

（二）互动营销

每一次媒体形态的变革都给营销带来一次巨大的飞跃。毫无疑问，以“互动性”为主要特征的互联网的快速发展是市场营销实现跳跃式发展的一个重要契机。互联网为企业和消费者提供了更便利的互动和个性化的机会，成为发展最快、影响最广泛的向消费者传播并推广商品的渠道。

在 Web3.0 时代，个性为王、用户体验、模块定制、数据整合是主要特色，这将带来网络互动营销的新机会和新革命，也带来了网络互动营销的多种方式。

1. 搜索引擎营销

在网络信息大爆炸的环境中，消费者们越来越趋向于通过主动查询获取所需要的信息。搜索引擎正是消费者完成这一行为的基本工具。针对消费者的这一变化，进行搜索引擎营销，让消费者在搜索想要查询的信息时，能够有效、快速地找到品牌或者产品，就会占有很大的优势。

搜索引擎营销分为 SEO 与 PPC 两种形式。SEO 即搜索引擎优化，是通过对网站结构、主题内容、丰富而有价值的相关性外部链接进行优化，获得在搜索引擎上的优势排名以提高企业及产品的关注度。PPC 是指购买搜索结果页上的广告位来实现营销目的。由于广告只出现在相关搜索结果或相关主题网页中，因此，搜索引擎广告比传统广告更加有效，客户转化率更高。

虽然搜索营销依靠软件系统来分析评判关键词，主要做的是数据挖掘工作，但是也应该考虑到与网民的互动性，强化消费者的搜索体验，注入创意元素，才能取得更好的传播效果。

2. 电子邮件营销

电子邮件营销是以订阅的方式将企业及产品的相关信息通过电子邮件的方式提供给所需要的用户，以此建立与用户之间的信任关系。为了最大化电子邮件的营销价值，电子邮件必须是适时的、有针对性的并且恰当的。

3. 即时通信营销

QQ、微信、飞信、飞聊等 IM 软件是现在网络一族常用的交流工具。人气的聚集、好友之间较强的信任关系、好友们按兴趣组成的丰富的圈群资源使得 IM 通信工具具有极高的营销价值，因而成为企业进行形象宣传和产品推广的重要平台。

4．网络社区营销

网络社区营销就是企业利用论坛这种网络交流的平台，通过文字、图片、视频等方式发布企业的有关信息，使目标消费者更加深刻地了解企业的产品和服务。网络社区营销是最具备互动特征的营销方式之一，社区中网友们有充分的权利来选择浏览的信息，并且能够发出自己喜欢或者厌恶的真正声音。因此网络社区营销必须巧妙地将品牌信息包装成具备话题性和自发传播性的“病毒”，让用户自愿成为“核裂变式传播”的一个节点。

雀巢咖啡的网络社区营销

2011 年，雀巢一系列咖啡的帖子在网络上被网友们热烈强顶。《咖啡的创意吃法》中展示了某 MM 用雀巢咖啡制作了多种美味可口的食品，很新鲜很创意。而《OL 咖啡瘦身全攻略》介绍了办公室 OL 用雀巢咖啡减肥塑身的方法。《十二星座最爱的雀巢咖啡》融合年轻人热衷的星座话题，根据各星座的特性为他们找到了雀巢咖啡大家族中的一类最适合他们的咖啡。这些帖子因为结合了网友们关心的热点，引发了网友们的转发和热烈讨论，达到了很好的传播效果。

资料来源：http://www.meihua.info/knowledge/article/1276.

5．博客和微博营销

博客营销就是企业利用博客这种网络形式开展网络营销。博客营销可以是企业自建博客或者通过第三方 BSP 来实现。博客营销主要有在博客上做广告、发表专业文章，利用博客团队发布博客日记、监测博客网站以发现流行话题等方式。

微博营销以微博作为营销平台，每一个听众（粉丝）都是潜在的营销对象，企业利用更新自己的微博向网友传播企业、产品的信息，树立良好的企业形象和产品形象。“以客户为中心的精准营销和主动式服务营销，在正确的时间把正确的信息传递给正确的人”是微博营销的核心理念，“一切围绕客户”是微博营销的关键原则。企业可以通过微博在消费者不同的消费阶段与其进行互动，并逐步建立情感关系。在消费者认知阶段，可以主动发现潜在客户的需求，帮助消费者了解品牌和产品的基本功能；在购买阶段，可以有针对性地回答客户的咨询，促进购买行为的产生；在使用阶段，通过贴心的互动可以让客户有美好的消费体验；同时，积极倾听客户对产品的评价和使用体验，给予恰当的关注和奖励，促使客户向朋友推荐。

艾沃科技：“烧烤”事件，借力微博大咖

2014 年 12 月，艾沃科技借用微博大咖作业本发了一幅烧烤图所做的一次营销，是一个成功的微博营销案例。在此之前，艾沃科技旗下的净水机和空气净机产品还并不是一个非常活跃的品牌。而这一次，通过与拥有 850 多万粉丝的微博大咖作业本互动，巧妙借助“烧烤”事件将广告植入其中，将艾沃空气净化器呈现在了网友眼前，被人所熟知，从而达到了“广而告知”的目的。

据艾沃科技相关负责人介绍，自与作业本微博互动之后，仅仅三天时间此条微博的阅读量就达到了 500 多万人次，而艾沃科技微博的粉丝也快速增加了 2 000 多人。

资料来源：http://www.dzjob.net/new/dezhou11308.html.

6. 网络视频营销

网络视频营销是企业通过向视频网站上传企业宣传片、微电影，在视频中植入广告或进行创意广告征集等方式进行的品牌宣传与产品推广活动，如百事可乐举行的“百事我创，网事我创”的广告创意征集活动等。网络视频营销是“视频”与“互联网”的结合，它既具有电视短片的感染力强、形式内容多样、肆意创意等特征，又具有互动性、主动传播性、传播速度快、成本低廉等互联网营销的优势。可以说，网络视频营销是一种将电视广告与互联网营销结合在一起的营销传播方式。

7. 信息聚合营销

RSS（really simple syndication）即简易信息聚合，是站点用来和其他站点之间共享内容的一种简易方式。利用 RSS 营销，企业网站上的信息就自动地被目标消费者收集和定制，直接传送到目标消费者的计算机上，这样使信息的传递更及时和更具有针对性，从而为企业创造更多的商业机会。

8. 网上商店

企业建立在第三方提供的电子商务平台上、自行经营的网上商店，除了直接销售产品外，也是一种有效的网络互动沟通手段。一方面，网上商店为企业展示企业形象、加强与顾客的互动提供了便利的条件；另一方面，建立在知名电子商务平台上的网上商店也增加了顾客的信任度。

9. 移动营销

随着 3G 的发展和 4G 的出现，移动营销将大有作为。移动营销是指利用手机为主要传播平台，直接向目标受众定向和精确地传递个性化即时信息，通过与消费者的信息互动达到沟通目标的活动。移动营销在强大的数据库支持下，融合了“网络营销”（online marketing）和“数据库营销”（database marketing）理论，综合运用短信回执、短信网址、彩铃、彩信、声讯、流媒体等多种形式，利用手机把个性化即时信息精确有效地传递给消费者个人，从而达到“一对一”的互动营销目的。

百度手机助手“周六九点档”开启移动营销新标杆

作为国内安卓分发市场的领先者，百度手机助手在促进应用分发下载方面，除了“破壳技术”“应用秀”等业内创新技术，在贴近用户需求，提升用户下载使用服务层面上，也一直进行不懈探索。随着移动互联的深入发展和年轻一代用户夺得市场需求话语权，百度手机助手在分发营销不断进行创新升级。“周六九点档”活动就是一个很好的代表。

“周六九点档”品牌是百度手机助手斥资过亿打造的现金红包、特权福利回馈用户活动。通过“周六九点档”下载 App 送特权优惠的方式，创造一种全新的手机应用商店的运营模式，提升用户对品牌的好感度，进一步加强百度手机助手的分发和变现能力。

“双十一”“京东 618”等电商大节已经被大部分用户所接受，在培养用户习惯和促进销售上影响非常明显。虽然与电商性质不同，但百度手机助手“周六九点档”的创意非常贴合用户需求，因此很快培养起了用户习惯。略带台湾综艺范儿的“周六九点档”可说是娱乐营销的“用户养成计划”。这种全新的营销方式对国内手机应用商店而言尚属首次，但不论品牌采取何种方式营销，对用户而言，实打实的福利永远是最具吸引力的。红包活动分为：“到百助抢红包” 和“黄金红包抽奖” 两个阶段。到百助抢红包：周六 00:00～24:00 可以抢红包，用户打开百助进入红包活动页，下载激活在活动页展示的应用可以抢到红包，即时拆开得到现金。黄金红包抽奖：周六 21:00 开始可以拆黄金红包抽大奖，用户进入活动页，只要在活动页分享红包活动就可拆黄金红包抽大奖，有机会获得 6 900 元现金。

到 10 月底，“周六九点档”活动举行了 13 期，参与用户数近千万，发放红包个数超千万，发放奖金近千万元，合作方应用被下载打开后用户即可获得现金，并可通过百度钱包绑卡提现。“周六九点档”活动可说达到了用户、合作开发者和百度手机助手平台之间的互利共赢，并且是应用商店进一步完善以用户需求为核心服务的一次成功尝试。

易观 Q2 数据显示，百度系已经连续 12 个季度雄踞市场之首，持续领跑移动应用分发市场。百度手机助手平均月活跃用户数以 1.326 6 亿的规模独占鳌头，在移动分发应用领域月均用户渗透率为 87.6%，远超竞争对手。百度手机助手紧跟年轻一代用户需求和娱乐潮流，“周六九点档”也成为行业营销的全新标杆，产生广泛的用户影响力。

资料来源：http://news.163.com/16/1019/11/C3O5L1PL000146BE.html. 本书有删改。

三、设计和管理口碑营销

如果你在某个商店以比较低的价格买了一件非常漂亮的时装，或一部超酷的手机，商店赠送你一件心仪的礼物，那么你可能会向你的朋友进行推荐。这是一种被称为“推荐计划”的“口碑营销”（word-of-mouth，WOM）形式。这种计划已经被众多公司采用，从金融服务到汽车销售，从报纸订阅到酒店行业，类似计划变得越来越流行。

（一）口碑传播和口碑营销

口碑传播是公众之间对企业或其他组织的相关信息的任何非正式的交流或传播过程和状态。传播的内容包括公众对企业或其他组织的相关信息的认识、态度、评价、事例、传说、意见、好恶、熟语等。传播的途径包括直接或间接的口头传播、基于互联网和其他通信工具的口碑交流。

一般来说，口碑传播的内容包括三个层面。首先是体验层，即公众对企业或组织相关信息的认识、态度、评价；其次是传播层，即传播过程中的事例、传说、意见、好恶、熟语等传播素材；最后是公众对其的认可层面，即满意、颂扬。

口碑营销是企业运用各种有效的手段，引发顾客对其产品、服务以及企业形象的谈论和交流，并激励顾客向其周围人群进行介绍和推荐的营销方式。菲利普·科特勒认为，21 世纪的口碑营销是由生产者以外的个人通过明示或暗示的方法，不经过第三方处理、加工，传递关于某一特定或某一种类的产品、品牌、厂商、销售者，以及能够使人联想到上述对象的任何组织或个人信息，从而导致受众获得信息、改变态度，甚至影响购买行为的一种双向互动的传播行为。

（二）口碑营销的方式

1. 利用事件制造话题

善于利用各种有利的机会（如政策法规、突发事件等）制造口碑传播的话题，是口碑营销的有效途径。2001 年，武汉森林野生动物园一只非洲雄狮突然向游客发起攻击，致使一对母子重伤。该动物园向野生动物保护部门申请，要求击毙这只伤人的雄狮。消息经媒体报道后，社会舆论哗然，武汉市民纷纷给出事的动物园、野生动物保护协会，甚至市政府打电话，发表意见和呼吁：伤人狮子不能杀！它之所以伤人，完全是管理不善和游客不遵守纪律造成的，狮子本身无辜！一时间，非洲狮伤人事件的责任在谁成了武汉市民街谈巷议的话题。武汉动物园巧妙地利用了这一突发事件进行了有效的口碑营销。

2. 以顾客关注的利益为纽带

口碑营销必须将传播的内容以利益为纽带与目标受众直接或间接地联系起来。美国一家饼干制造企业为了打垮竞争对手，开展饼干的大量免费派送活动。因与消费者的利益直接相关，所以，事件引起了消费者广泛的关注，企业的知名度与美誉度显著提升。

3. 制造新颖的传播内容

在信息爆炸、媒体泛滥的传播环境中，只有制造新颖的口碑传播内容才能吸引大众的关注与议论。新颖、奇特是口碑营销成功的一个重要因素。

4. 合理利用争议性话题

具有争议性的话题更容易引起广泛的传播，但企业要把握好争议的尺度，最好使争议在两个正面的意见中进行，避免消极影响。

5. 有效利用私密性话题

每个人都有好奇心，越是私密的东西，越能激发人们探知与议论的兴趣。英国一个学者做了一个有趣的实验。他神秘地向两位邻居透露一个消息，说早上一只怪鸟在自己家的庭院产下了一枚巨大的绿壳蛋，并且告诉这两个邻居不要对别人讲，可结果不到一个小时，就有人在街上议论这个事情，没到第二天，这位学者所在小镇的所有人都知道了这个消息。可见，私密的消息具有强大的传播能力。

加多宝“红动伦敦 畅饮加多宝”口碑营销活动

2012 年 4 月，加多宝“红动伦敦 精彩之吉”活动在广州拉开序幕，加多宝“红动伦敦之星”评选同期启动。之后“红动伦敦 畅饮加多宝”系列活动随即以“城市接力”的形式，在全国十大城市依次展开主题活动。无论是社会名流、奥运冠军还是普通百姓，都可以将自己对于奥运的祝福写在上面，并将寄语带到伦敦。在伦敦奥运即将开幕之前的 7 月 8 日，当一面庄严壮丽的红动大旗在两个巨型加多宝红罐造型的热气球牵动下，于鸟巢上空冉冉升起的时候，全场人群欢呼雀跃。在红旗的辉映下，现场的每一位国人都突然感觉到，自己和伦敦奥运的距离其实是如此之近。伦敦时间 7 月 22 日上午，由国家体育总局体育文化发展中心和加多宝集团联合发起的“红动伦敦 畅饮加多宝”在伦敦新地标——伦敦眼举行了一次别开生面的为伦敦奥运祝福的活动。本次活动是更名后的加多宝品牌首次在海外惊艳亮相，这无疑展现了加多宝集团的雄厚实力和在全球范围内推广凉茶文化的坚定信心。

资料来源：王萍．盘点 2012 年口碑营销成功案例[EB/OL]．http://www.alibuybuy.com/posts/79883.html.

营销传播是企业通过人员和非人员的方式把产品和服务的有关信息传递给顾客，以影响和促成顾客购买行为的全部活动。人员推销、广告、公共关系、营业推广、直复营销与互动营销、事件营销、体验营销和口碑营销等是营销传播的基本方式，确定目标受众、确定沟通目标、设计传播信息、选择信息沟通渠道、制定传播预算、确定传播组合、评估传播效果和管理传播沟通过程是营销传播的基本步骤。

广告、销售促进、公共关系、事件营销和体验营销属于大众传播活动。广告是一种基本的传播沟通手段，确定广告目标、设计广告信息、选择广告媒体、制定广告预算和评估广告效果是主要的广告决策；销售促进是企业刺激消费者迅速购买商品而采取的各种沟通措施。进行销售促进，必须确定明确的促进目标、塑造适宜的商业氛围、选择恰当的推广工具、制订科学的推广方案并保证方案的实施；公共关系是企业利用各种传播手段以沟通内外部关系，从而创造良好环境的艺术；事件营销是通过制造或利用具有新闻价值的事件来达到传播效果的活动，其关键是策划或利用能够引人关注的事件；体验营销是企业通过使目标顾客亲身体验企业的产品或服务从而促使顾客认知并购买的一种营销方式。

人员推销、直复营销、互动营销和口碑营销是人员传播活动。人员推销是企业通过派出销售人员与潜在消费者通过交谈以促进和扩大商品销售的活动。进行人员推销，必须确定合理的推销目标、选择恰当的推销方式、建立有效的推销队伍、设计科学的推销程序；直复营销是以赢利为目标，通过个性化和大众沟通媒介向目标市场发布信息以寻求对方直接回应的过程。直接邮寄营销、电话营销、电视营销和网络营销是直复营销的主要方式；互动营销是营销人员借助互联网技术通过搜索引擎、电子邮件、即时通信、网络社区、博客和微博、网络视频等方式实现和目标客户之间互动的传播活动；口碑营销是企业运用各种有效的手段，引发顾客对其产品、服务以及企业形象的谈论和交流，并激励顾客向其周围人群进行介绍和推荐的营销方式。

重要术语

营销传播、整合营销传播、人员推销、广告、公共关系、营业推广、直复营销、互动营销、事件营销、体验营销、口碑营销

复习思考题

1. 进行整合营销传播活动需要经历哪些阶段？各阶段的主要任务是什么？
2. 选择营销传播组合策略应考虑哪些因素？
3. 简述大众传播活动和人员传播活动的主要方式。
4. 为什么要进行整合营销传播？整合营销传播的主要内容有哪些？
5. 一家体育服装用品公司打算将其新开发的一款运动服打入青少年市场，作为该公司的公关部经理，请你为这一计划确立公共关系目标，并说明理由。
6. 你关注微博吗？根据你的经历谈谈企业进行微博营销应注意的问题。
7. 你印象最深刻的一次消费体验是什么？你觉得如何才能有效地发挥体验营销的作用？
8. 请仔细阅读一份你所得到的企业直接邮寄的目录。该目录的受众是谁？营销者期望得到的直接反应是什么？你认为它的目的达到了吗？为什么？
9. 请列举对消费者进行销售促进的常见形式。你觉得什么形式最有效呢？
10. 请联系实际，谈谈整合营销传播活动在营销组合中的地位和作用。

阅读推荐

[1] [美]舒尔茨. 全球整合营销传播[M]. 北京：机械工业出版社，2012.
[2] [美]特伦斯·A 辛普. 整合营销传播：广告、促销与拓展[M]. 北京：北京大学出版社，2005.
[3] [美]邓肯·莫里亚蒂. 品牌至尊：利用整合营销创造终极价值[M]. 北京：华夏出版社，2000.

案例分析

看比亚迪“秦”如何 玩转 360 度整合营销传播

数字时代已经到来，从汽车行业来看，各大厂商已经逐渐从“产品为中心”的模式导转向“客户为中心”的模式，要懂客户，并采用互动营销的形式，让消费者主动参与

到汽车的研发当中，尊重消费者个性需求，表达他们自己对品牌的要求。比亚迪“秦”的市场推广很好地结合了活动+社会化媒体这一核心，做了系列 360 度营销活动，给予客户新的创新体验，吸引客户参与，用互联网的力量带动“秦”产品整体营销传播！

推广目标

比亚迪“秦”，是历时 5 年研发，针对个人用车市场，推出的插电式混合动力车型。秦拥有近 1 000 项专利，经过近 2 000 个日夜研发，由 3 000 多名工程师精心打造，具有重要的战略意义。比亚迪通过全新的汽车互动营销推广模式，扩大比亚迪“秦”在目标受众心目中的印象，加深客户对“秦”其独特卖点的记忆——“快（5.9 秒）、省（1.6 升）、绿（节能环保）”，通过 360 度整合营销传播，达到引爆大家对“秦”的强烈关注度、认知度和美誉度！

营销传播创意策略

线上传播+线下活动+门户垂直类传播+社会化媒体创新执行等，360 度整合营销传播，与客户全方位地亲密接触！

执行手段和效果证明

（1）寻秦记（随手拍秦）。以客户寻找“秦”来拉开营销传播序幕，微博和微信线上互动传播营销，话题参与人数超 23 万！

（2）寻秦记（千里寻秦）。在寻“秦”车队途径的各地，比亚迪进行了媒体、迪粉交流试驾活动，让大家在了解比亚迪秦双擎双模技术的同时，能进一步亲身体验试驾，感受秦 0～100 公里/小时加速 5.9 秒的非凡动力，吸引了众多人气，沿途共 200 余家媒体参与了此次活动。活动期间，比亚迪还在@比亚迪秦官方微博上和网友互动，即时分享车队旅途信息、沿途趣闻美景和试驾感受，引起了网友的广泛关注。官微阅读量高达 400 万以上！

（3）秦你来定——仪表设计大赛。仪表盘 UI 设计征集，在这里，不得不称赞，网友的想象力，几百个全液晶仪表设计，风格多样，本身就是一场视觉盛宴，也开拓了我们设计工程师的思路。网友们的仪表设计作品，其中不乏“民间高手”。风格有典雅、极简、唯美、古风、科技等。这些仪表设计创意，我们也将根据实际情况，在车型上逐步实现，让消费者感受到定制的乐趣！入选的个性仪表，目前已经装配在比亚迪“秦”上面。

（4）秦战列国。2013 年 10 月 27 日，“秦·战列国”——比亚迪秦直线加速擂台赛在密云机场如期举行。此次擂台赛比拼的是 0～400 米直线加速成绩，官方报名和现场报名共有包含 GTR、保时捷 911 等知名超跑在内的 34 辆车挑战比亚迪秦，“秦·战列国”最终成绩为 19 胜 15 负，再次展现了秦百公里加速 5.9 秒的速度与激情，预热及视频传播点击高达 1 801.5 万！

（5）秦你来定：价格+配置+质保。请消费者来参与仪表设计，为自己喜爱的配置、质保、价格投票，所有内容都交给消费者来决定，真正实现“我的汽车、我做主”。

（6）秦人秦车秦直道。结合区域核心媒体，深入体验比亚迪“秦”，让客户亲身参与其中。

（7）“秦”上市发布会。本次“秦”上市发布会，也邀请垂直类热门社区对本次上市活动做论坛直播，汽车之家直播帖点击已经超过 32 万，回复超过 2 000 条；太平洋直播帖点击近 10 万，回复超过 400 条；易车网直播帖点击近 4 万，回复超过 300 条；门户+微博+微信+视频+论坛等整合传播，话题讨论超过 230 万次。

（8）微信公众账号整合营销。快速扩大比亚迪品牌以及新车“秦”的口碑传播。将“话题营销”“互动活动营销”“娱乐营销”等新营销手段成体系的运用，充分调动社交媒体平台每一个粉丝的“自媒体”属性，打造汽车行业第一互动营销。从预热到上市 3 个月净增真实粉丝数超过 3 万个，粉丝精准度较高，特别体现在 2013 年 12 月 17 日—2014 年 1 月 8 日的比亚迪“秦”新车上市后的三周内，60%以上粉丝与微信公众账号产生的互动，较上月提升了近 3 倍。

（9）秦微电影《跑不赢的飞人李建国》（卢正雨导演）配合传播。微博铺垫、种子预告、微视频，策划好争议点、爆点及评论引导！微电影推广，当天在优酷视频点击已超过 35 万。把比亚迪“秦”的 1.6L 百公里超低综合油耗，0～100km/h 加速 5.9 秒精彩内容，在笑声幽默中体现得淋漓尽致！

（10）联动比亚迪 e 购操作平台。系列独特的网络传播与销售手法，2 秒内销售 100 台“秦”，创造了国内汽车网上销售的新纪录。

（11）其他个性化营销。比亚迪“秦”在初中物理考试试题中的植入；“秦”钥匙的个性化定制，满足客户个性化需求。

（12）赛事营销。2014 年，比亚迪“秦”梦想车队，囊获 SAE(混合动力组别）第一名，第一辆混合动力车型参加专业汽车拉力赛。#秦战 CRC#微博话题传播量高达 1.4 亿！2015 年秦 CRC 赛事，邀请了知名网络红人及迪粉代表全程参与。目的为最大化将赛事进行传播。利用代表性人物的所见所闻所感正面将赛事向不同人群传播。

（13）结合节日互动游戏。结合七夕特殊节日的时间节点，借助微信游戏、微博话题炒作，以及门户类的精准定点投放，实现跨平台的推广，微信精准粉丝的引流，进一步推广宣传新能源车“秦”。参与用户超过 12 万人，互动人次超过 30 万人次;微博话题累计阅读量达 20 806 000 次，累计讨论量达 35 000 次，拥有粉丝 2 309 人；热门话题总榜第 6 名；情感类分榜第 1 名；活动期间引入 11 621 名微信粉丝;粉丝活跃度达到 11.5%。曝光量超过 2 831 万，点击量超过 56 087 次。

大数据时代，以用户为中心，我们要倾听，我们要理解，因为将数据转化为有效信息成为首要任务，我们更要行动，因为在玩转“数据”基础上的大规模个性化营销将是核心竞争力！比亚迪“秦”，从寻秦记到“秦战列国”再到“秦你来定”，网络秒杀、互动游戏、线下“秦人秦车秦直道”、参与体育 CRC 赛事等活动，以“用户为中心”，不断的扩大参与和体验的范围，与媒体、消费者互动的线上与线下营销活动，在 360 度品牌营销推广中已经成功吸引了粉丝，并实现了和客户强大的交互性，为比亚迪“秦”的上市后的持续热销打下坚实的基础。比亚迪“秦”双冠版销量持续上涨，2015 年 6 月创下 4 015 台新高，环比增长 14.1%，同比增长近 3 倍。纵观 2015 年上半年销量，“秦”呈直线上升趋势，1—6 月累计销量达 16 477 台，已超过 2014 年全年销量，雄踞国内新能源车销量冠军宝座。

资料来源：http://club.autohome.com.cn/bbs/thread-c-2761-27441489-1.html.

思考题

1. 比亚迪“秦”的传播策略体现了整合营销传播的哪些特点和要求？
2. 比亚迪“秦”的整合营销传播策略运用了哪些有效的传播手段？
3. 你认为比亚迪“秦”的传播策略能达到预期的效果吗？还有哪些方面需要改进？

第十二章 营销策划、组织、控制与审计

学习目标

营销策划、组织与控制是提高营销活动有效性的重要手段。通过本章学习，了解营销组织的类型，理解营销策划与效果控制，了解营销效益评价和企业优劣评价的内容和方法，掌握营销审计。

导入案例

基于销售人员考核的营销控制

某制药企业（以下称H）的诊断如下。

1. H公司营销管理的特点

H公司的营销组织架构是以销售职能为核心的（如图12-1所示）。

其一，100多个销售办事处使营销组织体系呈现偏重销售职能的特点，区域性的推广都是由销售办事处自主完成。在营销总部，各项营销规划职能处于分散状态，诸如策略规划、计划管理、信息管理、物流管理、广告管理、市场研究等许多职能都是分散运作，缺乏整合统一。

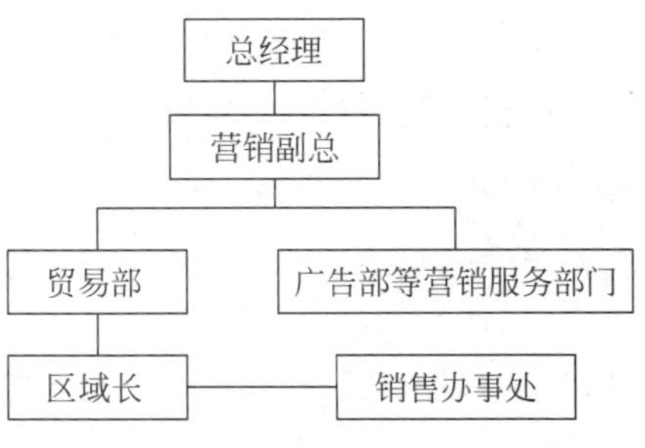

图12-1　H公司的营销组织架构

其二，H公司拥有处方药、非处方药和保健食品等多个产品系列，在销售上都使用统一的销售办事处平台，而对每个类别产品缺乏进行良好管理的专业部门，因而对于每类产品的推广来讲，都是缺乏系统管理的。

其三，销售办事处对销售费用的使用有很大的权力。总公司只控制总体的费用比率，如何使用销售费用则完全由销售办事处自主决定。

其四，公司对价格体系的管理重点是最低供货价。总公司要求销售办事处给医药公司的直接供货价不得低于最低出货价，但是至于医药公司以多少批发价销售，或者销售办事处给医药公司多少的暗中返利，公司并不予以控制。

2. H公司面临的销售问题

H公司目前面临的销售问题主要有：① 价格体系混乱，跨区冲货现象严重；② 销售人员缺乏上进心，惰性严重；③ H公司决策层对上述两个问题缺乏良策。

3. 造成销售考核失控的原因分析

（1）营销政策偏重销量是造成以上问题的根本原因。由于H公司营销政策的核心思想就是以销量作为判断销售人员业绩的唯一标准，公司决策层看重的就是短期销量的增长，这就是其根本的经营思想。这导致销售人员为获得奖金而把精力只放在能给他们带来大销量的产品上。

（2）偏重销售总量，却忽视了不同产品类别的均衡发展。H公司考核销售人员的只是所有产品的销售总量，而对于不同类别的产品或者新老产品之间所应该占有的恰当比例没有规定，这样销售人员只会把精力和资源投放在能带来最大销量的产品上，而不会重视新产品推广或者高利润产品的推广。

（3）对销售业务过程缺乏规范化的管理。由于销售办事处具有自主使用销售费用的权力，由此决定了什么方式能轻易、迅速地提高销量，费用就会倾向于使用它，自然销售人员会用返利手段轻松地达成销售目标，对于应该做的一些市场管理工作，销售人员不会费力去做。

（4）缺乏一套科学的销售绩效考核系统。在现有以销量为核心的考核标准下，销售人员只能拼命提高销量。但是销量并不是最可靠的衡量标准，更重要的是利润、产品赢利组合、品牌、市场秩序这些对企业发展有长远影响的要素，因此应该建立一套科学的绩效考核评估系统来加以保障。

（5）对医药公司缺乏系统的管理。销售办事处都将精力放在了以返利促进销售上，而对于市场的各项管理工作都缺乏坚实的管理，如区域管理、价格体系管理、分销网络建设管理、终端客户关系管理以及医院系统管理等，从而造成企业缺乏核心竞争能力。

4. H公司营销管理调整与控制的重点

（1）营销组织体制的调整。首先调整销售体系的职能，从下向上依次为办事处、区域长和贸易部，对它们的职能要求重新定位，同时在总公司建立一个完善的销售后勤部门，涵盖销售计划、销售信息、销售物流和销售事务管理职能；其次是强化总公司市场部的专业力量，提高公司在市场研究、广告运作、策略规划、产品管理等方面的营销专业水准，为销售系统提供强大的推广支持；最后是建立品类管理模式，对每一大类的产品设置专业的管理部门，成立专业的产品推广部门，而将销售办事处改造成一个公共的销售平台。这种模式可以提高企业在市场上的推广力量和管理力量，也可以提高销售办事处对市场拓展的成功率。

（2）营销政策的调整。一方面取消目前的责任承包制度，不将销量作为唯一的评判标准，另外增加对市场进行系统管理的规范要求。另一方面，改变目前销售办事处对费用的使用方式，将费用使用的决策权收回到总公司，销售办事处必须要制订费用的使用计划，并经总部批准后方可执行，这样可以提高费用使用的合理性和效率。

（3）销售业绩考核控制体系的建立。建立一套科学、规范的销售业绩考核体系，涵盖分销网络建设、分销网络管理和区域市场拓展的各个方面，全面评估销售人员的综合能力，同时以良好的职业规划激发销售人员的内在动力。

（4）分销渠道管理控制体系的建立。建立一套以渠道管理为核心的系统，将销售办事处的工作重点转化到对渠道通路和终端的系统管理，塑造渠道的核心竞争力。

（5）销售业务管理体系的建立。提高销售队伍的专业能力，建立规范的销售业务流程，通过制度来激发销售队伍的潜力和积极性，通过培训来提高销售队伍的专业能力。

资料来源：雷鹏，杨顺勇. 市场营销案例与实务[M]. 第2版. 上海：复旦大学出版社，2011.

第一节 营 销 策 划

一、营销策划的含义及内容

（一）策划与营销策划

策划有策略、对策、筹划、出主意、想办法、出谋划策之意。美国哈佛管理丛书编纂委员会认为："策划是一种程序，在本质上是一种利用脑力的理性行为。策划是针对未来要发生的事情做出当前的决策。换言之，策划是找出事物的因果关系，衡量未来可采取的途径，作为当前决策的依据，亦即策划是预先决定做什么，如何做，何时做，谁来做。"

策划本质上是一种脑力的理性思维活动。策划的定义可归纳为：通过收集客观事物的各种信息和预测发展变化趋势来确定目标，进行创造性的谋划，设计能产生最佳效果的资源配置与行动方式，为科学决策提供依据的复杂的脑力劳动过程。由一般策划的含义我们可以得出，所谓营销策划，是指在营销原理的指导下，对将开展的营销活动进行创造性的谋划，并设计出营销活动方案的脑力劳动过程。

营销策划是为企业的市场营销活动方案进行全面的设计，包括对营销行动步骤进行衔接安排，对行动可能出现的结果进行预测应变的谋略活动。这种为实施营销目标而对营销策略进行实际运用的活动，是营销管理全过程的重要组成部分。要使营销策划充分发挥作用，其组织与管理是不容忽视的重要问题。

（二）营销策划的主要内容

1. 产品决策与市场开发的策划

现代的市场是一个产品日益丰富、竞争日益激烈的市场。往往是只要人们产生了某种需求兆头，很快就会有相应的产品出现。而且、仿制、更新的产品就会接踵而至，从而又会使这一产品市场很快趋于饱和。在这种急剧变化、急剧更新的市场上，企业面临着不开发产品就没有生路，产品无特色就没有竞争优势的局面。因此，积极进行产品和市场开发的决策与策划便显得尤为重要。把握产品开发的正确方向，同时在产品的市场进入、市场开发等方面进行认真的策划，是企业经营活动不可缺少的基本技能，也是企业获取市场竞争优势的首要环节。

2. 渠道决策与市场布局的策划

在现代化的大生产和大市场中，企业占领市场的另一重要因素就是销售渠道，这是企业同市场沟通的桥梁与纽带。销售渠道的畅通与否，市场分布面的广阔或狭窄，对于企业的竞争能力和发展前景有着重要影响。同时，企业对于销售渠道的选择策略，还会在一定程度上影响企业及其产品的声誉，所以必须在销售渠道的选择和布局上进行认真的决策和策划。

销售渠道的选择和策划并不是可有可无的事情，企业不仅要找到能够销售其产品的合适渠道，而且要对怎样能充分利用各种销售渠道促进产品的销售、维护和提高企业与产品的声誉，进行周密的策划。

3．促销决策与市场扩展的策划

在激烈的市场竞争中要促进企业产品的销售和扩大企业的市场占有率，更需要进行认真的策划。在各种广告活动和促销手段层出不穷、铺天盖地的情况下，策划出具有强大的吸引力和刺激度的新颖促销活动，是扩展企业市场、增强竞争实力的重要方面。促销策划的创新意识是至关重要的。要促进企业的销售增长和扩大企业的影响，必须进行精心的设计和周密的策划，才可能取得一鸣惊人的效果，并能最大限度地防止负面效应的出现。

在企业遇到势均力敌的竞争对手，或面临命运攸关的市场争夺之时，营销策划便显得更为重要，正确的决策与巧妙的策划可使自己的竞争地位得到大大加强；否则，就可能“一失足而成千古恨”，营销策划的基本流程如图 12-2 所示。

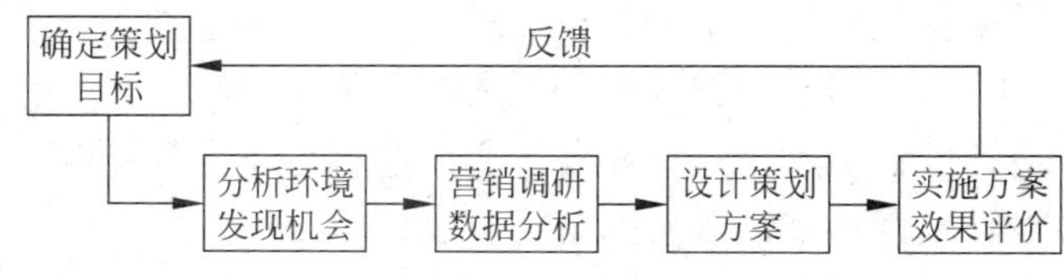

图 12-2　营销策划流程

承担营销策划的部门对企业营销活动的成败与否，具有举足轻重的作用。因为企业从分析市场营销机会开始，到选定自己的目标市场，确定具体的营销战略战术，以及落实整个营销计划的实施和将采取的各种保证措施等，整个有序的活动过程都源于科学的营销策划。因而，确定具体进行营销策划行为的部门，是一件十分慎重的事情。

二、营销策划的三种形态

（一）单部门营销策划

营销部门按企业决策层的意图制订具体的营销方案，而后经过相关部门选择确定后执行（见图 12-3）。这是被许多中小型企业所采用的一种营销策划形式。

市场营销的基础是满足消费者的需求。要真正实现企业整体和长远的营销目标，必须通过详尽的市场调查、预测，进行营销策略的策划、营销计划的制订和控制等措施手段的综合运用。企业的营销部门，是企业实施市场营销活动的主体，承担营销策划的任务是理所当然的。由营销部门单独进行的营销策划项目，一般属于企业市场营销活动中具体营销职能范围内，如广告策划、公关活动策划、促销策划以及销售人员培训策划等。

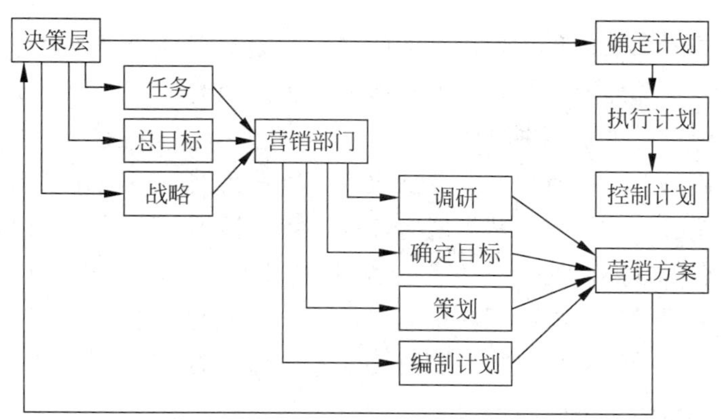

图 12-3　单部门营销策划流程

单部门营销策划的一般程序是：根据企业最高决策层规定的营销任务、总目标、战略方向，营销部门经过充分的调查、分析、策划后，制订出某项具体营销活动的计划方案，并提出该计划方案（可以同时提出几套方案）送交决策层审核。决策层可以批准这个方案，也可以提出新的指导原则后将计划退回，营销部门则重新按照策划过程进行修订，直至上下都满意的方案出现为止。修订方案的原因可能有两种情况：营销部门所策划的计划方案不符合企业总体营销目标的要求，营销部门所策划的方案使企业决策层改变了原先的初步设想和战略。

（二）多部门营销策划

由企业特设的战略计划部门，根据企业总体营销目标，并听取营销部门及企业其他各部门意见后，策划与制订营销计划方案，经决策层选择确定后执行（见图 12-4）。

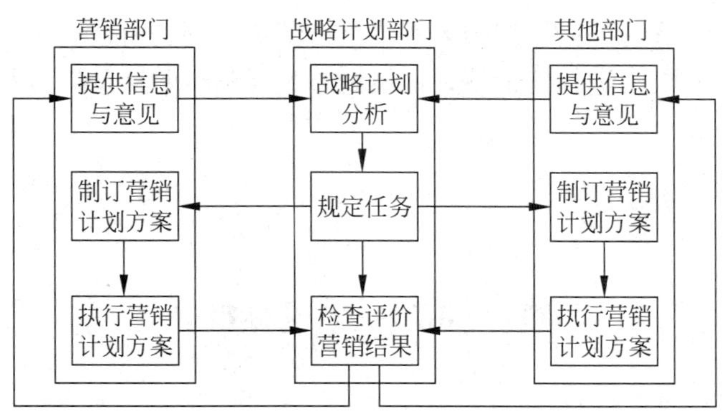

图 12-4　多部门策划的相互关系

企业的实际营销活动是一复杂的系统工程，因为一个企业的正常运行机制并非单个营销部门独立构成，而是由各自承担着不同职能的多部门组织结构构成，尤其是大型企业，往往还会由若干个不同层次组成。很显然，企业营销目标能否实现，不仅仅依赖于营销部门的努力，同时还决定于企业中从事产品开发、生产、财务、后勤以及行政等所有职能部门的通力协作。事实上，不同的职能部门有各自承担的任务，整个企业的营销总目标往往被分配成若干个专门化的目标，落实到各职能部门以及每个员工的身上。在许多情况下，营销方案的策划需要由企业的多部门来共同进行。必须使企业的全体员工都明确：企业的各个职能部门都是企业组成所不可缺少的，各自所采取的每项行动都与实现企业总体营销目标密切相关。

多部门营销策划的一般程序是：企业设立代表决策层的战略计划部门，负责听取营销部门及其他职能部门的意见，然后对企业的市场营销活动进行战略计划分析，规定在企业总体营销策划中各部门的任务与必须达到的目标，并承担对企业营销策划实施的评价与控制。营销部门和各职能部门则根据自己应该承担的任务和规定目标，制订各自具体的营销计划方案，经确定后执行并随时接受相关部门的评价与控制。

（三）借用“外脑”进行营销策划

在现代社会中，高度发展的商品生产形成了错综复杂的社会关系，加上市场营销的特殊性，使企业在决策时必须考虑自己所处的环境。否则，就会受制于没有理顺的社会关系，或者由于对形势发展的估计错误而丧失社会适应能力。因此，企业在营销策划前就需要广泛收集信息，密切监察社会环境的变化、调查竞争者的状况、预测社会公众的需求，以及了解外部政治、经济、时尚潮流等各种影响企业管理因素的情况。这显然并非易事，对一个企业而言，无论在精力和技巧方面，都会显得极其有限。同时，营销任务和营销策划是一种专业水准和实战能力要求都相当高的工作。营销方案的策划过程要考虑许多实质性的问题，营销策划不仅是对企业营销任务和营销目标的选择，而且还包括企业对实现目标的机会、威胁的分析，以及具体操作手段的确定。因此，一般大型企业除组织自己的策划班子外，同时还聘请专业营销咨询公司的营销顾问协助；也有些企业将一些技术性较强的营销实务的策划，如市场调研、预测、广告项目的策划等，委托营销咨询公司进行。

借用“外脑”进行营销策划的一般程序是：营销咨询公司根据企业委托的咨询项目内容，或授予的顾问权限进行营销策划。策划方案得到企业认可后，营销咨询公司按规定收取咨询服务费。

谁说山里的妹子一定就得土

行业类别：快消品农产品。

项目背景：杭州临安山妹子食品有限公司，总部位于临安锦城街道钱王大道528号，在“中国山核桃第一村”的银坑村设立有生产加工基地，旗下经营临安山核桃、笋干、茶叶等特产食品。近年来，山妹子已从单纯的特产食品向有机食品转型，并以天目山茶文化打造属于山妹子特色的文化故事。公司凭借团购+分销+零售等多种营销模式，跻身杭州市级农业龙头企业行列。

市场分析：在杭州市场，已有“天目茂林”“汪记”“昱岭关”等众多特产品专卖店，或专营、或加盟，大大小小的店铺遍布杭城大街小巷，共同之处无疑都是为卖产品而卖产品，如何在这种业态下走出差异化道路，这是蓝鹰策划团队最为关注的。

蓝鹰思考：如何与同行业产生区隔，做到不仅仅只是卖产品，而是带给消费者一种原生态的体验，这或许能够衍生出一个新空间。

品牌策略：要想在众多同类中突出重围，除了产品具有绝对的优势，一种健康生活理念的倡导是必不可少的。既然是地方特色食品，如果能让消费者身临其境地感受地方文化，是一个不错的构想。蓝鹰策划团队从生态绿色的有机食品出发，通过终端店面的生动展示，规划出生态庄园的专业形象，使山妹子不仅仅只是卖产品，更是一种生活方式的体验的传递。

资料来源：http://www.jcbrand.cn/?mod=Product&act=detail&id=26&categoryId=24.

第二节 营销组织

从微观角度来看，市场营销是一个企业通过市场的媒介获取最大效益的各种活动。包括从分析市场营销机会开始，到选定企业的目标市场，确定具体的营销战略、战术，以及落实整个营销计划的实施和将来采取的各种保证措施等，是一种有序的管理过程。显然，要完成这种科学管理过程，必须确定具体进行营销活动的部门。现代市场营销已经不是企业某个部门单独的行为，而是完善的市场营销组织的整体活动。

多年来，营销逐步由简单的销售职能发展成为一项复杂的职能集合。下面，我们将讨论公司营销部门演变的过程，它们是怎样组织的，以及公司各部门之间应怎样相互协调工作。

一、营销部门的演变

现代化的营销部门是经过长期演变而形成的产物，它经历了五个发展阶段。

1．简单的营销部门

一切公司在开始创办时都有五个简单职能：财务、人事、经营、销售和会计。销售功能由销售副总经理领导，他管理一批销售人员，也做一些销售工作，当公司需要进行营销调研及广告时，销售副总经理也要处理这些功能。见图 12-5。

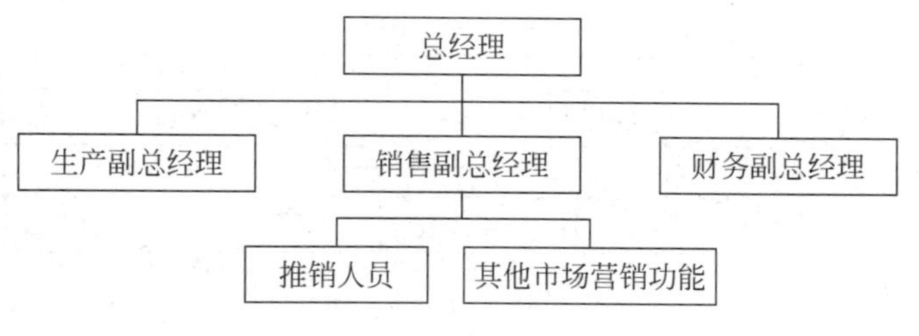

图 12-5 简单的销售部门

2．带有营销职能的销售部门

当公司业务拓展至新的地区或增添了新的客户类型时，公司此时需要增加某些新的营销职能。销售经理此时就需要请这些方面的专家来处理这些营销活动，或许他会设立一个营销部来负责诸如市场调研、广告等营销活动。见图 12-6。

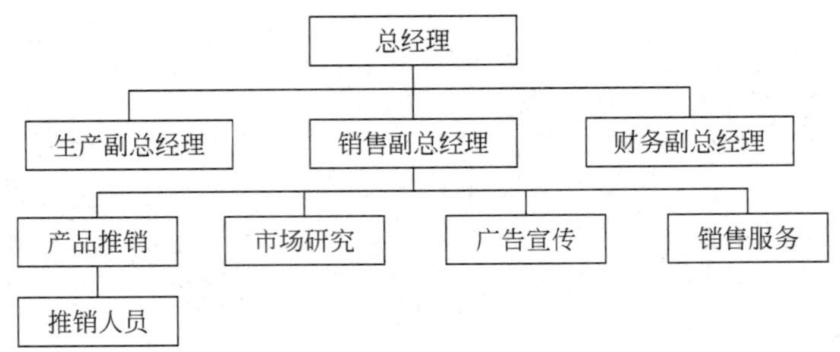

图 12-6　带有营销职能的销售部门

3．单独的营销部门

公司的持续发展增加了它在营销职能上的投入，如市场调研、新产品开发、广告和促销、售后服务，这些都和营销人员的活动有关。公司总经理发现了单独设立营销部的好处，营销经理直接向总经理或执行副总经理汇报工作，在这一阶段中，营销、销售两部门成为组织中两个独立的但工作又必须紧密联系的部门。见图 12-7。

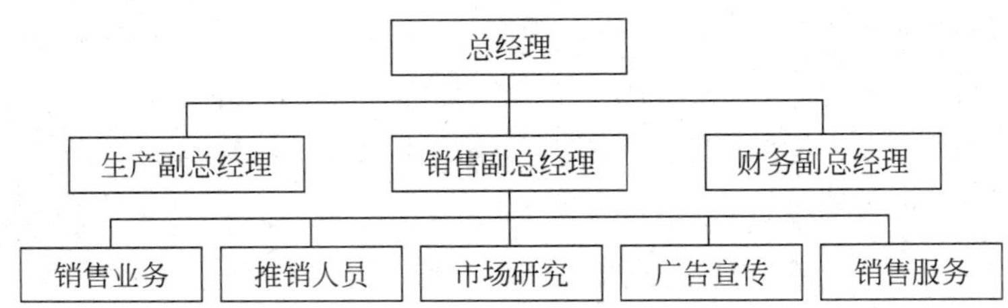

图 12-7　单独的营销部门

4．现代营销部门

销售副总经理主要负责推销产品，而营销副总经理负责的是市场研究、广告宣传、销售服务等。尽管销售和营销部门经理应协调工作，但由于相互不信任，他们的关系也会弄得很紧张。见图 12-8。

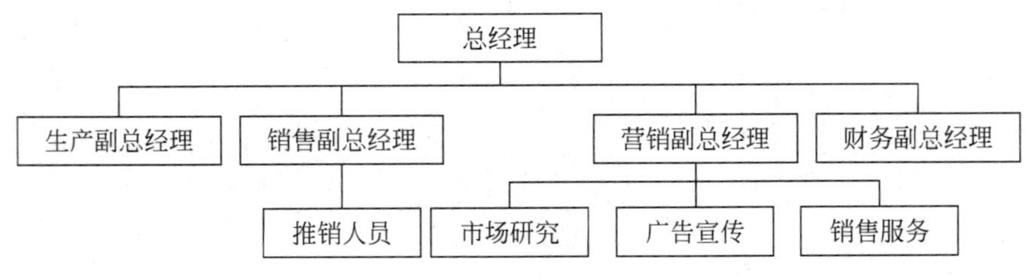

图 12-8　现代营销部门

5．现代营销公司

一个公司可能设有现代化的营销部门，但还不能说它是完全意义上的现代营销公司，这取决于公司中的其他主管人员怎样看待营销功能，如果只把营销看成是销售功能或把营销部门认为是市场运作部门，那么他们都没有抓住要害，只有当他们懂得：一切部门都是“为顾客而工作”的，营销不只是一个部门的名称，而是始终贯穿于公司运营始终的公司哲学，这时公司才能称得上是完全意义上的现代营销公司。

二、现代营销部门的组织形式

现代营销部门呈现出多种形式，但所有的市场营销组织都必须与营销活动的各个领域——职能、地域、产品和消费者市场相适应。

1．职能型组织

职能型组织是指按职能来划分不同部门的形式。职能型组织的优点是管理简单容易，但从另一方面而言，这种形式在产品及其市场成熟后就失去了效用，因为有可能：①制定的规划与具体的产品及市场不相适应，因为没有人对某种产品或某个市场负完全责任，不受职能性专业人员欢迎的产品常被漏掉。②每个职能群体都争取能获得更多的预算和更高的地位，营销经理不得不经常仔细地审查职能性专业人员的有竞争力的主张，并解决难以协调的问题。图 12-9 为职能型组织形式。

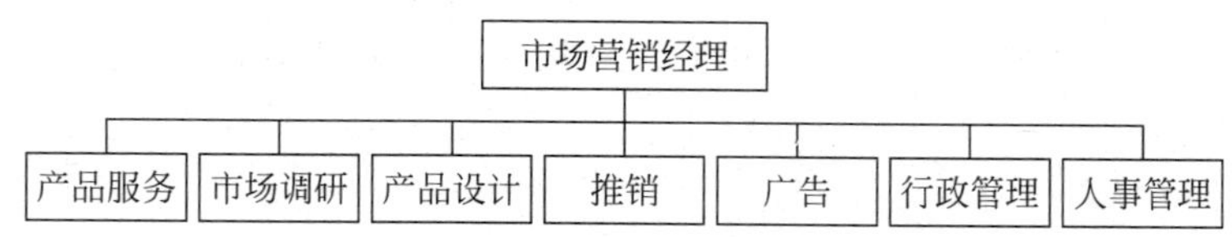

图 12-9　职能型组织形式

2．地区性组织

从事全国性销售业务的公司常常将其销售人员按地域划分，一个全国性销售经理可以负责四个地区销售经理，他们又分别负责六个区域经理，每个区域销售经理又分别负责八个小区经理，后者每人又分别负责 1 0 个销售人员。有些公司现已增设地方市场专家来支持销量很大的市场中的销售工作，这有助于帮助公司总部营销经理调整他们的营销组合，以求得最大限度地利用市场机会，同时地方市场专家还将制订年度和长期发展计划，并在总公司营销人员和地区性销售人员之间起到联系沟通的作用。图 12-10 为地区性组织形式。

3．产品管理组织

生产不同产品或品牌的公司往往要设立产品管理组织，产品管理组织并不能代替职能管理组织，而只是作为一个管理层次而存在。设立产品管理是第一种方法，即产品管理由产品经理领导，他主管若干个产品大类经理，产品大类经理主管几个产品经理，每个产品经理负责具体产品。产品经理组织有以下几个优点：①产品经理可以为某一产品设计具有成本效益的营销组合；②产品经理对于市场上出现的情况反应比专家委员会更快；③由于每种产品都有相对应的产品经理负责，所以即使是名气再小的品牌也不会被忽略；④产品管理组织是培训年轻主管人员的最佳场所，因为产品管理组织可以使他接触公司运作的全部领域。图 12-11 为产品管理组织形式。

4．市场管理组织

许多公司将产品出售给不同类型的市场。市场经理实质上是参谋人员，而不是专职工作人员，他的职责和产品经理相类似，市场经理要制订其所管理产品的长期计划和年

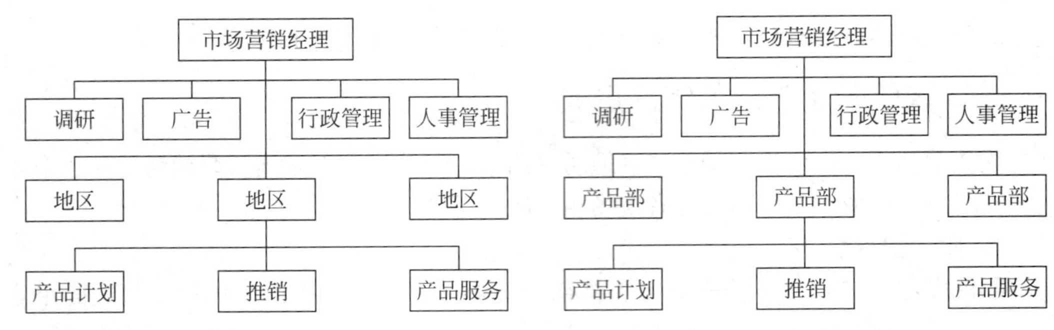

图 12-10　地区性组织形式　　**图 12-11　产品管理组织形式**

度计划，因此必须分析研究市场的发展状况和公司应供应市场的新产品，其工作绩效常以对市场份额的增长所作的贡献，而不是根据在市场上获得的现时赢利来判断。这个系统与产品管理系统的优缺点相同，它最大的优点在于它所组织的营销活动是为了满足不同消费阶层的需要，而不是集中于营销职能、地区或产品本身。图 12-12 为市场型组织形式。

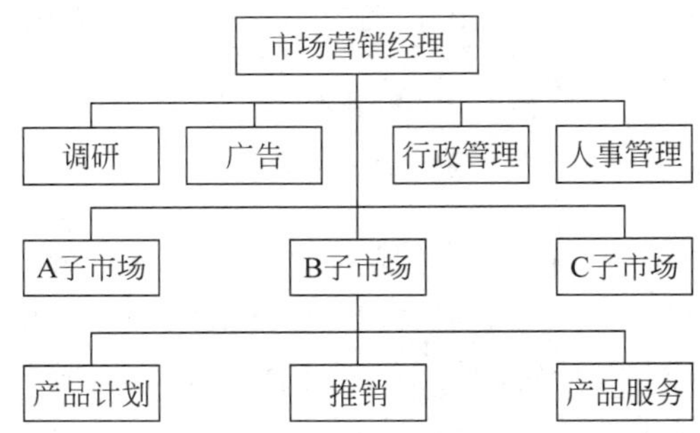

图 12-12　市场型组织形式

5．产品管理和市场管理组织

生产多种产品并面向多个市场的公司常面临进退两难的境地，要么采用产品管理制度，这就要求产品经理熟悉高度分化的市场；要么采用市场管理组织制度，那就要求市场经理必须熟悉他主管市场上出售的花色品种极多的产品；要么任命产品和市场两位经理，这就是矩阵组织。矩阵管理组织对于那些产品多样化和市场多样化的公司而言应该是最为合适的，但这种系统的费用较高，而且容易产生矛盾。图 12-13 为产品管理和市场管理组织形式。

市场经理

产品经理	男式服装	女式服装	家庭装饰	工业市场
人造丝				
尼龙				
醋酸纤维				
涤纶				

图 12-13　产品管理和市场管理组织形式

6. 公司和事业部组织制度

随着多产品-多市场公司规模的扩大，公司常将其产品-市场管理集群转变为独立事业部，它们再分设自己的职能部门和服务部门。一般公司的营销组织可采取以下三个模式：①不设公司营销部门。一些公司不设公司一级的营销人员，它们觉得在公司一级营销人员没有什么用处，因为各事业部都有自己的营销组织。②保持适度的营销组织。一些公司保持适度营销组织来执行一些职能。③公司保留强大的营销部门。但究竟哪些公司适合用哪种模式，这是不一定的。有的公司从开始就在公司一级设立强大的营销部门，而有的公司则致力于发展各事业部的营销部门，有的则减小公司级营销部门的规模和权限，有的干脆就不设公司级营销部门。

现代营销组织的发展趋势

营销组织创新主要是指从传统的等级制度转变为柔性的营销组织。从目前国际柔性组织的发展趋势来看，主要是建立起扁平化、网络化、智能化、虚拟化及全球化的组织。

一是扁平化。指企业通过技术网络同广大员工发生直接联系，而且使企业同消费者、研究机构之间构筑一个互动的信息反馈机制。

二是网络化。指使企业领导与广大员工从传统的等级制度关系变成非正规的网络关系，从而提高员工的自信以及经营效益。

三是智能化。这既要求职工不断提高个人知识和智慧以及不断超越自我，又强调企业的系统思考和知识的整合力量，以不断创造企业的无限生机。

四是虚拟化。它是依靠信息技术而建立临时网络，是一种灵活机动的新型企业组织形式。企业为了实现其目标，可以突破企业界限，在广阔范围内寻求各生产经营环节（如产品设计、工艺设计、生产制造、经营销售等）及各生产要素优化组合的一种形式，企业一旦完成目标就自行解散。这种组织形式可以实现优势互补，并且节省费用。它要求管理者要具有很高的协作精神、协调能力及综合能力。

五是全球化。面对全球市场的竞争，要求企业组织形式及组织行为充分考虑这一时代特点，研究企业营销如何同国际惯例接轨，如何适应全球市场的需求及适应全球的竞争战略。

资料来源：http://www.jiancai.com/info/detail/56-400420.html.

三、营销部门同其他职能部门之间的关系

关于市场营销部门在企业中的地位和作用，西方管理学中存在着多种不同的观点，在实践中也存在着不同的倾向。具体可分为五种不同的特点。

（1）营销部门与财务、人事、生产等部门处于同等地位。在企业的战略规划中，各种职能的地位平等，没有主次之分。

（2）营销职能是企业最重要的职能。其他职能为营销职能服务。

（3）市场营销是企业的主要职能。因为没有顾客就没有公司，因此市场营销部门应是公司的中心，其他职能作为支持职能为中心职能服务。

（4）顾客是企业经营管理的中心。在顾客导向思想的指导下，所有职能部门共同努力、彼此平等地了解顾客、服务顾客和满足顾客。

（5）为了正确解释和有效满足顾客的需求，市场营销部门仍处于公司的中心支配地位。这是因为企业的主要任务是吸引和保持顾客，而这正是营销部门的职能，但同时顾客实际得到的满足程度受到其他部门工作的影响。因此，营销部门必须影响或控制其他部门，向这些部门贯彻以顾客为中心的经营管理，才能使顾客得到期望的满足。

有效的组织使营销活动圆满成功

天宇公司是一家网络产品营销公司，主要营销网络产品。但是很多企业不了解网络产品的价值，不熟悉天宇公司的产品。为了增强公司的知名度，促进公司产品销售，公司除了在网络虚拟世界里宣传自己的产品外，还必须在现实生活中宣传自己的产品。为此，公司组织了营销人员拜访陌生准顾客，向客户宣传公司的产品，并向客户推荐免费网络产品，供这些准顾客试用。

2012 年，公司针对所在城市市民进行了一次营销宣传活动。公司在该市晚报上提前公布了公司即将举行的宣传活动。公司营销总监根据营销宣传活动的需要，将四个营销部的人员进行重新组合，选拔一部分年轻活泼的营销员在现场散发公司形象和产品广告宣传单；选拔一部分沟通能力强的营销员在宣传现场接待前来咨询的市民，通过网络现场展示公司的产品，促进产品销售的达成，登记潜在客户的信息；选拔一部分能歌善舞的员工做现场表演，吸引市民注意力，同时艺术化地宣传公司产品；选拔一部分营销员做后勤服务工作。由于组织工作得当，营销宣传取得了很好的效果。当天实现产品交易 20 000 元，与 20 名顾客达成了交易意向，并收集了 300 名准客户信息。

资料来源：http://jpkc.lzy.edu.cn/scyx/maxfile/scyx_book.

第三节　营 销 控 制

一、拟订营销计划

（一）营销计划的含义

营销计划是指企业在对市场营销环境进行分析和营销调研的基础上，制订企业及各业务单位的营销目标以及实现这一目标所应采取的策略、措施和步骤的明确规定和详细说明。营销计划是营销活动方案的具体描述，它规定了企业各种营销活动的任务、目标、具体指标、策略和措施，这样就可使企业的营销工作按既定计划有条不紊地循序渐进，从而避免营销活动的混乱或盲目性。

营销计划是企业的战术计划，营销战略对企业而言是“做正确的事”，而营销计划则是“正确地做事”。在企业的实际经营过程中，营销计划往往碰到无法有效执行的情况，一种情况是营销战略不正确，营销计划只能是“雪上加霜”，加速企业的衰败；另一种情况则是营销计划无法贯彻落实，不能将营销战略转化为有效的战术。营销计划充分发挥作用的基础是正确的战略，一个完美的战略可以不必依靠完美的战术，而从另一个角度看，营销计划的正确执行可以创造完美的战术，而完美的战术则可以弥补战略的欠缺，还能在一定程度上转化为战略。

营销策划不同于计划，策划是对企业营销活动的创造性谋划，更多表现为前瞻性、创新性、主动性和针对性的战略决策，侧重于把握营销活动的原则和方向；而计划在很大程度上是为实现策划的目标而设计的具体的可操作性方案。与策划相比，计划的挑战性较小，灵活性较差。

（二）营销计划的内容

1．营销计划概要

计划概要是对主要营销目标和措施的概括说明，目的是使高层主管迅速了解该计划的主要内容，抓住计划的要点。例如某旅行社年度营销计划的内容概要是：“本年度计划销售额为 8 000 万元，利润目标为 1 000 万元，比上年增加 12%。这个目标经过改进服务、灵活定价、加强广告和促销努力，是能够实现的。为达到这个目标，今年的营销预算要达到 200 万元，占计划销售额的 2.5%，比上年提高 10%。”

2．营销状况分析

1）市场状况

列举目标市场的规模及其成长性的有关数据、顾客的需求状况等。如目标市场近年来的年销售量及其增长情况、在整个市场中所占的比例等。

2）产品状况

列出企业产品组合中每一个品种的近年来的销售价格、市场占有率、成本、费用、利润率等方面的数据。

3）竞争状况

识别出企业的主要竞争者，并列举竞争者的规模、目标、市场份额、产品质量、价格、营销战略及其他的有关特征，以了解竞争者的意图、行为，判断竞争者的变化趋势。

4）分销状况

描述公司产品所选择的分销渠道的类型及其在各种分销渠道上的销售数量。如某产品在百货商店、专业商店、折扣商店、邮寄等各种渠道上的分配比例等。

5）宏观环境状况

主要对宏观环境的状况及其主要发展趋势做出简要的介绍，包括人口环境、经济环境、技术环境、政治法律环境和社会文化环境，从中判断某种产品的命运。

3．机会与风险分析

首先，对计划期内企业营销所面临的主要机会和风险进行分析。其次，对企业营销资源的优势和劣势进行系统分析。在机会与风险、优劣势分析的基础上，企业可以确定在该计划中所必须注意的主要问题。

4．拟订营销目标

拟订营销目标是企业营销计划的核心内容，在市场分析的基础上对营销目标做出决策。计划应建立财务目标和营销目标，目标要用数量化的指标表达出来，要注意目标的实际、合理，并应有一定的开拓性。

1）财务目标

财务目标即确定每一个战略业务单位的财务报酬目标，包括投资报酬率、利润率、利润额等指标。

2）营销目标

财务目标必须转化为营销目标。营销目标可以由以下指标构成，如销售收入、销售增长率、销售量、市场份额、品牌知名度、分销范围等。

5．制定营销策略

制定企业将采用的营销策略，包括目标市场选择和市场定位、营销组合策略等。明确企业营销的目标市场是什么市场，如何进行市场定位，确定何种市场形象；企业拟采用什么样的产品、渠道、定价和整合营销传播策略。

6．确定行动方案

对各种营销策略的实施制订详细的行动方案，即阐述以下问题：将做什么?何时开始?何时完成?谁来做?成本是多少?整个行动计划可以列表加以说明，表中具体说明每一时期应执行和完成的活动时间安排、任务要求和费用开支等。使整个营销战略落实于行动，并能循序渐进地贯彻执行。

7．评估营销预算

营销预算即开列一张实质性的预计利润表。在收益的一方要说明预计的销售量及平均实现价格，预计出销售收入总额；在支出的一方说明生产成本、实体分销成本和营销费用，以及再细分的明细支出，预计出支出总额。最后得出预计利润，即收入和支出的差额。企业的业务单位编制出营销预算后，送上层主管审批。经批准后，该预算就是材料采购、生产调度、劳动人事以及各项营销活动的依据。

8．实施营销控制

对营销计划执行进行检查和控制，用以监督计划的进程。为便于监督检查，具体做法是将计划规定的营销目标和预算按月或季分别制订，营销主管每期都要审查营销各部门的业务实绩，检查是否实现了预期的营销目标。凡未完成计划的部门，应分析问题原因，并提出改进措施，以争取实现预期目标，使企业营销计划的目标任务都能落实。营销计划的全过程如图 12-14 所示。

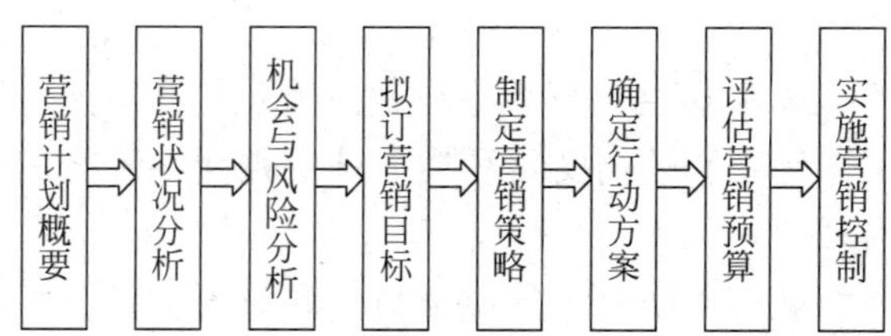

图 12-14　营销计划过程

二、市场营销计划执行与控制

即使是最优秀的市场营销计划，不执行也等于零。所以，有了市场营销计划后，就要积极执行，合理控制，努力实现计划目标。执行和控制市场营销计划是市场营销管理过程的最后一个步骤，也是市场营销管理过程的一个关键性的、极其重要的步骤。

（一）执行市场营销计划

执行市场营销计划，是指将营销计划转变为具体营销行动的过程，即把企业的经济资源有效地投入到企业营销活动中，完成计划规定的任务、实现既定目标的过程。企业要有效地执行市场营销计划，就必须建立起专门的市场营销组织。企业的市场营销组织通常由一位营销副总经理负责，他有两项任务：一是合理安排营销力量，协调企业营销人员的工作，提高营销工作的有效性；二是积极与制造、财务、研究与开发、采购和人事等部门的管理人员配合，促使公司的全部职能部门和所有员工同心协力，千方百计地满足目标顾客的需要，保质保量地完成市场营销计划。实践上，营销部门在开展营销工作时的有效性，不仅依赖于营销组织结构的合理性，同时还取决于营销部门对营销人员的选择、培训、指挥、激励和评价等活动。只有配备合格的营销管理人员，充分调动他们的工作积极性和创造性，增强其责任感和奉献精神，把计划任务落实到具体部门、具体人员，才能保证在规定的时间内完成计划任务。可见，高效合理的营销组织和德才兼备的营销人员是执行计划的必备条件。

（二）控制市场营销计划

在执行市场营销计划的过程中可能会出现许多意外情况，企业必须行使控制职能以确保营销目标的实现。即使没有意外情况，为了防患于未然，或为了改进现有的营销计划，企业也要在计划执行过程中加强控制。控制市场营销计划包括年度计划控制、盈利能力控制、效率控制和战略控制四种类型。

1．年度计划控制

年度计划控制是指由企业高层管理人员负责的，旨在发现计划执行中出现的偏差，并及时予以纠正，帮助年度计划顺利执行，检查计划实现情况的营销控制活动。一个企业有效的年度计划控制活动应实现以下具体目标：①促使年度计划产生连续不断的推动力；②使年度控制的结果成为年终绩效评估的依据；③发现企业潜在的问题并及时予以解决；④企业高层管理人员借助年度计划控制监督各部门的工作。

一般而言，企业的年度计划控制包括销售分析、市场占有率分析、市场营销费用对销售额的比率分析、财务分析和顾客态度追踪等内容。①销售分析。销售分析就是要衡量并评估企业的实际销售额与计划销售额之间的差异情况。②市场占有率分析。根据企业选择的比较范围不同，市场占有率有全部市场占有率、服务市场占有率、相对市场占有率等测量指标。③营销费用率分析。指营销费用对销售额的比率，还可进一步细分为人力推销费用率、广告费用率、销售促进费用率、市场营销调研费用率、销售管理费用率等。④财务分析。主要是通过一年来的销售利润率、资产收益率、资本报酬率和资产周转率等指标了解企业的财务情况。⑤顾客态度追踪。指企业通过设置顾客抱怨和建议系统、建立固定的顾客样本或者通过顾客调查等方式，了解顾客对本企业及其产品的态度变化情况。

2．盈利能力控制

盈利能力控制一般由企业内部负责监控营销支出和活动的营销主计人员负责，旨在测定企业不同产品、不同销售地区、不同顾客群、不同销售渠道以及不同规模订单的赢利情况的控制活动。它包括各营销渠道的营销成本控制、各营销渠道的营销净损益和营销活动贡献毛收益（销售收入−变动性费用）的分析，以及反映企业赢利水平的指标考察等内容。

营销渠道的贡献毛收益是收入与变动性费用相抵的结果，净损益则是收入与总费用配比的结果。没有严格的市场营销成本和企业生产成本的控制，企业要取得较高的赢利水平和较好的经济效益是难以想象的。因此企业一定要对直接推销费用、促销费用、仓储费用、折旧费用、运输费用、其他营销费用，以及生产产品的材料费、人工费和制造费用进行有效控制，全面降低支出水平。赢利能力的指标包括资产收益率、销售利润率和资产周转率、现金周转率、存货周转率和应收账款周转率、净资产报酬率等。此外，费用支出必须要与相应的收入结合起来分析，才能了解企业的赢利能力。

3．效率控制

假如赢利分析发现公司在某些产品、地区或市场方面的赢利不佳，那接下来要解决的问题就是寻找更有效的方法来管理销售队伍，提高广告、促销和分销的效率。①销售人员效率。包括销售人员日均拜访客户的次数、每次访问平均所需时间、每次访问的平均收益、每次访问的平均成本、每百次销售访问预订购的百分比、每月新增客户数目、每月流失客户数目、销售成本对总销售额的百分比等内容。②广告效率。例如，每种媒体接触每千名顾客所花费的广告成本、注意阅读广告的人在其受众中所占的比率、顾客对广告内容和效果的评价、广告前后顾客态度的变化、由广告激发的询问次数等。③营业推广效率。企业应关注的指标有优惠销售所占的百分比、每一单位销售额中所包含的陈列成本、赠券回收率、因示范引起的询问次数等。④分销效率。主要是对分销渠道的业绩、企业存货控制、仓库位置和运输方式的效率进行分析和改进，从而提高分销的效率。

4．战略控制

战略控制是由企业的高层管理人员专门负责的。营销管理者通过采取一系列行动，使市场营销的实际工作与原战略规划尽可能保持一致，在控制中通过不断的评估和信息反馈，连续地对战略进行修正。与年度计划控制和赢利能力控制相比，市场营销战略控制显得更重要，因为企业战略是总体性和全局性的。而且，战略控制更关注未来，战略控制要不断地根据最新的情况重新估计计划和进展，因此，战略控制也更难把握。在企业战略控制过程中，我们主要采用营销审计这一重要工具。

阅读资料

特仑苏牛奶的“模糊控制”

模糊控制，也称为常量边缘化效应，即让消费者只针对产品或品牌的某种特性进行感知，而对产品的常规元素进行边缘模糊，以此不必主导自身的消费行为。一般而言，模糊控制一定是品牌价值影响力大的产品进行细分市场开发而实现的。特仑苏牛奶的会员营销是一种细分市场的建设，也是目标群体的聚合，“模糊控制”被特仑苏牛奶发挥得淋漓尽致。

特仑苏牛奶的上市坚持看似不近人情的“整箱销售”原则，打破了液态奶散装销售的常规。但特仑苏牛奶纵横市场的七年间，其市场占有率始终名列前茅，绝非以脱离市场规律实现，而是恰到好处地用品牌反哺了营销态势，用大批量会员的购买行为影响了其他顾客的消费态度。当特仑苏牛奶的品牌已经成为一个符号，“礼盒奶”也就成为这个符号的组成部分，另外，竞争对手的学习跟进，恰恰巩固了特仑苏牛奶的市场地位。购买模式与产品包装模式，在特仑苏牛奶的品牌沟通中，经调查显示，是消费者最不会看重的条件。

在一个竞争环境之下，以产品为导向的营销模式很容易被瓦解淘汰，以消费者为导向又容易陷入高成本营销的怪圈，而特仑苏牛奶坚持并成功实施的会员营销兼顾两者并寻求一个平衡，则能够起到一个稳定增长、稳定利润的营销模式。

特仑苏牛奶根据市场不断成熟和竞争日趋激烈的形势，着眼于企业与顾客的互动与双赢，不仅积极地适应顾客的需求，而且主动地创造需求，运用优化和系统的思想去整合营销，通过关联、关系、反应等形式与客户形成独特的关系，把企业与客户联系在一起，形成竞争优势。其反应机制为互动与双赢、建立关联提供了基础和保证，同时也延伸和升华了便利性。“回报”兼容了成本和双赢两方面的内容，追求回报，企业必然实施低成本战略，充分考虑顾客愿意付出的成本，实现成本的最小化，并在此基础上获得更多的市场份额，形成规模效益。这样，企业为顾客提供价值和追求回报相辅相成，相互促进，客观上达到的是一种双赢的效果。

对于特仑苏牛奶而言，其实施的低成本战略，首先就是低传播，利用口碑传播与公关传播部分取代大量的硬广告成本，通过传统广告来加强产品品质的宣传，通过口碑传播来加强品牌认知，从而极大化获得顾客的双重满足感。

其次，在特仑苏牛奶品牌哺育之下的低成本战略反应与终端的销售促进，在快消品营销促进成本水涨船高的终端，常常出现“赠品为王”“搭售为王”的怪圈，甚至赠品、礼品的价值赶超产品自身的价值。而作为高端产品的特仑苏牛奶，则无须参与这样的肉搏战，只是利用其自身的品牌地位与感召力，驱动客户惯性购买。

这对特仑苏牛奶的双赢效果则表现得更为直接：箱装销售的模式，至少是传统销售液态奶的两倍以上的利润获取，而特仑苏名仕会的身份定位，又恰到好处地满足了顾客的心理认知。

模糊控制，由此从单层面进行了规模化的双层面，特仑苏牛奶的会员营销模式就得以自主稳步地成长发展。

资料来源：http://www.tianjinfood.net/brand/show-11.html.

第四节 营销审计

出于种种原因，管理者需要进行营销审计。其中包括：某种新产品的引入；作为一组增加利润的措施之一；评估公司的定价政策是否正确、商品和服务组合是否适销对路、渠道战略是否得当等。营销审计（marketing audit）是对企业的营销活动进行全面的、结构性的考察，其内容包括公司所处的市场及其产生影响的因素、公司的销售活动及绩效，以及营销决策的制定过程。营销审计的结果应该指明公司在销售方面所面临的机遇和挑战，提出改进建议并制订一个达到更优业绩水平的计划。按照结构化的方法评估公司的市场绩效有助于营销审计小组得出一个全面、系统的诊断方案。

营销审计的第一步通常是召开审计小组和主管人员联席会议，这样做是为了确定开展审计工作的首要目的及其所要达到的目标。会议还应该就审计的深度、覆盖面、报告形式（书面报告要花费许多资源，但其中的有效说明可能并不多）及拟用时间等事先达成一致意见。会后应该形成一个详细的行动计划，综合考虑时效和成本方面的因素。

一、营销审计过程的模式导入

我们认为营销审计应该按照以下五个步骤完成，如图 12-15 所示。每一个步骤又包括诸多需详细调研的部分。

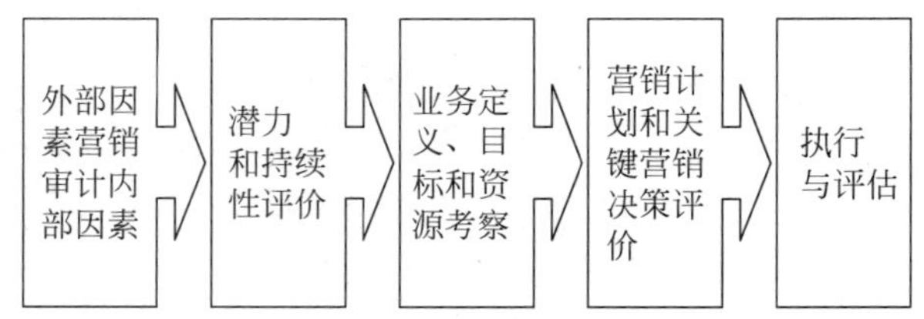

图 12-15 营销审计过程

第一步可以分为两个部分：外部分析和内部分析。总共包括以下六个关键领域的分析。

1. 客户分析

该部分的调研内容包括分析当前、过去和未来的客户，他们的需要和偏好，细分市场之间的差异，不同细分市场的需求，购买模式，核心和扩增产品应用的开发等此类问题。

2. 竞争对手分析

现在和未来的主要竞争对手是谁？它们的战略和目标何在？其专长和能力何在？其市场份额、利润率和技术基础如何？

3. 渠道分析

产品和服务是如何到达市场的？通过哪些渠道？这些渠道各占多大比例？其集中

度、所有权、获利能力、效率如何？它们满足现在和未来客户需要的能力如何？遵循什么样的行业惯例等？

4．环境分析

包括宏观经济、人口统计、政治、生态、公众和管制状况等市场赖以运行的环境因素。对于那些进行国际化经营的公司来说，环境因素尤需加以认真评估，因为这对其销售活动可能会产生微妙的影响。

5．公司专长分析

关于公司自身的优势、劣势的考察也必须纳入营销审计的内容之中。不仅要对这些专长本身，还要对这些专长及其所能产生的竞争优势之间的相关性加以评估。此外，公司的组织、结构、市场信息及报告、计划和控制系统也很重要。

6．成本和获利能力分析

公司的各个市场部门、产品线、销售地区和渠道的获利能力如何？公司的成本结构如何？与竞争者相比又如何？

前四个因素属于外部分析，后两个因素则是内部分析。这六个因素均以字母“C”打头，市场分析人士经常将其称为“6C 营销”（6Cs of marketing）。营销审计的结论为我们下一步的工作——潜力和持续性评价提供了基本的材料。

二、潜力和持续性评价

根据营销审计 6C 分析得出的结论，现在的任务是构建面向未来需求和竞争的分析基础。从前面的讨论可以得出以下需解答的关键问题（见图 12-16）。

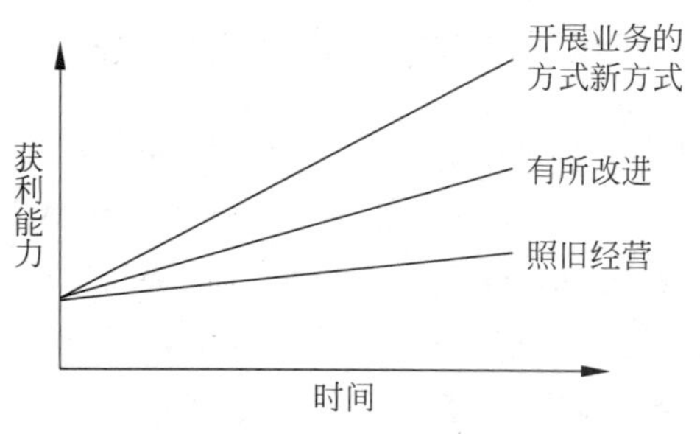

图 12-16 评估未来绩效的缺口

（1）如果照旧经营，我们的产品和服务的前景怎样？

（2）如果我们的业务有所改进，未来的需求会怎样？

（3）如果我们以不同的方式开展业务，情况又如何？

在进行上述分析时，我们必须考察绩效水平的持续性。当前公司的独特技术、成本结构、行业关系或客户“锁定”能在多大程度上支撑起目前的绩效水平？与此有关的一个根本问题是公司所处的市场及细分的吸引力如何？所谓吸引力（attractiveness），是指该市场的成长前景和获利能力。如果答案是乐观的，接下来的问题显然就是哪些因素会对这种市场吸引力产生威胁。如果分析得出的结论是消极的，我们就必须考虑应采取哪些措施来使市场具有吸引力。

三、业务定义、目标和资源的考察

根据上述分析，可以进一步考察公司业务的基本定义、既定目标及其赖以实现的资源。公司目前关于客户的定义、市场覆盖面、技术基础、“抱负水平”和达成目标的手段，可能会遭到一系列问题的挑战。审计小组通常会问到下列问题：“我们如何定义自己的业务？”“如何构造我们的业务？”“如何开展业务？”等。这些讨论自然而然地会围绕主要决策者所关心的基本目标展开，即如何达到公司股东的预期。但是，其他相关成员——如雇员、客户、分销渠道的合作伙伴，地方、国家乃至外国政府，以及供应商等其他的“利益相关者”——也应参与上述问题的讨论。

对若干相关目的（objective）的考核自然会导致一系列特定目标（goal）的建立。这些目标既可以是定量的，也可以是定性的。近年来，许多公司在采用财务指标的同时，也开始重视非财务指标。即使就财务目标而言，我们也看到许多公司已开始采用一些更精致的指标，然后使之与管理者的报酬方案挂钩。对销售管理团队来说，这意味着仅仅完成销售额是不够的。其目标范畴还应包括市场份额、渠道渗透、货架位置、品牌认知度、客户忠诚指数、销售力有效性、广告有效性、重复购买率，以及其他类似指标。

评估公司的目标，尤其是评估其实现前景及其对公司未来的意义，必将引发对当前资源分配和所需资源可获得性的讨论，而这反过来又会导致未来应达到何种目标的进一步讨论。

雅马哈钢琴：重新定义市场

近些年来，全球的钢琴需求一直在下降——现代的父母并不像上几代父母那样重视孩子的音乐课，作为钢琴行业的领导者，雅马哈公司对市场销售的下降心急如焚。但是，无论是加大广告投入还是适当降价促销，市场反馈都令人失望。

为了突破市场增长停滞的困境，雅马哈公司对市场进行了研究调查，了解拥有钢琴的家庭如何使用钢琴。调查表明，美国、欧洲和日本的 4 000 万家庭中绝大多数很少使用购买的钢琴，在大多数情况下，购买钢琴时候的原因已不存在。孩子要么停止了音乐课，要么长大成人离开了家庭，家庭成员也很少弹钢琴——只有很少的一部分人是出色的钢琴弹奏者。对绝大多数家庭而言，钢琴只是一件家具，虽然没有经常进行调理，但仍然状态良好。

在经过仔细的研究分析之后，雅马哈公司认为，虽然总体的钢琴市场发展需求停滞，但是只要转换战略思路，重新定位，雅马哈依然能够取得业务增长的可能性——雅马哈把高级家庭中闲置的钢琴看做为一个潜在的发展机会。雅马哈技术部门为这种闲置的钢琴研制出一种附属播放器，这种播放器能够将家庭已有的钢琴转化成一种古老的自动播放式钢琴，它能够播放很多存储在一张磁盘上的曲目。在售价上，相比于价格高昂的钢琴，播放器的价格可以让钢琴拥有者无须多加考虑就可以下定决心购买。

对于雅马哈公司来说，钢琴市场发展的停滞并不意味着市场需求的全面萎缩，而是因为某些次要的原因造成，如练琴的孩子长大离家，但在购买钢琴的家庭中，他们对音乐的需求仍然是存在的，这就是增长停滞的钢琴市场中的新增长点所在——雅马哈公司不断推出多种类型的钢琴附属物，最大限度地使家庭中闲置的钢琴得到重新利用的机会，赋予了钢琴一种新的定义，即将家庭钢琴由一件只供孩子练习的工具转化为一件高级音乐播放器，从而开创新的需求。

雅马哈通过对钢琴的重新定位，在保持钢琴高雅格调、彰显家庭品位的同时，延伸了钢琴的使用功能，突破了钢琴在价格高昂与使用不足上的矛盾，不仅抑制了钢琴销售额下降的势头，也间接刺激了新的客户购买意愿，一片全新的市场出现了。

资料来源：2012 年 2 月《商学院》。

四、营销计划和关键的营销决策的评价

关于目标和资源利用的讨论，其实是评估当前营销计划效力和效率的前奏。本节还将考察公司进行市场细分的方法和目标客户的选择。营销审计为客户开发提供了一个总体框架，但仍须对选定的细分市场和该组顾客的开发加以进一步的分析，其理由如下。

（1）公司的营销活动可能已改变了客户的期望，现在应发起新的营销活动。

（2）竞争者的行动可能已改变了该细分市场内和细分市场之间的竞争态势。

（3）客户的喜好可能会因外部潮流的发展而发生变化。

新技术和新渠道的发展也会对公司当前营销计划赖以制订的假设提出质疑。根据营销审计对以往市场发展和未来市场走向的评估，审计小组需对公司“营销组合（marketing mix）”的特定方面进行分析。营销专家用营销组合一词来表述若干重要的营销决策，这些决策一致体现了公司的营销战略。营销组合通常包括以下五个方面的重要决策，它们都是营销审计的对象。

1．定位决策系列

公司试图运用该决策在选定的细分市场上，使其产品和服务组合在客户心目中产生所期望的独特感觉。例如，沃尔沃（Volvo）针对其选定的客户，将产品定位于安全的家用交通工具。

2．产品/服务决策系列

该决策涉及一组产品特征与增值服务，公司选定这些产品和服务作为其业务内容。该决策包括产品/服务组合的深度和范围，不仅要进行业务量、利润率和成长性的评估，而且还要对其与选定市场上的客户需要和期望的符合程度加以评估。

3．定价决策系列

该决策主要针对公司的定价战略，但其评估还应包括以下问题：批量购买折扣、年终返扣奖励、行业支持、非财务促销激励、退货政策、卖方信贷服务、购买支持等，这些都会对客户的成本产生影响。

4．推广决策系列

该决策涉及公司将其价值传达给目标客户群的种种活动，包括公关举措、开展大众知名的活动（如在电视和印刷媒介上的推广活动）及激发购买兴趣的努力（如商业展示、

销售人员的产品分发和店铺推介活动）。

5. 地点/分销决策系列

该决策涉及对公司渠道战略管理的评估。较之数年前，互联网的影响更增加了此种决策的难度。根据顾客在哪里及如何选择购买公司产品的偏好，渠道战略必须对通向终端客户的各种渠道之间潜在的冲突加以管理。

这五组营销决策通常被称为营销的 5 个 P（5Ps of marketing），对其必须加以整体审视，以便验证其内部一致性。细分市场的选择和营销决策的整体及其相互配合构成了公司的营销战略。

营销审计小组还应对当前计划的健全性予以考察，包括其内部一致性，以及其中的分析性和创造性的成分。审计小组也可考虑公司是否还有替代性的战略选择及其取舍的理由。应急计划（contingency plans）是总体计划固有的组成部分，也应予以评估。

五、执行评估

营销审计的最后一环是考核公司营销计划的执行情况。该步骤要考察关键的营销决策——它是营销计划的核心。执行问题体现在营销决策框架下的各个项目和计划中。审计小组必须对这些项目和计划的一致性和相关性加以检验，考察这些决策是如何与目标的实现挂钩的。此外，各个项目和计划的预算也应结合实际资源的支出以及与目标实现有关的项目或预算来加以评估。最后，针对各项目和计划的职责的授权、时间性及期望达到的效果，也是营销审计小组需认真核查的内容。

六、对营销管理过程的影响

营销审计的目的不仅限于考核当前销售成果的取得情况，或对事关销售业绩的决策提出改进建议。随着营销审计过程的展开，其评估活动还应扩展到公司的销售管理领域、市场情报的收集流程、营销成果的分析及向销售职能部门内外相关决策者的发布流程。最近的研究表明，这些流程对于促进公司的市场导向，取得更好的业务绩效、更高的客户满意度和员工满意度均具有重大意义；同时也可用于检验决策制定对市场情报及其分析的灵敏程度。

如图 12-17 所示，该研究报告认为，对市场导向的形成至关重要的关键驱动因素有三。

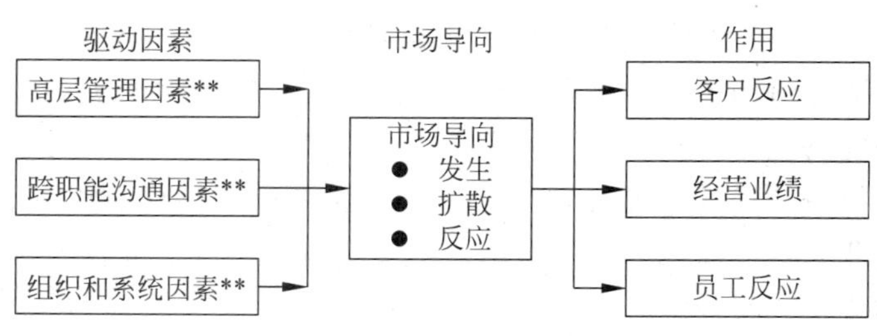

* 统计显著性的置信区间为90%。
** 统计显著性的置信区间为95%。

图 12-17 关于 198 家国际工业公司的研究所揭示的各种相互关系

第一类因素是高层管理方面的一组因素。这主要是指高级执行官们对以下方面的重视和参与程度：确保市场情报的及时性，确保情报分析工作具有足够的严谨性，以及确保决策是根据事实和分析而非道听途说来制定的。用一位经理的话讲，“如果上面不提出问题，就别指望有人会提供答案”。审计小组考察高级执行官对市场导向的促进情况，并指出应予以改进之处。

第二类因素是公司内部跨职能沟通（inter-functional dynamics）能力的强弱。严重的职能壁垒在多大程度上阻碍了部门间的信息交流？不同的职能小组是否具备跨越职能界限的社会和语言沟通能力？

第三类驱动因素包括对公司市场导向有所影响的各种组织和系统方面的因素。公司的组织结构、预算和计划流程、奖励和报酬制度，以及信息技术系统都可能对公司的市场导向程度产生影响。

因此，对上述市场导向驱动因素的考察，应当成为营销审计过程的一个组成部分。

营销审计的发展

营销审计是对一个公司或一个业务单位的营销环境、目标、战略和行动所进行的一种全面的、系统的、独立的和定期的检查。其目的在于确定问题和机会，提出行动计划，以改善公司的营销业绩。营销审计产生的背景是：西方国家第二次世界大战后的市场竞争日趋激烈，企业的营销费用大幅度上升，效果却不尽如人意，使营销审计步入困境。一些大型的工业企业为获取理想的经济效益，逐步开始对营销活动进行检查、分析和控制。

早在 1959 年，哥伦比亚大学的艾贝 · 肖克曼就提出了“营销审计”的概念。他认为，众多的公司被关在生产产品或推销导向的圈子里，不知如何去寻找公司的发展机会和途径；许多公司濒临倒闭或正在走向死亡却浑然不觉。公司应该定期进行营销审计，以检查它的战略、结构和制度是否与它们最佳的市场机会相吻合。

此后，菲利普 · 科特勒进一步对营销审计进行了界定，指出“营销审计是对一个公司或一个业务单位的营销环境、目标、战略和活动所做的全面的、系统的、独立的和定期的检查，其目的在于决定问题的范围和机会，提出行动计划，以提高公司的营销业绩。”（《营销管理——分析、计划和控制》）并详尽归纳了营销审计的六大组成部分：营销环境审计、营销战略审计、营销组织审计、营销制度审计、营销效率审计及营销功能审计的具体内容。

进入 20 世纪 70 年代以后，西方的营销审计逐渐成熟，众多工商企业特别是大型跨国公司对市场营销的审查范围日益扩大。其内容包括用户导向、市场营销组织、市场营销信息、营销战略及作业效率等诸多方面。同时制定了审查的具体要求，确定审查标准并采用计分方法进行考核评审。从此，营销审计得以迅速发展，并成为提高企业市场营销管理水平的有效工具。

资料来源：http://cidian.iask.sina.com.cn/a/v3pc.html.

本章小结

承担营销策划的部门对企业营销活动的成败与否，具有举足轻重的作用。从企业实际的营销活动来看，实施营销策划一般有单部门进行营销策划、多部门进行营销策划和借用“外脑”进行营销策划三种状态。

现代化的营销部门是经过长期演变而形成的产物，它经历了简单的营销部门、带有营销职能的销售部门、单独的营销部门、现代营销部门和现代营销公司五个发展阶段。营销部门的组织形式包括职能型组织、地区性组织、产品管理组织、市场管理组织、产品管理和市场管理组织，以及公司和公司和事业部组织制度六种。

在执行市场营销计划的过程中可能会出现许多意外情况，企业必须行使控制职能以确保营销目标的实现。即使没有意外情况，为了防患于未然，或为了改进现有的营销计划，企业也要在计划执行过程中加强控制。控制市场营销计划包括年度计划控制、赢利能力控制、效率控制和战略控制四种类型。

营销审计是一种全面的、结构性的考察，其内容包括公司所处的市场及其产生影响的因素、公司的销售活动及绩效，以及营销决策的制定过程。营销审计的结果应该指明公司在销售方面所面临的机遇和挑战，提出改进建议并制订一个达到更优业绩水平的计划。

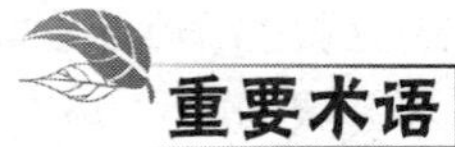

重要术语

营销计划、营销策划、营销组织、营销控制、营销审计

复习思考题

1. 什么是策划？企业为什么要做营销策划?
2. 单部门营销策划与多部门策划的主要区别是什么？
3. 结合某企业（或营销职能部门）营销活动的实际，撰写一份简要的营销策划书。
4. 怎样才能处理好公司营销部门同其他职能门之间的关系？
5. 营销计划通常包括哪些主要内容？
6. 简述年度计划控制、赢利能力控制、效率控制和战略控制的基本内容。
7. 什么是营销审计？指出营销审计与营销控制的主要区别。

阅读推荐

[1] [美]西奥迪尼. 影响力（经典版）[M]. 闾佳，译. 沈阳：万卷出版公司，2010.
[2] 欧阳国忠. 大活动 大营销[M]. 南京：凤凰出版社，2011.
[3] 史玉柱，优米网. 史玉柱自述：我的营销心得[M]. 北京：同心出版社，2013.
[4] 郝渊晓. 市场营销管理学[M]. 西安：陕西人民出版社，2004.

案例分析

营销组织结构的改革

李伟是X制药企业的老总，这些天来他一直被公司的销售发展问题所困扰。刚才他主持召开了一个会议，营销部的经理们各抒己见，提了很多建议和想法。看来他们都是经过深思熟虑的，李伟长长地吐了一口气。他对自己的部下感到满意，李伟在医药行业摸爬滚打几十年，从普通的销售做起，到现在担任这家中型制药企业的老总，他的能力和魄力在业界是有目共睹的，因此也赢得了不少忠实的追随者。

自从他开始组建这家企业，不到6年时间，公司的销售总额就已突破4个亿，实现利润5 000多万元，发展的速度是超常规的。可是，繁荣的背后潜伏着危机。李伟点燃一支烟，今后的路该怎样走呢？这些年来，X公司的发展也并非一帆风顺。1998年公司的产品刚投放市场时，采取快速渗透战略，强调以学术推广、终端促销、创建品牌效应来带动产品销售，这也是当时国外大药厂普遍采取的方式。为此，公司组建了地区型的销售组织，全国分为8个区共34个办事处，颇有“忽如一夜春风来，千树万树梨花开”的味道，在业界引起一番轰动。但是，公司股东们对X公司的业绩却极为不满。他们认为公司市场开发速度太慢，销售费用太大，财务亏损严重。迫于公司股东的压力，以及结合国内药品销售的特色，公司在经过多方论证后从2000年开始转变营销体制，采用底价承包制。取消了区域经理，各办事处经理直接与公司发生关系，以底价从公司拿货，全权负责当地的销售。

这种销售体制打破了以往吃大锅饭的局面，体现了能者多得，优胜劣汰，最终实现公司和销售人员的双赢。公司各种产品的销量迅速增长，以往令人头痛的回款问题大大减轻。从2000年到2002年年底，公司的销售额连续翻番，截至2002年年底，公司销售总额达4个亿，利润5 000万元。但是公司目标绝不只是这4个亿。2003年年初的股东大会上提出的下一个五年计划是销售额突破10个亿，成为国内销售额排名前30位的制药企业。

难哪！李伟掐灭烟头，拿起桌上的销售分析报告。刚才会议上销售总经理王强把上季度的销售报表做了详细分析，最近大部分地区的销量增长均呈下降趋势，有几个品种的销售与去年同期持平，公司寄予厚望的新产品A的销售也极为不理想，只有四个办事处有少量出货。

“我认为我们的价格缺乏竞争优势。”王强首先发言，“现在各地都在招标，争取中标已成为药品在各地医院存续的关键，也成为开发新医院的主要方式。而我公司的产品与国内同类产品相比，在报价上过高，所以中标率低，我认为我们应该重新考虑一下各产品的投标指导价。”“还有，”销售副总赵宏鸣补充道，“低价的产品在招商中也占有巨大优势。现在广州、武汉、北京等几个办事处经理反映Y公司的产品招商价格比我们低5个百分点。”

市场部总监张宁的发言也值得深思。随着底价承包制的实施，市场部费用骤减，市场部职能日益缩小，基本退缩成医学部的功能，有着国外大企业从业背景的张宁一直以来都觉得气闷。我认为要想成为国内一流企业，创品牌、树立企业形象是十分重要的，这几年我们实行底价承包制，在公司原始积累阶段这种体制无疑是有效的。但是从长远来看，不利于公司创建和维护品牌形象。

“我同意张总监的说法。”营销管理部陈经理说，“底价承包制导致销售人员相对分散，各自为政，只注重自身利益，给企业落实营销政策和各项规章制度带来了极大的困难和阻力，不利于企业整体营销运作。”陈经理还列举了一些例子，“我认为，我们的销售网络主要集中在医院，零售市场开发不够，如果加强在这方面的重视，销量增长的潜力巨大。”市场部产品经理张丽最后发言：“另外，我们目前在全国主要城市共设有 34 个办事处，销售人员共 160 人，如此人力远不足以覆盖整个大陆，因此，有待开发的市场空白点很多，这也是销量增长的来源。”

李伟仔细考虑着这些经理们的意见，每个人说得似乎都有道理，看来最为关键的问题要首先解决，即从整个公司角度来看，底价承包制是否是一个很好的体制？底价承包制的一些弊端他早就清楚，而且无论怎样加强管理，仍然无法克服底价承包制所有的弊端。那么，今后公司是继续沿用这一方式还是重新回到学术推广的老路上？

事实上，在中国目前这样一个医药环境中，单一体制已无法适应公司发展的需求。对，应该是“多种体制并存，相互补充，扬长避短”，李伟的思路明晰起来。那么首先要做的就是构建新的营销组织结构。他的基本想法如下： 把原销售总公司分为两个公司，即药品公司和新药公司。药品公司经营公司现有品种以及陆续上市的一些普药，仍以底价承包方式给办事处。同时，对于办事处无法覆盖的区域，由药品公司总部派人去设联络处或招商，弥补公司经营空白点。新药公司经营公司将来上市的新药，以学术推广方式为主，招商为辅，在各主要城市设办事处，高薪招聘优秀销售人员，承担树立企业形象和创建产品品牌的任务。待产品较为成熟后，转给药品公司，利用其网络迅速向全国范围渗透。李伟兴奋地拿起电话，看来今天晚上又要开通宵会议了。

资料来源：刘春娣.市场营销——理论、案例与实务[M].上海：同济大学出版社，2011.

思考题

1. 结合本案例，讨论企业营销组织结构是否是一成不变的？
2. 如果你是 X 公司的老总，你将如何解决该公司的问题？

参考文献

[1] [美]菲利普・科特勒（Philip Kotler）. 营销管理[M]. 第 10 版. 梅汝和，等，译. 北京：中国人民大学出版社，2001.

[2] [美]菲利普・科特勒（Philip Kotler），凯文・莱恩・凯勒（Kevin Lane Keller）.营销管理[M]. 第 14 版. 王永贵，等，译. 北京：中国人民大学出版社，2012.

[3] 千龙. 中国古代商人的营销智慧[J]. 企业导报・中国直销研究，2006（5）：58.

[4] 孙光. 中国古代战略思想与市场营销中的后发制人[J]. 沿海企业与科技，2006（12）.

[5] [美]高家龙. 中国的大企业——烟草工业中的中外竞争（1890—1930）[M]. 樊书华，程麟荪，译. 北京：商务印书馆，2001.

[6] [美]菲利普・科特勒. 科特勒说[M]. 北京：当代中国出版社，2005：285.

[7] 卢泰宏. 营销管理演进综述（续）[J]. 外国经济与管理，2008（3）：34-42.

[8] 金永生，营销学的回顾与中国营销学的展望[J]. 商业经济与管理，2003（7）：4-7.

[9] [美]菲利普・科特勒（Philip Kotler），何麻温・卡塔加雅（Hermawan Kartajaya），伊万・塞蒂亚万（Iwan Setiawan）. 营销革命 3.0[M]. 毕崇毅，译. 北京：机械工业出版社，2011.

[10] 郑锐洪，郭国庆. 我国营销学主题研究的发展趋势——来自两大基金资助项目的证据[J]. 企业经济，2010（8）：82-84.

[11] 李亚林，景奉杰. 市场营销理论研究在中国的发展[J]. 经济管理，2011（4）：181-186.

[12] 颜节礼，朱晋伟. 荣氏家族企业的诚信理念、社会责任及启示[J]. 商业经济与管理，2011（7）：37-42.

[13] 孙冰. 专访“整合营销传播”之父唐・舒尔茨：“大多数市场营销规则已过时了”[J]. 中国经济周刊，2012（48）.

[14] [美]菲利普・科特勒，迪派克・詹恩，苏维・麦森西. 科特勒营销新论[M]. 北京： 中信出版社，2002.

[15] 王方华，陈洁. 数据库营销[M]. 上海：上海交通大学出版社，2006.

[16] [美]AV 费根堡姆（Armand Vallin Feigenbaum）. 全面质量管理[M]. 杨文士，等，译. 北京：机械工业出版社，1991.

[17] 王骏. 供应链管理[M]. 北京：科学出版社，2009.

[18] 郭国庆. 市场营销学通论[M]. 第 4 版. 北京：中国人民大学出版社，2011：426.

[19] 郭国庆. 市场营销学[M]. 北京：中国人民大学出版社，2001.

[20] 苏亚民. 现代营销学[M]. 北京：对外贸易教育出版社，2000.

[21] 吕一林. 市场营销学[M]. 北京：科学出版社，2005.

[22] [美]迈克尔・波特. 竞争战略[M]. 陈小悦，译. 北京：华夏出版社，1997.

[23] [美]菲利普・科特勒，凯文・莱恩・凯勒. 营销管理[M]. 王永贵，于洪彦，何佳讯，陈荣，译. 上海：格致出版社，2009.

[24] 郝渊晓，费明胜，靳明. 市场营销学[M]. 广州：中山大学出版社，2010.

[25] [美]小卡尔・迈克丹尼尔（Carl McDaniel，Jr.），罗杰・盖茨（Roger Gates）.当代市场调研[M]. 范秀成，等，译. 北京：机械工业出版社，2000.

[26] 王朋，姜彩芬. 市场营销学[M]. 第 2 版. 北京：北京理工大学出版社，2012.

[27] [美]纳雷希·马尔霍特拉. 市场营销研究应用导向[M]. 第5版. 涂平，译. 北京：电子工业出版社，2009.
[28] 袁方，王汉生. 社会研究方法教程[M]. 北京：北京大学出版社，2004.
[29] 张红. 市场营销学[M]. 上海：格致出版社，2011.
[30] 吴涛. 市场营销学教程[M]. 北京：中国发展出版社，2009.
[31] 倪自银. 新编市场营销学——理论与实务[M]. 北京：电子工业出版社，2011.
[32] 张秋林. 市场营销学——原理、案例、策划[M]. 南京：南京大学出版社，2007.
[33] 李业. 营销学原理[M]. 广州：广东高等教育出版社，2007.
[34] 王谊，于建原，张剑渝. 现代市场营销学[M]. 成都：西南财经大学出版社，2004.
[35] 王永贵. 营销管理[M]. 大连：东北财经大学出版社，2011.
[36] 何永祺，张传忠，蔡新春. 市场营销学[M]. 第2版. 大连：东北财经大学出版社，2006.
[37] 王国杨，侯乐. 破解网络渠道与线下渠道冲突难题[J]. 销售与市场（评论版），2009（12）.
[38] [美]安妮·T科兰. 营销渠道[M]. 第7版. 北京：中国人民大学出版社，2008.
[39] 庄贵军. 营销渠道管理[M]. 北京：清华大学出版社，2004.
[40] 王明东. 营销绩效评价体系构建及实证研究——以啤酒行业为例[D]. 长春：吉林大学，2011.
[41] 田明泓. 企业营销绩效的财务评价指标分析[J]. 市场论坛，2004（4）.
[42] 刘满凤. 国外市场营销绩效评价研究综述[J]. 商业经济文荟，2004（3）：33-37.
[43] 郁文利，谢微. 基于全方位视角的企业营销绩效评价研究[J]. 现代经济，2008（7）.
[44] 沈雁姣，李玲，童环. 绩效考核的财务指标[EB/OL]. http://wenku.baidu.com/view/c57ba0b669dc5022aaea0082. html.
[45] 吴健安. 市场营销学[M]. 第4版. 北京：高等教育出版社，2011.
[46] 张鸿. 市场营销学[M]. 北京：科学出版社，2009.
[47] [美]唐·亚科布奇. 营销管理[M]. 田志龙，译. 北京：机械工业出版社，2011.
[48] [美]迈克尔·埃特泽尔. 市场营销[M]. 第4版. 南京：南京大学出版社，2009.
[49] [美]舒尔茨.全球整合营销传播. 北京：机械工业出版社，2012.
[50] [美]特伦斯·A.辛普. 整合营销传播：广告、促销与拓展[M]. 北京：北京大学出版社，2005.
[51] [美]邓肯·莫里亚蒂. 品牌至尊：利用整合营销创造终极价值[M]. 北京：华夏出版社，2000.
[52] [美]凯文·莱恩·凯勒. 战略品牌管理[M]. 第3版. 北京：中国人民大学出版社，2009.
[53] [法]让·诺尔·卡菲勒. 战略性品牌管理[M]. 第2版. 北京：商务印书馆，2000.
[54] [美]道格拉斯·B.霍尔特. 品牌如何成为偶像[M]. 北京：商务印书馆，2010.
[55] [英]西尔斯·拉福雷. 现代品牌管理[M]. 北京：中国人民大学出版社，2012.
[56] [美]林恩·阿普绍. 塑造品牌特征——市场竞争中通向成功的策略[M]. 戴贤远，译. 北京：清华大学出版社，1999.
[57] Harvard Business School Press.Harvard Business Review on Marketing[M]. Massachusetts：Harvard Business School Press，2002.
[58] [美]唐·舒尔茨. 营销应抓住消费者每个“关键时刻”[EB/OL]. http://finance.eastday.com/Business/m2/20121102/u1a6964001.html.
[59] [美]菲利普·科特勒（Philip Kotler），大卫·赫斯基尔，南希·R.李. 正营销：获取竞争优势的新方法[M]. 科特勒咨询集团（中国），译. 北京：机械工业出版社，2013.

教学支持说明

扫描二维码在线填写
更快捷获取教学支持

尊敬的老师：

您好！为方便教学，我们为采用本书作为教材的老师提供教学辅助资源。鉴于部分资源仅提供给授课教师使用，请您填写如下信息，发电子邮件给我们，或直接手机扫描上方二维码在线填写提交给我们，我们将会及时提供给您教学资源或使用说明。

（本表电子版下载地址：http://www.tup.com.cn/subpress/3/jsfk.doc）

课程信息

书　　名			
作　　者		书号（ISBN）	
开设课程1		开设课程2	
学生类型	□本科　□研究生　□MBA/EMBA　□在职培训		
本书作为	□主要教材　□参考教材	学生人数	
对本教材建议			
有何出版计划			

您的信息

学　　校			
学　　院		系/专业	
姓　　名		职称/职务	
电　　话		电子邮件	
通信地址			

清华大学出版社客户服务：

E-mail: tupfuwu@163.com　　网址：http://www.tup.com.cn/
电话：010-62770175-4506/4903　　传真：010-62775511
地址：北京市海淀区双清路学研大厦B座506室　　邮编：100084